시크릿 오브 코리아

대한민국 대통령, 재벌의 X파일

시크릿 오브 코리아

안치용 지음

SECRET OF KOREA

타커스

머리말

'1인 미디어'로 나서기로 마음먹고 백일 정도 준비한 뒤 〈시크릿 오브 코리아〉 블로그를 개설했다. 2009년 5월 중순, 1991년 9월 시작한 기자생활을 정리한 다음이었다. 어느새 2년 반이 훌쩍 지나갔다.

"내 생활이 허용하는 범위 내에서 조금만 독해지자, 그래서 조금 더 상식이 통하는 세상, 살맛나는 세상을 만들어보자"고 마음먹고 더 독해지려고 동분서주했던 시간이었다.

가장 큰 관심은 내가 살고 있는 이곳 미국에 한국의 전직 대통령과 재벌, 그들의 가족 등이 부정한 방법으로 취득한 재산은 없는가 하는 것이었다. 간간이 소문이 돌아 기자생활을 하면서도 관심은 있었지만 시간이 넉넉하지 못하다는 핑계로 집중적으로 파헤치지 못해 늘 아쉬움이 많았던 분야였다. 언제가 한번은 반드시 규명돼야 할 '부끄러운 우리의 역사'였고 꼭 내 손으로 정리해야지 다짐하던 일이었다. 뉴욕 뉴저지 인근의 등기소들을 직접 찾아다니며 물어물어 서류를 뒤졌더니 사회지도층의 불법 해외부동산 취득은 말 그대로 상상초월이었다. 고구마 줄기를 끌어올리듯, 또 양파 껍질을 벗기듯 끝도 없는 해외 은닉 재산이 터져나왔다. 어제 오늘의 일이 아니었다. 최근 몇 년 사이의 일이 아니라 수십 년 전부터 기득권층이 저질러온 고질적인 비리였다.

돼지고기 한 근이 360그램인 시절, 반근 180그램도 아닌 150그램을 사면 신문지에 둘둘 말아서 줬었다. 신문지를 풀면 돼지껍질에 신문활자가 고스란히 찍혀 있던 시절이 있었다. 앞집 누나는 울며불며 식모살이 가고 뒷집 누나는 산업체 야간학교 가고 한 집 건너 한 집 꼴로 사우디아라비아로 떠나던 때, 그 어려운 1970년대에도 기득권층은 하와이 와이키키 해변에 고급 콘도를 사서 금빛 모래사장을 즐기고 있었다. 분노하지 않을 수 없었다. 대통령의 친인척, 권력 핵심인사들, 수출 드라이브 정책을 통해 특혜를 누렸던 재벌총수 일가들은 완전히 다른 세상의 사람들이었다.

　〈시크릿 오브 코리아〉를 통해 이 같은 사실을 알림으로써 국세청에 '역외재산추적전담센터'가 설치되고 그로 인해 세수가 급증했다는 보도를 접하면서 조그마한 일이나마 해냈다는 보람을 느꼈다. 특히, 현직 대통령의 집권 2년차에 그 사돈들의 불법을 밝혀냄으로써 법의 심판을 받게 했다는 사실도 큰 위안이 됐다. 전직 대통령 친인척들이 미국 부동산을 불법 매입한 사실도 그 증거서류와 함께 낱낱이 밝혔다. 비록 공소시효 만료 등 여러 가지 이유로 그들을 법의 심판대에 세울 수는 없었지만 그보다 더 엄격한 우리 국민의 건전한 상식의 잣대를 들이댈 수 있었음은 다행스런 일이 아닐 수 없다.

　이 책에서는 현직 대통령의 의혹도 고발한다. 현직 대통령 사위와 사돈의 또 다른 불법을 공개한다. 또 전직 대통령 친인척의 비리와 전직 대통령 사돈인 재벌기업의 천문학적 해외 불법 비자금도 만천하에 알린다. 힘 있는 자, 가진 자들이 언제 어떻게 대한민국의 법을 무시하고 유린했는지를 힘닿는 데까지 밝혔다. 또 지금껏 잘못 알려진 내용이 있다면 그것을 바로 잡았다.

이 책의 글은 거의 대부분 명백한 증거와 관련자료에 근거했고, 그 자료들을 보유하고 있다. 적어도 6천여 건 이상의 공문서를 들여다봤다. 부동산에 관한 글은 부동산계약서 등 등기서류에 근거했고, 재판 관련 글들은 법정서류와 속기록에 기초했다. 공소장과 판결문을 검토했다. 글 속에서 '시민권자'라고 언급한 것은 그 인물이 시민권자임을 입증하는 서류를 확보한 것이요, '변호사가 말했다'라고 한 것은 그것을 입증할 녹취를 갖고 있는 것이다. '누군가 대통령 가족이 환치기를 했다고 말했다'라고 썼다면 그 말을 담은 오디오 증거자료가 있고, '대통령 아들과 통화했다'고 썼다면 그 내용을 담은 테이프가 있는 것이다. 물론 이 책에 등장하는 부동산이 해당 인물들이 가진 모든 해외부동산은 아니요, 이 책에 언급되지 않은 재벌이라고 해서 해외부동산을 전혀 안 갖고 있다는 것은 아니다. 현재까지 밝혀낸 내용만을 담은 것이다.

그러나 나는 조금 더 과감하고 독하지 못했음을 고백한다. 특히, 전직 대통령과 재벌들에 대해 그렇지 못했다. 전직 대통령의 비자금과 재벌들에 대한 '카더라 통신'은 일단 배제했다. 그렇다고 해서 '카더라 통신'이 전혀 근거 없다는 말은 아니다. 경험상 대부분의 '카더라 통신'은 사실이었다. 다만 '카더라 통신'이 사실임을 입증할 완벽한 증거를 아직까지는 찾지 못했을 뿐이다.

전직 대통령의 해외 비자금 추적은 끝없는 현재진행형이다. 그것을 밝히기 위해 한발 한발, 느리더라도 쉼 없이 쫓을 것이다. '카더라 통신'을 하나하나 입증해낼 것이다. 더 독해질 것이다. 그래야 상식이 통하는 세상이 가능하기 때문이다.

지나온 과정이 쉽지는 않았지만 못 견딜 만큼 어렵지도 않았다. 건전한 상식을 가진 선후배, 동료 그리고 오랜 친구들의 따뜻한 격려가 있었기 때문이다. 뉴욕에서 맺은 소중한 인연들에 감사한다.

또 〈시크릿 오브 코리아〉 블로그에 관심을 가져준 많은 분들이 있었기에 중단 없는 전진이 가능했다. 특히 나의 부모님과 가족, 사랑하는 나의 아들 진우, 딸 정윤에게 고맙다는 말을 전한다.

이제 그들에게 한 가지 약속을 하려고 한다. 나는 내일도 모레도, 처음처럼 이 자리에 서고 싶다. 아니 서 있을 것이다. 바보처럼.

2012년 뉴욕에서
안치용

차례

제 **1** 부

이명박 대통령의
비밀

■

이른바 BBK 사건은 대선 당시 핫이슈였던 것은 물론 이명박 대통령 취임 후부터 지금까지도 과연 BBK의 주인이 누구인지를 둘러싸고 논란이 끊이지 않고 있다. 이명박 정권 5년을 관통해 흐르고 있는 뜨거운 감자이다.

BBK의 진실을 알기 위해 그동안 동분서주하면서 많은 사실을 밝혀냈지만, 그 중에서도 베일에 가려진 스위스 은행의 김경준 계좌에서 다스로 140억 원이 이체된 전말을 밝혀낸 것이 가장 기억에 남는다. 김경준의 미국 재판 기록과 감춰진 자료들을 밤새워 분석하면서 흥분을 감출 수 없었다. 김경준이 미국 법원 동결재산을 빼돌렸다고 알려진 것과는 달리 미국 법원 스스로 해당 계좌를 풀어주었고, 다스가 김경준을 스위스 검찰에 고소해 돈을 돌려받게 됐다는 사실을 밝혀낼 수 있었다.

또 김경준의 누나 에리카 김의 이혼 사유를 밝혀내기 위해 에리카 김 부부와 가장 가까이 지내는 사람을 수소문해 인터뷰한 일을 잊을 수 없다. 시중에 떠도는 에리카 김과 MB와의 관계가 과연 어떤 것인지는 본문을 읽어보면 감이 잡힐 것이다.

안원구 국세청 국장의 편지는 도곡동 땅의 주인이 누구인지를 가늠케 한다. 또 김백준이 MB를 대리해서 에리카 김에게 다스 투자금을 반환해달라는 팩스를 보내고, 자신이 다스를 대리한다며 옵셔널벤처스에 접근한 것은 다스의 실소유주를 의심케 한다.

김경준이 한국으로 송환돼 재판을 받았지만 그보다 앞서 미국 로스앤젤레스 법원에서 진행된 소송을 살펴보는 일이 BBK 관련 의문을 풀 수 있는 열쇠였다. 한국에서 쉽사리 접하기 어려운 증거들이 미국 재판 과정에서 꽤 많이 공개됐다. 의미 있는 자료들만 뽑아내 이 책에 정리함으로써 진실에 한 발짝 다가서 본다.

본격적으로 시작하기에 앞서 사건의 개요를 간단히 정리하면 다음과 같다.

1999년 김경준은 BBK라는 투자자문회사를 설립하고 국내 기업들로부터 수백억 원에 이르는 투자금을 유치한다. MB의 형 이상은과 처남 김재정이 대주주인 다스의 190억 원을 비롯, 삼성생명에서 100억 원, 심택에서 50억 원 등을 투자받았다. BBK 대표이던 김경준은 2000년 2월 18일 MB와 함께 LKe뱅크라는 금융회사를 설립한다. MB와 김경준이 각각 30억 원씩 50 대 50의 비율로 투자했고 MB는 2001년 4월 18일 사임할 때까지 김경준과 공동대표이사를 맡았다.

2001년 4월 금융감독원이 김경준이 회사자금을 사적으로 사용하고 투자자에게 위조되거나 변조된 펀드운용보고서를 제공한 것을 적발해 BBK 등록을 취소했다. MB는 이 일로 인해 김경준을 신뢰할 수 없게 됐고 LKe뱅크 대표직도 사임했다고 주장한다.

김경준은 2001년 2월 광은창투를 인수해 옵셔널벤처스로 개명하고, BBK 등록 취소

하루 전 날 옵셔널벤처스 대표에 취임한 뒤 외국인이 이 회사에 투자하는 것으로 꾸민다. 마치 외국인들이 옵셔널벤처스에 투자하는 것처럼 국내 투자자들에게 보이게 해 옵셔널 벤처스가 대단한 회사처럼 홍보하고, 이를 이용해 주가를 조작한다. 이후 김경준은 주가조작으로 모은 319억 원을 횡령해 미국으로 도망간다. 이때 대주주들의 투자금은 모두 갚지만 개미투자자에게는 한 푼도 주지 않았고, 다스에는 투자금 190억 원 중 50억 원만 갚았다. 이 때문에 다스는 140억 원을 돌려받지 못했다며 2003년 5월 30일 미국 법원에 투자금반환소송을 제기했다.

김경준은 미국으로 간 뒤 공금횡령, 돈세탁 등의 혐의로 2004년 6월 미 연방수사국에 체포됐으며, 2007년 11월 16일 한국으로 송환돼 구속됐다. MB의 당선이 예상되던 시점에 진행된 검찰수사에서 MB가 BBK 소유주라는 김경준의 주장은 받아들여지지 않았다. 2009년 5월 28일 대법원은 옵셔널벤처스의 주가를 조작하고 회삿돈을 빼돌리고 MB에 대한 허위사실을 퍼뜨린 혐의로 김경준에게 징역 8년과 벌금 100억 원을 확정했다. 현재 겸경준은 한국 교도소에 복역 중이다.

이 사건에서 쟁점은 이명박 대통령이 BBK라는 회사의 주인인가 하는 것이다. 다스가 BBK에 투자했으므로 다스 주인이 MB인가라는 문제와도 맞물려 있다. MB가 다스 주인이면 MB가 BBK 지분을 가진 것이 되는 것이다. BBK가 주가조작을 통해 엄청난 부당이익을 올렸고 이로 인해 수많은 피해자가 생겼다. 그러므로 MB가 BBK 주주라면 개미투자자를 속인 파렴치한이 된다. 많은 사람이 미국 재판이나 증거에 관심을 갖는 것도 바로 그 때문이다. MB 자신과 대한민국의 검찰과 법원은 BBK가 MB와 관련이 없다고 밝혔지만 시중에는 이 사건의 진실이 감춰져 있다는 의혹이 끊이지 않고 있다. 또 의혹은 이를 입증할 법한 자료들에 의해 뒷받침됨으로써 점점 힘을 얻고 있다. 흔히 곤란한 문제가 나오면 '무엇이 진실인지 역사가 판단할 것이다'라는 말을 많이 한다. BBK사건에 대해서도 마찬가지다. 그러나 나는 이 같은 주장에 반대한다. 역사에 묻지 말고 우리가 지금 당장 하나하나 밝혀나가야 한다.

01
MB 재산, 과연 얼마인가

김경준, 미국 재판서 'MB 재산은 6억 달러' 주장

김경준은 BBK 주가조작 사건과 관련, 미국 교도소에 수감돼 있다가 지난 대선 직전인 2007년 11월 6일 귀국했다. 검찰은 12월 5일, 319억 원을 횡령하고 주가를 조작하는 등 특가법상 횡령, 증권거래법 위반 등 4개 혐의로 김경준을 구속했다. 김경준은 2008년 4월 17일 1심에서 징역 10년, 2009년 2월 5일 항소심에서 징역 8년을 선고받고 현재 천안교도소에서 복역 중이다.

미국 내에서 진행된 BBK 관련 소송 서류들을 검토한 결과 김경준이 이명박 대통령의 재산 규모에 대해 언급한 부분이 발견됐다. BBK와 다스의 실소유주가 이명박 대통령(MB)이라고 주장하던 김경준이 구체적으로 MB의 재산을 밝힌 것이다.

로스앤젤레스 카운티 지방법원에서 진행된 이 소송은 사건 번호가 BC332728로 김백준 전 청와대 총무비서관이 MB와 LKe뱅크를 대리해 김경준과 에리카 김, 이보라 등을 상대로 제기한 손해배상소송이다. 김백준 총무비서관이 이른바 MB 집사로서 이 대통령으로부터 소송에 대한 권리를 위임받아 대리했다.

김경준은 재판이 진행되던 중 대선이 임박한 2007년 9월 6일, MB 재산을 언급한 서류를 재판부에 제출했다. 모두 17페이지였다. 김경준은 이 서류에서 MB 재산이 6억 달러라고 주장했다. 한화로 약 7000억 원에 달하는 재산을 MB가 소유하고 있다는 것이다. 이는 MB가 공직자재산신고에서 밝힌 380여억 원과는 비교가 되지 않을 정도로 많은 것으로 재벌 총수의 재산에 못지않은 규모이다. 한 마디로 충격적인 주장이 아닐 수 없다.

김경준은 해당 서류 2페이지에서 MB가 사기, 뇌물, 돈세탁, 착취 등을 통해 6억 달러의 재산을 불법적으로 모았고 그의 재산은 형제와 처남 그리고 여러 법인들을 통해 은닉되었다고 밝혔다. 그리고 MB가 자신의 재산을 더 불리기 위해서 전도유망한 미국인인 자신과 에리카 김 등을 LKe뱅크 등에 끌어들였고 자신을 희생양으로 만들었다고 주장했다.

또한 김경준은 이 서류에서 MB가 1960년대 박정희 대통령의 총애를 받던 현대건설에 입사해 최고경영자가 된 뒤 자신의 직위를 이용해 현대의 자산을 그의 형과 처남 명의로 빼돌렸다고 주장했다. 현대자동차가 자체적으로 차량시트를 생산할 수 있었음에도 불구하고 MB가 현대의 기술을 빼돌려 회사를 세웠고 현대건설에 지시해 차량시트 생산 공장인 다스를 짓도록 했다는 것이다. 또 현대자동차에 영향력을 행사해 이 회사로부터 차량시트를 구매하는 계약을 맺도록 지시했다고 설명했다.

김경준에 따르면 새로 세워진 차량시트 회사의 업무로 바쁜 동안 현대건설의 부채는 커져만 갔지만 MB는 이에 대해 관심이 없었다고 한다. 오히려 현대 소유의 부동산 중 알짜배기를 골라 자신의 형과 처남, 그리고 이들이 세운 페이퍼컴퍼니 등에 시세보다 낮은 가격에 팔았다고 한다.

형님 · 처남 도장 MB가 들고 다니며 찍었다

이 문서 5페이지에 따르면, 김경준은 MB와 함께 사업을 하는 동안 MB가 형과 처남의 도장을 가지고 다니면서 법적 효력을 가진 공문서에 날인하는 것을 여러 차례 직접 목격했다고 한다. 물론 도장 주인인 형과 처남의 동의를 받지 않은 상태에서 MB가 이들의 도장을 찍었다는 것이다. 말하자면 MB가 형-처남이 가지고 있어야 할 그들의 도장을 자신이 가지고 다니면서 그들과 관련한 중요사항에 대해 도장을 찍어가며 의사결정을 했다는 것이다.

김경준의 법정 주장이 사실이라면 형과 처남의 재산권 등을 MB가 마음대로 행사했다는 것으로 이들의 소유인 다스, 그리고 이들이 공동소유주였던 도곡동 땅 등이 MB의 재산일 수 있다는 또 하나의 중요한 증거가 된다.

김경준은 또 MB가 현대 소유의 도곡동 땅을 자신의 형과 처남에게 시세보다 낮은 가격에 팔도록 유도했으며 이 협상은 사실상 MB 자신의 협상이었다고 주장한다. MB와 공모자들은 그 뒤 서울시에 부당한 압력을 행사해 도시계획을 변경시킴으로써 자신의 부동산 가치를 높였고, 또 MB가 다른 기업에 뇌물을 주고 형과 처남이 도곡동 땅을 살 때보다 15배나 높은 247억 원에 그 땅을 사도록 만들었다고 한다.

김경준은 홍은플래닝에 대한 의혹도 상세히 기재했다.

한 마디로 MB가 차량시트 생산 업체인 다스의 실소유주이며, 도곡동 땅의 실소유주이고, 재산 규모가 7000억 원에 이른다는 주장이다.

그러나 김경준은 이 같은 주장을 하면서 명확한 근거를 제시하지 못했다.

또한 우리는 김경준이 주가를 조작하고 회사 재산을 횡령한 사기꾼임을 감안하고 그의 주장을 들어야 한다. 그는 미국 여권을 7개나 위조해 한국에서의 법인설립, 외국인 투자 등록 등에 이용한 사람이다. 그럼에도 불구하고 다스 등의 실소유주가 MB로 입증된다면 김경준의 이 같은 주장은 정확한 사실이 되는 것이다.

한국 검찰도 도곡동 땅에 대해 MB의 큰형 이상은 씨의 지분은 제3자의 재산으로 추정된다고 밝혔으며 우리 국민들은 제3자가 누구를 뜻하는 것인지 모두 알고 있다. 또 안원구 국세청 국장도 주호영 특임장관에게 보낸 편지에서는 물론 법원 재판에서도 도곡동 땅이 MB 재산이라는 전표를 포항제철 세무조사에서 발견했다고 주장했다.

이처럼 여러 가지 정황이 김경준의 주장을 뒷받침하고 있지만 여전히 공식적으로는 '제3자'가 누구인지 밝혀지지 않고 있다. 마치 동화 〈벌거벗은 임금님〉에서처럼 백성 모두가 임금이 벌거벗은 것을 알고 있건만 임금 자신만 그 사실을 모르고 있는 꼴이다.

물론 검찰수사와 달리 MB가 대통령에 당선된 뒤 특별검사가 내린 결론은 이상은의 도곡동 땅 지분은 이상은 것이 맞는다는 것이다. MB 당선 전 한국 검찰은 제3자라고 결론 냈고, MB 당선 뒤 특별검사는 이상은 본인의 것이라는 상반된 결론을 내렸다.

권위주의 시대에 대통령 홍보성 기사를 1면 톱으로 장식하던 신문을 읽을 때 맨 위 기사부터 읽지 않고, 중요한 내용을 오히려 눈에 안 띄도록 작게 배치한 맨 아래 1단 기사부터 먼저 읽었던 경험이 있는 우리 국민들이 누구 말을 더 믿을지는 불문가지다.

다스 최대 주주인 MB 처남 김재정 씨가 숨지면서 유족들이 상속세로 납부한 다스 주식 약 20%에 대해 정부가 이를 공매하면서 산정한 가격은

840억 원이었다. 이를 토대로 계산한 다스의 가치는 약 4200억 원에 달한다. 이 주식 대부분을 MB의 형과 처남댁이 가지고 있고 그 일부를 MB가 사재를 출연한 청계재단이 소유하고 있다.

'다스 주인은 MB, 법정에 서라' 교도소에서 육필청원

김경준은 미국 교도소에 수감돼 있을 때뿐 아니라 한국으로 귀국, 구속 수감돼 있으면서도 이 같은 주장을 굽히지 않았다. 김경준은 로스앤젤레스 카운티 지방법원에서 진행 중인 소송과 관련, 2010년 11월 8일 깨알 같은 글씨의 육필청원을 제출했다.

이 소송은 사건번호 BC296604로, 다스가 2003년 5월 30일 김경준 등을 상대로 제기한 투자금반환청구소송이다. 대선 직전인 2007년 11월 13일 이후 재판이 중단됐으나 MB 집권 2년차인 2009년 1월 20일부터 재판이 재개돼 치열한 법정 공방을 벌이던 중이었다. 한국 법원에서 8년형을 선고 받은 김경준은 자신이 당시 수감 중이던 영등포교도소 감방에서 이 재판과 관련된 서류를 작성, 미국 법원에 제출한 것이다.

김경준은 이 서류에서 다스는 이명박 대통령이 실소유주이므로 이명박 대통령이 이 재판에 출석해야 한다고 주장했다. 다스 측이 이명박 대통령은 이 소송과 무관하다며 소송 당사자에서 배제해달라고 요청하자 이를 반박 하는 문서를 작성한 것이다.

김경준은 이 서류에서 '한국의 현직 대통령인 이명박 대통령이 이 소송의 당사자이며 이 소송의 피고인 BBK와 MAF, 원고인 다스, 그리고 소위 LKe뱅 크 등 5개사에 대한 전권을 행사하는 실소유주'라고 밝혔다. 김경준은 '중죄 로 기소되기도 했던 이명박 대통령이 BBK의 의사결정에 전권을 행사했으

김경준 측이 로스앤젤레스 카운티 지방법원에 제출한 이명박 대통령의 BBK 명함. 앞뒤면.

며 강연을 녹화한 동영상을 보면 MB 자신이 BBK를 설립했다고 말했다'고 주장했다.

또 '다스는 MB가 BBK나 김경준과 무관하다고 주장하지만 다스 회장 이상은과 김재정 등이 BBK의 주요 주주이며 사실상 다스는 MB 소유로서 MB의 지배를 받는다'고 설명했다.

특히 김경준은 '다스는 MB의 형 이상은과 처남 김재정 명의로 돼 있지만 이는 현대 회장이었던 MB와 현대차에 시트를 납품하는 다스의 이해관계가 상충되는 것을 숨기기 위해서'이며 'MB는 다스라는 회사를 BBK에 이용했다'고 지적했다. 다스는 MB의 회사이고, 자신이 현대 회장으로 있으면서 현대가 다스와 계약하게 되면 입장이 곤란해지므로 차명으로 소유했다는 것이다. 다스가 BBK에 190억 원을 투자한 것은 잘 알려진 사실이다.

김경준은 또 MB의 아들 이시형이 다스의 해외사업을 총괄하고 있다고 지적, 이를 MB의 실소유설을 뒷받침하는 증거라고 주장했고 다스의 김모 사장과 권모 전무도 MB가 현대 재직 당시 데리고 있던 직원들이라고 밝혔다. 그러므로 MB를 소송에서 배제해야 한다는 원고의 청원은 기각돼야 하며 MB와 김백준 비서관이 이 소송에 임해야 한다고 주장했다.

또 법률적 논쟁 부분을 언급하면서 자신의 주장을 설명하는 등 A4용지 11매에 걸쳐 빼곡히 자신의 주장을 써내려갔다.

김경준이 한국 감옥에 수감된 재소자 신분으로 현직 대통령에 대한 차명 재산 의혹을 거침없이 제기했다는 점에서 충격이 아닐 수 없었다.

이 서류를 살펴보면 영등포교도소에 복역 중인 김경준은 이 육필청원을 누군가에게 전달했고, 이는 2010년 11월 6일 10시 18분부터 1시간 15분 동안 팩스를 통해 미국으로 보내져 11월 8일 법원에 제출된 것임을 알 수 있다. 김경준은 자신의 주장을 뒷받침하는 증거로 BBK 및 MAF 브로셔, LKe뱅크 브로셔, BBK 정관 등 56페이지에 이르는 3가지 서류를 증거로 첨부했다.

첫 번째 증거인 BBK 및 MAF 브로셔에는 인사말 부분에 2000년 대표이사 회장 이명박, 대표이사 사장 김경준이라고 인쇄돼 있다. 또 체어맨이 MB라 며 사진 등도 실려 있고 경영진의 주요 약력 부분에도 MB와 김백준 비서관 이 포함돼 있다. 김경준은 한국말로 된 이 브로셔와 함께 재판부의 이해를 돕기 위해 영문 번역본도 제출했다.

두 번째 증거는 LKe뱅크 브로셔로 2000년 11월 13일이라는 날짜와 대표이 사 회장 이명박, 사장 김경준이라고 인쇄돼 있고 역시 MB의 사진이 함께 실려 있다. 이명박 대통령은 LKe뱅크와 관련해 2010년 4월 1일 공직자 재산신고 때 'LKe뱅크에 투자했으나 투자액 30억 원을 모두 잃었다. LKe뱅 크 출자액이 30억 원에서 0원으로 줄었고 소유지분도 48%에서 0%로 감소됐 으며 연간 매출액도 0원이었다'고 신고했다. 또 '회사의 실체가 없고 출자금 이 모두 소진된 상태'라고 설명했다.

빼도 박도 못하는 BBK 정관 다스가 제출한 증거

이명박 대통령과 BBK의 연관성을 입증하는 빼도 박도 못하는 결정적 증거는 세 번째 증거인 BBK 정관이다. 이 정관을 보면 이명박 대통령의 이름이 구체적으로 명시돼 있다. 특히 이 서류는 김경준이 제출한 것이 아니라 다스가 제출한 증거다. 김경준이 제출했다면 위조니 뭐니 논란이 있겠지만 다스가 제출했으니 빼도 박도 못하는 증거다. 다스가 이미 2006년, 법원에 증거로 제출했고 김경준도 이 육필청원 때 다스가 제출한 정관을 첨부한 것이다.

법원에 제출된 정관은 모두 15페이지이며 정관 하단에는 다스의 증거임을 분명히 밝히는 번호가 입력돼 있다. 정관 한 페이지 한 페이지마다 DAS0676부터 DAS0691이라고 찍혀 있는 것이다. 이 정관 첫 페이지에는 '정관─비비케이투자자문주식회사'라고 적혀있다.

이 대통령의 이름이 명시된 곳은 13페이지로, 정관 〈제4장 이사, 이사회 및 감사〉 부분의 〈제30조 이사회〉 부분이다. 정관의 하단에는 다스 문서번호인 DAS0689가 찍혀있다. 제30조 2항을 그대로 옮겨보면 이렇다.

2. 이사회의 결의는 이사 전원의 과반수로 하며, 가부 동수인 때에는 의장이 결정한다. 단, 위 과반수의 결의에는 발기인인 이명박 및 김경준이 참석해 의결권을 행사하거나 이명박 및 김경준이 지명한 이사가 의결권을 행사하여야 한다. 이사회의 결의에 관하여 특별 이해관계가 있는 이사는 의결권을 행사하지 못한다.

이렇게 BBK 정관에 이 대통령이 BBK의 발기인이며 과반수 의결 때 이 대통령과 김경준이 함께 의결권을 행사하지 않으면 어떤 의결도 할 수 없도록 명시돼 있다.

바로 그 다음 〈제31조 이사회의 의장〉 부분에는 '이사회의 의장은 대표이사 회장이 된다'는 내용을 담고 있다. 또 제21조 주주총회의 의장 부분에도 '주주총회의 의장은 대표이사 회장이 된다'고 명시돼 있다. BBK 브로셔에 따르면 BBK 대표이사 회장은 이 대통령이었으므로 BBK 이사회나 주주총회가 열린다면 MB가 의장인 것이다. 특히 이 정관은 BBK가 2000년 5월 12일 금융감독원에 제출한 정관과도 정확히 일치한다. 금감원이 보관 중인 BBK 정관 제30조에도 MB의 이름이 들어가 있다.

MB, 김백준 시켜 '다스 돈 반환' 에리카 김에 요구

또 하나 놀라운 사실은 김백준 전 총무비서관이 MB를 대신해 에리카 김에게 팩스를 보내 다스 투자금 반환을 요구했다는 것이다. 김백준이 이 팩스에서 MB를 대리해서 보내는 것이라고 분명히 밝혔으므로 사실상 MB가 보낸 팩스나 다름없는 것이다. 충격적인 일이다.

2008년 8월 27일 로스앤젤레스 카운티 지방법원에 제출된 증거에 따르면 김백준은 MB가 서울시장 당선 직후인 2002년 7월 20일 에리카 김에게 팩스를 보냈다. 1장짜리 이 팩스는 MB가 이사장을 지냈던 동아시아연구원 레터헤드에 작성됐으며 연구원 소재지는 서울 서초구 영포빌딩으로 돼 있다.

이 팩스에서 김백준은 에리카 김에게 "당신의 남동생 사업과 관련된 문제를 해결하기 위해 당신의 도움을 받을 수 있는지 조심스럽게 재차 묻는다"는 말로 시작한다. '재차'라는 말이 있는 것으로 미뤄 그 전에도 동일한 요구를 한 것으로 보인다.

EAST ASIA FOUNDATION

Yungpo Bldg. 1709-4, Seocho-Dong, Seocho-Ku, Seoul, Korea
Tel : (02) 536-5967~9   Fax : (02) 594-0728
Home Page: http://www.mblee.or.kr
E-mail: mb2181@chollian.net

· DATE : July 20, 2002

· TO : Ms. Erica Kim   · FAX NUMBER: 213-380-9302

· FM : P. J. Kim

        # OF PAGES(INCLUDING THIS COVER SHEET) : 1

· Re :

Dear Ms. Erica Kim,

I am afraid but we must ask you again to let us have your
assistance in settling the pending problems in relation to your
brother's business.
As a matter of fact, Mr. M. B. Lee is in a very difficult position
because the pending problems such as redemption of Daebu's
investment from MAF and repayment of Hana Bank's investment
in LK eBank have not been settled yet. We have no way to
contact Mr. Kyung Joon Kim and Ernst & Young, the liquidator
of MAF.
If necessary for the settlement of the above, I may visit Los
Angeles to meet Mr. Kyung Joon Kim.
Looking forward to hearing from you soonest possible.

Sincerely,

Paik Joon Kim
On behalf of M.B. Lee

김백준이 2002년 7월 이명박 대통령을 대리해 에리카 김에게 보낸 팩스

김백준은 "대부기공이 MAF펀드 즉 BBK에 투자한 돈의 반환과 하나은행의 LKe뱅크 투자금 회수 등이 아직 해결되지 않아 MB가 매우 어려운 상황에 처해있다"며 "우리는 김경준이나 MAF펀드 청산인인 언스트앤영과 접촉할 방법이 없다"고 밝혔다. 그러면서 "이 같은 문제를 해결하기 위해 필요하다면 내가 김경준을 만나기 위해 로스앤젤레스를 방문하겠다"며 "당신의 빠른 답변을 기대한다"고 적었다. 그 뒤에는 "김백준, ON BEHALF OF M. B. LEE," 즉 이명박 당시 서울시장을 대신해 김백준이 보낸다고 밝히고 그가 서명했다. MB가 형님과 처남 회사인 다스를 위해서 형제간 돈독한 우의를 발휘했다고 볼 수도 있지만 MB의 다스 실소유주 의혹을 뒷받침하는 증거가 아닐 수 없다.

'MB 집사' 김백준, 실제로 다스도 대리했다

김백준이 LKe뱅크뿐만 아니라 다스의 소송도 사실상 대리했다는 사실도 밝혀졌다. 김백준이 그렇게 할 일이 없는 사람인가? MB가 다스 주식이 1주도 없다고 밝혔음에도 그 집사가 다스를 위해 발 벗고 나선 것은 쉽게 이해할 수 없는 일이다.

옵셔널캐피탈에 따르면 김백준이 서울메트로 상임감사로 재직 중이던 2003년 가을, 옵셔널캐피탈 측에 접근해왔다고 한다. 장용훈 옵셔널캐피탈 사장은 옵셔널캐피탈을 인수한 직후 자신의 선배인 김모 씨를 통해 김백준이 만나고 싶다는 연락을 해왔다고 한다. 회사를 추스르기에 바빴던 장용훈은 몇 차례 이를 거부하다 김모 선배의 입장을 고려해 2003년 가을 김백준을 만났다.

이날 만남에서 김백준은 자신이 다스를 대리해 김경준을 상대로 미국

내 소송을 추진하고 있다며 옵셔널캐피탈도 공동보조를 취할 것을 제안했다고 한다. 김백준은 장용훈 사장에게 김경준에 대한 미국 소송 진행상황을 알고 있느냐고 물었고, 다스는 이미 상당한 성과를 거뒀다며 자신만만해했다고 한다. 또한 김백준은 힘 센 변호사, 미국 모 기관 연줄까지 들이대며 옵셔널은 아무 걱정할 것 없다고 강조했다고 한다. 김백준이 다스를 대리한다며 장용훈에게 접근했다는 사실은 장용훈이 미국 법정에서 선서를 하고 증언한 내용이기도 하다.

마침내 2004년 1월 6일, 옵셔널은 다스 측과 김경준 미국 소송에 대한 공동보조계약을 체결했다. 이틀 뒤인 1월 8일, 다스를 변호하던 림루거킴 법무법인이 변호사 수임료를 청구했고 옵셔널은 광주은행을 통해 림루거킴 법무법인의 시티뱅크 계좌로 2억 원을 송금한 것으로 확인됐다.

그러나 돈을 준 뒤 다스 측에서는 감감무소식이었다. 옵셔널 측이 미국 현지에 알아본 결과 다스가 옵셔널을 돕기는커녕 오히려 옵셔널의 발을 묶으려 했다고 한다. 게다가 다스 측은 이미 돈이 바닥났으니 돈을 더 달라고 요구했다. 장용훈은 김백준의 공동보조 요구가 옵셔널 측의 김경준 소송을 방해하려는 함정이었음을 알고 2004년 6월 변호사를 교체했다. 옵셔널 측의 법률대리인 메리 리 변호사는 2004년 6월 7일 림루거킴에 공문을 보내 자신이 옵셔널 변호사로 선임됐음을 알리고 1월 6일부터 6월 6일까지 옵셔널이 제공한 관련서류 일체를 돌려달라고 요구했다.

MB, 전 재산 331억 원 환원? 김경준 주장과 20배 차이

김경준이 MB의 재산이 무려 6억 달러, 즉 7000억 원이라고 주장했지만 MB의 공식적인 재산은 약 380억 원 정도였다. 검찰이 MB의 BBK 의혹에 대해 혐의가 없다고 발표한 직후, 2007년 12월 7일 MB는 TV를 통해 방송된 선거유세에서 '우리 내외가 살 집 1채만 남기고 가진 재산 전부를 내놓겠다'고 선언했다. 전무후무한 일이었다.

그리고 그로부터 약 1년 7개월 뒤인 2009년 7월 6일, 그의 재산 대부분인 331억 4200만 원을 사회에 기부한다고 공식발표했다. 자신의 호를 딴 재단법인 청계를 설립한 것이다. 기부한 재산은 영포빌딩 등 서초동과 양재동의 빌딩 등이었다. 이로써 MB의 재산은 44억 2500만 원 정도로 추산되는 강남구 논현동 집에다 스포츠 회원권과 예금 등 4억 8000여만 원을 포함, 49억 원 정도만 남게 됐다.

이는 전 재산의 90% 정도를 사회에 환원한 것으로 전현직 대통령을 통틀어 헌정 사상 처음 있는 일이다. 2011년 공직자 재산신고 기준 MB의 남아있는 재산은 부동산 등의 가치가 조금 늘어나 약 55억 원이 됐다.

이것이 사실이라면 김경준 주장과 차이가 나도 너무 차이가 나는 것이다. 스무 배 가까이 차이가 난다.

그러나 서류상 땅부자인 그의 처남 김재정의 실제 생활을 살펴보면 어느 정도 의문이 풀린다. 2010년 2월 유명을 달리한 MB의 처남 김재정이 전국 47군데, 여의도 면적의 4분의 1이나 되는 224만 평방미터, 약 70만 평의 땅을 소유했다는 사실은 시사하는 바가 크다.

김재정은 엄청난 땅부자였지만 실제 생활은 부자와는 거리가 매우 멀었다. 2억 원의 빚을 못 갚아 집이 차압당하기도 하고, 2004년에는 중국 음식집을 운영했지만 임대료도 제대로 내지 못했다고 한다. 〈한겨레신문〉의 보도에 따르면 김재정 소유인 충북 옥천 땅 50만 평은 MB가 근저당을 설정해서 마음대로 팔 수도 없다고 한다. 의혹을 안 가지려야 안 가질 수 없는 것이다. BBK 의혹이 풀리는 순간 무엇이 진실인지 가려지겠지만 2001년 법원은 이미 이에 대한 진실을 조금은 밝혔었다.

심텍과의 소송에서 실소유주 가려졌다

법원, 2001년 BBK 실소유주 사실상 밝혔다?

2001년, 전세호 심텍 사장이 BBK에 투자했다가 돈을 모두 날릴 위기에 처했다. 그러자 그의 형이 나섰다. 전 회장의 형 전영호 씨는 세일신용정보 주식회사 회장으로 채권추심 전문가다. 한 마디로 이명박 대통령이 임자를 만난 것이다.

전영호는 MB에게 보낸 편지에서 '동생의 회사 심텍이 BBK에 투자한 돈이 금융사기로 추정되는 상황에 이르렀으며 이 사건에 이명박 회장이 관련돼 있다는 사실에 놀랐다'고 밝혔다.

전영호는 심텍이 BBK에 투자한 이유는 MB가 전세호에게 직접 전화해 자신이 BBK 회장이라고 말했기 때문이라고 단도직입적으로 말했다. 또 MB가 여러 번 식사에 초대를 해서 2000년 9월 27일 BBK 사무실과 식당 등에서 이 대통령과 만났으며 이 자리에서 MB가 '내가 BBK 회장으로 있고 대주주로 있으니 나를 믿고 투자하라'고 말했다고 상세히 설명했다.

특히 이 자리에는 전세호 사장뿐 아니라 심텍 자금부장과 비서 등도 함께 있었다고 주장했다. 전영호는 MB뿐만 아니라 부인 김윤옥 씨와의 관련성도 언급했다. 김윤옥 씨가 '우리 남편이 BBK 대주주로 있고 투자도 하고 있으니 마음 놓고 투자하라'고 권했다는 것이다.

더 말할 것도 없다. MB가 직접 자신이 BBK 회장이며 대주주라고 밝혔고 부인 또한 이 같은 사실을 언급하며 투자를 요구했다고 한다. 그래서 MB를 믿고 2000년 10월 20일, 50억 원을 투자했다는 것이다.

그러나 2001년 4월 27일, 금융감독원으로부터 BBK 투자자문 허가가 취소되자, 심텍은 투자액을 전액 반환해달라고 적법한 절차를 통해 요청했다. 김경준은 심텍이 투자한 50억 원 중 2001년 8월 1일 20억 원을 반환하고 9월 15일까지 33억 원을 돌려주겠다고 약속했으나 전영호가 편지를 작성한 10월 9일까지 약속을 지키지 않았다. 전영호는 자신의 회사에 채권추심 인력이 500명이나 있다고 밝히고 33억 원이 심텍에 반환되지 않으면 이명박 회장과 김경준 사장 등 금융사기 관련자 모두를 다음 주 월요일 형사고발하겠다고 통보했다. 돈을 돌려주지 않으면 법대로 하겠다는 최후통고였다.

이 편지 이후 심텍 측은 편지대로 채무자에 대한 법적 절차를 착착 진행했다. MB 측이 재산을 빼돌릴 것에 대비해 가압류 절차부터 밟았다. 편지를 보낸 지 이틀 뒤의 일이다. 채권추심 전문가의 전광석화 같은 조치였다. 사실 편지를 보낸 것은 가압류를 위한 형식적인 예비조치에 불과했다. 환수를 위해 노력했다는 것을 재판부에 보여주기 위한 목적이었던 것이다.

2001년 10월 11일, 심텍은 서울중앙지방법원에 MB를 상대로 부동산 가압류를 신청했다. 10월 22일, 법원은 심텍의 신청을 받아들여 MB의 서울 논현동 저택을 가압류했다. 이 가압류 결정번호는 2001카단 5599였다. 법원이 가압류를 결정한 부동산은 서울 논현동 29번지로, 이 주소지의 대지와 건물 모두가 가압류됐고 가압류 금액은 35억 원이었다. 이 주소지의 등기부 등본 또한 법원의 가압류 결정을 그대로 기록하고 있다.

그래도 BBK 측이 돈을 돌려주지 않자 심텍 측은 다음 수순을 밟았다. 10월 31일, 전세호가 MB와 김경준을 횡령혐의로 고소했다. 결국 김경준이 검찰에 소환됐고 고소인인 전세호도 검찰에 출두했다. 그러나 검찰조사 당일 김경준은 전세호에게 다음날까지 30억 원을 줄 테니 고소를 취하해달라고 요구했고 그 다음날 마침내 30억 원이 입금됐다. 이에 따라 2002년 1월 14일, MB 부동산에 대한 가압류가 해제됐다.

'BBK 투자금 돌려달라' 법원이 MB 집 가압류 결정

이 과정을 살펴보면 세 살 먹은 아이라도 BBK의 주인이 누구인지 알 수 있는 것이요, 또 다스의 실소유주가 누구인지 알 수 있는 것이다. 대한민국 사법부가 벌써 11년 전에 BBK의 주인 그리고 다스의 실소유주를 사실상 밝힌 셈이다.

심텍은 BBK에 투자했는데, 법원은 BBK와 관련이 없다고 주장하는 MB의 부동산에 대해 가압류를 결정했다. 이 대통령이 BBK와 아무런 관련이 없다면 법원이 왜 이 대통령 주택에 대한 가압류 결정을 내렸겠는가?

법원은 심텍이 BBK에 투자한 50억 원에 대한 반환을 위해 이 대통령의 재산을 가압류할 만한 충분한 이유가 있다고 판단한 것이다. 비록 가압류가 본안 소송에 앞선 가처분이라고 해도 전혀 무관한 사람의 재산, 그것도 국회의원까지 지냈고 유력한 서울시장 후보로 거론되는 거물급 정치인의 재산을 가압류할 수는 없다.

법원이 단순히 투자를 권유했다는 이유로 MB의 재산을 가압류할 수는 없는 것이다. 투자를 받은 BBK와 MB와의 관계가 상당부분 입증됐음을 알 수 있다. MB와 BBK는 서류상으로는 소유관계가 없다. 단 1주의 주식도 가지고 있지 않다. 그렇지만 다스는 BBK에 190억 원을 투자한 대주주이다.

그렇다면 결론은 뻔하다. 더 이상 왈가왈부할 것도 없다. 세상 모든 사람이 알고 단 한 사람만 모르는 그 비밀에 대해 사법부가 일찌감치 명쾌한 해석을 한 것이다.

검찰도 2007년, 도곡동 땅 문제를 수사할 때 전세호를 불러 조사하려고 했지만 전세호가 해외로 출국, 대선이 끝날 때까지 귀국하지 않아 조사를 하지 못했었다.

안원구의 등장

안원구, 도곡동 땅 전표 존재 내가 덮었다 주장

2009년 10월, 안원구 국세청 국장은 자신의 비리에 대한 수사가 진행되자 자신이 평소 알고 지내던 주호영 특임장관에게 구명 편지를 보냈다. 안원구 개인의 비리와는 별개로 MB 소유 의혹이 끊이지 않는 도곡동 땅 문제를 상세히 언급한 이 편지는 매우 중요한 의미를 지닌다.

이 편지는 A4 용지 7매 분량이다. 이 중 2장은 주 장관에 대한 구명 편지요, 나머지 5장은 전후 상황을 시간대별로 자세히 정리한 문건이다.

문건의 핵심 내용은 2007년 7, 8월께 포스코건설 세무조사 때 도곡동 땅이 MB의 땅이라는 이른바 도곡동 땅 전표라는 것이 존재했으며 자신이 그 전표를 숨겨서 결국 MB 집권에 도움이 됐다는 것이다. 다시 말하면 '도곡동 땅은 MB의 땅이 맞다'고 주장한 것이다. 그리고 그 사실이 담긴 전표를 자신이 숨기지 않았으면 MB가 당선되기 힘들었을 것이라는 의미이다.

안원구의 편지는 살려달라는 구명 편지임과 동시에 자신이 입을 열면

큰일 난다는 경고 편지였다. 이 편지는 '인수위 파견 방해 / 서울청 세원관리 국장으로 좌천 / 청와대 뜻이라며 사퇴강요 / 인사고과 성적을 조작해 좌천성 교육파견 / 한상률 전 청장 사퇴의 기획 및 발설자로 음해 / 강제로 끌고 가서 불법감금 / 불법적 행태 자행 / 이현동 차장이 월권행위를 통해 인사에 개입 / 안원구는 현정부와 맞서려한다' 등의 항목으로 나눠져 있다. 편지 내용이 무척 중요하기에 도곡동 땅 전표 관련 부분을 그대로 옮긴다.

○"안원구는 현 정부와 맞서려 한다"고 음해
아래의 내용은 말씀드리기에 너무 민감한 내용이라 며칠 동안을 고민하였음. 그러나 지금의 국세청 사람들이 저를 정말로 이상한 사람으로 몰고 있어 이 기회를 통해 전말을 말씀드리고자 함.
─지난 6월 당시 안동범 본청 감찰과장이 저를 찾아와 명예퇴직신청서를 주기에 이유를 물었더니 "안 국장님이 대구청장 시절에 MB 관련 뒷조사를 했다는 얘기가 있다면서 그래서 전 정부 사람으로 분류가 돼 있기 때문에 국세청 차원에서는 별다른 방법이 없다. 이번 6월 말까지 명퇴신청을 하시면 좋은 모양으로 나가실 수 있으니 잘 생각하시라"라고 하여서,
─제가 감찰과장에게 "그게 무슨 말이냐, 왜 날 자꾸 전 정부 사람으로 몰아가느냐. 나는 대통령의 뒷조사를 한 적이 없다. 오히려 도움을 줬으면 줬지 뒷조사를 한 적은 절대 없다"라고 말하였음.
─그럼에도 감찰과장이 뒷조사를 자꾸 운운하길래 아래의 내용을 그 과장에게 말해주었음.
"2007년 7~8월경 대구청장으로 있을 때 P 기업의 정기 세무조사 과정에서 VIP와 관련된 '○○동 땅'에 대한 내용의 문건을 우연히 발견했다는 직원들의 보고를 받은 적이 있다. 당시 그 내용은 대선을 앞두고

매우 민감한 사안이었다. 그 문건은 P 기업이 내부적으로 작성한 것인데 물건을 본 순간 너무 당황하였다.

그러나 그 내용은 당시 대구청이 실시한 정기 세무조사의 본질과 관련이 없고, 또 공무원이나 공무상 취득한 정보가 외부로 유출될 경우 엄청난 정치적 풍파가 일어날 것으로 판단해 담당직원들에게 철저한 보안유지를 지시하였다. 이 일은 결과적으로 당시 대선을 앞두고 있던 지금은 VIP에게 유리하게 작용하였다.”

이런 내용을 감찰과장에게 간단히 말해주면서 “어떻게 나를 자꾸 전 정부 사람이라고 할 수 있느냐, 나는 전 정부 사람이 아니다. 이는 잘못 알려진 내용이니 바로 잡아달라”고 하였음.(2009. 6. 9)

—제가 들은 내용을 토대로 국세청은 사실관계를 파악했던 것으로 알고 있음.(국세청 감찰직원이 당시 조사국장 장승우에게 확인, 녹취 확보(2009. 6. 10))

국세청은 감찰 직원을 대구에 보내서, 장승우 세무사(당시 대구청 조사국장)를 직접 면담하여 관련 내용의 일체를 전해 듣고 장승우 세무사의 증언을 문서화해 국세청 차장 라인에 보고한 것으로 알고 있음. (2009. 6. 11-민정보고)

당시 장승우 세무사는 감찰 직원에게 “당시 최종 책임자였던 안 청장이 조사국장 및 실무 담당자에게 보안유지를 지시했었으며 조사대상인 회사조차 모르게 문건과 관련된 내용을 덮도록 했다”는 사실을 확인해 주었음.

—그런데 감찰이 이런 사실을 확인한 이후에도 제가 그 사실을 가지고 현 정부와 맞서려 한다는 보고를 함으로써 저를 반정부 인물로 몰아가고 있음. 본인은 이 일과 관련해 정말로 납득이 안 됨. 오히려 이와 관련해 거대한 음모가 진행된다고 느껴짐.

—며칠 전(9. 25) 장승우 세무사(당시 조사국장)가 서울에 볼 일이 있어

올라왔었음. 그로부터 오랜만에 연락이 와 시내 한 커피숍에서 만났음. 그 자리에서 장승우 세무사가 제게 이런 말을 했음.

"지난 6월, 국세청 감찰이 저를 찾아와 몇 가지를 물어봤다. 그런데 사실과 다른 내용의 확인서를 써 달라고 했다. 감찰 직원이 하는 말이 '안원구 국장이 대구청장 시절에 VIP와 관련된 ○○동 땅에 대한 내용을 덮으려고 한 사실이 없다라는 확인서를 써달라'고 하더라. 그래서 내가 감찰 직원에게 '관련 보고를 받은 안 청장은 정색을 하며 모든 것은 자신이 책임을 지겠다. 절대 보안을 지켜라. ○○동 땅은 정기세무조사와 관련이 없다는 지시를 했다'라고 해명을 해주었다."

—장승우 세무사는 제가 ○○동 땅과 관련해 모든 사안을 덮은 게 사실이라 감찰 직원이 요구했던 확인서 요청에 응하지 않았다고 함.

—사정이 이러한데도 현재 국세청은 저를 반정부 사람으로 둔갑시켜 놓았음. 제가 이를 이용해 정부에 대항하려 한다는 가정이 성립되려면, 그 문건을 보관하고 있거나 또는 이 사실을 외부(야당 등)에 알리려는 시도를 했어야 함.

—평생을 국세 공무원으로 살아온 제가 친정집으로부터 이 같은 대우를 받고 있는데 대해 억장이 무너지는 심정임. 제가 나쁜 짓을 했다면 그만 두어도 벌써 그만두었을 것임. 저는 지금도 한상률 전 청장이나, 허병익 전 차장, 이현동 현 차장이 왜 저를 내쫓으려 하는지 그 이유를 알 수 없음.

02
BBK 소송의 비밀

스위스 계좌 압류와 다스 송금 전말

소송에 이긴 주주는 깡털, 다스는 100% 회수

김경준이 'MB가 다스의 실제 주인'이라는 서류를 법원에 제출한 직후 공교롭게도 다스와 김경준 측이 극적인 합의를 했다. 2010년 11월 18일, 다스 측 변호사는 양측이 사실상 합의에 이르렀다는 서류를 법원에 제출했다. 김경준의 육필청원이 있은 지 딱 열흘 만이다. 이에 따라 12월 6일로 예정됐던 재판도 2011년 4월 11일로 연기됐다.

그러던 중 김경준 측은 2011년 2월 2일, 스위스의 크레딧스위스뱅크에 예치 중이던 알렉산드리아 인베스트먼트의 계좌에서 140억 원을 인출, 다스 측에 송금한 것으로 확인됐다. 알렉산드리아 인베스트먼트는 김경준이 설립한 페이퍼컴퍼니이다.

그러나 이 송금일로부터 1주일이 채 지나지 않은 2월 7일, 옵셔널캐피탈이 김경준을 상대로 한 투자금 반환소송에서 승소한다. 미국 법원이 김경준 등이 옵셔널캐피탈 측에 371억 원을 배상해야 한다고 판결한 것이다.

김경준에게 속은 개미주주들이 투자금 일부를 되찾을 길이 열렸다. 하지만 이 판결 1주일 전에 김경준 측의 재산 중 140억 원이 다스 측으로 넘어가 버렸다. 다스는 투자금 반환소송에서 승소도 하지 않은 상태였다. 승소한 사람이 돈을 돌려받기도 전에 소송에 이기지도 않은 다스가 이미 돈을 되돌려 받은 것이다. 환장할 일이다.

다스는 BBK에 투자한 190억 원 중 50억 원은 이미 돌려받았고 140억 원을 이때 돌려받음으로써 투자금 100%를 되찾은 것이다. 그러나 다스가 140억 원을 돌려받은 사실은 약 3개월간 김경준과 다스 외에 아무도 모르는 비밀이었다.

옵셔널캐피탈 투자금 반환소송을 담당한 오드리 콜린스 판사는 김경준 재산동결소송도 심리한 판사였지만 이 판사조차 모르게 김경준의 재산이 다스로 넘어간 것이다. 콜린스 판사는 4월 25일, 뒤늦게 이 사실을 알고 노발대발하며 돈을 송금한 김경준과 송금받은 다스가 5월 2일까지 이 송금에 대해 명확히 설명하라고 명령했다.

콜린스 판사는 '알렉산드리아 인베스트먼트의 크레딧스위스뱅크 계좌 등은 압류자산으로 미국 사법권 하에 있다'며 '다스와 김경준이 허락 없이 이 자산을 건드렸다'고 지적했다. 판사는 이 명령문에서, 자신은 4월 21일 옵셔널 측이 '김경준이 스위스 은행에서 돈을 인출해 갔다'고 지적한 뒤에야 이 사실을 알았다고 밝혔다.

미국 정부가 밝힌 김경준 스위스 계좌 압류 전말

콜린스 판사가 노발대발했지만 법원 서류를 검토한 결과 재판부는 이미 2008년 11월 말, 스위스 정부가 김경준 측의 크레딧스위스뱅크 계좌 2개에 대한 압류를 해제한 사실을 알았던 것으로 드러났다. 아이러니하게도 스위스 정부가 압류를 풀어준 것은 바로 콜린스 판사의 판결 때문이었다. 미국 정부를 대표해 검찰이 2011년 4월 11일 재판부에 스위스 계좌에 대한 보고서를 제출했는데, 이 보고서에서 이 같은 사실을 구체적으로 확인할 수 있다. 이 보고서에서 연방검찰은 김경준의 스위스 계좌에 대한 압류와 해제 등에 얽힌 사연을 시간대별로 설명했다.

2004년, 연방검찰은 김경준의 알렉산드리아 계좌와 에리카 김 계좌가 범죄에 관련됐다고 보고 사법공조협정을 통해 스위스 정부에 압류를 요청, 계좌를 동결시켰다. 그 뒤 2005년, 미 검찰이 이 계좌를 상대로 민사몰수소송을 제기했다. 그러나 2007년 3월 13일, 콜린스 판사가 검찰이 제출한 증거들을 신뢰할 수 없다며 압류를 해제시켰다. 이에 대해 검찰과 피해자 측이 제9항소법원에 항소를 제기했으나, 2008년 10월 23일 제9항소법원도 압류해제가 적법한 판결이라고 판시했다.

약 한 달 뒤인 2008년 11월 25일, 미국 정부는 재판부에 '법원의 압류해제 판결로 더 이상 스위스의 계좌를 동결할 수 없다'고 통보한 사실도 드러났다. 또 2009년 4월, 스위스 정부는 미 법무부에 스위스 정부가 이들 계좌에 대한 압류를 해제했다고 통보했다.

그러나 스위스 정부는 스위스 검찰이 이 계좌를 스위스 국내법, 즉 돈세탁방지법에 의해 압류했다고 밝혔다. 미국 법원의 압류 해제 뒤 스위스 검찰이 해당 계좌가 돈세탁과 연관됐다며 자체적으로 압류시킨 것이다. 그러다가 마침내 스위스 검찰이 계좌의 압류를 해제했고 예치금 일부가

김경준 스위스 은행 비밀계좌 압류-해제-송금 일지

일 시	내 용
2004년	미 연방검찰, 김경준 측 알렉산드리아 계좌 등 2개 계좌를 스위스 정부에 압류 요청-동결시킴
2005년	미 연방검찰, 김경준 측 상대로 알렉산드리아 계좌 등 민사몰수소송 제기
2007년 3월 13일	미 연방법원, 검찰이 제출한 증거를 신뢰할 수 없다며 김경준 계좌 압류 해제
2007년 4월 17일	다스, 김경준 측 자산이 예치된 스위스의 검찰에 김경준 측 고소
2008년 10월 23일	미 항소법원, 연방검찰 및 다스의 항소에 대해 압류해제 적법 판결
2008년 11월 25일	미 법무부, '법원 압류해제판결로 더 이상 스위스 계좌를 압류할 수 없다'고 재판부에 통보
2008년 11월 말	스위스 정부, 미 법원 압류해제판결을 자체 인지해 김경준 측 알렉산드리아 계좌 등 2개 계좌 압류 해제
2009년 4월	스위스 정부, 알렉산드리아 등 2개 계좌 압류는 미 법원의 해제판결로 압류가 풀렸으나 스위스 검찰이 다스의 고소에 의거, 자체적으로 돈세탁 관련 혐의로 동일 계좌를 압류했음을 미 법무부에 통보
2010년 11월 8일	김경준, '다스는 MB 소유이므로 소송에 나서라' 교도소서 육필청원
2010년 11월 18일	다스 측 변호사, 재판부에 '양측이 사실상 합의에 이르렀다' 통보
2011년 2월 2일	김경준 측, 알렉산드리아 계좌서 다스로 140억 원 송금
2011년 2월 7일	옵셔널캐피탈, 김경준 상대 투자금 반환소송서 승소 '김경준 등은 옵셔널캐피탈 측에 371억 원을 배상하라' 판결
2011년 4월 8일	스위스 검찰, 미 법무부에 알렉산드리아 계좌 압류해제 및 예치금 일부 송금 사실 통보
2011년 4월 25일	미 연방법원, 알렉산드리아 계좌 인출사실 확인, 원피고 양측에 해명 명령

다른 곳으로 송금됐다는 사실을 2011년 4월 8일 미 연방검찰에 통보했고, 연방검찰은 사흘 뒤인 4월 11일 이 사실을 재판부에 보고한 것이다.

이 보고서 등을 살펴보면 존 리라는 한국계 미 연방검사가 스위스 계좌의 압류 관련 업무를 담당했음을 알 수 있다. 존 리 검사는 미국으로 도피한 김경준을 2004년 기소한 검사이며, 이 계좌 관련 사항에 대해서도 자신의 이름으로 재판부에 보고하기도 했다. 한국 대통령과 관련된 중요한 사건의 담당 검사가 한국계여서 더욱 주목을 끈다. 세간에는 그를 눈여겨보면 BBK 수수께끼가 풀릴 수 있다는 의미심장한 말이 나돌고 있다.

미국 정부 보고서의 내용 중 한 가지 재미있는 사실은 '미국 정부는 스위스에 계좌 동결 요청을 절대로 철회한 적이 없다'고 밝힌 점이다. 이 보고서에 따르면 스위스 정부가 2007년 3월 콜린스 판사의 동결해제 판결, 2008년 10월 항소법원의 판결을 스스로 알아채고 이 계좌들에 대한 압류를 풀었다고 한다.

당초 법원이 압류를 추진한 김경준, 이보라, 에리카 김 등의 재산은 김경준과 에리카 김의 베벌리힐스 저택 2채, 크레딧스위스뱅크의 알렉산드리아 인베스트먼트와 에리카 김 명의의 2개 계좌, 미국 은행에 개설된 130만 달러 상당의 3개 은행계좌 등이다. 그 외에 벤츠 2대, 포르세 2대, 페라리 1대, 랜드로버 1대, 도요타 1대 등 차량 7대와 그 외 가구 등으로 집과 차량, 은행계좌 등을 합해 총 15건이었다.

법원, 검찰에 다스 140억 원 송금 수사 명령

콜린스 판사는 2011년 5월 2일, 양측을 출석시켜 설명을 들으면서 놀라움을 감추지 못했고 다스 측과 김경준 측에 문제점을 하나하나 지적해가며 연방법원 동결자산 인출의 문제점을 따졌다.

판사는 2008년 12월 31일자 명령에도 불구하고 스위스 은행 계좌에서 김경준 측이 자금을 인출하고 이를 법원에 통보하지 않은 깃은 유감이라고 밝혔다. 판사는 스위스 은행의 예치자금은 다스나 김경준 누구도 건드릴 수 없다고 전제하고 김경준 측 변호사에게 스위스 은행의 예치자금을 법원 사무국 등 재판부 관할로 이체하도록 김경준에게 요구하라고 명령했다.

특히 이례적으로 판사는 이날 명령문에서 옵셔널캐피탈 측에 여러 가지 법률적 대처 방안을 제시해주기도 했다. 판사는 자신이 옵셔널캐피탈 투자금 반환소송에서 옵셔널 승소판결을 내렸지만 김경준 측 자산 대부분이 예치된 스위스 은행에서 다스로 140억 원이 몰래 빠져나감으로써 371억 원을 배상받아야 할 옵셔널은 그 절반도 받아내지 못할 난감한 처지에 처한 데 대해 크게 분노했음을 알 수 있는 대목이다.

콜린스 판사는 이날 연방검찰에 다스와 김경준의 스위스은행 계좌 자산 인출을 조사하라고 명령했다. 연방검찰은 판사의 수사명령에 대해 5월 6일, 조사기간이 60일 정도 소요될 것이며 7월 8일까지 조사보고서를 제출하겠다고 밝혔다. 재판부가 검찰에 강경한 지시를 했으므로 검찰보고서가 제출되면 다스로 송금된 비밀이 풀릴 것으로 예상됐다.

그러나 결과는 예상 밖이었다. 검찰은 법원이 정한 기한을 넘긴 7월 22일에야 비공개를 요청하며 보고서를 제출했고 법원은 비공개 요청을 받아들였다. 대신 재판부는 검찰에 '공개할 수 있는 만큼 공개할 수 있는' 보고서를 제출하라고 다시 명령했다.

이에 검찰은 7월 26일, 공개 버전의 보고서를 제출했다. 모두 5페이지였지만 2페이지는 송달 확인서였고 앞 3페이지 중 2페이지는 소송 번호와 소송 당사자를 기재했으므로 1페이지에만 조사결과를 담고 있었다. 실질적으로 아무 내용이 없었다.

검찰은 '법원 명령에 따라 연방검찰 형사부는 FBI(연방수사국)와 함께 알렉산드리아 인베스트먼트의 크레딧스위스뱅크 계좌에서 다스로 송금 사실을 조사했고, 7월 22일 그 결과를 비공개로 재판부에 제출했다. 재판부가 다시 공개 명령을 내림에 따라 원본 내용 중 일부를 삭제한 공개 버전을 제출한다. 연방검찰은 추가 조사를 하더라도 의미있는 결과가 없을 것으로 본다'고 보고했다.

다스, 스위스 검찰에 고소해 140억 원 돌려받아

연방검찰이 법원에 제출한 공개 보고서의 결론은 '조사해봤자 별 볼일 없어요'라는 단 한 줄이다. 판사 자신이 2007년 3월, 이미 김경준 측의 동결자산을 해제했음을 감안하면 충분히 예상된 결론이다. 판사는 이 재산을 동결자산으로 착각했고, 착각의 배경에는 자신이 승소판결을 내린 옵셔널캐피탈이 다스의 꼼수로 제대로 배상을 받을 수 없게 됐다는 충격도 적지 않게 작용한 것으로 보인다. 결국 김경준의 다스 송금 배경은 2011년 6월 17일 재판부의 명령문을 통해 일부나마 밝혀졌다.

옵셔널캐피탈 측은 김경준의 송금 사실을 알아챈 뒤 이에 대해 여러 가지 청원을 했다. 5월 2일, 콜린스 판사는 명령문을 통해 옵셔널캐피탈이 취할 수 있는 법적 조치에 대해 조언까지 했지만 이날은 옵셔널의 청원을 모두 기각해버렸다. 무슨 이유에선지 판사가 오락가락했다는 인상을 지울 수 없다. 그러면서 송금 전말을 설명한 것이다.

다스는 2007년 4월 17일, 김경준 측 자산이 예치된 스위스 은행의 소재지인 스위스 검찰에도 김경준 측을 고소한 것으로 드러났다. 그렇다면 다스는 콜린스 판사가 2007년 3월 13일 스위스 계좌에 대한 압류를 해제하자마자 한 달 만에 스위스 검찰에 김경준을 고소한 것이다. 사건번호는 P/5702/2007이다. 이는 다스가 알렉산드리아 계좌에 거액이 예치돼 있음을 귀신같이 알고 있었음을 의미한다.

어쨌든 스위스 검찰은 다스가 김경준을 돈세탁방지법 위반혐의로 고소하자 알렉산드리아 계좌를 동결했다. 그 뒤 다스가 김경준 측과 합의해 돈을 받게 됐다는 합의서를 제출하자 해당 은행에 다스로 송금할 것을 명령하고 계좌동결을 풀어준 것으로 나타났다. 140억 원을 송금받은 다스도 스위스 검찰에 김경준에 대한 고소를 취하했다. 다스 측 변호사도 다스에 대한 김경준 측의 140억 원 송금은 다스와 김경준 측의 비밀합의에 따른 결과이며, 다스는 스위스 검찰에 고소한 것을 취하하고 스위스의 적법절차에 따라 140억 원을 돌려받았다고 설명했다.

2011년 2월 2일, 알렉산드리아 계좌에서 다스 계좌로 140억 원이 송금됐음을 감안하면 이때쯤 계좌동결이 해제된 것으로 보인다. 만약 이 계좌에 돈이 있었다면 계좌 주인이 돈을 빼갈 수 있다. 알렉산드리아 계좌의 주인은 김경준이다. 다스에 140억 원을 돌려줌으로써 김경준 측은 알렉산드리아 계좌에 대해 자유로운 권리를 행사하게 된 것이다. 만약 이 계좌에 140억 원 이상이 있었다면 다스에 돈을 돌려주고도 남은 돈이 있었을 것이고, 이 돈을 김 씨 측이 좌지우지할 수 있게 됐다고 볼 수 있다.

스위스 계좌에 3천 만 달러?— 혹시 누가 빼갔나?

그렇다면 과연 이 알렉산드리아 계좌에는 얼마가 입금돼 있었을까? 미국 검찰 그리고 미국 검찰의 비밀보고서를 받은 미국 법원이 그 예치액을 알고 있는지 여부는 모르지만 아직 법원 서류 등에서 예치액이 정확히 얼마인지 밝혀진 적은 없다. 그러나 김경준과 관련된 한국 검찰의 수사와 법원 판결, 미국 법원의 옵셔널캐피탈 배상판결 등을 통해 그 규모를 짐작할 수 있다.

한국 검찰은 2007년 12월, 김경준이 319억 원을 횡령했다고 발표했고 미국 법원은 김경준 측에게 옵셔널캐피탈에 371억 원을 배상하라고 판결했다. 에리카 김은 자신의 파산신청에서 가장 큰 채무가 옵셔널캐피탈 배상금 3500만 달러라고 밝혔다. 어림잡아 3000만 달러다.

옵셔널캐피탈의 횡령금 중 400만 달러가 에리카 김이 설립한 미국 회사로 송금됐음을 감안하면 2600만 달러 정도는 스위스의 크레딧스위스뱅크 계좌에 예치됐을 가능성이 크다.

그러나 김경준은 옵셔널캐피탈의 공금 중 400만 달러를 2001년 8월부터 11월까지 모두 네 차례에 걸쳐 에리카 김과 자기 사무실 여직원 명의로 만든 페이퍼컴퍼니 2곳의 계좌로 송금했다. 횡령한 돈의 10분의 1에 불과하지만 어쨌든 그 종착지가 에리카 김이었던 것이다.

다스 투자액 190억 원 중 미반환금 140억 원은 옵셔널캐피탈 횡령금과는 별개이므로 이 돈 1300만 달러를 감안하면 예치액은 4000만 달러에 달할 수도 있다. 이 중 일부를 사용했다고 하더라도 3000만 달러 정도가 예치돼 있을 가능성이 크다. 미국 검찰도 2004년 5월, 김경준의 보석신청을 허락해서는 안 된다며 법원에 제출한 서류에서 '2003년 10월 16일부터 2004년 3월 1일까지 알렉산드리아 명의로 크레딧스위스뱅크의 알렉산드리아 계좌에 1530만 6097달러를 입금시킨 기록이 있다'고 밝혔다.

김경준도 그 후 법원 심문에서 당시 1530만 달러가 입금됐음을 인정했다. 따라서 최소한 1530만 달러 이상이 입금된 것이다. 옵셔널캐피탈 관계자도 알렉산드리아 계좌에 최소 3000만 달러 이상이 예치돼 있었던 것으로 알고 있다고 밝혔다. 결국 김경준과 에리카 김의 크레딧스위스뱅크 계좌에는 다스에 140억 원을 송금하고도 거액이 남았을 가능성이 크다. 그렇다면 계좌동결이 풀리면서 예치금 중 일부를 다스에 송금해줌과 동시에 김 씨

측이 남은 돈을 빼냈을 가능성도 배제할 수 없다.

다스에 송금된 날은 2011년 2월 2일, 옵셔널캐피탈이 371억 원 승소판결을 받은 것은 2월 7일이다. 이 일주일 동안 스위스 계좌에 있는 예치금이 다른 곳으로 옮겨졌을 가능성이 있다. 물론 손해배상소송의 패소판결이 예상되는 상황이었다면 강제집행면탈죄가 두려워 예금을 빼내기 힘들겠지만 엄격히 말하면 판결 이전이므로 돈을 인출할 수 있었을 것이다.

다스 송금 과정을 낱낱이 밝히라는 판사의 명령에도 불구하고 조사 내용을 비공개 보고서로 제출한 검찰의 행태도 궁금점투성이다. 통상 법원에서 비공개로 처리되는 서류는 이혼소송 등 극히 개인적인 사생활이 노출될 우려가 있는 서류와 공개될 경우 미국 국가안보를 해치는 경우 등에 국한된다. 김 씨 측의 스위스 계좌가 이혼소송이나 미국 국가안보와 관련된 내용은 아닐 것이다. 그럼에도 관련 내용을 비공개 처리한 것은 이해할 수 없다. 뭔가 굉장한 비밀이 있지 않나 하는 의혹을 자초하고 있다.

적과의 동침

김경준-다스 이해관계 일치, '적과의 동침'했나?

알렉산드리아 계좌에 3000만 달러가 들어있었다고 가정하고 김경준과 에리카 김의 입장을 살펴보면 이해하기가 쉽다. 이 부분은 어디까지나 가설이다.

알렉산드리아 계좌는 미국 법원에서 동결이 해제됐지만 다스의 고소로 스위스 검찰에 압류됐다. 미국 법원에서 진행 중인 소송에서 옵셔널캐피탈의 청구액은 371억 원, 다스의 청구액은 140억 원이었다. 이 상황에서 옵셔널캐피탈이 승소판결을 받게 된다면 3000만 달러 모두가 고스란히 옵셔널캐피탈로 넘어가게 된다. 다스가 비록 스위스 검찰에 김경준을 고소해 계좌를 동결했지만, 재판 진행상 승소판결을 받더라도 옵셔널캐피탈보다는 한참 늦을 수밖에 없었다. 옵셔널캐피탈이 스위스 당국에 승소판결을 들이대면 옵셔널캐피탈이 우선권을 가질 수밖에 없다.

따라서 김경준 입장에서는 알렉산드리아 예치금 3000만 달러 전액이 옵셔널캐피탈로 넘어갈 수밖에 없는 상황이고 다스는 1300만 달러, 즉 140억 원을 돌려받는다는 보장이 없는 불안한 상황이었다.

여기에서 물고 뜯으며 싸우던 김경준 측과 다스의 '적과의 동침'이 이루어질 여지가 생긴 것이다. 적의 적은 동지가 되는 것이다. 김경준 측은 3000만 달러를 모두 잃느니 다스에게 140억 원을 주더라도 계좌동결을 풀어 나머지 1700만 달러를 지키고 싶었을 것이다. 한편 다스는 계좌동결을 풀어주더라도 1300만 달러를 되찾고 싶었을 것이다. 조금만 더 늦어져 옵셔널캐피탈이 승소판결을 받아버리면 비록 계좌를 동결하고 있다 하더라도 일이 복잡하게 꼬이는 것이다. 그래서 이면합의가 이루어진 것이다.

결국, 김경준과 다스의 이런 꼼수 때문에 옵셔널캐피탈만 닭 쫓던 개가 지붕을 쳐다보는 격이 됐다.

여기서 몇 가지 가정을 해볼 수 있다. 김경준 측이 다스에 1300만 달러를 주는 대신 계좌동결을 풀고는 옵셔널 승소판결 이전에 나머지 돈을 옮겼을 수도 있다. 다스는 이미 자신들이 스위스 검찰을 통해 계좌를 압류했음을 상기시키며 합의과정에서 140억 원 송금에 더해 BBK 면죄부를 요구했을 것이다. 에리카 김이 검찰조사를 받고 MB와 BBK가 아무 관계가 없다고 증언하는 것이다.

물론 법정소송을 벌이다 이해관계가 맞아 원고와 피고가 판결 전에 합의하는 것은 다반사다. 불법적인 행동이 아니다. 그렇더라도 이 같은 빅딜이 있었다면, 다스는 옵셔널캐피탈 개미 주주들이 받아야 할 배상금을 가로챘다는 도덕적 비난을 피할 수 없다. 그뿐 아니라 김경준 측이 옵셔널캐피탈에서 횡령한 돈, 즉 범죄 수익을 다른 곳으로 은닉하는 것을 도운 셈이 되는 것이다. 나 살자고 남을 죽인 것도 모자라 도망갈 길까지 열어준 것이다.

4년 버틴 에리카 김 전격 귀국, 검찰조사 자청

　　에리카 김이 2011년 2월 25일, 전격 귀국해 검찰조사를 자청한 것도 이 같은 이면 합의설의 연장선상에서 파악하는 것이 타당할 것이다. 에리카 김이 귀국한 시기는 콜린스 판사가 다스로 140억 원을 송금한 것을 알아채기 2개월 전이다.

　　그동안 검찰이 귀국해서 검찰수사를 받을 것을 수차례 종용했음에도 콧방귀도 안 뀌던 에리카 김이 느닷없이 제 발로 걸어 들어오자 에리카 김이 귀국했다는 보도와 동시에 모종의 합의설이 터져나왔다. 무대응으로 일관하던 사람이 제 발로 찾아오니 '빅딜설,' 음모론이 나도는 것이 당연하다. '무혐의 처리될 것이다', 'MB 정권이 BBK 의혹을 털어내려고 한다'는 등 시중의 예상대로 에리카 김은 불기소 처분을 받았다. 미국에서 김경준과 함께 횡령 등의 혐의로 371억 원을 옵셔널캐피탈 등에 배상하라는 판결을 받았던 에리카 김이 한국에서는 무혐의 처리된 것이다.

　　에리카 김은 검찰조사에서 2007년 대선 당시 자신이 'BBK 실소유주가 이명박 후보'라고 말한 것은 거짓말이라고 진술했다. 이면계약서까지 들먹이며 MB가 주인이라고 밝혔던 것과는 180도 다른 진술이었다. 공직선거법 상 허위사실 유포에 해당되지만 공소시효인 6개월이 지났으므로 무혐의 처리됐다. 옵셔널캐피탈에 대한 주가조작과 횡령 등에 대해서는 '동생이 저지른 일이에요, 난 몰라요'라고 주장한 것으로 전해졌다. 그러나 김경준 은 옵셔널캐피탈 횡령금 중 400만 달러를 2001년 8월부터 11월까지 모두 네 차례에 걸쳐 에리카 김과 에리카 김 사무실 여직원 명의로 만든 페이퍼컴 퍼니 2곳의 계좌로 송금했다. 횡령한 돈의 10분의 1에 불과하지만 어쨌든 그 종착지가 에리카 김이었던 것이다. 따라서 에리카 김도 횡령혐의가 없다고 할 수 없는 것이다.

그러나 김경준이 '누나는 책임이 없다'고 진술함으로써 에리카 김은 주가 조작과 횡령에 대해서도 불기소 처분을 받았다. 에리카 김은 다시 자유롭게 미국으로 돌아갔고 MB도 한순간 BBK 악몽에서 많이 자유로워진 것으로 보였다. 아마도 에리카 김은 MB 관련 여러 의혹들에 대해 그것이 사실무근 이라는 자술서를 쓰고 도장을 찍었을 것이다. 자명한 일이다. 언론보도보 다 더욱 디테일하게 BBK와 MB의 무관함을 말하고 자신의 거짓말을 참회했 을 것이며 MB 정부는 그 진술 내용을 움켜쥐고 있을 것이다.

혹시나가 역시나로 되면서 합의설은 더욱 난무했다.

'김경준 조기 추방-감형 빅딜설' 가능성 희박

그렇다면 그들 사이에 이루어진 모종의 합의 내용은 무엇일까? 합의가 있었다면 자신에 대한 무혐의 처리 정도가 아니라 그보다 훨씬 더 큰 플러스 알파가 있었을 것이다. 김경준의 조기 미국 추방, 에리카 김의 변호사 자격 회복을 위한 수순이라는 등 여러 추측이 언론에 난무했다.

합의설 중 첫째로 거론된 것은 김경준의 조기추방-감형설이다.

김경준이 에리카 김의 검찰조사 직후 그동안 수감돼 있던 영등포교도소에서 천안교도소로 이감되자 김경준을 미국으로 보내주려는 것이라는 추측이 일었다. 그러나 김경준이 당시 이미 3년여를 복역한 상황인데다 그가 부담스러운 인물이라면 빅딜과 상관 없이 어차피 MB 정권에서는 정권이 끝나기 전에 그를 미국으로 보낼 수밖에 없다. 자칫 정권 교체라도 이루어져 청문회나 특검이 열린다면 한국 교도소에 수감돼 있는 김경준은 소환 1순위임이 분명하다. 따라서 군이 에리카 김이 검찰조사를 자청하지 않더라도 김경준은 당연히 MB 정권이 끝나기 전에 미국으로 갈 가능성이 큰 것이다. 딜이 될 사안이 아니라고 볼 수 있다.

조기 미국 추방 외에 감형 등은 더욱 설득력이 없다. 정권이 2년 가까이 남았던 상황에서 김경준을 감형한다면 이것이야 말로 기름을 지고 불로 뛰어드는 격이다. 국민들은 이 같은 상황을 BBK와 MB의 연관성을 입증하는 증거로 받아들일 것이기 때문에 정권의 위기를 자초하는 것이다. 바보가 아닌 다음에야 감형은 더더욱 말이 안 된다.

또한 김경준 측, 특히 에리카 김으로서도 김경준의 조기 추방 등을 목적으로 딜을 했을 가능성은 적어 보인다. 왜냐하면 어차피 MB 임기가 끝나기 전에 김경준이 미국으로 보내질 가능성이 크기 때문이다.

'변호사 자격 회복을 위한 신변 정리'도 무망

둘째, 에리카 김이 변호사 자격을 회복하기 위해 한국 검찰과의 문제를 마무리하기 위해 귀국했다는 설이 있다.

에리카 김이 변호사 자격을 정지당한 것은 사실이다. 그러나 캘리포니아주 변호사협회에 징계사유 등을 확인한 결과 이 또한 가능성이 희박했다. 공교롭게도 에리카 김은 MB 당선 직후인 2007년 12월 21일 자격이 일시 정지됐으며 자격정지 기간은 5년이었다. MB가 대통령으로 집권하는 기간에 에리카 김의 자격이 정지된 것은 우연치고는 대단한 우연이다.

징계서류 등을 검토한 결과 에리카 김은 BBK 사건이 아닌 에리카 김 자신이 2007년에 개인 은행융자 신청과 관련한 혐의에 대해 유죄를 인정함에 따라 그해 12월 21일 변호사 자격이 일시 정지됐고, 이어 2009년 4월 17일부로 자격이 박탈됐다. 정확한 자격박탈 이유는 2001년 8월과 2002년 1월 자신의 변호사 사무실 법인 명의로 2개 은행에서 15만 달러와 20만 달러 융자를 받으면서 수입을 부풀리기 위해 세금보고서를 조작한 것이었다.

따라서 에리카 김의 변호사 자격박탈은 BBK 사건과 전혀 무관한 것이다. 또 변호사 자격을 회복하려면 자격이 일시정지된 2007년 12월 21일부터 5년이 지난 2012년 12월 21일 이후 자격회복 신청을 할 수 있다. 그렇다면 에리카 김이 검찰조사를 마무리 짓고 바로 변호사 자격을 회복하기 위해 자진 귀국했다는 것도 설득력이 떨어진다. 또 자격회복 신청을 하더라도 까다로운 심사를 거쳐야 하므로 자격회복은 사실상 불가능에 가깝다는 게 법조계의 지적이다.

에리카 김, 키를 숨기다

의혹투성이 파산신청, '경제적 대가설' 뒷받침

그렇다면 과연 에리카 김은 왜 귀국했을까? 모종의 빅딜이 있었다면 김경준의 조기 추방이나 감형, 에리카 김 자신의 변호사 자격회복 신청 등이 목적이 아니다. 그런 것들로는 쉽게 움직이지 않을 사람이다. 분명 우리가 쉽게 눈치 챌 수 없는 합의가 있었을 것이다.

군이 추정한다면 목적은 바로 돈이다. 돈과 관련된 딜이 있었을 것으로 추정된다. 이 같은 추정에 힘을 실어 주는 것은 에리카 김의 갑작스런 파산신청과 그 전후 행적이다. 검찰조사까지 잘 받았던 에리카 김은 전격적으로 파산신청을 했다. 콜린스 판사가 김경준 측이 다스로 140억 원을 송금한 사실을 알아채고 해명 명령을 내린 날이 4월 25일이고, 에리카 김이 파산신청을 한 것은 딱 4일 뒤였다.

그런데 빅딜설이 사실이라고 가정한다면 순조로운 '적과의 동침'에 멋모르는 미국 재판부가 끼어들면서 에리카 김 입장에서는 산통이 깨져버린 셈이다.

2011년 4월 29일, 에리카 김은 파산신청서에서 자산이 370여만 달러인 반면 부채가 3900만 달러에 달하며 가장 큰 부채는 옵셔널캐피털에 지급해야 할 3500만 달러라고 신고했다. 그러나 에리카 김의 파산신청에는 여러 가지 석연치 않은 점이 있다. 에리카 김이 파산신청을 할 작정이었다면 다스에 140억 원을 송금하기 이전에 파산신청을 했어야 자신의 재산을 조금이나마 지킬 수 있을 것이다. 또 옵셔널캐피탈 승소판결 이전에 파산신청을 하는 게 이치에 맞다. 이른바 만세를 부르려면 피해를 최소화할 수 있는 시점에서 만세를 불러야 하는데 판사가 다스에 송금한 사실을 알고 조사를 하려는 시점에서 파산신청을 한 것은 이상한 일이 아닐 수 없다.

더구나 에리카 김은 다스와 김경준 측의 합의 시점인 2010년 11월 24일, 4년간 체납했던 자신의 주택에 대한 재산세를 한꺼번에 납부한 것으로 드러났다. 다스 측 변호사가 합의에 이르렀다고 재판부에 보고한 시점이

2010년 11월 18일이었다. 바로 그때 재산세를 낸 것이다. 만일 에리카 김이 진심으로 파산신청을 고려했다면 이 재산세를 납부할 필요가 없다. 어차피 파산신청을 하면 집이 넘어갈 게 뻔한데 그 집의 재산세를 내는 선택을 하지는 않았을 것이다. 압류를 각오하고 4년간 세금을 안 내다 파산 5개월 전에 24만 달러를 내는 바보는 없다. 현금이 있다면 법원 몰래 한 푼이라도 숨겨놓아야 정상이다. 더구나 4년치 재산세는 1, 2만 달러가 아닌 무려 24만 달러에 달하는 거금이다. 에리카 김이 집을 지킬 수 있다는 확신이 있지 않고서야 파산할 사람이 이 같은 거금을 낼 까닭이 없는 것이다. 뭔가 믿는 구석이 있었을 것이다.

그러면 옵셔널캐피탈에 대한 배상판결이 났기 때문에 파산신청을 한 것일까? 이것도 아니다. 이 사건 패소가 확실시된 상황이었으므로 파산을 하려면 그 이전에 했어야 옳다.

이 같은 사정을 고려하면 김경준과 다스 측이 에리카 김의 주택을 계속 소유하는 것을 포함한 모종의 합의를 했고, 이에 따라 김경준이 스위스 계좌를 통해 다스에 140억 원을 송금했으나, 판사가 뒤늦게 이 사실을 알고 연방검찰에 수사를 지시하는 등 전혀 예상치 못한 사태가 발생하자 판사의 명령문 발부 직후에 전격적으로 파산신청을 한 것으로 추정된다. 이제는 집이고 뭐고 다 날아갈 수밖에 없는 상황이 돼버린 것이다.

따라서 에리카 김은 어쩔 수 없이 울며 겨자 먹기로 파산신청을 했을 가능성이 크다. 아마도 크레딧스위스뱅크에 개설된 알렉산드리아와 에리카 김 등 2개 계좌의 내역이 밝혀지면 그 비밀이 드러날 것이다. 140억 원을 다스에 주더라도 계좌동결을 풀어서 나머지 돈을 인출할 수 있다면 그것은 정말 괜찮은 딜이 될 수 있는 것이다.

옵셔널캐피탈 측이 김경준 측의 다스 송금 사실을 눈치 챈 계기도 어쩌면 이 같은 빅딜설을 뒷받침하는 정황이 될 법하다. 옵셔널캐피탈은 법정에서 서로 원고, 피고로 으르렁거리고 싸웠던 다스와 김경준-에리카 김 측이 2011년 들어서부터는 너무나 화기애애한 관계를 유지해 '아차'했다고 한다. 그래서 둘 사이에 무슨 일이 있는지 확인하는 과정에서 140억 원을 송금해준 사실을 발견했다는 것이 옵셔널캐피탈 측의 설명이다. 양측 간에 분명 무슨 일이 있었던 것이다.

당장 폭탄 발언 힘들어도 시침은 째깍째깍

다스와 에리카 김-김경준 사이의 거래가 사실이라면 다스에 140억 원 송금, 에리카 김의 자진 귀국, BBK 면죄부까지는 비교적 잘 진행됐다. 그러나 연방판사의 진노라는 돌발 상황으로 어쩔 수 없이 파산신청을 했지만 에리카 김이 당장 돌출 행동에 나설 것으로는 보이지 않는다. 만약 모종의 합의가 있었고 설사 그 합의가 완전히 이행되지 못해 그녀 자신이 파산할 수밖에 없다 하더라도 이에 따른 분노가 검찰에 대한 그녀의 두려움을 앞서지는 못할 것이다. 에리카 김은 자신도 법조인이지만 미국 검찰과 한국 검찰이 다르다는 것을 마침내 알게 됐을 것이다. 한국 검찰은 미국 검찰처럼 어수룩하지 않다. 그간의 경험을 통해 한국 검찰이 무섭다는 것이 확실히 그녀의 머리속에 각인됐을 것이다. 어쩌면 검찰조사는 그녀의 기존 관념을 완전히 뒤바꾸는 충격적인 일이었을지도 모른다. 더구나 동생 김경준은 한국의 교도소에 수감돼 있다. 합의이행 불발의 상황에서도 그녀가 입을 다물 수밖에 없을 것으로 추정할 수 있는 이유다.

그러나 김경준이 미국으로 돌아온 뒤에도 그녀의 입이 계속 닫혀 있을 것으로는 생각하지 않는다. 에리카 김이 아직도 엄청난 힘을 가진 이유다.

에리카 김이라는 시한폭탄은 2013년, 빠르면 2012년 말을 향해 지금도 끊임없이 째깍째깍 카운트다운을 하고 있다. 물론 일정 요건 이상의 힘이 가해진다면 그 이전이라도 그대로 폭발해버릴 것이다.

MB 문제, 에리카 김 이혼에 큰 영향 못 미쳐

이명박 대통령과 에리카 김의 관계 또한 세인의 입방아에 올랐다. 남녀 문제이다 보니 BBK에 식상한 사람들도 MB와 에리카 김의 뒷이야기에는 귀를 쫑긋 세운다. MB와 에리카 김이 로스앤젤레스에서 노래를 함께 부르며 진한 장면을 연출했고 영부인이 진노했다는 등의 출처불명의 소문은 거의 정설이 되다시피 했다. MB와 에리카 김이 부적절한 관계라는 것이다. 그러나 어떤 증거도 제시되지 못했으니 곧이곧대로 믿기는 어려운 이야기다.

이 소문과 관련해 떼려야 뗄 수 없는 것이 에리카 김의 이혼 문제다. 에리카 김의 전 남편을 너무나 잘 알 수밖에 없는 위치에 있는 사람으로부터 어렵게 두 사람의 이혼 사유를 들을 수 있었다. 이혼의 주된 이유는 다른 데 있었고 MB와의 관계는 큰 이유가 되지 않았다는 설명이었다. 두 사람과 아주 가깝고 속속들이 알 수밖에 없는 사람이 설명해준 것이고, 그 사람의 인격으로 미루어 거짓말이 아니라고 확신한다.

에리카 김은 아주 똑똑한 사람이고, 전 남편 안모 씨와는 무척 잘 어울리는 아름다운 커플이었다고 한다. 에리카 김은 64년생, 안 씨는 63년생이지만 둘은 거의 동갑내기처럼 지냈다. 에리카 김은 변호사이고 남편 안 씨는 미국에서 의대를 졸업한 의사로 잘 나가는 전문인 커플이었다. 안 씨가 한국말에 서투르다는 지적이 있지만 두 사람 사이에는 문제가 안 됐다.

지인이 알려준 이혼의 주된 이유는 두 가지이다. 자녀 문제와 결혼한 에리카 김의 성씨 문제이다. 에리카 김은 안 씨와 결혼한 뒤 자녀를 가지지 않았고 그래서 시댁 쪽에서 불만이 많았다고 한다. 이 때문에 두 사람 간에 불화가 싹텄고 결국 가장 큰 이혼사유가 됐다고 한다.

또 하나 이유는 성씨 문제다. 결혼을 하면 아내는 남편 성으로 바꾸는 것이 미국의 관례다. 그러나 에리카 김은 이를 거부했다고 한다. 에리카 김이 에리카 안이 돼야 하는데 김 씨 성을 그대로 간직하겠다고 고집했다는 것이다. 남편 안 씨의 집안은 다소 완고한 집안이었고 자손이 번창한 집안이었다. 안 씨의 형제도 의사이고 사촌들도 미국에서 실력을 인정받는 의사들이다. 자연히 에리카 김이 왜 안 씨 성을 사용하지 않느냐는 이야기가 많이 나왔다고 한다.

에리카 김의 이혼은 자녀와 성씨 사용 문제, 이 두 문제가 결정적인 이유였다고 한다.

이에 MB의 관계도 이혼에 영향을 미쳤냐고 물었다. 그는 MB가 변수였음을 부인하지는 않았다. 영어로 답했다. "원 오브 리즌(one of reason)"이라고. 그러나 그게 결정적인 사유는 아니었다고 밝혔다.

남편 '500만 달러 배상판결' 이혼 큰 이유된 듯

에리카 김 주변을 조사해보는 과정에서 또 다른 큰 이유 하나를 찾을 수 있었다. 결정적인 이혼 사유가 될 수 있는 사안이었지만 이제까지 전혀 알려지지 않은 내용이다. 이혼 이유를 설명해준 사람도 이 부분만큼은 말해주지 않고 숨겼다.

에리카 김의 남편 안 씨는 소송에 휘말렸다. 로스앤젤레스 카운티 지방법원에서 서류를 조회한 결과 2000년 12월 28일 안 씨에게 497만 달러를 배상하라는 판결이 내려졌음이 드러났다.

캘리포니아주는 결혼한 사람이 단독으로 부동산을 구입하더라도 자동적으로 배우자에게 50% 소유권이 돌아갈 정도로 부부 공동재산을 강조하는 곳이다. 이 같은 점을 고려하면 남편 안 씨에게 500만 달러를 배상하라는 판결은 최악의 경우 에리카 김이 250만 달러를 부담해야 하는 상황이 된다. 문제가 생기면 배우자인 에리카 김이 일정 부분 배상책임을 져야 할 급박한 상황이 초래된 것이다.

혹시 추가 소송이 들어올 가능성도 배제할 수 없다. 아마도 소송이 제기된 직후 판결에 이르는 시간 동안 부부 간에 상당한 갈등이 시작됐을 것이며 막상 판결이 난 뒤에는 갈등이 극에 달했을 것이다. 500만 달러 배상판결에 초연할 수 있는 사람은 거의 없을 것이다. 어찌 보면 이 부분이 가장 큰 이혼 사유 중 하나였을 것이다.

적어도 세 가지 중요한 이혼사유를 들자면 자녀, 성씨, 500만 달러 배상판결이다. 그 외 MB와의 관계가 마이너한 "원 오브 리즌"이라고 한다. 남녀관계는 두 사람만 알 수 있겠지만 적어도 객관적으로 살피건대 MB와 에리카 김의 관계는 세간에서 추측하는 그런, 이혼 사유가 될 만큼 심각한 부적절한 관계는 아니었던 것 같다. 남편 안 씨는 캘리포니아주를 떠나 미국 중남부의 대도시로 이주, 현재 재혼해서 자녀들을 출산하고 행복하게 살고 있다.

제**2**부

조양래
한국타이어 일가의 비밀

■

낸시스탠라브라이언이라는 이름은 우리와 어떤 연관이 있을까? 미국 배우 이름 같기도 한 이들은 사실 이명박 대통령의 사돈들이다. 미국에서 부동산을 불법으로 사들일 때 자신들을 숨기기 위해 사용한 영어식 이름이다. 지금껏 한 번도 밝혀지지 않았던 이 이름의 주인공을 알아가는 과정은 무척 재미있었다. 이 중 '브라이언 현 조라는 이름의 주인공은 18세 때인 1990년 8월 30일, 36만 5000달러에 하와이 마우이의 콘도를 사들였다. 그는 MB의 사위 조현범 한국타이어 사장이다.

재벌 일가에 대한 취재를 진행하면서 '과연 우리나라 재벌들은 어떤 생각을 하면서 살아갈까' 하는 의문이 내내 나를 괴롭혔다. 어떻게 하면 남들 모르게 돈을 빼돌릴 수 있을까, 어떻게 하면 회사 돈으로 자식을 호강시켜 줄 수 있을까, 단지 이런 생각만 하면서 살아가자는 않을 것이라 믿는다. 하지만 하와이나 뉴저지 등의 등기소를 방문해보면 이러한 의문을 갖게 하는 일을 많이 접하게 된다. 여기에 밝히는 사실도 카운티 등기소, 주정부 재무부를 뒤지면서 시작했다. 작은 단서를 실마리 삼아 이 기록 저 기록을 넘나들면서 한국타이어 일가가 치밀하게 숨겨둔 비리들을 알아가는 시간은 긴장의 연속이었다. 재벌 일가가 미국에서 제일 잘 나간다는 동네의 부동산을 사들이고 굴러온 사실들을 밝혀내다 보면 맥이 빠지고 모럴 헤저드라는 말밖에는 떠오르지 않는다. 조양래 한국타이어 회장이 주가를 조작해 거액의 차익을 얻은 사건은 국내에서 솜방망이 처벌로 끝났다. 그러나 국내에서 솜방망이 처벌로 그치자 미국에서도 소송이 제기됐고 그 과정에서 조양래 회장이 두 번씩이나 데포지션을 받은 일은 이 책에서 처음 공개되는 사실이다. 데포지션 과정에서 조양래가 미국 재산에 대해 있다, 없다 말하지 않고 끝까지 답변하지 않겠다고 버틴 것은 바로 하와이 등에 산재한 부동산 때문이었다. 그는 심문 과정에서 여러 수모를 당하면서도 동문서답만 되풀이했다. 수많은 개미들에게 피해를 입힌 점에 대해서도 "나는 몰라요" 하면서 침묵시위를 했다. 주가조작에 동원된 페이퍼컴 퍼니를 통해 얻은 부당이득으로 미국 IT회사에 투자한 사실도 이 책을 통해 처음 세상에 알린다. 그가 어떤 창피를 겪었는지 기록된 사실 속으로 들어가본다.

01
대통령 사위의
하와이 별장

조양래 한국타이어 일가

MB 사돈 조양래 일가, 하와이 별장 4채 불법 매입

2009년, 〈시크릿 오브 코리아〉가 조석래 효성 회장과 그의 아들인 조현준, 조현상 씨 등이 미국에서 불법으로 부동산을 구입했다는 사실을 밝히자 두 사람은 결국 법정에 서야 했다. 이명박 대통령 사돈의 형 가족들의 비리였다. 이들은 계약서 등 부동산 서류 곳곳에 효성이라는 기록을 남기는 어리숙함을 보였다.

알고 보니 이들뿐만이 아니었다. 대통령의 사돈인 조양래 한국타이어 회장의 가족 또한 깜짝 놀랄만한 불법을 저질렀음이 드러났다. 단, 이들은

'멍했던' 조석래 회장 일가와는 달리 철저히 영어 이름을 사용하는 노련함을 발휘했다. 자신들의 정체를 치밀하게 감추는 용의주도함 덕분에 비리가 다소 늦게 밝혀졌지만 그 규모는 만만치 않다.

특히 대통령의 사위인 조현범 씨는 미성년자 때부터 미국 부동산을 사들였고 가까이는 결혼한 뒤 장인이 서울시장이던 시절에도 스스럼없이 부정을 저지른 것으로 확인됐다. 그가 하와이에 불법으로 사들인 부동산이 무려 3채였다.

조석래와 세 아들에 관한 비밀스런 이야기는 제3부에서 하기로 하고, 여기에서는 한국타이어 일가의 불법과 비리에 대해 파헤쳐보겠다.

대통령 사돈 조양래 회장 일가는 22년 전인 1990년 한 해에만 부인과 아들 2명 등 3명의 명의로 3채의 부동산을 사들였다. 2004년에도 하와이 마우이의 고급 리조트를 1채 더 구입했다. 이들은 하와이를 선호했고 하와이 중 와이키키 해변이 있는 호놀룰루가 아니라 한국인이 비교적 적은 마우이를 고집했다. 한국인들의 눈을 피하기 위한 탁월한 선택이었다. 특히 이들 자녀들의 하와이 부동산 매입은 불법 증여일 가능성이 매우 높다. 조양래 회장은 자신의 자녀 4명에게 1996년에 이르러서야 164억 원 정도의 한국타이어 주식을 증여했고 이들이 한국타이어에 취직한 것도 하와이 부동산을 구입하고 한참 뒤인 1997년 이후이기 때문이다.

MB 사위 조현범, 18세에 하와이 콘도 매입

가장 먼저 부동산을 사들인 인물은 이명박 대통령의 사위인 조현범 현 한국타이어 사장이다. 이명박 대통령의 딸 이수연과 2001년에 결혼한 조현범은 1972년 1월 7일생으로, 미국 이름은 브라이언이다.

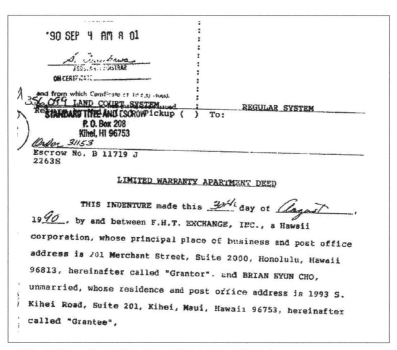

이명박 대통령의 사위 조현범의 1990년 하와이 콘도 매입계약서

조현범은 '브라이언 현 조'라는 자신의 미국 이름으로 18세 때인 1990년 8월 30일, 36만 5000달러에 하와이 마우이의 콘도를 사들였다. 22년 전의 일이다. 이 집의 주소는 하와이 마우이의 와이리아 아라누이 드라이브 3300번지 콘도의 21C호다.

18세의 조현범에게 재산이 있을 리 만무하다. 재산이 있었던들 아버지 조양래 회장이 증여해준 재산일 것이다. 더구나 투자를 위해 해외부동산 매입이 허용된 것은 2006년 5월 22일 이후였다. 그 이전은 불법이다. 그렇다고 해외체류 자격을 획득해 해외체류를 위해 구입한 것은 더더욱 아니다.

그림 1. 조양래 일가

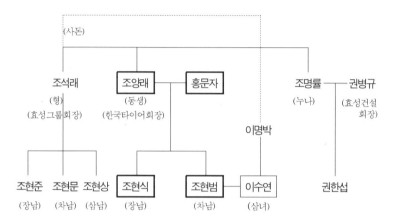

조현범은 이 콘도를 소유하고 있다가 10년 뒤인 2000년 4월 25일, 37만 달러에 매도했다. 2011년 현재 하와이주 마우이 카운티가 산정한 해당 콘도의 재산세 부과기준 평가가격은 약 46만 달러이다. 매도 당시 계약서에 적은 주소지는 한국타이어 소유인 뉴저지주 와이코프 파뷰 552번지 저택이다.

조현식, 20세에 하와이 단독주택 사들여

둘째 아들에게 먼저 하와이의 콘도를 선물한 조양래 회장은 그로부터 닷새 뒤인 1990년 9월 4일, 장남인 조현식 현 한국타이어 사장에게도 하와이 마우이의 하라마스트리트 1794번지 단독주택을 1채 사주었다. 1970년 1월 7일생인 조현식의 미국 이름은 스탠리로 확인됐다. 만 20세 때 불법으로 미국 하와이의 부동산을 산 것이다.

당시 이 단독주택의 매입가는 121만 달러로, 20세 때 경제적 능력이 없었을 테니 조양래 회장이 사줬다고 해도 무방할 것이다. 이 집의 부지는 1만 평방피트가 넘고 건평은 84평 규모이다. 방이 5개, 욕실 딸린 화장실이 4개인 대형저택이다.

조현식은 조현범보다 두 살 많은 형이다. 조현식은 12년간 이 집을 가지고 있다가 2002년 9월 30일 150만 달러에 팔아 약 30만 달러의 양도 차익을 올렸다. 매도계약서에는 조현범처럼 한국타이어 소유의 뉴저지주 와이코프 파뷰 552번지 저택을 자신의 주소지로 기재했다.

하와이에 2채의 콘도를 매입한 1990년 9월 당시 조현범은 18세, 조현식은 20세였다. 미성년자이며 학생이던 이들이 36만 5000달러, 121만 달러를 자신의 힘으로 마련할 수 없다는 것은 자명한 일이다. 해외부동산 매입이 금지된 시절에 불법으로 부동산을 사들인 것은 물론 조양래 회장이 자신의 재산을 아들들에게 불법으로 증여했음이 분명하다. 불법의 연속이다.

대통령 안사돈 홍문자 씨도 하와이 콘도 매입

조양래 회장의 하와이 별장 쇼핑은 끝이 없었다. 1990년 가을 아들들에게 각각 1채씩 하와이 부동산을 사준 조양래는 그해가 가기 직전인 1990년 12월 18일 아내에게도 콘도 1채를 선물했다. 하와이 마우이의 500 베이드라이브에 있는 카팔루아 베이빌라의 24B1-2호이다. 부동산번호가 420010240068인 이 빌라는 1977년에 지어졌으며 방 2개에 화장실이 3개 딸린 40평 규모이다. 매입가격은 무려 80만 달러였다. 1990년 당시 한국에 화장실이 3개인 집은 거의 없었다. 한국에 아파트가 한참 지어지기 시작한 때이지만, 한편으로는 공동화장실이 여전히 존재하던 그런 시절이었다.

조양래의 아내 홍문자 씨의 미국 이름은 낸시로, 계약서에는 미국식으로 남편 성을 따라 '낸시 문 조'로 기재했다. 또한 남편을 찰리 조로 기록해놓았다. 조양래의 영어 이름이 찰리 조인 것이다.

한편 매입자 홍문자는 계약서에 자신의 주소를 하와이 마우이 와이리아 아라누이 드라이브 3300번지의 콘도 와이리아 에카이의 21C호라고 기재했다. 이는 둘째 아들 조현범이 그해 8월에 구입한 콘도의 주소이다. 1990년 12월 28일, 마우이 카운티에 등기된 이 계약서의 문서번호는 1990-198111이다.

대통령 사위 19세 생일선물이 콘도 지분 50%

더구나 홍문자는 아들 조현범에게 자신의 콘도 지분 50%를 무상 증여했다. 홍 씨는 콘도를 구입한 지 보름도 안 돼 1990년 12월 31일자 계약을 통해 아들 조현범에게 0달러에 넘겼다. 이 계약서에 조현범은 싱글로 기재돼 있었다. 등기를 마친 날은 1991년 1월 7일이었는데, 그날은 공교롭게도 조현범의 생일이었다. 1972년 1월 7일생 조현범의 열아홉 번째 생일선물이 바로 이 콘도였던 셈이다.

낸시 문 조와 브라이언 현 조는 이 콘도를 2005년 2월 7일, 153만 달러에 팔았다. 두 사람은 공증인 앞에 출석, 공증을 받았다. 이 매도 문서에 주인인 찰리 조의 부인 '낸시 문 조'와 기혼남 '브라이언 현 조'의 주소는 한국타이어가 소유한 뉴저지주 와이코프 파뷰 552번지였다. 조현범은 2001년 MB의 딸 이수연 씨와 결혼했으므로 그렇게 표기했다.

이들은 이 콘도를 80만 달러에 사서 153만 달러에 팔았으니 거의 2배의 수익을 올린 셈이다. 15년간 하와이 콘도를 이용할 대로 이용하고 돈은 돈대로 번 것이다. 이러니 불법을 따지지 않고 기를 쓰고 해외부동산을 사들이는 것이다.

낸시-스탠리-브라이언 명의로 1990년에만 3채

조양래 회장은 1990년 한 해에만 하와이 마우이에 단독주택 1채, 콘도 2채 등 부동산 3채를 사서 부인과 아들 2명에게 각각 1채씩 선물했다. 1채를 구입해도 불법인데 3채를 한꺼번에 산 것이다. 불법도 이만저만한 불법이 아니다. 더구나 낸시, 스탠리, 브라이언이라는 영어 이름을 사용하는 꼼수를 발휘했다. 조양래 일가는 순진한 조석래 일가보다 꼼수 단수가 높았다.

이들이 구매한 3채의 가격을 합하면 모두 237만 5000달러에 이른다. 1990년, 237만 달러는 적지 않은 돈이다. 22년 전인 당시 환율로 17억 원, 현재 환율로 29억 원에 달한다. 그 돈을 다 어떻게 조달했을까? 외국환관리법으로 외화유출이 엄격히 금지된 상황에서 무슨 돈으로 하와이 별장을 3채나 샀을까?

한국타이어 수출입 업무에서 외화를 빼돌렸을 가능성이 없지 않다. 원료를 살 때 매입비용을 과다 산정해 빼돌린다거나 타이어 등을 수출하고도 대금 일부를 하와이에 떨어뜨리는 방법 등이 동원됐을 것으로 추정된다.

이 3채의 부동산을 팔 때는 각각 5000달러, 29만 달러, 73만 달러 수익을 올렸으니 전체 수익은 102만 5000달러로, 투자금의 거의 40% 이상을 번 것이다.

조현범, MB 서울시장 때 콘도 1채 더 매입

조양래 일가의 하와이 별장 매입은 1990년에 그치지 않았다. 2004년에는 더 큰 별장을 사들였다. 조양래 회장의 부인 홍문자 씨와 아들 조현범이 공동 주인이었다. 2004년이면 MB가 서울시장으로 재직 중일 때이다. 조현범은 고위공직자의 사위로서, 또 사회지도층인 기업가의 아들로서 불법으로 해외 별장을 구입한 것이다.

등기를 확인한 결과 뉴저지주 와이코프의 파뷰애비뉴 552번지에 사는 '낸시 문 조'와 '브라이언 현 조'는 하와이 마우이의 라하이나 카팔루아 아이언우드 레인 64호 콘도를 2004년 5월 20일에 매입, 같은 해 5월 27일 등기를 마쳤다. 부동산번호는 420010300024이고, 매입가는 216만 5000달러에 달했다. 이때도 투자용 해외부동산 취득이 전면 금지된 시점이었다.

현재 이 콘도의 재산세 고지서가 발송되는 주소는 뉴저지주 와이코프의 선라이즈 드라이브 208번지이다. 이 콘도의 재산세는 6361달러씩 두 번, 1년에 1만 2700달러에 달한다. 1979년 지어졌으며 방 3개, 화장실 4개로 2919평방피트, 즉 82평이다.

현대 PGA 열리는 카팔루아 리조트

조양래 일가가 1990년에 매입한 3채의 하와이 별장 중 2채는 콘도였다. 해당 콘도를 조사해봤더니 2채 모두 미국 PGA 투어의 2012년 개막경기인 현대 PGA 투어가 열린 카팔루아 리조트 안에 있었다. 또 2004년에 사들인 콘도 또한 카팔루아 리조트였다. 조양래 일가가 요즘 말로 카팔루아 리조트에 '꽂힌' 것이다.

카팔루아 리조트는 하와이 마우이 북서 해안의 최고급 리조트로, 선명한 녹색의 산정으로부터 반짝반짝 빛나는 태평양 해안이 한눈에 들어오는 그림같이 아름다운 전경으로 유명하다. 이 리조트 웹사이트가 영어는 물론 한국어로도 서비스될 정도로 한국인들에게도 잘 알려져 있다. 더구나 현대자동차가 주최하는 현대 PGA투어가 열리는 곳이다. 카팔루아 리조트는 규모가 무려 93.5평방킬로미터, 2만 3000에이커로, 아름다운 비치, 안개에 쌓인 산맥, 화산 폭발로 생긴 용암 등이 어우러진 지상낙원이다. 특히 세계 최고 수준의 골프 코스가 2개나 있다. 베이 코스는 아놀드 파머가 디자인한 코스로 푸른 초원과 파란 바다가 어우러진 멋진 코스로 유명하다. 플랜테이션 코스는 파 73으로 거대한 파인애플 농장이 있어 플랜테이션 코스로 명명됐다. 바로 이 플랜테이션 코스에서 PGA 개막경기인 현대 PGA투어가 열린다. 현대가 이 대회를 주최하기 전에는 벤츠가 주최했었다.

이 리조트 내에 일반인에게 분양하는 5개의 콘도미니엄 단지가 있으며 조양래 일가가 이 콘도를 분양받은 것이다. 조양래 일가가 매입한 하와이 부동산 4채 중 3채가 이 콘도였다.

조현범 별장은 아이언우드 중 가장 큰 집

카팔루아 리조트에는 베이빌라, 코코넛글로브, 골프빌라, 아이언우드, 릿지빌라 등 5개 콘도가 있으며, 조현범은 이 중 베이빌라를 1990년에 매입했고, 가장 호화스럽고 규모가 큰 아이언우드 콘도를 2004년에 사들였다.

아이언우드 콘도는 딱 40채다. 다른 콘도 단지들은 141채, 186채 등으로 대단위 단지이지만 아이언우드는 40채만 별장 형식으로 지어진 콘도다. 조현범의 별장은 아이언우드 중에서도 가장 큰 84평 규모이고, 그 유명한 베이 골프코스의 5번 홀 바로 옆에 있다. 별장에서 태평양의 바다와 베이 코스 5번 홀의 푸른 잔디가 한눈에 들어온다.

이들은 베이 코스는 물론 플랜테이션 코스를 저렴한 가격에 이용할 수 있고 2009년 개장한 세계 최대 규모의 스파도 즐길 수 있다.

조현범 등 일반사업자 납세번호도 확인돼

조문자, 조현식, 조현범 세 사람이 하와이주에 세금을 내면서 사용한 텍스 아이디, 즉 납세자 번호도 모두 확인됐다. 조현식의 납세자 번호는 W00264212-XX로 1991년 7월 1일, 조현범의 납세자 번호는 W00264318-XX로 1990년 10월 15일, 조문자의 납세자 번호는 W00264324-XX로 1991년 1월 11일부터 세금을 내기 시작했다.

또한 이들은 부동산에 대한 재산세 외에도 GENERAL EXCISE AND USE 세금, 쉽게 말하면 판매세에 해당하는 간접세를 낸 것으로 드러났다. 따라서 이들이 하와이에서 어떤 사업을 한 것으로 추정된다.

아마도 하와이의 별장을 자신들이 이용하지 않는 기간에 빌려주고 임대수입을 받았고 이 임대료에 별장 임차인이 내야 하는 세금까지 포함돼 있었던 것 같다. 한국에서 가게 주인이 물건을 팔면서 구매자로부터 부가가치세까지 모두 받아서 대신 납부하는 것과 같은 이치의 간접세다. 이들이 이러한 세금을 낸 것으로 보인다.

이들은 하와이 별장에서 즐기고, 별장을 임대해서 돈도 벌고, 별장을 팔아서 차액까지 챙긴 일석삼조의 이득을 본 것이다.

뉴저지 집은 1986년 한국타이어 명의로 사들여

조양래 회장 일가의 하와이 부동산 4채의 모든 서류에 기재된 주소는 뉴저지주 와이코프의 파뷰애비뉴 552번지이다. 이 단독주택은 1982년에 지어졌으며 건평이 84평으로 1986년 7월 3일 한국타이어 명의로 매입했다. 당시 매입가는 46만 5000달러였다. 한국타이어 명의의 부동산이 조양래 한국타이어 회장 가족의 주소지였던 것이다.

한국타이어는 이 부동산을 2011년 5월 11일, 송기범·정현진 씨에게 72만 달러에 팔았다. 그러나 버겐 카운티가 재산세를 부과하기 위해 평가한 가격은 94만 6000여 달러, 통상 재산세 평가 가격이 시가에 훨씬 못 미치는 것을 감안하면 이 단독주택의 시가는 100만 달러를 넘는다. 그런데 한국타이어는 시세의 70% 선인 72만 달러에 이 주택을 매도한 것이다. 왜 이렇게 싸게 팔았는지 궁금하지 않을 수 없다.

한국타이어는 해당 주택의 재산세 고지서를 받을 주소를 한국타이어 미주 지사로 기재해놓았다. 한국타이어 미주 지사는 뉴저지 웨인의 밸리로드 1450번지에 있고, 전체 부지가 5에이커이다. 이 건물은 한국타이어가 1995년, 122만 5000달러에 매입했다. 한국타이어는 미주 지사 사옥보다 먼저 뉴저지 주택을 구입했고, 사주도 사옥에 앞서 하와이 별장을 3채나 불법 구입했다.

재산세 발송 뉴저지 집 실소유주는 누구?

현재 하와이 아이언우드 콘도의 재산세 고지서가 발송되는 주소는 뉴저지주 와이코프의 선라이즈 드라이브 208번지다. 이 주택이야말로 도대체 조양래 회장과 어떤 관계인지 오리무중인 부동산이다. 건평이 105평에 달하는 이 주택은 2007년 2월 25일, 김모 씨와 주모 씨가 104만 달러에 사들였고 현재도 소유하고 있다.

2008년과 2009년 버겐 카운티가 재산세를 부과하기 위해 평가한 가격이 150만 달러에 달한다. 표면상 조양래 회장과 어떤 연관성도 발견할 수 없지만 바로 이 집으로 하와이 마우이 카운티가 발행하는 조양래 별장의 재산세 고지서가 발송되고 있는 것이다. 도대체 이 집주인과 대통령 사돈은 어떤 관계일까?

또 하나 재미있는 것은 조양래 회장의 사돈인 이희상 동아원 회장도 1970년대에 뉴저지 와이코프에 부동산을 구입했다는 사실이다. 와이코프가 조 씨와 사돈들이 선호하는 지역인 셈이다.

조양래 한국타이어 회장

조양래, 데포지션 받다 하와이 방문 밝혀져

조양래 한국타이어 회장은 하와이 별장을 얼마나 자주 방문했을까? 좀처럼 그 사실을 밝혀내기가 쉽지 않았다. 하지만 뜻하지 않게도 2004년 6월, 미국에서 제기된 조양래에 대한 주가조작 손해배상소송에서 조양래의 하와이 방문 흔적이 드러났다.

이 소송의 피고인이었던 조양래 회장은 2005년 3월 31일 원고로부터 데포지션, 즉 예비심문을 당하는 수모를 겪었던 사실이 드러났다. 데포지션(deposition)은 미국의 소송절차 중 하나로 재판부의 허가를 얻어 소송 당사자들이 상대방을 직접 심문하는 제도다. 재판부 없이 소송 당사자들이 직접 상대방을 심문하기 때문에 거친 질문이 난무해 어지간한 배짱을 가진 사람도 오줌을 쌀 정도로 힘들다고 한다. 조양래 회장이 바로 이 데포지션을 받은 것이다. 다행히 장소는 자신의 홈그라운드인 서울 역삼동 한국타이어 사옥이었다.

대기업 회장의 데포지션인 만큼 많은 수의 변호인과 회사 임원이 배석했다. 조양래 회장의 미국 내 변호인은 물론 미국 내 한인 변호인인 뉴욕의 민모 변호사가 뉴욕에서 서울로 날아왔고, 공식 통역관, 또 통역을 다시 체크하는 검토 통역관에다 비디오 촬영기사만 3명이었다. 전성익 씨 등 한국타이어 임원들도 자리를 함께해 회장의 답변을 도왔다.

이 데포지션 과정에서 특이한 내용이 나온다. 원고 측 소송 대리인은 조양래에게 미국 내에 재산이 있는지 물어봤다. 잽싸게 조양래의 변호인이 그 같은 질문은 소송의 본질과 관련이 없다며 이의를 제기했다. 원고 측은 조양래에게 여러 차례 미국 내 보유한 은행예금 등 금융자산과 부동산 등을 물어봤지만 조양래는 일체 답하지 않았다. 하와이 별장들과 뉴저지 부동산 등을 고려하면 조양래 회장이 왜 답변을 거부했는지 알 수 있다. 미국 내 하와이에 재산이 있다고 답한다면 해외부동산 불법 매입 사실이 드러나기 때문이었다.

원고 대리인은 방법을 바꿔서 최근 미국에 간 적이 있느냐고 물었다. 조양래는 가장 최근에 미국을 방문한 것은 바로 이 데포지션 직전으로 2005년 3월께 하와이를 방문해 한 달 이상 체류했다고 답변했다. 또 2004년 8월에도 하와이를 방문했으나 부인인 조문자 씨가 아파서 사흘 만에 돌아왔다고 덧붙였다. 2004년 8월과 2005년 3월에 하와이를 방문한 사실이 우연찮게 드러난 것이다.

대통령 사위인 둘째 아들이 카팔루아 리조트의 5개 콘도 중 최고급 콘도인 아이언우드 콘도를 사들인 것이 2004년 5월이었다. 조양래는 이 아이언우드 콘도를 사들인 직후 하와이를 방문한 것이다. 십중팔구 이곳에 머물렀을 것이다.

조양래, '주가조작 300억 이득' 미국서 피소

조양래 회장이 데포지션을 받은 것은 그가 한국타이어의 주가조작에 관여했다는 의혹 때문이다. 조양래가 미국 내 소송에 연루돼 데포지션까지 받게 된 배경은 1996년으로 거슬러 올라간다. 복잡한 머니게임이지만 간단히 정리하면 조양래가 페이퍼컴퍼니를 설립, 한국타이어의 주식을 사들인 뒤에 무상증자 등으로 주가를 올려 되팔아서 거액을 챙겼다는 것이다.

조양래와 한국타이어는 1996년 8월, 말레이시아 리부안에 자하마, 제이드, 오션 등 3개의 페이퍼컴퍼니를 설립했다. 지금은 조양래가 한국타이어 최대 주주의 지위만 유지할 뿐 경영에 관여하지 않는다고 하지만 당시는 회장 직책을 맡아 경영을 책임지고 있었다. 자본금 1센트의 페이퍼컴퍼니였고 일부 회사의 이사는 조양래의 친구 단 한 명이었다.

자하마와 제이드는 일본 요코하마고무가 소유한 한국타이어 주식 13.2%를 매입했고, 1999년 한국타이어는 자사주 매입, 무상증자 등 호재를 연달아 발표해 주가를 끌어 올린 뒤 이를 매도해 300억 원 상당의 수익을 올렸다는 것이 페닌술라자산관리회사 대표 박노준의 주장이다.

실제 한국타이어 공시 내용을 통해 1998년 11월 자사주 취득, 1999년 4월 무상증자를 추진했음이 사실로 확인됐다. 박노준의 회사인 페닌술라가 오션과 계약을 맺고 금융컨설팅 등을 하면서 이 같은 사실을 알게 됐다. 자하마와 제이드는 한국타이어 계열사 등의 지급보증을 받아 채권을 발행,

주식을 살 자금을 마련했고 거액의 주가 차액을 오션에 전달했다. 돈 한 푼 없이 한국타이어를 이용, 조양래 등 대주주가 300억 원 상당을 벌었다는 것이다.

물론 이 과정에서 언제나 그렇듯이 수많은 개미들만 피해를 봤다. 무상증자 발표 뒤인 1999년 5월, 한국타이어 주가는 1만 4700원까지 치솟았다. 자사주 매입 발표 전 주가가 2000원대였으니 그야말로 급등한 셈이다. 그러나 결국 주가는 9000원대로 최고가 대비 30% 정도 내렸다. 주식시장에 한국타이어 주식이 쏟아져나왔기 때문이다. 누구의 물량이 풀렸는지는 이 글을 읽으면 짐작이 갈 것이다. 아무튼 이 과정에서 멋모르고 고점에서 한국타이어 주식을 산 개미들만 피해를 입은 것이다.

더구나 당시는 단군 이래 한국 경제가 최대 위기에 직면한 IMF 외환위기 때였다. 국민 한 사람, 한 사람이 돌반지까지 내다 팔았고 자살하는 사람이 속출하던 때였다.

조양래의 주가조작 비밀은 영원히 지켜지는 듯 했다. 그러나 금융감독원 등이 기업들의 역외펀드에 대한 조사에 착수하자 조양래 회장의 역외펀드도 베일을 벗게 된다. 2002년 7월, 조양래 등은 역외펀드를 뒤늦게 신고했고 그해 12월 24일 금감위의 제재를 받았다. 금감위는 한국타이어와 최대 주주 조양래에게 1996년 역외 금융회사를 위한 채무보증 등의 과정에서 한국은행 총재의 신고수리를 취득하지 않았다며 3개월의 채무보증계약체결정지처분을 내렸다. 그러나 이 처분도 만약 조양래가 주가조작 등을 통해 300억 원을 벌었다는 것이 사실이라면 솜방망이 처벌이 아닐 수 없다.

물론 조양래나 한국타이어 등은 주가조작 사실 등을 강력히 부인했다. 2003년 11월, 월간지 〈신동아〉도 이 내용을 자세히 보도했다. 〈신동아〉는 복잡하고 교묘한 머니게임을 도표까지 그려가며 자세히 기사화했다.

역외펀드는 쉽게 말해서 제3국에서 조성된 펀드이다. 매매·차익에 따른 세금이나 각종 규제를 피할 목적으로 우리나라가 아닌 조세 회피지역에 설립하는 경우가 많다. 비자금에 대한 자료나 세금을 피하기 위해 해외에 회사를 설립해서 운용함으로써 국내법을 적용받지 않고 정체도 숨길 수 있다.

이렇게 되어 박노준은 한국타이어 대주주의 페이퍼컴퍼니 운용, 주가조작 등 불법에 자신의 회사가 이용됐다며 2002년 10월 텍사스주 타란트 카운티 지방법원에 소송을 제기했다. 이 소송의 원고는 페닌술라자산관리회사와 박노준이고 피고는 한국타이어주식회사와 조양래 회장이었다. 박노준의 주소지가 텍사스주 타란트 카운티였기 때문에 이곳에서 소송을 제기했지만 텍사스주 법원은 케이만 군도 법인인 페닌술라자산관리회사와 한국 법인인 한국타이어, 그리고 한국인인 조양래 회장에 대해 사법권을 행사할 수 없다는 이유로 기각했다.

조양래, 불법의 모든 것 드러난 데포지션

박노준은 2004년 6월 17일, 오하이오주 북부 연방법원에 다시 소송을 제기했다. 오하이오주 서밋 카운티 아르곤에 한국타이어 연구소가 있기 때문에 이곳에서 다시 소송을 제기한 것이다. 바로 이 소송과 관련해 조양래가 한국에서 2005년 데포지션을 받게 됐다.

데포지션은 양측 변호사의 협의에 따라 개최 장소를 결정하고 판사의 승인을 받아 시작한다. 이때 심문하려고 상대방을 부르는 측이 비용 전체를

이명박 대통령의 사돈 조양래 한국타이어 회장의 2005년 3월 1차 데포지션 속기록

부담한다. 만약 미국에 머무는 원고 측이 한국에 있는 피고를 미국에 데려가서 심문하려면, 부르는 측이 항공권 등의 모든 비용을 부담해야 한다. 그래서 박노준 측은 부득이하게 한국으로 최소 인원만 데려와서 데포지션을 진행했을 것이다.

조양래에 대한 데포지션 속기록은 101페이지에 달하며 오하이오주 북부 연방법원에서 찾을 수 있었다. 중요한 기록이므로 상세히 살펴보겠다.

조양래, '경영진 조언 따랐을 뿐 잘 모른다' 부인

조양래는 이 데포지션에서 원고 측이 자하마와 제이드라는 회사를 아느냐고 묻자 들은 적이 있다고 밝혔다. 자기 기억으로는 1996년 자하마란 회사에 대해 처음 들었으며, 당시 한국타이어 지분 13.2%를 소유하고 있던 일본 요코하마고무가 이 주식을 팔겠다는 의사를 내비쳤고, 한국타이어의 경영진들이 그 주식이 한꺼번에 주식시장에 쏟아질 경우 혼란이 올 수 있다고 판단했기 때문에 자신에게 주식이 시장에서 팔리지 않도록 조치를 취해야 한다고 설명했다는 것이다. 또한 자신도 한국타이어의 최대 주주로서 경영진들과 마찬가지로 이 문제에 관심이 있었고, 경영진들이 이 주식을 사들이기를 원한다고 믿었다고 했다.

그러나 조양래는 자하마와 제이드라는 회사의 설립목적이 요코하마고무로부터 한국타이어 지분 13.2%를 사들이기 위한 것이었냐는 질문에는 "나는 이 회사들의 설립목적에 대해서 자세히 모르며 다만 경영진으로부터 이 회사들의 스톡옵션 계약에 서명해달라는 요청을 받았던 것으로 기억한다"고 밝혔다. 조양래 자신은 자하마와 제이드의 임원이나 이사, 또는 고용인이 아니라고 밝혔고 이 회사의 주주가 누구인지 들어보지 못했다고 답했다. 조양래는 "내가 아는 것은 그 펀드가 요코하마고무가 주식시장에서 팔려는 한국타이어 지분 13.2%를 사기 위해서 설립됐고 경영진들이 나에게 도움을 요청했다는 것뿐이다"라며 자신의 관련성을 부인했다.

또한 자신이 당시 회장이었지만 경영일선에 나선 경영진은 아니었다고 강조했다. 그저 회사의 전반적인 운영상황만 체크하고 타이어 업계의 경험을 바탕으로 경영진에게 조언만 제공했다고 말했다. 그래서 그 펀드에 대해 상세히 모른다는 것이다. 단지 경영진들이 스톡옵션 계약에 서명해달라고 해서 도와줬을 뿐이며 그게 전부라고 설명했다.

한국타이어 대주주가 스스로 자신은 아무런 판단도 할 수 없는 허수아비라고 답변한 셈이다. 당시 상황을 정확히 이해하기 위해 실제 데포지션에서 원고 측과 조양래 사이에 오고간 대화 내용을 담았다.

페이퍼컴퍼니 이사가 신양개발 사장으로 드러나

원고 측이 조양래에게 심문을 시작했다.

"누가 자하마와 제이드를 설립했느냐?"

"아마 한국타이어 사장이 한 것 같은데 지금 기억이 안 난다."

"김영욱을 아느냐?"

"김영욱이 신양개발의 사장이었지만 지금은 아니다."

"김영욱이 자하마와 제이드에 관여된 사실을 아느냐?"

"모른다. 스톡옵션 계약에 서명하고 나서는 두 회사에 대해 관심을 두지 않았다."

이에 원고 측이 제이드와 조양래 간에 체결된 스톡옵션 계약서를 증거로 제시하자 조양래는 자신이 서명한 계약서가 맞다고 말했다. 조양래는 김영욱이 제이드에 관여한 사실을 모른다고 말했지만 바로 이 계약서에 제이드를 대표해 서명한 사람이 김영욱이었다. 자신과 김영욱이 쌍방의 대표로서 서명했으면서도 모른다고 딱 잡아뗀 것이다. 원고 측이 조양래에게 "이 계약서에 제이드를 대표해 서명한 사람이 누구로 돼 있느냐, 보이는 대로 말해보라"고 하자 조양래는 그제야 "김영욱다"라고 답했다. 눈 가리고 아웅하는 격이다.

원고 측 변호사가 이 계약은 제이드가 소유한 한국타이어 주식을 주가가 오르더라도 그에 상관없이 특정한 가격에 조양래가 사들이는 계약이라고 설명했다. 이른바 콜옵션-풋옵션이 모두 들어간 계약으로, 향후 주가에 상관없이 일정액에 주식을 사고팔 수 있는 계약이다.

그래도 조양래는 자신은 경영진이 도와달라고 해서 서명했을 뿐 계약의 의무나 권리에 대해 자세히 모른다고 발뺌했다. 계약서도 안 읽어보고 그냥 서명하라고 해서 "네" 하고 서명했다는 말을 곧이곧대로 믿을 사람은 없을 것이다.

"당신들은 내가 그 회사에 대해 자세히 알거라고 추측할 것이다. 그렇지만 다시 한 번 강조하지만 나는 모른다. 정말 모른다. 도와달라고 해서 그냥 서명한 것이다."

조양래는 이렇게 말하며 자신이 모른다는 사실을 강조했고, 또 다시 공방이 이어졌다.

"그렇다면 계약서를 읽어봤느냐?"

"나는 그 내용을 100% 이해할 만한 전문지식이 없다. 경영진이 법률자문을 거친 것이라고 해서 그냥 서명했다."

모른다고 둘러대면서도 수치심 느껴

"그 계약의 권리를 행사했느냐?"

"내 기억으로는 그렇지 않다. 그러나 정확히 기억하지 못하겠다."

"당신은 당신에 관한 일을 스스로 결정하느냐 아니면 다른 사람이 당신에 관한 일을 결정하도록 하느냐?"

이와 같은 원고 측의 질문에 조양래는 수치심을 느꼈는지 무엇을 의미하는 질문이냐고 둘러댔다. 다시 원고 측의 질문이 이어졌다.

"자하마와도 비슷한 계약을 했느냐?"

"기억이 나지 않는다"라고 조양래는 애매하게 답했다.

"기억나지 않는다는 것이 과연 가능한 것이냐?"

이에 조양래 측 변호인이 이는 원고 측의 추측이라며 이의를 제기했다.

"내 대답은 사실이냐 아니냐에 대한 답변이 아니다. 기억이 나지 않는다는 것이다!"라고 조양래가 강조했다.

원고 측이 제이드 계약서만 확보했을 뿐 자하마 계약서를 제시하지 못하자 차마 계약을 안 했다고 부인하지는 못하고 기억나지 않는다고 답변한 것이다.

원고 측이 자하마 계약 여부에 대해 집요하게 물었지만 조양래는 계속 기억이 안 난다는 답변만 되풀이했다. 제이드 및 자하마와 스톡옵션 계약을 하면서 한국타이어가 어떤 형태로든 보증을 해준 적이 있느냐고 묻자 조양래는 자신은 자세한 것을 모른다고 답했다.

그러자 원고 측이 한국타이어가 법원에 제출한 서류를 내밀었다.

"서류에 뭐라고 돼 있느냐?"

"나는 읽을 수가 없다. 무엇을 말하는 서류인지 정말 모르겠다. 제목은 〈한국타이어 케이스 요약〉이라고 돼 있다."

"이 서류 3페이지 좌측 상단 두 문장을 보라."

"나는 전문적 지식이 없어서 답변을 못하겠다."

"두 문장을 보고 기억을 되살려보라. 어떤 보증을 해줬나?"

"기억이 안 난다."

조양래의 답변이 채 끝나기도 전에 조양래 측 변호사가 끼어들어 이의를 제기하면서 "기억이 안 난다고 답한 것으로 정리해달라. 모른다고 하지 않느냐"고 말했다.

"그 문장은 그렇게 돼 있지만 나는 무슨 보증인지 기억나지 않는다."

조양래가 다시 한 번 강조했다.

이에 원고 측이 정말 기억나지 않느냐고 물었고, 조양래 측 변호사가 이미 답변했는데 왜 물어보느냐고 따졌다. 조양래는 "다시 말하지만, 나는 자세한 부분에 관여하지 않아서 세부내용을 모른다. 회사에서 내 역할은 회사의 하루하루 데일리 오퍼레이션에 관여하는 것이 아니라 전략적 목표를 세우는 것이다"라고 말했다.

조양래, 서명 계약서 들이대자 '읽지 못한다' 엉뚱한 답변

원고 측이 조양래에게 다시 제이드 계약서를 보라고 하고, 첫 페이지에 35만 주, 1주당 5000원이라고 돼 있지 않느냐고 묻자 조양래는 어디를 말하는지 모르겠다며 엉뚱한 소리를 했다. 그리고 "나는 영어 문서를 명확히 번역할 수 있는 능력이 없다. 답을 못해주겠다"고 말했다. 결국 원고 측이 입회한 사람에게 그 문장을 읽고 조양래에게 통역해주라고 했다. 그 내용은 한국타이어 주식을 1주 당 5000원에 산다는 내용이었다.

상황이 이쯤 되자 조양래 측 변호사가 잠시 휴정하자고 요청했다. 그러나 원고 측 변호사는 몇 개만 더 질문하겠다며 말을 이어갔다.

"제이드가 은행에서 빌린 원금과 이자를 갚지 못하면 당신이 갚는다는 계약이라는 것을 말하고 싶은가?"

이에 조양래 측 변호사가 이의를 제기했지만 조양래는 "바로 그런 것으로 이해했다"고 답했다.

11분간 휴식 뒤 질문이 계속됐다.

원고 변호사가 "당신은 주식 가격이 내려가는 경우만 이야기했는데 올라가면 어떻게 된다고 생각하느냐"고 질문하자 조양래는 "나는 주가가 오르고 내리는 데 대해 잘 모른다. 주가가 올랐을 경우는 진짜 생각 안 해봤다. 나는 관심이 없다. 다시 말하겠다. 나는 경영진이 회사를 도와달라는 의도의 요청에 응했을 뿐이다!"라고 강조했다. 원고 측 변호사는 "이 계약서 3조는 조양래 당신이 제이드 측에 당신에게 주식을 팔라고 요구할 경우 제이드는 이에 응한다는 콜옵션에 대한 보장 조항이다"고 설명했다.

원고가 미처 질문도 마치기도 전에 조양래 측 변호사가 이의를 제기했다. 원고 측 변호사가 한 마디만 더 하겠다며 이 문장을 이해하느냐고 묻자, 조양래는 자신은 법적 용어와 지식이 부족하기 때문에 잘 모른다고 답했다.

지분 12% 줄어든 사항도 '기억 못한다' 항변

원고 측 변호사는 〈한국타이어 지분현황〉 서류도 증거로 제시했다.

"이 서류가 뭔지 알고 있느냐?"

"주식보유현황 보고서이다. 내가 31%를 소유하고 있고 요코하마고무가 13.2%를 소유한 것으로 돼 있다."

"31%를 소유하고 있는 시점이 언제라고 돼 있느냐?"

이에 조양래는 정확한 답을 하지 않고 매 년 말에 한 번씩 주식 현황 등을 보고하는 서류라고만 답했다. 이 보고서는 1996년 6월 보고서였다.

원고 측이 1996년에 31%를 보유하고 있었느냐고 묻자 조양래는 또 기억나지 않는다고 말했다.

보고서의 314페이지에는 조양래의 주식이 19.4%로 기록돼 있었다. 이때는 1996년 12월이었다. 1996년 6월과 12월 사이에 조양래 회장 지분이 12% 정도 줄었던 것이다. 12%라면 엄청난 양이다. 자신이 소유한 전체 지분의 3분의 1을 정리했으면서도 조양래는 주식을 매도했느냐는 질문에 오래된 일이라서 기억나지 않는다고 말했다. 제이드와 조양래 간의 스톡옵션 계약서 작성 일자는 지분 변동 기간 내에 속하는 1996년 10월 30일이었다.

이사회 회의록 등 모든 문서 '읽지 못한다' 일관

원고 측은 1996년 9월 4일 이사회 회의록도 증거로 제출했다. 이사회 회의록에는 24명 중 13명이 참석해 양해각서에 대해 보증해주기로 결의했다는 내용이 담겨 있었다. 이에 대해 원고 측의 질문이 이어졌다.

"이 양해각서는 무엇인가?"

"나는 이 문서를 본 적이 없다. 자세한 내용을 모른다."

"문서 내용을 읽어달라."

"양해각서 내용을 이해할 수 없다."

"그냥 문서에 뭐라고 적혀 있는지 읽으라고 한 것이다."

"그렇게 할 수 없다."

"당신은 영어를 못 읽느냐?"

"읽을 수 있다."

"미국에서 대학을 나오지 않았느냐?"

"예스."

조양래는 영어를 읽을 줄 아는데, 서류는 읽을 수 없다고 답한 것이다.

원고 측은 양해각서를 제시했다. 스톡옵션 계약을 보증한다는 내용이었다. 피고 측 변호사는 근거없는 추측으로 이는 법원이 허용하지 않은 질문이라며 조양래에게 답변하지 말라고 조언했다.

변호사 간의 설전이 이어졌다. "지금 답변 거부를 지시한 것이냐", "그렇다. 적절한 질문을 할 때까지 거부다", "당신이 답변 거부를 지시했다는 것이냐", "그렇다", "조양래는 변호사의 조언에 따라 답변을 거부하는 것이냐" 등의 이야기가 오가며 난리가 난 것이다.

조양래는 "나는 영어를 읽을 수 있지만 이 문서 내용을 이해할 수가 없다"고 말했다.

"약속어음이 뭔지 아느냐?"

이에 원고 측이 다시 질문했다.

"이 문서 첫 문장에는 제이드가 요코하마고무로부터 한국타이어 주식 35만 주를 산다고 돼 있다. 그렇지 않느냐?"

원고 측이 계속해서 질문했다.

"그런 기술적 질문은 실무자에게 해달라. 기술적인 질문에 대해서는 내가 답하기 힘들다."

"답변을 거부하는 것이냐?"

이에 조양래 측 변호사가 답변하기 힘들다는 것이 그의 답변이라고 밝혔다. 원고 측은 물러서지 않고 다시 질문했다.

"조양래 당신이 제이드와 스톡옵션 계약을 했다. 그렇지 않느냐?"

이 질문에도 조양래 측 변호사가 이의를 제기했지만, 원고 측은 다시 질문을 이어갔다.

"대우증권 사장 김정희가 누구냐?"

"내 친구다."

"대우증권이 이 계약에 참여하지 않았는가?"

"기억이 안 난다."

"당신은 주식옵션 계약이 회사에 도움이 된다고 해서 서명만 했다고 했는데 그게 회사에 도움이 된다고 생각하느냐?"

이 질문에 대해서도 조양래 측의 이의제기와 원고의 질문, 또 다시 이의 제기가 되풀이되다가 조양래가 답했다.

"그때 회사의 관심은 요코하마고무의 지분이 풀리느냐 하는 것이었다. 그 지분이 주식 시장에 나온다면 시장이 엄청난 영향을 받을 것이다. 그래서 그것을 막아야 한다는 것이 회사의 최대 관심사였고 나는 스톡옵션 계약에 서명하라는 경영진의 제의에 동의한 것이다."

"그 계약이 조양래 당신에게는 도움이 되고 회사에는 해가 된다는 주장에는 동의하지 않는다는 뜻이냐?"

이에 조양래 측 변호사가 또 다시 애매모호한 질문이라며 이의제기를 했다. 조양래는 다시 한 번 "나는 해가 되는지 이로운지 생각해보지 않았다"고 답했다.

"스톡옵션 계약은 주식을 살 권리가 당신에게 주어지는 것이지, 회사가 권리를 갖는 게 아니지 않느냐, 그렇지 않느냐?"

이에 또 이의제기가 이어지다가 조양래는 "나는 상세한 기술적 용어를 이해하지 못한다"고 말했다. 이 질문에 이의제기가 가장 많았다. 기본적인 사실관계조차 부인한 것이다.

곤란할 때는 언제나 그랬던 것처럼 조양래 측 변호사가 쉬었다 하자며 맥을 끊었다. 그래도 원고 측이 계속 질문을 이어가자 조양래는 화장실에 가고 싶다고 했다. 원고 변호사가 "단순한 질문이다. 계약서대로라면 당신이 다시 살 권리를 갖는 것이 아닌가? 맞다, 아니다로 답하면 된다"고 했지만, 조양래는 화장실에 가고 싶다는 엉뚱한 말만 되풀이했다. 그럼에도 불구하고 원고 측 변호사가 집요하게 "계약서 내용이 무엇을 담고 있는지에 대한 질문이다. 그렇지 않냐?"하며 말을 이어가자 조양래 측 변호사가 녹음을 중지하자고 말했다. 16분의 휴식이 이어졌다.

조양래, '역외펀드 신고 안 해 제재받았다' 실토

"그 계약대로라면 조양래 당신이 4000만 달러를 개인적으로 손해 볼 수도 있는데 그 사실을 아느냐?"

"생각해보지 않았다. 가상 상황에 대해 관심을 갖지 않는다."

"당신이 돈을 잃을 수도 있는 위험천만한 계약이란 걸 모르느냐?"

"계약에 대해 전혀 관심이 없었다."

그래도 원고 측의 질문이 계속 이어지자 조양래는 한국타이어의 미래가 밝기 때문에 주식이 오를 것으로 생각했고 경영진을 믿었다고 설명했다. 원고 측 변호사가 SK 최태원 회장의 기사를 보여주자 조양래는 이에 대해서도 관심이 없다고 했다.

"제이드 및 자하마와 맺은 스톡옵션 계약이 한국 법을 위반한 것인지 아느냐?"

이에 대해 조양래 측 변호사가 이의제기를 했고, 조양래가 마지못해 답했다.

"내가 서명했을 때 경영진들이 한국 법을 위반하지 않는 계약이며 변호사의 검토를 받은 것이라고 했다. 그러나 한국은행에 계약서 내용을 신고해야 하는데 그렇게 하지 않은 것을 알았다."

조양래는 이 소송이 시작된 뒤 그 사실을 알게 됐고 금융감독원이 조사를 해서 자신이 제재를 받았다고 설명했다. 3개월간 보증을 서지 못하도록 하는 제재였다.

"어떤 보고를 안 했느냐?"

"내가 알기로는 스톡옵션 계약에 서명할 때 한국은행에 보고를 해야 하는데 그것을 못했다."

"한국타이어가 거래에 보증을 했기 때문이 아니냐?"

"나는 자세한 것을 모른다."

조양래는 또 다시 모르쇠로 일관했다.

"오션 캐피탈을 아느냐?"

"이 소송이 시작된 뒤 알았다."

박성규를 아느냐에도 모른다. 배김리로펌을 아느냐는 물음에는 우리 빌딩 안에 있다라고, 오항원을 아느냐는 질문에는 내 친구이고 한국타이어 사외이사다라고 답했다.

원고 측은 다시 2003년 9월 30일과 2002년 12월 31일자 보고서를 들이댔다. 한국타이어가 1999년 현금을 준 것이 아니고 직원들에게 주식을 주지 않았느냐, 자하마가 한국타이어 대주주 아니냐 등의 질문에 조양래는 자하마가 요코하마고무가 소유했던 한국타이어 주식을 샀다면 대주주였을 것으로 추측한다고 말했다.

원고 측이 한국타이어가 오션 캐피탈로부터 수년 내 돈을 받은 적이 있느냐고 묻자 조양래는 자신이 사건의 피고가 아니다고 주장했다. 조양래는 분명히 피고였지만, 자신은 소송장을 받지 못했다는 것이다. 정말 서류가 전달되지 않았는지, 교묘히 수령을 거부했는지 알 길이 없다. 하지만 소송에 임하지 않기 위해 전형적으로 사용하는 방법이 소송장 송달을 피하는 것임은 이미 잘 알려진 사실이다.

미국에 어떤 형태로든 자산이 있느냐는 질문에 피고 변호사가 이 사건과 관계없는 질문이라며 답변하지 말라고 지시했다. 원고 측이 조양래에게 답을 하지 말라는 변호사 의견을 따를 것인지 물었다. 조양래는 "당신 질문에 답하지 않겠다"고 답했다. 원고 측 변호사는 조양래의 재산이 미국에 있는지 여부는 사법권과 관련된 이슈라고 말했고, 조양래 측 변호사는 관계없는 일이라고 받아쳤다. 같은 질문이 계속되자 조양래는 질문에 대한 답변을 거부하겠다고 말했다.

마지막으로 미국에 간 것이 언제냐고 묻자, 조양래는 2005년 3월이며 하와이에 휴가차 가서 한 달 이상 머물렀다고 답했다. 은행 계좌가 있는지에 대해서도 조양래 측 변호사는 조양래가 답을 못하도록 했다. 조양래가 제대로 답변한 것은 자신에 대한 기본정보 정도였다.

"경기고등학교를 졸업했고 1962년 알라바마 주립대학에서 학사학위를 받았으며 노던일리노이대학 대학원에 입학했으나 부친의 건강 악화로 1963년 10월 귀국했다. 결혼 한 지 40년이 됐다. 2005년 5월 11일이 결혼 40주년 기념일이다. 오하이오주 서밋 카운티 아르콘에 한국타이어 R&D 센터가 있다. 나는 주주이며 이사회 멤버 중 한 명일 뿐이다" 등의 답변을 했다.

이렇게 하다 보니 오후 2시 20분에 시작된 데포지션이 6시간 뒤인 오후 8시 30분에 끝나고 말았다. 조양래에게는 평생 잊을 수 없는 기억이 됐을 테고 가장 긴 하루였을 것이다.

안강민 변호사 부르자 사무실로 '쪼르르' 달려가

이 데포지션에서 또 한 가지 재미있는 것은 지금은 조양래 회장이 이명박 대통령의 사돈으로서 그 누구도 업신여길 수 없는 사람이 됐지만 그때만 해도 변호사의 부름에 쪼르르 달려가는 신세였음이 드러났다.

상대는 1994년 대검 중수부장으로 이름을 날렸던 안강민 변호사다. 조양래는 어느 날 잘 아는 사람으로부터 안강민 변호사를 만나보라는 조언을 들었다고 한다. '한국타이어에 안 좋은 일이다'라고 했다는 것이다.

그래서 조양래 자신이 안 변호사에게 먼저 접촉을 하고 안 변호사가 만나자고 하자 그의 사무실로 직접 찾아갔다는 것이다. 이날 만남에서 안 변호사는 자하마 등 조양래가 말레이시아 조세 피난처 라부안 등에 세운 페이퍼컴퍼니에 대해 물었다. 이에 조양래는 이종철이 자신보다 더 잘 알고 있으니 그 사람에게 물어보면 안 되겠느냐고 양해를 구했다고 한다. 자기는 잘 모른다고 답했음은 물론이다.

데포지션에서 조양래는 안강민 변호사에 대해 개인적으로는 잘 모르지만 검찰 고위직을 역임해서 그의 명성을 잘 안다고 답했다. 또 자신과 같은 학교를 졸업했고 한번 골프를 친 적도 있다고 말했다. 조양래는 그 뒤 안 변호사 사무실을 빠져나와 이종철이란 사람을 안강민에게 보냈다고 답변했다. 아마도 조양래는 안 변호사가 무서웠던 모양이다. 그래서 그가 찾는다고 하니 그에게 달려갈 수밖에 없었을 것이다. 지금이라면 어림도 없는 일이다. 그만큼 주가조작 의혹이 밝혀질까 두려웠던 것이다.

이 사건과 관련해 이종철이 2005년 3월 30일에, 전성익이 2005년 6월 14일과 16일 이틀간 데포지션을 받았고, 원고인 박노준도 조양래 측으로부터 2005년 3월 17일에 데포지션을 받았다. 조양래의 데포지션 때 비디오가 촬영돼 법정증거로 제출됐다. 우스꽝스럽고 이해할 수 없는 답변이 낱낱이 녹화된 것이다. 그 비디오가 공개된다면 참으로 재미있을 것이다.

돈의 힘을 보여준 재판 과정

조양래 2차 데포지션서 하와이 집중 추궁 받아

조양래는 이 소송과 관련해 2005년 말, 두 번째 데포지션을 받았다. 첫 번째 데포지션에서 모르쇠로 일관하다 또 다시 데포지션을 받게 된 것이다. 두 번째 데포지션은 2005년을 마감하던 12월 28일 실시됐다. 저녁 7시 5분부터 8시까지 서울과 텍사스주 댈러스 간 화상전화를 통해 이루어졌고 속기록은 31페이지였다.

이날 쟁점은 과연 조양래가 미국 오하이오주 내에 직간접적으로 재산을 소유하고 있느냐였다. 원고 측 변호사는 법원의 명령을 들이대며 이 부분을 캐물었고 조양래와 변호사는 재판과 직접 관련이 없는 질문에 답하지 않겠다며 버텼다. 조양래 측 변호사는 답변 거부를 지시하고 조양래는 변호사 충고를 따르겠다고 답변하는 식이었다.

조양래는 지정외국환은행을 통해 미국 오하이오로 돈을 송금한 적이 없다고 밝혔다. 그러자 하와이에 대한 질문이 쏟아졌다. 2005년 3월 데포지션에서 하와이에서 자주 시간을 보낸다고 했는데 하와이에서 쓴 돈은 어떻게 조달했느냐는 질문이었다. 조양래는 정확히 무슨 말을 하는지 모르겠다며 둘러댔고 조양래 측 변호사는 1차 데포지션 속기록의 어디에 그런 내용이 있느냐며 뻔한 질문을 해댔다.

원고 측 변호사는 1차 데포지션 속기록을 뒤져서 88페이지라고 말했다. 그제야 조양래는 속기록을 보니 하와이에 간 기억이 난다고 말했다. 조양래는 한국 법에 의해서 해외여행 때 일정 액수의 돈을 가져갈 수 있고 그 돈을 사용했다고 답했다. 조양래 측 변호사는 법원이 허용한 심문 범위를 벗어난 질문이라고 공격했고 원고 변호사는 혹시 조양래가 오하이오 소재 은행으로부터 돈을 받았다면 명백히 이 사건과 관련이 있는 것이므로 그것에 대해 물어보는 것이라고 맞섰다.

원고 측 변호사는 조양래의 아들과 딸들이 미국에서 학교를 다녔는데 무슨 돈으로 학비를 충당했느냐고 따졌다. 그 질문에 대해서도 조양래 측 변호사는 답변하지 말라고 지시했다. 원고 측 변호사는 신양개발이 미국 내 자산을 가지고 있느냐고 물었고 조양래는 이에 대해서도 역시 답하지 않았다.

원고 측 변호사는 비장의 카드를 꺼내 들었다. 이차지(Echarge)라는 인터넷 결제회사에 관한 내용이었다. 그렇지만 조양래는 이에 대해서도 답하지 않았고 제이드나 자하마가 오하이오주에 재산을 가지고 있느냐는 질문에는 모른다고 답했다.

하와이 부분에 대해 더 자세한 질문이 쏟아졌다. 어떤 사람이 하와이에 한 달 이상을 머물렀는데 1만 달러나 그보다 적은 돈으로 과연 살아갈 수 있느냐는 질문이었다. 조양래 측 변호사는 질문 범위를 벗어난 내용이라고 지적했고 조양래는 오하이오주의 자산이 있느냐는 질문 범위에 벗어났으므로 자신은 답변을 거부한다고 밝혔다. 한 치의 진전도 없었다. 결국 원고 측 변호사가 질문을 끝냈다.

조양래 측 변호사가 조양래에게 질문하는 부분은 일사천리로 진행됐다. 조양래 측 변호사는 오하이오주에 부동산을 소유하고 있느냐고 물었고, 조양래는 '아니다'라고 답했다. 다시 변호사가 차, 은행계좌, 세금납부, 사무실 등이 오하이오에 있느냐고 물었고 조양래가 '노'라고 답했다. 조양래는 2차 데포지션에 앞서 기각요청서에서 강조한 내용을 그대로 되풀이했다. 오로지 오하이오주에 대해서만 질문했고 조양래가 부인하는 것으로 2차 데포지션은 마무리됐다.

1차 데포지션은 원고 변호사들이 직접 조양래를 대면하고 심문했지만 서울의 한국타이어 사옥에서 진행됐고, 2차 데포지션은 그나마도 대면심문이 아닌 화상전화로 진행됐다. 1차, 2차 모두 조양래에게 유리한 상황이었고, 2차 화상전화 심문은 더 말할 것도 없다. 유전무죄, 돈의 힘이다.

페이퍼컴퍼니 통한 300만 달러 주식 매입도 발각

이 소송을 통해 다음과 같은 사실도 드러났다. 조양래 회장과 한국타이어가 말레이시아에 설립한 역외펀드가 당시 인터넷 시대에 발맞춰 미국 인터넷 결제 업체의 지분을 불법으로 사들였다는 것이다.

제이드와 자하마의 총괄 역할을 맡은 오션캐피털 인베스트먼트가 2000년 2월 24일 제일은행을 통해서 미국 캘리포니아에 소재한 한 은행 계좌로 300만 달러를 송금한 서류가 오아이오주 북부연방법원에서 발견됐다. 이 송금 서류에는 오션 캐피탈의 유일한 이사인 김영욱 전 신양개발 사장을 대리한 심모 씨가 제일은행에 송금을 의뢰한 것으로 돼 있다.

미국 캘리포니아주의 실리콘밸리가 소재한 팔로 알토의 뱅크오브아메리카의 굿리치트러스트 계좌로 300만 달러를 송금하라라며 계좌번호, 은행주소, 은행 ABA 넘버 등을 명시했다. 특히 참조란에는 이차지 코퍼레이션이라고 기재돼 있었다. 인터넷 상거래가 늘어날 것에 대비해 이를 중간에서 결제해주는 업체가 각광을 받기 시작하던 시점이었다.

2000년 2월은 조양래 회장과 한국타이어가 역외펀드를 통해 소유하고 있던 한국타이어 주식을 매도, 이미 거액을 챙기고 난 뒤다. 아마도 그 돈으로 이차지 주식을 산 것으로 추정된다. 오하이오주 북부 연방법원에는 이차지의 주식증서도 제출돼 있다. 이 주식증서는 이차지 코퍼레이션이 발급한 것으로 2000년 3월 10일 현재 오션 캐피탈 인베스트먼트가 이차지 우선주 46만 1000여 주를 소유하고 있다는 증명서였다. 트루엣 테이트라는 이차지 대표이사의 서명이 있음은 물론이다.

국내에서 닷컴 열풍이 몰아칠 때 용의주도한 조양래 등은 미국 내 닷컴업체에 관심을 가지고 지분을 사들인 것이다. 대단한 경영자가 아닐 수 없다. 물론 이 투자 또한 적법절차를 거치지 않은 것이었다. 한국 당국의 눈길을 피해 조세 피난처에 설립한 페이퍼컴퍼니를 통해 부당 수익을 얻은 뒤, 그 수익으로 해외투자 신고를 하지 않고 미국 회사의 주식을 샀기 때문이다.

주가조작 유무죄 판단 없이 사법권 없다고 기각돼

조양래에 대한 주가조작 소송은 조양래의 사돈인 이명박 대통령 취임 직전인 2008년 2월 1일 기각됐다. 소송비용은 원고와 피고가 각자 부담하라고 판결했다. 이 소송이 기각된 것은 조양래 회장이나 한국타이어가 죄가 없기 때문이 아니었다.

박노준이 1차로 제기한 소송에 대해 오하이오주 북부 연방법원에 앞서 제6항소법원은 2007년 케이만 군도 법인과 한국 법인의 소송에 대해 오하이오주 법원은 사법권이 없다고 기각했고, 이에 따라 박노준이 또다시 2008년 2월 제기한 소송도 기각된 것이다. 사법권이 없을 뿐이지 조양래의 결백을 입증한 것은 아니라는 것이다.

현재 한국타이어의 역외펀드와 관련된 주식사기소송은 사법권이 없는 소송의 소중한 판례로서 〈법률저널〉 등에 단골로 소개되고 있기도 하다.

이 소송에서 조양래는 2005년 3월 31일 데포지션을 받으면서 재판 서류가 송달됨으로써 마침내 피고가 됐고, 2005년 8월 15일 오하이오주 연방법원에 사법권이 없으니 기각해달라고 청원했다.

조양래는 이 청원서에서 자신은 한국에 살고 한국에서 일하는 사람으로 오하이오 거주사가 아니며, 오하이오주에서 과거에 사업을 하지 않았으며, 현재도 사업을 하지 않고 있고, 오하이오주에 소유한 부동산도 없으며, 오하이오주의 은행이나 전화 등을 사용하지도 않는다며 기각을 요청했다.

사업세도 안 내고 사서함도 없으며 사업광고도 하지 않았다는 것이다.

자신은 오하이오주와 아무런 연고가 없으니 오하이오주가 나에 대한 사법권이 없다. 그러니 기각시켜달라는 요청이었고, 결국 이것이 받아들여진 것이다.

한국타이어, '사실무근' vs '증거는 영원히 남는다'

이 같은 주가조작 소송 등에 대해 한국타이어는 〈신동아〉 등과의 인터뷰에서 "말도 안 되는 이야기"라며 "금융감독원과 국세청에 역외펀드 계좌 전체를 고스란히 제출해 돈이 드나든 흔적을 이 잡듯이 조사받았다. 역외펀드 수익에 대해 국세청으로부터 수십억 원의 세금까지 부과 받았다"며 분통을 터뜨린 것으로 전해졌다.

조양래와 한국타이어의 이 같은 행태는 2005년 9월 26일 금융감독원에 대한 국회 국정감사에서도 지적됐다. 박명광 의원은 윤증현 금융감독원장에 대한 질의를 통해 조양래 회장을 '조 아무개 회장'이라고 지칭하며 이들의 불법성과 금융감독원의 솜방망이 처벌을 날카롭게 추궁했다. 그러나 안타깝게도 이미 외환거래법 공소시효가 지난 뒤였다.

그것으로 국내에서 조양래와 한국타이어의 역외펀드 주가조작은 덮여버리고 말았지만 미국 법원에는 이에 대한 많은 증거들이 남아있다. 지금도 그 증거들은 원하는 사람이면 누구나 법원에서 자유롭게 구할 수 있다. 조양래 등이 유명을 달리한 뒤에도 이 법정 증거들은 사라지지 않고 그의 부도덕성을 증언할 것이다.

이뿐만이 아니다. 이명박 대통령은 집권 과정에서 한나라당 대선후보 자리를 두고 박근혜 대표와 피를 말리는 결전을 치렀다. 16개 시도에서 여론조사 경선을 벌였다. 또 그 이후 대통령 선거에 나섰다. 선거는 돈이다. 이 과정에서 적지 않은 정치자금이 투입됐을 것이고 MB 또한 이 정치자금에서 자유롭지 못할 가능성을 배제할 수 없다. 이 과정에서 사돈인 조양래 회장 일가나 사돈 기업인 한국타이어가 정치자금과 관련한 역할을 했을 수도 있다. 시중에는 아주 구체적인 소문이 나돌고 있지만 언급하지 않겠다. 아무래도 올해는 한국타이어가 주목받는 해가 될 것 같다.

제 3 부

조석래
효성 일가의 비밀

이들은 과감했다. 일일이 일자를 정리하기도 힘들 정도로 많은 불법 부동산을 사들였다. 이 과정에서 회사 돈을 이용했고 회사에 돈이 없을 때는 은행대출을 받아 부동산 매입자금을 대주도록 회사를 압박했다. 재벌 일가의 '회사 돈 횡령, 불법 해외부동산 투자, 그리고 은닉'의 전형이었다.

〈시크릿 오브 코리아〉에 이러한 사실을 공개하자 조석래 일가는 인터넷 포털 업체에 항의해서 관련자료를 삭제하는 행위로 맞섰다. 명예훼손혐의라는 것이다. 그렇지만 이로 인해 조현준·조현상 형제가 기소돼 재판을 받았고, 조현준은 1, 2심 유죄가 확정됐다. 조현상은 잘못을 시인했지만 법원의 몰수에 대해서는 헌법소원을 냈다. 나에 대해 명예훼손을 주장했다가 유죄판결을 받고 그 잘못을 시인했으니 오히려 내가 명예훼손을 당한 셈이다. 오히려 내가 명예훼손소송을 제기해야 마땅하지 않나!

조현준 현 효성 사장은 2002년 8월 20일, 캘리포니아 뉴포트 비치에 53억 6400만 원짜리 호화주택을 구입했다. 더구나 이때는 사돈인 이명박 대통령이 서울시장으로 재직하던 시기이다. 한국 사회를 이끌어가는 기업인이나 사회지도층에 요구되는 도덕성은 온데간데없고, 오로지 불법을 통한 사익 추구에만 온 힘을 쏟은 것이다. '호화주택 사기

→ 호화콘도 사기 → 대형식당 운영 → 빌딩 구입 뒤 자기 회사 입주시켜 월세 받기로 이어지는 이들의 행태를 보면 요즘 말 많은 재벌 3세들의 골목상권 진출은 아무 일도 아니구나 하는 생각을 갖게 한다. 이들은 또 미국에서 불법으로 부동산을 사기 위해 '영어식 이름 사용 → 부인으로부터 지분 포기 받기 → 법인을 설립하여 본인 숨기기'라는 절차를 학습하여 반복했다. 놀라운 수완이다.

그런데 이보다 더 웃기는 일은, 이러한 사실이 밝혀지자 불법을 시인하고 반성한다고 말해놓고는 한편으로 우리나라의 법이 개인의 자유와 사유재산의 자유를 침해한다며 헌법소원을 냈다는 것이다. 그렇지 않아도 아무런 제한 없이 해외에 부동산 투자를 할 수 있게 법을 개정해주었는데도 개정된 법마저도 이리저리 빠져나가면서 자기들의 이익을 추구하는 데 방해된다고 과감하게 주장하는 것이다. 부끄러운 사실이지만 낱낱이 밝히지 않을 수 없다.

01
혼맥과 부동산으로 엮이다

효성, 이명박-노태우-전두환과 혼맥 형성

효성 그룹과 한국타이어는 이명박 대통령의 사돈 기업이다. 2001년 이 대통령의 삼녀 수연 씨가 조현범 한국타이어 사장과 결혼, 효성 그룹과 사돈이 됐다. 조현범의 아버지가 조양래 한국타이어 회장이며, 조석래 효성 그룹 회장의 동생이다. 따라서 전국경제인연합회 회장을 맡았던 조석래 효성 회장은 이 대통령의 사돈이고 이 대통령의 삼녀 수연 씨에게는 시큰아버지가 되는 것이다.

조석래 회장의 장남 조현준 효성 사장은 2001년 11월 10일, 자신의 모교인 미국 뉴햄프셔주 세인트폴고등학교에서 이희상 동아원 회장의 삼녀 미경 씨와 결혼했다. 또 이희상의 장녀 윤혜 씨가 전두환 대통령의 삼남 재만 씨와 결혼함으로써 조석래 회장은 전두환 대통령과 사돈의 사돈이 됐다. 그리고 노태우 대통령의 사돈인 신명수 동방유량 회장이 조석래 회장의 손위동서여서 조석래 회장은 노 대통령과 사돈의 사돈이기도 하다. 이명박

그림 2. 조석래 일가

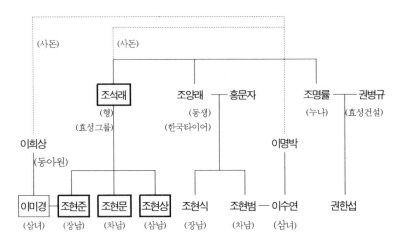

대통령과는 사돈이다. 결국 조석래 회장은 이명박, 전두환, 노태우 세 대통령과 혼맥으로 맺어진 것이다.

효성 비자금 수사 2년 종착역이 2명 불구속

2009년 10월 추석 직전, 2007년 초부터 검찰이 수사해온 효성 200억 원대 비자금 조성 사건이 2년여를 질질 끌다 이 회사 임원 2명이 개인적으로 80억 원을 횡령했다며 불구속 기소하는 것으로 마무리됐다는 보도가 터져 나왔다.

이른바 '살아있는 권력에 칼을 못 댄 효성 비자금 사건'이었다. 추석 직전에 검찰이 이 사실을 흘림으로써 추석 뉴스에 파묻혀서 슬쩍 넘어가기를 바라는 고단수 작전이었다.

이명박 대통령의 사돈 기업 봐주기라는 의구심이 들어 효성의 미국 쪽 부동산 현황을 조사했더니 로열패밀리의 불법행위들이 무더기로 발견됐다. 고구마 줄기에서 고구마들이 줄줄이 나오는 격이었고 껍질을 벗겨도 벗겨도 끝이 없는 양파 꼴이었다.

조현준 불법 알리자 효성, 블로그 글 삭제 조치

조현준이 불법으로 해외에 호화별장을 구입했으며 이 별장 구입에 효성이 조직적으로 관여했다는 사실 등 2건의 글을 〈시크릿 오브 코리아〉에 올리자 효성은 명예훼손 사실이 포함돼 있다며 인터넷 포털 업체에 요청해 즉시 이 글을 삭제했다.

차근차근 조사를 진행하면서 효성이 급하게 이 글을 막을 수밖에 없었던 이유를 알 수 있었다.

조현준뿐 아니라 아버지 조석래 회장, 동생 조현상 부사장 등 효성 로열패밀리가 한국 실정법을 어기고 해외에 불법 매입한 부동산이 너무 많았기 때문이다. 또 불법으로 부동산을 매입하면서 회사 돈을 자기 돈처럼 사용한 사실도 드러났다. 그래서 일이 더 커지기 전에 싹부터 자르려 했던 것이다.

이 시기 조현준의 아버지 조석래 효성 회장은 한국 경제계를 대표하는 전국경제인연합회 회장이었고 효성은 자기보다 덩치가 큰 하이닉스 인수를 꿈꾸던 시절이었다.

효성가의 비도덕성을 살펴보려면 먼저 그들이 언제부터 해외에서 부동산을 취득했는지부터 확인해야 한다.

조현준의 해외 호화별장

조현준, 2002년 뉴포트비치 450만 달러 저택 매입

조현준 현 효성 사장은 2002년 8월 20일, 미국 캘리포니아주 오렌지 카운티 뉴포트비치의 펠리칸포인트에 호화주택을 구입했다.

매입가격은 무려 450만 달러로 매입 당일 원-달러 매매 기준율로 계산하면 53억 6400만 원짜리 집이다. 오렌지 카운티의 등기소를 조회한 결과 한 푼의 은행융자도 없이 전액 현금으로 구입했다. 매입 시점인 2002년은 사돈인 이명박 대통령이 민선 3기 서울시장으로 재직하던 시기이다.

뉴포트비치 해변에서 2~3분 거리인 이 집은 골프장에 맞붙은 호화별장으로 펠리칸포인트 드라이브라는 도로에 인접한 주택 중 가장 비싼 집이다. 집 뒷문을 열어젖히면 바로 골프장의 페어웨이가 나온다. 남미풍의 건물로, 웅장한 대문으로 들어가 현관문을 열면 2층 높이의 천정에 하얀 대리석이 드러나며 원형 계단을 통해 2층으로 연결된다. 방이 6개, 욕조가 딸린 화장실이 6개, 욕조가 없는 화장실이 1개인 대형 주택이다.

이명박 대통령의 사돈 조현준의 2002년 뉴포트비치 저택 매입계약서

조현준은 자신 명의로 이 집을 구입한 지 20일 만인 2002년 9월 11일, 부부간 양도계약서를 통해 자신의 배우자인 이미경 씨로부터 50% 지분을 넘겨받는다.

캘리포니아주 법상 부부 중 한 사람이 단독 명의로 집을 사더라도 자동으로 배우자에게도 부부공동소유권이 인정되므로 부인 이미경이 50% 소유권을 포기하는 형식으로 남편 조현준에게 넘겨준 것이다. 매매가격은 0달러, 계약서에는 이미경의 영어 이름을 티나 리로 기재했다.

조현준은 이 계약 체결일로부터 한 달 뒤, 또 최초 구입일로부터 50일 만인 2002년 10월 10일 이 주택을 법인으로 명의이전했다. 매매계약서를 작성했지만 매매가는 0달러. 조현준이 자신의 호화별장을 자신이 설립한 법인으로 명의만 옮긴 것이다. 호화별장의 새 주인이 된 법인의 이름은

펠리칸포인트사로 별장 주소에서 따왔고, 이 법인의 주소지는 효성아메리카의 본사였다. 자신의 명의로 호화별장을 매입해 부인의 권리를 포기시킨 뒤 다시 법인 명의로 넘겨 자신이 주인임을 숨긴 것이다.

오렌지 카운티 정부가 재산세 부과를 위해 2009년 산정한 이 주택의 가격은 506만 달러. 그러나 부동산 전문가들이 평가한 실거래 예상가는 650만 달러나 됐다. 살 때보다 200만 달러, 40% 정도가 오른 것이다.

조현준이 이 별장을 매입한 2002년 당시 해외 체류자에게 허용된 해외 주택 구입 한도는 30만 달러였다. 그러므로 한국 실정법을 어긴 것이다. 그룹 전체를 다루는 조현준이 미주 지사를 자주 방문했을 수는 있어도 그곳에 체류할 형편은 아니었으니 주거용 해외 주택 구입 자격에 해당되지 않는다. 설사 효성 미주 지사에 장기체류하며 근무했다하더라도 구입 한도를 무려 15배나 초과했다.

조현준은 한국 실정법은 애초부터 안중에도 없었는데, 그의 이러한 판단은 적중했다. 재판에서도 돈의 출처만 문제 삼았을 뿐이지 해외부동산 취득과 관련된 불법은 외환거래법 공소시효를 넘긴 뒤라 전혀 문제가 안 됐다.

조현준의 장인은 이희상 동아원 회장이다. 1970년대 초부터 불법으로 미국 부동산을 구입하기 시작한 이희상은 이 분야에서 금메달감으로 볼 수 있다. 공교롭게도 조현준이 2001년 11월 10일 이희상의 딸과 결혼해 사위가 된 뒤부터인 2002년부터 미국 부동산 쇼핑에 나선 것으로 밝혀져 재계에서는 그의 장인인 이희상의 코치를 받았다, 이희상이 조현준을 스포일시켰다는 의혹이 심심찮게 회자되고 있는 것으로 알려졌다.

효성아메리카 유영환 상무, 조현준 집사 역할

조현준은 펠리칸포인트 호화별장을 법인 명의로 이전하기 하루 전인 2002년 10월 9일 효성아메리카 유영환 상무에게 매매 과정 일체를 맡기는 위임장을 작성한 것으로 확인됐다. 조현준은 이 위임장에서 조준이라는 이름을 사용했지만 주소 등이 모두 일치해 조현준과 동일인인 것으로 드러났다.

유영환은 1959년생으로 성균관대 영문과를 졸업하고 효성에 입사, 부장 직책으로 미국 지사에 파견돼 2005년 상무보, 2008년 상무로 승진한 사람이다.

조현준은 또 호화별장의 새 주인이 된 법인을 소유권 양도 사흘 전인 2002년 10월 7일 설립한 사실도 캘리포니아주 국무부를 조회한 결과 밝혀졌다. 이 법인 설립을 대리한 사람도 조현준으로부터 위임장을 받은 유영환이었다. 효성 로열패밀리의 해외부동산 불법 취득에 효성 직원을 조직적으로 동원한 것이다.

적자 상태서 은행 돈 빌려 조현준 콘도 사줘

〈시크릿 오브 코리아〉에 이 같은 사실을 공개하자 검찰은 조현준에 대한 수사를 통해 깜짝 놀랄만한 사실을 밝혀냈다. 조현준이 펠리칸포인트 저택의 매입비용 450만 달러 전액을 효성아메리카에서 꺼내왔다는 사실이다. 조현준이 자기 돈 한 푼도 없이 전액 회사 돈을 횡령, 고급주택을 매입했다는 것이 검찰 공소장에 기재된 내용이다. 효성은 명색이 한국을 대표하는 기업이며 증권시장에 상장된 기업이건만 사주 아들의 집 사는 돈 전액을 대 준 것이다.

조현준의 미국 부동산은 너무 많아 혼돈을 불러일으킨다. 조현준에 대한 판결문에는 조현준이 과연 어떻게 미국 부동산 매입자금을 조달했고, 특히 효성으로부터 언제, 얼마를 어떻게 빼왔는지 등이 상세히 기재돼 있다.

조현준의 불법이 기록된 판결문은 짧은 언론보도를 통해 접한 사실과는 영 딴판이었다. 언론에는 살살 보도됐지만 실제 그의 불법은 정도가 아주 심했다. 그에게 효성이란 회사는 상장회사라기보다는 개인의 사욕을 채우기 위한 도구에 불과했다는 점이 낱낱이 드러나 있다.

우선, 조현준은 2002년 8월, 펠리칸포인트 소재 450만 달러 고급주택을 매입하려고 마음먹고 효성아메리카 법인장인 석연호 상무에게 효성아메리카 자금을 사용할 수 있도록 해달라고 요청했다는 것이 검찰의 수사결과였다.

이에 따라 2002년 8월 13일, 효성아메리카가 업무상 보관 중이던 자금 중 10만 달러를 부동산중개회사인 퍼스트 에스테이트 프라퍼티로 직접 송금했음이 확인됐다. 사주 아들이 사려는 부동산의 계약금 일부를 중개회사에 곧바로 꽂아 넣은 것이다.

더 깜짝 놀랄만한 일은 그 다음에 벌어진다. 사주 아들이 콘도 살 돈을 달라는 데 회사에 돈이 없자, 은행에서 빌려서까지 집 살 돈을 대준 것이다. 검찰 공소장과 법원 판결문에는 효성이 사주 아들인 조현준을 어떻게 도왔는지 그 '눈물겨운 지원' 노력이 상세하게 낱낱이 적시돼 있다.

효성아메리카는 2002년 10월 7일, 외환은행으로부터 440만 달러를 대출받은 뒤 그 다음날인 10월 8일, 대출금 전액인 440만 달러를 조현준에게 송금해주었다. 이 돈은 효성아메리카 명의의 유니언뱅크오브캘리포니아 계좌에서 조현준의 뱅크오브아메리카 계좌로 곧바로 송금됐다.

이 당시 효성아메리카는 적자가 누적되고 영업이익이 이자 납입 등의 금융비용에도 미치지 못하는 등 경영이 매우 어려운 상황이었다는 것이 검찰의 설명이다. 효성아메리카는 2002년부터 2005년까지 손익계산서상의 영업이익으로 장단기 차입금의 금융비용조차 감당하지 못했다. 특히 2002년 전후로 실질적인 자본잠식 상태였다. 그래서 차입금에 대한 상환이나 신규 차입능력이 없어서 효성 본사가 효성아메리카의 차입금 채무에 대해 지급보증을 해주는 상황이었다.

효성아메리카는 2005년 자본잠식이 무려 2억 500여만 달러에 달했다. 회사가 완전히 거덜 난 상황에서도 사주 아들을 위해 회사 이름으로 대출을 받아 그 돈을 몽땅 사주 아들에게 집을 사라고 대준 것이다.

매입비용 450만 달러― 회사 돈과 정확히 일치

조현준의 뉴포트비치 주택 매입비용은 450만 달러, 효성에서 그 무렵 받은 자금도 계약금 10만 달러를 포함해 두 차례에 걸쳐 450만 달러로 딱 맞아 떨어진다. 그러나 조현준은 효성이 외환은행에서 대출받아 자신에게 송금해준 440만 달러 중 340만 달러만 이 집을 사는 데 썼다고 주장했고 이 주장이 재판부에서 받아들여졌다.

조현준은 집값 잔금 440만 달러 중 340만 달러만 효성 돈이고 나머지 100만 달러는 2002년 10월 24일 자신이 은행에서 대출받아 지급했다고 주장했다. 아마도 조현준은 450만 달러짜리 집을 사면서 자기 돈 한 푼 없이 450만 달러 전액을 회사에서 빼내갔다는 비난을 피하기 위해 이 같은 주장을 한 것이 아닌가 의문이 생긴다.

여기서 또 하나 중요한 의문은 조현준이 별도의 해외 비자금을 가지고 있었지 않나 하는 것이다. 조현준이 이 집의 소유권을 넘겨받은 것은 8월 20일이지만 효성은 8월 13일 계약금 10만 달러를 지원한 뒤 회사에 돈이 없어 나머지 440만 달러는 외환은행에서 대출을 받아 10월 8일에야 조현준에게 전달했다. 매매 대금 전체를 받지 않고 집 소유권을 넘겨줄 주인은 아무도 없다. 따라서 8월 20일까지는 조현준이 전 주인에게 450만 달러 전액을 지급했을 가능성이 크다. 그러나 효성이 440만 달러를 조현준에게 준 것은 거래가 끝난 지 50일이나 지난 시점이기 때문에 조현준은 계약시점에 별도로 440만 달러를 마련해서 집주인에게 지불했고 그 이후에 효성으로부터 이를 보전받았을 가능성이 크다. 조현준이 8월에 집주인에게 준 440만 달러의 출처가 어디일까 미심쩍은 것이다.

특히 재판부는 조현준이 2003년 3월부터 이 집을 임대해주고 매달 1만 1000달러에서 2만 5000달러를 받아 개인적으로 사용했다고 밝혔다.

효성아메리카 건물주인 알고 봤더니 조현준

효성아메리카가 입주한 건물도 실제 주인이 누구인지 의혹투성이였지만 결국 조현준 재판에서 조현준이 주인이고, 효성은 조현준에게 임대료를 주고 있는 것으로 드러났다. 효성아메리카 건물은 '910 콜롬비아사'가 2002년 10월 23일 구입했다. 조현준이 펠리칸포인트의 호화별장 계약서에 사인한 지 며칠 지나지 않은 시점이다.

오렌지 카운티 정부의 2009년 평가액이 327만여 달러인 점을 감안하면 현재 시세는 400만 달러를 웃돌 것으로 보인다. 매입계약서에는 계약서 등기 뒤 사본을 유영환에게 돌려보내라고 명시돼 있었다. 결정적으로 910 콜롬비아사는 바로 같은 날 퍼시픽 유니언뱅크로부터 164만 달러를 빌렸다. 조현준의 집사 역할을 하는 유영환이 효성아메리카 건물을 소유한 법인도 관리하고 있는 것이다.

효성아메리카는 효성 계열사는 물론 조현준이 해외 재산 은닉을 위해 설립한 법인인 펠리칸포인트사, 아스카홀딩스, 아스카 프라퍼티 등의 주소지이며 무기납품업체인 ZN테크놀러지, 세로닉스, 제픽스 등이 입주한 곳이다.

유영환이 관리한다는 사실만 드러났고 좀처럼 소유주를 밝혀낼 수 없었지만 예상대로 조현준이 주인이었다. 효성 계열사는 조현준에게 임대료를 내고 있었던 것이다.

서울 공덕동의 효성 본사 건물은 공덕개발 소유로, 효성은 공덕개발에 임대료를 내고 빌딩을 사용하고 있다. 공덕개발 등기부등본을 살펴보면 이 회사 임원들은 효성과 연관성이 짙은 인물들이다. 일부 대기업들이 사주의 건물에 입주해 사주에게 임대료를 내고 있다는 소문은 결코 헛소문이 아닌데, 효성은 미국까지 와서 그 짓을 한 것이다. 한편으로 효성 그룹 입주 건물에서 사원식당을 운영하는 업체가 누구 소유인지도 궁금하다.

조현준은 빌딩 사서 효성에 임대료 챙겨

조현준이 펠리칸포인트 저택을 살 때 효성이 은행대출까지 받아 빌려준 돈은 계약금 10만 달러 외에 440만 달러였다. 그러나 조현준은 집 사는 데 340만 달러만 사용했고 100만 달러는 다른 데 썼다고 해명했다. 놀랍게도 그는 남은 돈 100만 달러를 효성아메리카 입주 빌딩을 사는 데 투입했다.

조현준 자신이 대표이사를 맡았던 제픽스가 901 콜롬비아 스트리트의 이 부동산을 매입하고 제픽스와 효성아메리카를 입주시키기로 한 것이다. 조현준은 제픽스 이름으로 매입을 추진하다 이 건물이 있는 브레아 지역이 원유 저장소 등이 있던 지역이어서 혹시 모를 법적 위험을 피하기 위해 '901 콜롬비아'라는 유한책임회사를 설립했다고 한다.

이에 따라 901 콜럼비아 유한회사가 계약금을 변제하고 제픽스의 계약상 지위를 물려받았다는 것이다.

제픽스와 콜럼비아 유한회사 간의 계약이라서 두 회사가 관련 계약서를 제시하고 그렇다고 설명한다면 그렇게 받아들일 수밖에 없다. 하지만 두 회사 모두 당시는 조현준의 회사였음을 감안하고 이 부분을 이해해야 할 것이다. 두 회사가 계약서를 일치시키고 입을 맞춰서 말한다면 달리 이를 밝힐 도리가 없는 것이다.

조현준은 252만 달러에 콜롬비아 건물을 샀다. 효성에게서 받은 440만 달러 중 펠리칸포인트 고급주택 매입비 340만 달러를 빼면 100만 달러가 남는다. 이 중 90만 달러를 콜롬비아 건물을 사는 데 투입했다고 했다. 일부러 맞춘 듯 앞뒤가 감쪽같이 맞는다.

그동안 효성아메리카가 입주한 콜롬비아 건물의 주인이 효성이나 조현준으로 추정만 됐을 뿐 실제 계약서 등을 입수할 수 없어 이를 입증하는 데 어려움을 겪었으나 법정에서 조현준 소유임이 드러났다.

2003년 6월 보수공사를 마치고 효성아메리카가 이곳으로 입주했으며 조현준은 효성으로부터 매달 2만 5000달러에서 3만 달러의 임대료를 꼬박꼬박 지급받고 있는 것으로 법정에서 확인됐다.

사주 아들이 회사 돈 일부를 동원해 건물을 매입하고 그 건물에 자기 회사를 입주시켜 매달 월세를 챙기고 있는 것이다.

LA 대형 한식당 '사간'도 사실상 조현준 소유

이 당시 조현준으로부터 호화별장 매입 등을 위임받은 유영환은 아스카 홀딩스라는 법인을 설립해 로스앤젤레스 오렌지 카운티의 한인타운에 대형 한국 식당을 운영 중인 사실도 드러났다.

캘리포니아주 국무부에 확인한 결과 유영환은 조현준의 호화별장을 매입한 다음해인 2003년 5월 8일 아스카홀딩스라는 법인을 설립했으며, 법인 주소는 오렌지 카운티 부에나파크의 한 식당이었다. 당시 법인 설립 대리인인 유영환의 주소는 예전과 같이 효성아메리카 본사였다.

아스카홀딩스가 신고한 법인 주소를 확인해보니 '사간'이라는 대형 한국 식당으로 돼 있었다. 효성이 아스카홀딩스를 설립, 한국 식당을 운영한 것이다. 아스카홀딩스가 이 식당에서 술을 팔기 위해 2004년 4월 14일, 2만 6000달러에 주류판매 라이선스를 매입한 사실도 확인됐다. 이 주류 라이선스 양도 계약서에도 유영환이 양수인으로 서명했다. 주류 면허에는 사간 주인 아스카홀딩스의 멤버에 조현준, 메니징 멤버에 유영환이라고 명시돼 있었다. 이로써 조현준이 부업으로 로스앤젤레스의 한인타운에서 대형 한국 식당을 운영했음이 입증된 것이다.

아스카홀딩스는 또 이에 앞서 2004년 2월 10일 사간이라는 상호를 오렌지 카운티에 등록했으며, 2008년 10월 30일에 이 상호를 2013년 10월 30일까지 5년간 사용하겠다고 재신청한 것으로 밝혀졌다.

사간은 한식과 일식을 겸한 고급 대형식당으로 한인 밀집지역인 플러톤에서 가장 격조 높은 한식당 중 한 곳이다. 식당 홀 외에도 8명에서 20명이 앉을 수 있는 룸이 6개나 있고, 최대 100명까지 수용할 수 있는 연회공간도 갖추고 있다.

조현준은 아스카홀딩스라는 법인을 설립하고 사간 개업을 준비하던 중인 2003년 7월 3일, 캘리포니아주 오렌지 카운티 플러톤에 단독주택을 구입했다. 이 주택은 조현준의 펠리칸포인트 호화별장 소유 법인인 펠리칸포인트사 이름으로 58만 달러에 사들였다. 그는 이 플러톤 단독주택을

1년 반 정도 지난 2004년 12월 13일 79만 달러에 팔아넘김으로써 21만 달러, 약 35%의 수익을 올렸다.

샌프란시스코 콘도도 50만 달러가 회사 돈

조현준의 해외 은닉재산은 샌프란시스코에서도 발견됐다. 샌프란시스코의 등기소를 조회한 결과 2004년 12월 24일 캘리포니아주 샌프란시스코 다운타운의 콘도 2801호를 180만 달러에 샀다. 조현준은 펠리칸포인트 호화별장처럼 한 달 뒤인 2005년 1월 24일, 배우자인 이미경 씨로부터 지분 포기 각서를 받기도 했다.

조현준은 2005년 1월 6일, 주한 미국대사관에서 공증을 받아 유영환에게 이 콘도 관련 관리와 매매 융자 등의 권한을 위임했다.

판결문에 따르면, 이 콘도를 구입할 때 조현준은 회사 돈을 가져다 썼다. 2004년 12월 22일께, 효성아메리카의 재무책임자인 김규동에게 부동산 취득 자금으로 급하게 쓸 것이니 50만 달러를 빌려달라고 요구했다.

감히 거역할 수 없는 말이다. 사주의 아들이 요구하니 도리가 없었다. 김규동은 효성아메리카 석연호 법인장의 승낙을 받은 뒤 효성아메리카 자금 중 50만 달러를 조현준에게 보냈다. 효성아메리카의 체이스뱅크 계좌에서 조현준의 뱅크오브아메리카 계좌로 송금됐다.

효성이 조현준에게 차용증서를 요구할 수는 없었다. 이자나 변제기일, 계약서 등도 작성하지 않았다. 회계장부에는 대여금이 아닌 '어드밴스 투 임플로이'로 처리했다. '어드밴스 투 임플로이'란 회사의 업무목적 범위 내에서 장래에 발생할 채무에 대해 미리 집행한다는 뜻으로, 조현준의 개인적인 부동산 취득을 위해서는 집행할 수 없는 것이다.

이 콘도에 대해 조현준은 개인적인 투자 목적이라고 밝혔다. 조현준은 "샌프란시스코 콘도 지역에 재건축 계획과 같은 것이 수립돼 있어 투자 가치가 있을 것으로 생각하고 개인적인 투자 목적으로 매입한 것"이라고 검찰에서 진술했고 이 같은 진술이 법원에서도 인정됐다.

하지만 이때는 투자용 해외부동산 매입이 전면 금지된 때다. 2006년 3월 1일 이후에야 100만 달러 이하의 투자용 해외부동산 매입이 허용됐지만 조현준은 2004년 말에 투자 가치를 염두에 두고 해외에 불법 부동산을 산 것이다. 그가 검찰에서 얼떨결에 이같이 진술한 것인지는 모르지만 어쨌건 불법을 시인한 셈이다.

이 샌프란시스코 콘도도 조현준의 다른 부동산처럼 2005년 3월 3일 아스카 프라퍼티사에 무상증여함으로써 조현준이 주인임을 감춘다. 아스카 프라퍼티사는 2004년 8월 11일 설립됐으며, 법인 주소는 효성아메리카였고, 법인 설립 대리인 역시 유영환이었다.

이에 대해 조현준은 부동산 보유 및 임대와 관련해 예상치 못한 손해배상을 청구 당하게 될 경우 그에 따른 피해를 줄이기 위해 유한책임회사를 설립해 부동산을 소유하기로 했다고 해명했다.

펠리칸포인트 별장을 구입할 때처럼 '본인 매입→부인 권리 포기→유상무 위임→법인 무상증여'라는 똑같은 절차를 거쳤다.

펠리칸포인트 프라퍼티 유한회사, 910 콜럼비아 유한회사 등 조현준이 미국에서 사들인 부동산은 이처럼 대부분 유한책임회사로 돼 있다. 조현준은 부동산 보유를 숨기기 위한 것이 아니라 위험을 줄이기 위해서 그렇게 했다고 둘러댔다. 한편, 조현준은 이 콘도를 월 7000달러에 임대해주고 그 수익을 개인적으로 사용했다.

베벌리힐스 콘도도 회사 돈 50만 달러 들어가

조현준은 로스앤젤레스 베벌리힐스 웨스트할리우드의 콘도 1906호를 사들였는데, 이 콘도의 원소유주는 놀랍게도 사실상 효성 계열사였다. 효성 계열사가 사들였다가 조현준에게 매입가격 그대로 넘긴 것이다.

조현준은 2005년 4월 29일, 150만 달러에 웨스트할리우드 콘도를 사들였다. 하지만 회사 돈을 가져다 썼다. 이 콘도를 살 때 이름을 빌린 곳은 역시 펠리칸포인트사였고 매도자는 제픽스사였다. 이 콘도는 애당초 조현준이 대주주로 있는 제픽스라는 회사가 2003년 5월 12일 150만 달러에 구입한 콘도였다. 제픽스사는 효성 비자금 수사와 관련, 검찰이 미국에 신병 인도를 요청한 주관엽·송진주 씨의 회사로, 효성의 계열사로 알려져 있다. 그렇지만 조현준이 이 회사에 투자를 했으며, 2002년에 조현준이 대표이사를 맡아 사실상 그의 회사나 다름없었다.

조현준 재판 때 효성 직원들은 사주 아들의 회사라서 일부 지원했다고 진술하기도 했다. 판결문에 따르면 조현준은 2005년 이 콘도를 자신이 매입하기로 하고, 2005년 2월 24일 효성아메리카 재무책임자 김규동 씨에게 '웨스트할리우드 도헤니 콘도를 제픽스로부터 150만 달러에 매수하려고 하는데 매수 자금으로 쓸 것이니 50만 달러를 빌려달라'고 요청했다. 프리패스다.

효성아메리카는 말 끝나기가 무섭게 바로 그날 효성아메리카의 자금 중 미화 50만 달러, 당시 환율로 한화 5억 100만 원을 조현준에게 보냈다. 샌프란시스코 콘도를 구입할 때 돈을 보냈던 계좌와 동일했다. 효성아메리카의 체이스뱅크 계좌에서 조현준의 뱅크오브아메리카 계좌로 송금된 것으로 확인됐다. 실제로 조현준과 제픽스 간에 돈이 오갔는지 여부는 알 수 없지만 계약서상에는 150만 달러를 지급한 것으로 돼 있다. 역시 차용증서는 없었고 회계장부에는 가지급금으로 처리됐다. 이 콘도 또한 2005년 이후 월 1만 2000달러를 받고 임대해주고 있다. 임대수익은 펠리칸포인트 프라퍼티 유한회사에 입금됐고 조현준이 개인적으로 사용했다.

조현준 한때 제픽스 대표— 효성이 거액 투자

이에 앞서 조현준은 2001년께 그의 이모인 송진주 씨 등과 함께 제픽스사를 설립하고 2002년까지 대표이사를 맡았다.

효성도 2002년 3월 700만 달러, 2003년 2월 800만 달러, 2003년 10월 900만 달러 등 총 2400만 달러를 투자해 제픽스 지분의 75%를 취득했다. 2400만 달러가 75%이니 이 계산대로라면 전체 지분은 3200만 달러에 해당한다.

조현준은 2001년 제픽스 설립 때 10만 달러를 투자했으나 그 돈으로 얼마만큼의 지분을 취득했는지는 알려지지 않고 있다. 어쨌든 조현준은 2003년 자신의 지분을 제픽스에 매각했다는 것이 재판부의 설명이다. 2003년이면 효성이 투자를 마친 시점이다. 어쩌면 조현준이 자기 지분을 효성에 다 팔았는지도 모른다. 조현준이 제픽스 지분 매각으로 얼마를 벌었는지는 알 수 없지만 짭짤한 수익을 올렸을 가능성도 있다. 이 모든 내용은 판결문에 적시된 것이다.

2006년 샌디에이고 리조트 2채 지분 매입

이뿐만이 아니었다. 조현준은 2006년 말, 캘리포니아주 샌디에이고에도 고급 리조트 2채의 이용권을 동시에 매입한 것으로 확인됐다.

캘리포니아주 샌디에이고 카운티의 등기소를 조회한 결과 조현준은 2006년 10월 4일, 초호화 리조트인 '란초발렌시아빌라'의 3-C-7호와 3-C-8호 등 2채를 한꺼번에 사들였다. 등기일자는 2007년 1월 16일이다. 이 호화 리조트는 빌라 1채에 8명의 회원을 유치, 8분의 1의 지분을 판매하는 방식으로 운영한다. 조현준은 빌라 2채의 지분을 각각 8분의 1씩 매입한 것이다.

이 빌라 지분을 매입할 때도 펠리칸포인트사 명의가 동원됐다. 매입가는 빌라 1채당 42만 5000달러로 1년에 4주간 이용할 수 있는 조건이었다. 이때도 유영환에게 2개 콘도에 대해 각각 1개씩 2개의 위임장을 작성, 매입 권한을 일임했다. 조현준이 부동산이나 식당을 구입할 때마다 유영환에게 모든 것을 일임함으로써 유영환은 조현준의 모든 비밀을 알고 있는 최측근 집사가 됐다.

이 리조트는 샌디에이고 해변에 위치해 있으며 40에이커, 즉 5만 평 대지에 빌라는 단 12채만 있다. 빌라 1채당 8명이 지분을 가지므로 전체 소유자는 86명, 빌라 1채당 할당된 대지는 무려 4000평에 달한다. 빌라는 12채인데 18면의 테니스 코트, 500억 원을 들인 호화 스파 등이 갖춰져 있다. 빌라 1채당 건평은 약 100평이고, 방이 3개, 욕실이 딸린 화장실이 3개이고 선탠 공간, 수중 안마로 알려진 자쿠지 시스템이 구비돼 있는 등 호화 아방궁이다.

조현준이 매입한 2채의 빌라는 나란히 붙은 빌라이다. 이 지역 주민들은 빌 게이츠 마이크로소프트 회장 부부가 이 빌라를 즐겨 찾는 것을 비롯해 세계적인 부호들이 줄을 잇는다고 설명했다. 대통령이 방문해도 손색이 없을 정도의 호화 빌라인 것이다.

전두환-이희상 방미 시기 리조트 오픈과 겹쳐

이 빌라가 완공돼 본격 오픈한 것은 2007년 1월 중순이다. 전두환 대통령이 사돈인 이희상 동아원 회장과 함께 미국 로스앤젤레스를 방문한 것도 2007년 1월 중순인 1월 10일이다. 이때 조현준의 사돈 전두환 대통령과 장인 이희상이 조현준의 펠리칸포인트 별장을 거쳐 란초발렌시아빌라에 머물렀을 가능성도 배제할 수 없다.

조현준은 전두환 대통령의 삼남인 전재만의 소개로 이희상의 딸인 이미경 씨를 만나 결혼에 골인했다. 전재만이 이희상의 첫째 사위, 조현준이 이희상의 셋째 사위가 됐다. 조현준에게 전두환 대통령은 손위동서의 아버지인 것이다.

조현준의 펠리칸포인트 호화별장에서 불과 3.9마일 거리에 2005년 전두환 대통령의 둘째 아들인 전재용과 박상아가 구입한 고급주택이 있다. 이희상의 포도밭도 이곳에서 가까운 나파밸리에 있다. 전두환이 언제든지 갈 수 있는 친인척의 미국 부동산이 로스앤젤레스 인근에 널려 있는 것이다.

검찰, 횡령시효 남은 부동산만 공소 제기

검찰은 조석래 회장의 전경련 회장 사퇴 열흘 뒤인 2010년 7월 16일, 조현준과 조현상을 모두 불구속 기소하면서 수사를 마무리했다.

조현준 효성 사장에게 적용된 혐의는 특가법상 횡령과 외환거래법위반 등 두 가지였다. 효성 측은 검찰의 수사 단계부터 국내 최대 로펌인 김앤장을 변호인으로 선임해 대응했지만 있는 혐의를 없앨 수는 없었다.

조현준이 미국에서 많은 부동산을 사들였지만 검찰은 캘리포니아주 펠리칸포인트 450만 달러 호화주택 매입, 샌프란시스코의 180만 달러 콘도 매입, 로스앤젤레스 웨스트할리우드 150만 달러 콘도 매입 등 횡령혐의에 대한 시효가 남아있는 부동산에 대해서만 공소를 제기했다.

조현준은 2002년부터 2005년까지 효성아메리카에서 4차례에 걸쳐 550만 달러를 빼돌렸다는 횡령혐의가 적용됐다.

조현준은 이에 앞서 2009년 12월 30일 란초발렌시아빌라 2채의 지분을 85만 달러에 매입하고도 이를 재정경제부 장관에게 신고하지 않은 혐의로 불구속 기소됐었다. 검찰은 조현준이 효성아메리카에서 돈을 빼내서 개인 용도로 부동산을 구입했기 때문에 횡령이라며 불구속 기소했었다.

조현준은 6차례에 걸쳐 정부 당국에 신고하지 않고 해외부동산을 사들이는 불법과 외환거래법 위반혐의를 저질렀다. 그러나 란초발렌시아빌라를 제외하고는 공소시효가 지나 처벌을 면했다. 외환거래법 위반혐의는 공소시효가 3년이기 때문이다.

검찰은 이처럼 3건의 부동산에 대해서는 횡령혐의를 적용했고 샌디에이고의 란초발렌시아빌라 2채 매입에 대해서는 외국환 거래법 위반혐의를 적용했다. 란초발렌시아빌라 2채의 지분을 85만 달러에 취득하면서 재정경제부 장관에게 신고를 하지 않은 혐의다.

'CFO로 책임 다했느냐' 재판부 질책에 당황

조현준에 대한 공판은 2010년 8월 20일부터 시작됐다. 조현준은 첫 재판에서 변호인을 통해 검찰이 제기한 공소 사실을 대부분 인정한다며 사회적 물의를 일으킨 점에 대해 깊이 반성한다고 밝혔다.

공판 과정에서 이례적으로 재판부까지 나서 피고인과 증인을 날카롭게 추궁하기도 했다. 특히 11월 9일 공판에서 증인으로 출석한 김규동 효성아메리카 최고재무책임자에 대해서 재판부는 "CFO로서 책임을 다했다고 생각하느냐"고 따져 피고 측이 당황해하기도 했다.

조현준이 회사 돈을 빼내갔을 때 효성아메리카의 차입금 이자만 한 달에 100만 달러나 됐다는 사실도 증인심문을 통해 밝혀졌다. 김규동 증인이 조현준이 횡령한 것이 아니라 빌려간 것이라고 주장하자 검찰은 "담보도 받지 않고 왜 빌려줬느냐? 개인 재정 상황을 평가해 리스크가 작다고 해서 빌려줬다는데 조현준 개인 재산이 얼마냐"고 물었고, 김규동은 "개인 재산은 확인하지 않았으며 신용거래가 미국의 관행"이라고 답했다.

효성아메리카 설립 이래 사업 외적으로 돈을 빌려준 사람은 조현준 외에는 없다는 사실도 김규동의 답변을 통해 드러났는데, 조현준에게 단 한 번도 이자를 받은 적이 없었다. 한 달에 이자 갚을 돈이 100만 달러나 되는 상황에서 조현준이 자신의 집을 산다며 회사 돈 550만 달러를 빼갔는데도 말이다.

검찰은 조현준에 대해 징역 2년 6월과 추징금 85만 달러를 구형했다.

'360만 달러 횡령' 시효 지나 면소— 결국 집행유예

검찰이 조현준을 기소한 내용을 재판부도 대부분 인정했다. 재판부는 샌프란시스코 콘도 매입 때 50만 달러, 웨스트할리우드 콘도 매입 때 50만 달러 등 조현준이 2차례에 걸쳐 100만 달러를 횡령했다고 판결했다.

"효성아메리카는 2002년 전후로 자본이 잠식돼 자금 사정이 열악한 상황임에도 조현준 개인의 부동산 투자를 위해 자금을 인출해준 것은 회사를 위한 지출이 아니며 조현준이 콘도를 산 뒤 이를 임대해서 얻은 수입을 회사에 귀속시키지 않고 개인적으로 사용한 점을 들어 100만 달러를 효성아메리카에서 인출, 불법영득의사를 실현하는 횡령행위를 했다"고 판결했다.

서울중앙지방법원 형사24부는 크리스마스 이브인 2010년 12월 24일, 조현준에게 징역 1년 6월에 집행유예 2년, 그리고 약 9억 8000만 원을 추징하고 펠리칸포인트 주택 횡령에 대해서는 면소판결을 내렸다.

재판부는 조현준이 펠리칸포인트 고급주택을 매입할 때 효성아메리카에서 끌어다 쓴 450만 달러에 대해서는 이 중 90만 달러를 뺀 360만 달러에 대해 횡령죄가 성립되지만 공소시효가 지났기 때문에 면소를 선고했다. 횡령죄가 없다는 것이 아니라 횡령죄이지만 그 시효가 지났다는 것이다. 재판부는 조현준이 이 집을 살 때 효성아메리카로부터 2002년 8월 13일 10만 달러, 2002년 10월 8일 440만 달러를 받았으므로 횡령 범행의 완료시점이 2002년 10월 8월이라고 밝혔다.

따라서 횡령죄의 공소시효 7년을 적용하면 2009년 10월 7일 이미 공소시효가 끝났으며, 검찰이 2010년 7월 16일 공소를 제기했으므로 면소를 선고한다는 것이다. 재판부는 특히 공소시효 만료에 따라 면소된 것이므로 주문에서 별도로 무죄를 선고하지 않는다고 분명히 밝혔다.

결론적으로 모두 450만 달러에 대해 횡령죄가 인정되지만 360만 달러 횡령은 시효가 끝나서 처벌할 수 없다는 것이다.

360만 달러는 그렇다고 치더라도 나머지 90만 달러에 대해서는 횡령죄조차 인정되지 않았다. 조현준은 회사 돈을 꺼내서 자신의 명의로 건물을 사고 거기에다 자기 회사를 입주시켜 임대료까지 챙겼다. 회삿돈으로 부동산 사고 임대사업을 한 것이다. 그러나 재판부는 효성관련 회사들이 입주해 있는 것으로 미루어 횡령은 아니라고 판단했다. 쉽게 이해가 안 간다. 이때 끌어다 쓴 450만 달러는 2003년 10월 24일과 10월 27일, 그리고 2006년 2월 21일 등 3차례에 걸쳐 이자까지 포함, 모두 갚은 것으로 돼 있다.

약 9억 8000만 원의 추징금은 외환거래법을 어기고 해외에 부동산을 사면 그 부동산 거래액 전체를 추징하는 데 따른 것이다. 샌디에이고 란초 발렌시아빌라 2채 지분 매입비용이 85만 달러였으므로 한화로 환산해 9억 8000만 원이 추징된 것이다

서울고등법원 형사10부는 2012년 1월 5일, 조현준에 대한 항소심에서도 징역 1년 6월에 집행유예 2년, 추징금 9억 7500여만 원을 선고했다.

항소심 재판부도 "조현준이 효성아메리카의 자금 100만 달러를 인출해 미국의 부동산 매입에 사용하고 85만 달러 상당의 부동산을 취득한 뒤 당국에 신고하지 않은 사실은 유죄가 인정된다"고 밝혔다. 그리고 "횡령 금액을 모두 상환하고 수사에 협조한 점을 양형에 참작했다"고 덧붙였다. 검찰이 550만 달러 횡령혐의로 기소했지만 법원은 100만 달러 횡령만 인정했다. 죄가 왕창 줄었다.

재벌 판결에 늘 등장하는 문구가 조현준 항소심 판결에도 등장했다. "돈 갚았고 반성하고 있고 수사에 협조했다." 이런 말 나오면 집행유예 판결이 내려질 때가 많다.

이 사건으로 조현준, 조현상은 물론 효성아메리카의 최고재무책임자 김규동 씨와 조현준의 개인 집사 역할을 했던 효성아메리카의 유영환 상무, 그리고 이상태, 박찬선 씨 등이 검찰수사를 받았다. 또 김규동, 유영환, 안성훈 씨 등은 법원에 증인으로 출석, 증언하기도 했다.

효성가 해외부동산

조현준

2002년 8월 20일	로스앤젤레스 뉴포트비치 호화주택 450만 달러 매입
2002년 10월 7일	펠리칸포인트사 법인 설립
2002년 10월 10일	뉴포트비치 주택 펠리칸포인트 법인 명의로 이전
2002년 10월 23일	로스앤젤레스 910 컬럼비아 소재 빌딩 252만 달러 매입, 효성에 임대
2003년 5월 8일	아스카홀딩스사 법인 설립
2003년 7월 3일	플러톤 단독주택 58만 달러 매입
2004년 2월 10일	한식당 '사간' 상호 오렌지 카운티에 등록
2004년 12월 24일	샌프란시스코 콘도 180만 달러 매입
2005년 4월 29일	로스앤젤레스 베벌리힐스 콘도 150만 달러 매입
2006년 10월 4일	샌디에이고 란초발렌시아빌라 2채 지분 85만 달러 매입

조현상

2002년 11월 12일	하와이 카하라 콘도 42만 달러 매입
2008년 7월 24일	하와이 워터마크 콘도 262만 달러 매입

조석래

1977년 9월 19일	뉴욕 갤러리아 콘도 매입
1999년 3월 24일	조현문이 조석래 뉴욕 콘도 19만 달러 매도
1978년 7월 19일	뉴욕 롱아일랜드 단독주택 효성 명의로 매입
2004년 8월 10일	뉴욕 롱아일랜드 단독주택 115만 달러 매도

조현상과 조석래의 부동산 쇼핑

조현상의 하와이 별장 사랑

조현상 하와이에 2채— 2008년 워터마크 매입

조현준뿐 아니라 그의 동생 조현상 현 효성 부사장도 하와이에 2채의 부동산을 소유한 것으로 확인됐다.

하와이 호놀룰루 카운티의 등기소를 조회한 결과 조현상은 하와이 호놀룰루 와이키키 해변 앞에 신축된 워터마크 콘도의 3405호를 2008년 7월 24일 매입했다. 와이키키 해변 앞 다이아몬드헤드 인근 지역이다. 매입가는 262만 3000여 달러였으며 은행융자를 받지 않고 전액 현금으로 구입했다.

조현상은 매입계약서에 주소지를 하와이 호놀룰루의 한 펜트하우스로 기재했다. 그러나 호놀룰루 카운티가 조현상에게 보낸 재산세납부고지서의 주소는 효성아메리카 뉴욕 법인의 주소였다. 뉴욕 맨해튼 원펜프라자

5320호 효성아메리카로 고지서를 보내달라고 요청해서 조현상임이 드러난 것이다.

조현상이 매입한 이 워터마크 콘도는 박정희 대통령의 손자, 노태우 대통령의 아들 노재헌를 비롯해 한국의 재벌 일가들이 다수 입주한 콘도로 그야말로 한국 최고 지도층의 하와이 별장촌이다.

2002년에도 사촌 권한섭 통해 카하라 콘도 매입

조현상은 와이키키 해변 워터마크 콘도를 구입하기 6년 전에도 하와이의 다른 콘도를 매입했다. 조현상은 2002년 11월 12일, 사촌인 권한섭 씨에게 하와이 호놀룰루 카운티 카하라비치 콘도의 327호에 대한 매입 권리를 위임하고, 42만 달러에 사들였다. 당시 조현상의 주소지는 일본이었고 한국 의 한 법무법인에서 위임장을 작성한 것으로 드러났다.

이 카하라비치 콘도는 2베드룸 콘도였으나 가격은 42만 달러에 불과했다. 그 이유는 부지 문제 때문이다. 카하라비치 콘도는 일본인 투자자가 1966년 이 콘도를 지을 때 콘도 부지를 사학재단으로부터 60년간만 빌리기로 계약했기 때문에 2027년까지만 콘도를 사용할 수 있다. 따라서 2027년이 다가올수록 이 콘도의 가격이 떨어지는 것이다.

하와이 언론은 이 콘도가 믿을 수 없을 정도로 저렴한 가격이 매력인 반면 위험 요소가 크다고 보도했다. 하와이에서 살아야 하는 하와이 주민보다는 미국 본토인들의 별장 용도로 인기가 있으며 투자용으로는 부적절하다고 분석했다.

곽영욱 전 대한통운 사장도 바로 이 카하라 콘도를 매입, 소유하고 있다.

공소장 보니 조현상은 외환거래법위반

조현상은 2008년 하와이 콘도를 사들인 자금 262만 달러를 외환당국에 신고하지 않았다는 외환거래법 위반혐의가 적용됐다.

조현상 효성 부사장에 대한 공소장에는 그의 혐의가 아주 간단하게 정리돼 있다. 거주자가 외국에 있는 부동산 또는 이에 관한 권리를 취득하고자 하는 경우에는 지정거래 외국환 은행의 장에게 신고해 수리를 받아야 한다. 그런데 조현상이 이를 위반했다는 것이다. 쉽게 말하면 해외부동산을 구입하기 위해 그 돈이 국내에서 해외로 갈 때 부동산 매입자가 이용하는 그 사항을 은행에 신고해야 하지만 이 같은 신고 없이 그냥 구입했다. 아예 법을 무시한 것이다.

검찰은 피고인 조현상이 거주자임에도 불구하고 지정거래 외국환 은행의 장에게 신고하지 않고 2008년 8월 1일 하와이 호놀룰루 워터마크 콘도를 미화 262만 달러에 구입, 외국에 있는 부동산을 취득한 혐의로 공소를 제기했다. 검찰은 이 미화를 구입 당시의 환율로 계산, 한화로 26억 6100만 원이라고 밝혔다.

조현상, '깊이 반성한다' 말하곤 위헌 제청

서울중앙지검은 조현준과 함께 불구속 기소된 조현상에 대한 결심공판에서 조현상에게 징역 1년과 추징금 262만 달러를 2010년 9월 15일 구형했다. 이날 조현상은 관련 규정을 몰라 일어난 일이라며 죄송하고 깊이 반성하고 있다고 말했다.

그러나 조현상은 두 달여 뒤인 11월 26일 선고공판에서 해외부동산을 취득하고 당국에 신고하지 않으면 해당 부동산을 몰수하거나 추징하도록

한 외환거래법 제30조에 대해 위헌법률심판을 제청했고 재판부가 이를 받아들였다.

조현상은 "외국환거래법 제30조가 개인의 재산권과 자유권을 침해할 뿐 아니라 국외 거래의 자유를 보장하고 시장 기능을 활성화한다는 입법 목적에 어긋난다"고 주장했다. 이에 대해 재판부는 "단순한 업무상 착오나 과실로 신고를 못한 경우처럼 책임이 무겁지 않은 때에도 몰수 추징하도록 하고 있어 헌법상 과잉금지원칙에 위반될 소지가 있다"고 밝혔다. 결국 헌법재판소의 판단을 기다릴 수밖에 없다.

그러나 조현상은 업무상 착오나 과실이 아니라 고의적으로 이 법을 무시했을 가능성이 크다. 상습범이다. 왜냐하면 그는 2002년 이미 하와이에 콘도를 구입한 적이 있기 때문이다. 그러나 외환거래법 공소시효 3년이 이미 만료된 상태여서 조현상의 2002년 하와이 콘도 구입은 공소장에 포함되지도 않았고 물론 처벌받지도 않았다.

조석래 회장도 해외에 불법 부동산

조석래 1977년 맨해튼 콘도 매입 발각

아들들뿐 아니라 조석래 효성 회장 본인도 35년 전인 1977년, 당시 뉴욕의 최고급 콘도를 매입했던 사실이 발각됐다. 조석래는 1977년 9월 19일, 뉴욕 맨해튼 57스트리트 소재 갤러리아 콘도 25C호를 사들였다. 조석래는 노련하게도 자신의 전체 이름을 적지 않고 조라는 성 뒤에 SR이라는 자신의 이니셜만을 기재했다.

RESIDENTIAL UNIT DEED

THIS INDENTURE, made the 19th day of September , 1977 , between MORPROP INCORPORATED, a Delaware corporation, having an office at 37 Wall Street, New York, New York 10015 (the "Grantor") and S. R. CHO

having an address at Room 256, Akasaka Office Heights, 13-5 Akasaka, 6-Chome, Minatoku, Tokyo, Japan (the "Grantee").

WITNESSETH:

That the Grantor, in consideration of Ten ($10.00) Dollars and other valuable consideration paid by the Grantee, does hereby grant and release unto the Grantee, the heirs or successors and assigns of the Grantee, forever:

The Residential Unit (the "Unit") known as Unit No. 25-C in the premises known as Galleria Condominium and by the street number 115-117 East 57th Street and 110 East 58th Street, Borough of Manhattan, City, County and State of New York, said Unit being designated and described as Unit No. 25-C in the Declaration establishing a plan for condominium ownership of said premises under Article 9-B of the Real Property Law of the State of New York (the "New York Condominium Act"), dated February 16, 1977, and

이명박 대통령의 사돈 조석래 효성 회장의 1977년 뉴욕 갤러리아 콘도 매입계약서

이 콘도는 조석래가 직접 사지 않고 일본인에게 위임했으며 이 일본인이 조석래를 대신해 서명한 것으로 뉴욕시 등기소를 조회한 결과 드러났다. 이 계약서는 조석래의 주소지를 일본 동경 아카사카의 아카사카오피스하이츠 256호로 명시하고 있다. SR 조가 조석래 회장이라는 사실은 이 콘도를 22년간 보유하다 매각할 때 명확히 밝혀졌다.

둘째 조현문이 조석래 뉴욕 콘도 직접 매각

조석래 회장은 1998년 10월 9일, 자신의 차남인 조현문 현 효성 부사장에게 갤러리아 콘도 매각을 일임하는 위임장을 작성해줬다. 이때 조석래는 자신의 이름을 SEUK RAE CHO로 표기, 자신이 조석래임을 스스로 드러냈다.

조현문은 이듬해인 1999년 3월 24일, 아버지 조석래를 대신해 이 콘도를 19만 달러에 팔았다.

뉴욕주 법원을 조회한 결과 조현문은 하버드대 로스쿨을 졸업한 뒤 1999년 뉴욕주 변호사 시험에 합격, 변호사 자격을 갖고 있으며 2012년 3월 이후 자격을 재등록해야 한다.

조석래 회장이 과연 변호사 비용을 아끼기 위해 둘째 아들에게 부탁해 콘도를 팔았을까? 그럴 수도 있겠지만 자신의 해외 은닉 재산 노출을 막기 위한 꼼수였을 가능성이 더 클 것이다.

조석래-조현문 주소지는 뉴욕 롱아일랜드 주택

조석래 회장에 대해 영원히 묻힐 뻔했던 새로운 사실이 자신의 갤러리아 콘도를 매입하면서 밝혀졌다. 조석래가 기재한 주소는 뉴욕 롱아일랜드 낫소 카운티 로즐린의 한 주택이었다. 한국에도 잘 알려진 로즐린 하이스쿨 등이 있는 곳이다.

매매에 앞서 조석래가 작성한 위임장에 기재된 아들 조현문의 주소 또한 바로 이 로즐린 주택이었다. 롱아일랜드 낫소 카운티의 등기소를 방문해 확인한 결과 이 주택은 1978년 7월 19일 효성아메리카 명의로 구입된 주택이었다. 조석래가 맨해튼에 갤러리아 콘도를 구입하고 열 달 뒤에 효성 법인이 이 집을 산 것이다. 조석래 회장의 움직임과 공교롭게도 겹친다.

효성아메리카 명의로 구입된 집이었지만 효성 회장과 회장의 아들 등 로열패밀리가 자신의 주소로 사용한 점으로 미루어 이 집의 실소유주가 누구인지 짐작할 수 있다. 효성아메리카는 이 집을 26년간 보유하다 2004년 8월 10일, 115만 달러에 팔았다.

조석래와 조카의 골육상쟁

삼촌-조카 간 현금지급기 싸고 골육상쟁

효성아메리카 등이 2010년 5월 한틀유에스에이를 상대로 ATM 미지급금과 이자 등 500여만 달러를 배상하라고 소송을 제기한 일이 발생했다.

한틀유에스에이는 한국한틀시스템의 자회사이다. 알고 보니 한틀에는 명목상 사장이 있지만, 실제로는 조석래 효성 회장의 조카인 권한섭 씨가 운영 중인 회사였다. 재벌들의 재산 싸움이 국내에만 국한된 것이 아니라 태평양 건너 미국에서도 벌어진 것이다. 그야말로 골육상쟁이다.

권한섭은 조석래보다 아홉 살 나이가 많은 누나 조명률 씨의 아들이다. 조명률의 남편은 권병규 전 효성건설 회장이며 그 아들이 권한섭이다. 조석래 회장 누나가 손위이다 보니 누나가 낳은 아들은 조석래와 불과 열다섯 살 차이여서 조카라기보다 막내동생뻘이다.

삼촌과 조카의 피 튀기는 싸움의 발단은 현금자동지급기(ATM) 관련 문제였다. 효성이 현금자동지급기를 생산하면 조카가 미국과 캐나다에서 이를 판매했고 그 과정에서 조카가 공학박사로서 현금자동지급기 개발에 일조했다. 그러나 이해관계가 얽히면서 결국 법정에서 맞붙은 것이다.

권한섭이 1986년 캘리포니아에 설립한 트라낙스는 현금지급기 관련 기술을 축적, 독자적으로 이를 생산, 판매하려고 했으나 어쩌다 보니 삼촌이 운영하는 효성이 현금지급기를 생산하게 됐다는 것이다. 그렇게 되면서 1998년부터 조카는 북미 지역 판매권만 가진 디스트리뷰터로 전락했다. 트라낙스가 효성을 상대로 현금지급기 관련 특허를 침해했다며 두 차례나 제소한 사실도 트라낙스가 상당한 기술을 축적했음을 엿볼 수 있다. 조카는 삼촌에게 자신의 사업을 빼앗겼다고 생각한 것이다.

효성아메리카와 노틸러스 효성은 트라낙스가 ATM 기계 납품대금을 지급하지 않았다며 국제분쟁해결센터에 트라낙스를 제소해 500만 달러 이상의 승소판결을 받았다. 그러나 트라낙스가 판결 직전 회사 자산을 한틀유에스에이로 빼돌렸다며 2010년 5월 19일 캘리포니아주 북부연방법원에 500여만 달러 손해배상소송을 제기한 것이다.

효성은 소송장에서 국제분쟁해결센터로부터 "트라낙스는 효성에게 ATM기계 미지급금 318만 달러에다 이자 등을 포함해 515만 달러를 배상하고 전액 배상 때까지 하루에 이자 1700여 달러를 가산한다"는 승소중재를 2010년 2월 9일 받았다고 설명했다.

그러나 효성은 트라낙스가 이 승소중재 약 6개월 전인 2009년 8월 26일자로 미국에 한틀유에스에이를 설립하고 모든 자산을 넘겼다며 한틀유에스에이와 트라낙스는 대표이사와 주소지가 같은 것으로 미루어 동일 회사라고 판단하고 한틀을 제소한 것이다. 특히 효성은 트라낙스의 지분 대부분은 엘트나가 소유하고 있고 엘트나는 ATM 부품 생산회사인 한틀시스템을 지배하고 있다고 밝혔다. 즉 엘트나가 한틀시스템과 트라낙스를 소유한 회사이며 한틀유에스에이도 같은 회사라는 설명이다.

효성은 이 소송이 이미 3년 전에 시작됐다고 밝혔다. 2007년 8월 국제분쟁해결센터에 트라낙스를 상대로 분쟁중재를 요청해 2010년 2월 9일 승소중재를 받았다. 이때 트라낙스 대표는 조석래 회장의 조카인 권한섭이었다. 효성은 보름 뒤인 2010년 2월 24일 캘리포니아주 북부연방법원에 승소중재문을 첨부해 트라낙스를 상대로 손해배상지급 소송을 제기, 2010년 5월 6일 트라낙스는 효성에 500여만 달러를 지급하라는 승소판결을 얻었다.

하지만 트라낙스 자산이 이미 한틀로 넘어가고 난 뒤였다. 그래서 다시 또 한틀을 상대로 소송을 제기한 것이다.

삼촌 조석래와 조카 권한섭의 쫓고 쫓기는 창과 방패의 싸움이었다. 조카는 삼촌 돈을 안 줬고 삼촌은 그 돈을 찾으러 소송을 했으며 조카가 돈을 숨기자 또 소송을 한 것이다. 그러나 조카는 삼촌 측이 특허기술 등을 훔쳤다고 주장했다.

효성 측은 또 트라낙스가 국제분쟁해결센터 중재 직전인 2010년 1월 22일 패소할 것이란 사실을 알아냈고, 1월 29일 거래처에 트라낙스 판매를 중단하고 상표명을 로즈로 바꾼다고 통보했다고 밝혔다.

거래처 안내문에서 트라낙스는 상표명이 트라낙스에서 로즈로 바뀌어도 생산라인이나 가격, 담당자는 모두 같다고 밝혔다는 사실이 동일 회사라는 증거로 제시됐다. 실제 한틀유에스에이가 판매하는 제품이 MB 1700이라는 트라낙스 모델이라는 것이다.

권한섭은 효성의 중재소송 뒤인 2008년 9월 8일 트라낙스를 현금자동지급기 부품 공급회사인 한국의 엘트나에게 매도했지만 권한섭과 그의 부인 권희묵 씨가 엘트나의 이사로 활동한다고 스스로 밝히기도 했었다.

이처럼 골육상쟁을 벌이는 조카삼촌도 한때는 무척 가까웠던 사이였다. 미국 부동산 서류를 통해 이 같은 사실이 확인된다. 조석래 회장의 셋째 아들인 조현상 부사장이 2002년 11월 하와이에 콘도를 구입할 때 자신의 권리를 위임한 사람이 바로 권한섭이었다. 스무살 이상 많은 고종사촌 형에게 하와이 콘도를 대신 사달라고 부탁했던 것이다.

권한섭 또한 부인 권희묵과 함께 미국 캘리포니아주에 엄청난 부동산을 소유하고 있다. 일찌감치 미국으로 건너갔지만 로열패밀리답게 낯선 땅에서 여전히 부를 과시해온 것이다. 진작 권한섭의 미국 부동산을 알았지만 이민 가서 미국 법의 적용을 받는 사람이라 언급하지 않았다. 하여간 캘리포니아주 산타클라라 카운티를 기반으로 로스앤젤레스까지 많은 부동산을 보유하고 있다.

검찰의 수사와 재벌의 낙관론

검찰수사 나서자 법인 대리인 등 전격 교체

검찰이 조사한 결과 효성 로열패밀리가 구입한 부동산 중 조현준 조현상 두 사람이 직접 관련된 부동산만 8건이며 매입가격은 1430만 달러에 달했다. 이외에 조석래 회장 등의 부동산과 효성아메리카의 부동산이 6건이지만 시기가 오래돼 검찰수사에서는 제외됐다. 결국 검찰은 해외부동산 불법 매입에 회사 돈 550만 달러 이상이 투입됐음을 확인하고 이를 수사했다.

효성 측은 돈이 모자라 회사 돈을 편법으로 빌려 쓰고 나중에 모두 갚았다고 주장했지만 회사 돈을 채워넣은 것은 정상참작 사유에 해당될 수 있을 뿐 횡령죄 자체를 무효화시킬 수는 없는 것이다. 회사 돈을 자기 쌈짓돈처럼 마음대로 빼내 쓴 것이 마침내 덜미가 잡힌 것이다.

효성 로열패밀리의 해외부동산 불법 매입에 대해 검찰이 수사에 나서자 효성은 조현준의 호화별장 매입을 위해 설립했던 법인주소와 대리인 등을 전격 교체하는 등 수습에 나섰다. 조현준의 부동산 매입에 동원된 법인의 주소는 효성아메리카였고 대리인은 효성아메리카의 유영환 상무였다. 효성이 사주 부동산 매입에 조직적으로 동원됐음을 입증하는 증거이다.

2009년 11월, 캘리포니아주 국무부에 확인한 결과 조현준의 펠리칸포인트 별장, 베벌리힐스 콘도, 샌디에이고 란초발렌시아 별장의 실소유주 펠리칸포인트사 주소에서 효성아메리카 주소를 제외시켰고 대행인도 유영환 상무가 아닌 외국인으로 바뀌어 있었다. 샌프란시스코의 콘도 매입에 동원된 아스카 프라퍼티, 대형 식당 사간을 위해 설립된 아스카홀딩스도 예외없이 주소지, 대행인이 변경돼 있었다.

그러나 이전에 등록했던 사실을 영원히 지울 수는 없었다. 주소와 대행인은 바뀌었지만 예전 주소와 대행인으로 신고한 법인 서류들은 그대로 보존돼 있기 때문이다.

검찰, 효성 문제로 미국에 사법공조 요청 및 세무조사

효성가의 해외부동산 불법 매입이 사실로 드러나면서 서울중앙지검 외사부는 2009년 12월 9일 법무부를 통해 미국에 사법공조를 요청했다.

검찰은 미국 측에 조석래 회장의 장남 조현준이 구입한 450만 달러 상당의 호화별장 등 부동산 4채와 삼남 조현상이 소유한 260만 달러의 하와이 콘도의 소유 관계와 구입 자금이 명시된 금융거래 내역서 등을 요청했다.

검찰이 미국 측에 사법공조를 요청했다는 것은 중요한 의미를 갖는다. 한국이 미국에 사법공조를 요청하려면 한국과 미국 모두에서 처벌 가능한 범죄여야만 하기 때문이다. 미국은 외환거래법이 없기 때문에 외환거래법 위반으로 사법공조를 요청할 수는 없다. 효성과 관련, 검찰이 미국에 사법공조를 요청한 것은 이 부동산을 매입해 조현준이 회사 돈을 사용했다던가

하는 한미 양국 모두에서 불법으로 인정되는 행위를 했다는 것을 의미하는 것으로, 이때 이들의 불법성은 사실상 드러난 셈이다.

검찰은 2009년을 하루 남긴 12월 30일, 마침내 조현준 효성 사장을 불구속 기소한다. 조현준이 2007년 1월 10일 캘리포니아주 샌디에이고 카운티 소재 란초발렌시아빌라 2가구 지분 8분의 1씩을 85만 달러에 취득하고도 이를 재정경제부에 신고하지 않은 혐의를 적용했다. 신고의무 위반의 공소 시효가 3년이기에 2010년 1월 9일 완료되므로 그 이전에 불구속 기소했다는 것이다.

검찰은 해를 넘겨 2010년 3월 23일, 보다 상세한 증거를 확보하기 위해 다시 한 번 미국에 사법공조를 요청했다. 이번에는 혐의를 입증하기 위해 더 구체적인 수사공조를 요청한 것이다. 특히 미국 현지에서 매매를 주도하는 등 조현준의 집사 노릇을 한 유영환의 소재 파악 등도 요청한 것으로 알려졌다.

또 2010년 4월에는 마침내 국세청이 나섰다. 국세청은 2010년 4월 12일부터 효성 그룹에 대한 2개월 일정의 세무조사를 시작했다. 효성은 2006년에 이어 4년 만에 이루어지는 정기세무조사라고 밝혔지만 로열패밀리의 해외 부동산 불법 취득에 대한 검찰수사가 진행되는 와중에 세무조사가 진행됨으로써 대주주 일가의 비자금이 드러날 것인지에 관심이 집중되기도 했다.

효성, 수사 시작되자 하이닉스 인수 포기

효성 로열패밀리의 해외부동산 불법 매입이 드러나면서 효성 그룹은 결국 하이닉스 인수를 포기하게 된다.

2009년 11월 12일, 효성은 "시장가치 극대화와 국가 기간산업 보호라는 목적으로 하이닉스 인수를 추진했으나 특혜 시비로 인해 공정한 인수 추진이 어려워 하이닉스 인수 의향을 철회한다"고 밝혔다.

효성은 "하이닉스가 반도체라는 국가적으로 중요한 기간산업임에도 불구하고 인수에 나서는 한국 기업이 없었기 때문에 자신들이 국가경제와 산업발전을 위해 국가 기간산업을 살려야겠다는 대승적 관점에서 하이닉스 인수를 검토했으나 매우 안타깝고 힘든 결단을 내리게 됐다"고 덧붙였다. 효성은 또 "하이닉스를 인수하도록 특혜를 준 것 같다는 의심은 전혀 근거가 없으며 그런 특혜는 전혀 있지도 않았고 있을 수도 없다"고 강변했다.

효성이 특혜 시비를 표면적 이유로 내세웠지만 대통령의 사돈인 효성의 로열패밀리들이 해외로 재산을 밀반출, 불법적으로 부동산을 매입한 사실이 드러나는 바람에 하이닉스를 포기하게 됐다는 것이 일반적인 관측이다. 결국 하이닉스는 2년 뒤인 2011년 11월, SK의 손에 떨어지게 된다.

조석래, 전경련 회장 사임은 아들 기소 때문?

2010년 7월 6일, 조석래 효성 회장은 마침내 전국경제인연합회 회장 자리에서 물러났다. 그때 조석래 회장의 나이 일흔 여섯이었다.

2007년 3월에 취임, 3년 4개월 만에 한국 경제계 대표 자리에서 내려왔다. 조석래 회장은 재임기간 동안 30회에 걸쳐 130일간 지구 7바퀴 반에 해당하는 해외출장을 다녔다는 것이 전경련 사무국의 설명이다.

그의 표면적인 사퇴 이유는 건강상의 문제였다. 효성 측은 2달 전인 5월 건강검진을 한 결과 담낭에서 종양이 발견돼 제거수술을 받았으며 쉬는 것이 좋겠다는 의료진의 의견을 받아들여 사퇴했다고 설명했다.

일흔을 넘긴 나이에도 젊은 사람도 쉽지 않은 국내외 출장일정을 무리없이 소화하며 왕성한 체력을 과시했었기에 그의 사퇴는 충격이었다. 술도 안 마시고 주말마다 골프 라운딩을 할 정도로 건강한 체질이었기에 건강이 안 좋아 사퇴한다는 말을 곧이곧대로 믿는 사람은 드물었다.

그가 전경련 회장직을 사퇴한 이유는 무엇일까? 건강상 문제도 있었겠지만 조석래 회장의 사퇴 직전인 7월 초, 검찰이 조현준뿐 아니라 조현상까지 두 아들을 모두 기소할 것이라는 방침을 전해 듣고 사퇴 결심을 굳혔다는 것이다. 두 아들이 모두 법정에 서게 되면 더 이상 낯을 들고 다니기 힘들었다는 것이 대체적인 관측이다.

청와대, '효성 너무 설쳤는데 마침 잘 됐다'

효성 로열패밀리의 해외부동산 불법 매입 사실을 폭로하자 여기저기서 이런저런 이야기가 구구절절 들려왔다. 그 중 가장 흥미로운 것은 청와대의 반응이다. 현 대통령 사돈의 비리가 드러나면 청와대 측의 심기도 매우 불편할 것으로 생각됐지만 청와대 쪽의 귀띔은 의외였다.

청와대 내 일부에서 효성에 대한 비판적 시각이 만만치 않았다는 것이다. 한 마디로 이명박 대통령의 사돈인 효성이 너무 설치고 다님으로써 오히려 대통령에게 부담이 됐다고 한다. 사돈으로서 대통령의 부담을 덜어주기는 커녕 심려를 끼친다는 것이었다.

조석래 회장은 이 대통령이 한나라당 내 대선후보 경선 시절에 회장에 취임했다. 더구나 효성 로열패밀리의 해외부동산 불법 매입을 폭로하기 직전인 2009년 9월 초, 효성이 하이닉스 인수의사를 표명한 데 이어 9월 22일 정식으로 인수의향서를 제출하면서 청와대의 불만이 폭발했다는 것이다. 자신보다 덩치가 더 큰 기업을 인수하겠다는 효성의 발표는 특혜 시비를 낳게 돼 이 대통령 입장이 더 난처하게 될 것을 우려했다는 것이다.

청와대 일부에서는 대통령 사돈 기업으로서 안 그래도 세상의 시선이 따가운데 조석래 회장이 돈키호테 같은 시도를 함으로써 대통령을 궁지로 몰고 있다고 판단하고 '손을 좀 봐야겠다'고 생각하던 참이었다는 것이다.

효성 발표 직후 효성의 주가가 급락한 데 대해 증시 전문가들은 효성의 무모한 시도에 대한 시장의 냉정한 평가라고 분석했다.

2012년 '별일 없을 것' 낙관─ 뿌린 대로 거두리라

2009년 10월 조현준 등의 미국 부동산 불법 매입 사실이 터져나오면서 그해 말 하이닉스 인수 포기, 2010년 7월 조석래 회장의 전경련 회장직 사퇴 등의 홍역을 치렀던 효성은 2012년을 앞두고 2012년은 별일 없을 것이라며 낙관적인 전망을 한 것으로 알려졌다.

효성은 정치권과 갈등을 빚거나 특혜를 받은 적이 없기 때문에 2012년에는 조용히 넘어갈 것이라는 기대감을 피력했다는 것이 언론계에 전해진 이야기다.

효성 측은 "정권 초기 효성이 두드려 맞은 것은 야권 측에서 대통령을 직접 때릴 수는 없으니 걸고 넘어질 상대로 대통령 사돈인데다, 대기업이고, 당시 전경련 회장을 맡고 있어 대기업 모임 수장이란 상징성도 있는 등 여러 가지가 맞아떨어진 측면이 컸다"며 "야권 관계자를 만나봐도 금액적으로나 정황상으로나 효성을 둘러싼 문제는 크게 보진 않는다"고 설명한 것으로 전해졌다.

이 관계자는 "2012년은 정권 마지막 해이고 그 다음 해에 정권이 바뀌게 되는데 어떻게 되든 효성이 다시 언론과 정치권에 오르내리는 일은 지금으로선 없을 것 같다"며 "아무래도 야권이나 새로 권력을 쥔 쪽도 VIP나 VIP 가족들, 측근들을 직접 겨냥하는 방식이 될 것 같다"고 말했다고 한다.

제발 별일 없었으면 하는 간절한 바람이겠지만 모든 일은 뿌리는 대로 거두는 법이다. 별일 생길 만한 일이 없었으면 조용히 넘어갈 것이고 별일 생길 만한 씨를 뿌렸다면 별일이 생길 수밖에 없는 것이다.

제 4 부

전임 대통령의
비밀

01

노무현 대통령

2009년 5월. 엷은 강바람이 불어오는 허드슨 강가에 섰다. 강에는 관광객들을 실은 배가 오가고 있었고 도시의 정취를 느끼게 해주는 많은 건물도 눈에 들어왔다. 맨해튼 마천루가 한눈에 들어오는, 전망 좋은 강가에 섰지만 내 마음은 편하지 않았다. 이른바 '상고 출신 대통령'이자 '서민 대통령'으로 국민들의 가슴에 특별하게 남아 있는 노무현 대통령과 관련된 일로 이곳을 찾았기 때문이다. 저 강 너머 맨해튼을 마주보며 서 있는 두 동의 콘도가 허드슨클럽이라는 이름의 콘도이고, 그 중 한 세대가 노 대통령의 딸 노정연이 실제 주인이라는 주장이 제기된 집이다. 그게 사실이라면 이 콘도를 산 돈을 어디에서 조달했으며, 어떻게 대금을 치렀는지가 관건이 된다.

노무현 대통령의 당선은 누구나 노력하면 무엇이든 성취할 수 있다는 본보기를 보여주는 듯 했다. 그러나 그 또한 비자금 의혹에서 자유로울 수 없었다. 노정연 뉴저지 콘도 매입 의혹을 비롯한 비자금 의혹은 전국을 들끓게 했고, 노 대통령은 스스로 목숨을 버리고 말았다.

어느 날 뉴욕 인근 한 카지노의 한국인 직원이 노정연이 100만 달러를 환치기하는 데 자신이 간접적으로 개입했다며 관련 의혹을 상세히 제보해왔다. 그래서 그를 만나보기로 했다. 그를 만나는 과정은 영화 〈본〉 시리즈처럼 긴박했고 철저한 각본이 필요했다. 카지노라는 곳이 안전한 곳이기도 하지만 언제 어떤 일이 벌어질지 알 수 없기 때문이다. 결국 수만 개의 CCTV가 돌아가는 커네티컷의 한 카지노에서 그를 만나 그가 아는 전모를 들을 수 있었고 노정연 환치기 의혹을 특종 보도할 수 있었다.

비록 노 대통령이 자살로 삶을 마감했다 하더라도 이 같은 의혹이 사실인지는 철저히 규명돼야 한다는 바람으로 그 전말을 추적해봤다.

의문의 뉴저지 콘도

조현오, '왜 죽었습니까, 차명 계좌 나왔잖아요!'

"노무현 대통령이 뭣 때문에 사망했습니까? 뭣 때문에 뛰어내렸습니까? 뛰어내리기 바로 전날 계좌가 발견됐지 않습니까? 차명계좌가, 10만 원짜리 수표가 다액으로, 거액의 차명 계좌가 발견됐는데……. 그래서 특검 이야기가 나왔지 않습니까? 특검 이야기가 나와서 특검 할려고 그러니까 권양숙 여사가 민주당에 이야기를 해서 특검을 못하게 한 겁니다. 그, 해봐야 다 드러나게 되니까……."

2010년 3월, 대한민국의 수도 서울의 치안을 책임진 조현오 서울경찰청장의 충격적 발언, 그것도 수백 명의 경찰 앞에서, 그것도 못자라 CD로 만들어져 전 경찰에 뿌려진 이 발언은 노무현 대통령 비자금의 존재를 잘 말해준다.

위의 글은 조 청장의 강연 실황을 몇 번이나 다시 듣고 그대로 옮긴 것이다. 그는 결코 우발적인 실수로 이 말을 한 것이 아니었다.

2010년 9월, 경찰청장 인사청문회를 앞두고 이 같은 사실이 공개되자 이에 화답하듯 해당 사건을 수사했던 이인규 전 대검중수부장도 수상한 돈 흐름이 나왔었다고 증언함으로써 노무현 대통령이 스스로 삶을 포기할 수밖에 없었던 많은 이유 중 하나가 무엇인지를 짐작케 했다. 막중한 지위에 있던 두 사람의 발언은 한 달 뒤 한 재미동포가 나에게 노무현 비자금 의혹을 폭로하는 도화선이 됐다.

노정연, 뉴저지 콘도 사려 45만 달러 지불 자백

노무현 대통령의 자살로 중단된 비자금 수사에서 가장 큰 관심을 끌었던 것은 노무현 대통령의 딸 노정연 씨가 미국 뉴저지주 허드슨 카운티의 콘도 허드슨클럽을 구입했다는 의혹이다.

검찰은 2009년 5월 노무현 비자금 수사 당시, 노정연이 허드슨클럽, 즉 뉴저지주 허드슨 카운티의 포트 임페리얼 24애비뉴 400호를 160만 달러에 2007년 9월 매입했다고 밝혔다. 노정연은 2007년 5월 권양숙 여사에게 10만 달러를 받아 5만 달러는 계약금으로 지불하고, 같은 해 9월 박연차 태광실업 회장으로부터 홍콩에서 40만 달러를 송금받아 지불하는 등 총 45만 달러를 지급해, 잔금을 주지 않았지만 계약은 유지되고 있다고 주장했다.

검찰이 문제의 콘도 계약서를 요구했지만 노정연은 2009년 초 계약서를 찢어버렸다고 주장했고 계약서를 찾는 중 노무현 대통령이 자살함으로써 수사는 중단됐다.

좀 더 자세한 상황을 확인해보기 위해 직접 문제의 콘도를 찾았다. 허드슨강을 사이에 두고 맨해튼 마천루가 한눈에 들어오는 강가의 24애비뉴와 26애비뉴에 허드슨클럽이라는 두 동의 콘도가 있고 전체 344세대가 입주해 있었다. 이 두 동의 콘도 중 가장 큰 평수가 각 동에 1채씩 있는 400호이다. 허드슨 카운티 등기소에서 현재 주인 344명과 그 외 한 번이라도 이 콘도를 소유했던 사람의 명단을 모두 조사해봤지만 노정연의 이름을 발견할 수는 없었다.

그러나 노정연이 등기부 등본상 소유주가 아니더라도 이 콘도를 사기 위해 45만 달러를 지불했다는 점과 현 소유주와 노정연과의 관계 등에서 이 콘도가 노정연과 연관돼 있음이 드러났다. 이 콘도를 산 사람 중에는 노정연 외에도 한국의 변호사 등이 있었다.

이 콘도를 두고 호화 콘도냐 아니냐 말이 많았다. 문제의 400호는 이 콘도 단지에서 단 2채뿐인 가장 큰 평수의 콘도가 확실하고 뉴욕 맨해튼도 아닌 뉴저지 지역에서 150만 달러짜리 콘도가 많지 않다는 점은 분명하다.

허드슨클럽 400호 주인은 경주현 전 삼성 회장 딸

노정연이 실소유자라는 의혹이 제기된 24애비뉴 400호의 첫 주인은 경연희 씨와 왕잉화 씨로, 이들은 2006년 7월 26일 이 콘도 개발업자인 러너 리버사이드 웨스트 홀딩으로부터 151만 5000달러에 구입, 같은 해 8월 14일 허드슨 카운티 등기소에 등기했다. 2006년 당시 허드슨 카운티 정부가 재산세 부과를 위해 평가한 이 콘도의 감정가격은 102만 8,400달러여서 실거래가가 감정가보다 약 50% 정도 높았다.

그 뒤 2007년 4월 25일자로 이 콘도는 경연희-왕잉화 공동소유에서 왕잉화 단독 소유로 바뀌었다. 2007년 5월 9일 허드슨 카운티 등기소에 접수된 계약서를 보면 매매가격은 단돈 1달러. 경연희가 사실상 이 콘도에 대한 절반의 지분, 즉 75만 달러의 지분을 왕잉화에게 무상증여한 셈이다.

왕잉화는 소유권을 넘겨받은 다음날인 2007년 4월 26일 남편으로 알려진 왕임을 공동소유자로 하는 계약서를 작성했고, 2007년 5월 18일 허드슨 카운티 등기소에 접수했다.

이 서류대로라면 이 콘도는 왕임과 왕잉화의 공동소유이지만 앞서 2007년 4월 25일자로 경연희-왕잉화가 왕잉화에게 소유권을 넘긴 똑같은 서류가 2008년 4월 7일 허드슨 카운티 등기소에 접수된 것으로 확인됐다. 같은 날 작성된 계약서가 하나는 2007년 5월 9일, 하나는 2008년 4월 7일에 각각 접수된 것이다. 그리고 그 사이에 왕잉화가 남편 왕임과 이 콘도를 공동소유한다는 계약서도 접수됨으로써 과연 이 콘도가 경연희가 실소유주라 하더라도 서류상으로 왕잉화 단독소유냐, 왕잉화-왕잉 공동소유냐 하는 논란의 불씨를 안고 있다.

그러나 현재 소유주는 왕잉화로 검색되고 재산세 고지서에도 2008년 한 차례 왕잉화-왕잉 공동소유로 부과됐으며, 2009년 이후에는 왕잉화 명의로 부과되고 있다.

결론적으로 노정연 소유 의혹이 이는 허드슨클럽 400호는 현재 왕잉화 단독소유이지만 경연희가 특수관계인 왕잉화에게 자신의 지분을 무상으로 넘겼으므로 경연희가 절반을 소유한 셈이며 실제로는 경연희의 차명 재산으로 추정된다.

경연희, 400호 구입한 날 435호도 사들여

허드슨클럽 400호의 실소유주 경연희의 정체는 뜻밖에도 그녀가 허드슨클럽의 또 다른 콘도를 사들이면서 드러나게 된다. 경연희는 경주현 전 삼성종합화학 회장의 딸이다. 그녀는 400호를 구입하던 날인 2006년 7월 26일, 이 콘도 435호를 129만 9000달러에 사들인 뒤, 같은 해 8월 14일 등기를 마쳤다. 경연희가 400호와 435호를 한날한시에 매입한 것이다.

4개월 뒤인 2006년 11월 16일, 경연희는 경초자라는 사람에게 1달러에 콘도를 넘겨 경연희-경초자 소유로 주인이 바뀌었다. 경연희와 모종의 관계가 있는 한 사람이 더 드러난 것이다. 경초자를 단서로 경연희와의 관계를 조사한 결과 경초자의 한국 이름은 한초자, 그리고 한초자의 남편은 경주현 회장임이 확인됐다.

대통령 딸의 환치기

'노무현 비자금 100만 달러 환치기' 드러나나

노정연의 실소유 의혹이 이는 허드슨클럽 400호의 주인이 경연희인 것이 확실시되지만 노무현 대통령이 자살함으로써 검찰은 노정연과 경연희의 관계 등을 밝히지 못한 채 수사를 종결하고 말았다.

그러나 뉴욕의 한 카지노에 근무했던 재미동포 직원이 노정연과 경연희의 관계를 2010년 10월 폭로함으로써 이 같은 의혹은 더욱 증폭됐다. 미국 커네티컷주 팍스우드 카지노에서 10년간 일했던 한국인 담당 마케팅디렉터 이달호는 2010년 10월 8일 밤 전화를 통해 내게 노무현 비자금 환치기의 전모를 털어놨고, 이틀 뒤인 10월 10일 F카지노에서 직접 만나 2시간여에 걸쳐 100만 달러를 비롯한 비자금 미국 반출 과정을 상세히 설명했다. 이 폭로로 노무현 대통령 측이 비자금을 미국으로 밀반출했다는 의혹이 구체적으로 제기됐다. 이는 조현오 경찰청장, 이인규 전 대검중수부장이 노무현 비자금이 실제로 존재한다는 발언을 한 데 이어 새로운 주장이다.

이달호의 폭로는 노무현 대통령이 비자금을 조성했고, 이 중 100만 달러를 환치기한 핵심인물이 노정연과 문제 콘도의 주인인 경연희라는 것이다. 이는 노무현 비자금 사건 수사 당시에 대검 중수부가 계좌 추적을 통해 박연차, 경연희 그리고 왕잉화 간의 돈 거래를 확인했다고 알려지면서 이 폭로가 단순한 의혹제기가 아님이 드러났다. 엄청난 후폭풍이 예상됐다.

그러나 검찰은 수사 대상인 노무현 대통령이 이미 자살한 뒤여서 다시 이 사건을 파헤칠 수 없었다. 한 검찰 관계자는 익명을 전제로 '실제로

환치기가 있었다 해도 수사 대상인 전직 대통령이 자살했으므로 수사의
실익이 없다'고 밝혔다.

'백만 달러 환치기에 내가 간접 개입' 폭로

2010년 여름부터 환치기에 대한 소문이 나돌았고, 10월 초 누군가 익명으
로 〈시크릿 오브 코리아〉 방명록에 이 같은 사실을 알려왔다. 방명록에
링크된 주소를 따라가자 환치기 의혹을 게재한 블로그를 볼 수 있었다.
그는 같은 내용을 청와대 신문고, 금융감독원 게시판 등 여러 곳에 올린
것으로 드러났다. 카지노 관계자 등의 도움을 받아 블로그 주인을 계속
추적한 결과 그 같은 내용을 알 수 있는 사람이 두 사람으로 압축됐고
마침내 당시 현직에 종사하지 않는 한 사람이 유력하다는 결론을 내렸다.

전화번호를 알아내 통화한 결과 예상한 대로 블로그에 글을 올린 당사자
였다. 그가 바로 앞서 말한 이달호였다. 이달호는 카지노의 한국인 담당자
로서 고액 도박을 즐기던 경연희를 'A급 관리대상'으로 선정하고 관리하다
친한 관계가 됐다고 말했다. 그리고 경연희가 자신이 관리하던 고객 중
가장 큰손이었다고 밝혔다.

이달호는 2009년 4월, 노무현 비자금 수사가 진행될 때 경연희가 콘도
문제가 밝혀질 것을 우려해 한 달간 이 카지노에서 묵으며 사실상 도피생활
을 했고 이때도 자신이 경연희에게 각종 편의를 제공했다고 주장했다.
당시 검찰은 노정연이 계약서를 찢어버렸다고 하자 집주인을 통해 계약서
를 구하려고 시도했지만 연락이 잘 되지 않는다고 밝혔었다. 그때 경연희는
바로 이 카지노에 숨어있었던 것이다.

만 원 지폐 현금 박스 7개, 과천역 인근서 받아

이달호와 만난 날은 10월 10일 일요일이었다. 그와의 인터뷰에 한 치의 차질이 있어서도 안 되기에 친한 Y선배 부부가 하루 전날 9일 팍스우드 카지노와 맞붙은 모히건 선 카지노에 방을 하나 잡고 이달호의 거처 등을 수소문해놓기도 했다. 만약 약속이 어그러진다면 그의 집을 찾아가서라도 만나볼 작정이었다. Y선배는 경연희와 마찬가지로 이달호의 마케팅 대상 자로서 이전에 그를 한 번 만나기도 했었고 카지노 관계자를 두루 알고 있었다.

Y선배는 토요일 밤, 이달호와 같은 레벨의 한국인 마케팅 담당자를 만나 맥주를 마시며 세상 돌아가는 이야기를 하는 척하다가 가볍게 경연희 이야 기를 물어보기도 했다. 편한 자리여서 그런지 대수롭지 않게 지나가는 말처럼 비교적 자세한 이야기를 들을 수 있었다. 이달호가 블로그에 게재한 내용과 거의 일치했다. 이달호 외에 또 다른 카지노 관계자도 자세한 내용 을 아는 것이다.

그 다음날 이달호와 통화하며 약속 장소를 수차례 바꾸다 가장 안전하다 고 생각되는 장소에서 마침내 그를 만났다. 우리가 선택한 가장 안전한 장소는 수만 개의 CCTV가 돌아가는 모 카지노였다. 이달호는 그간의 과정 을 거침없이 털어놨다. 이달호의 주장은 이렇다.

2009년 1월 10일께 경연희, 왕잉와, 이달호 3명이 함께 있던 자리에서 경연희가 노정연과 통화해 노정연의 자금 13억 원을 현금 100만 달러로 계산, 미국으로 반출시키기로 합의했다.

이 통화가 이루어진 장소는 팍스우드 카지노의 객실 23○○호이다.

노정연과 통화가 이루어진 다음날인 1월 11일 오전, 경기도 과천의 한 지하철역 인근에서 이달호의 동생에게 라면박스 등 7개 박스에 현금이 담겨져 전달됐고, 이 돈은 경연희의 지인 은수○ 씨에게 이틀에 나뉘어 전해졌다.

이달호는 은 씨가 외국 자동차 판매상이라고 밝히고 그의 이름을 정확히 알려줬다. 당시 은 씨는 외제차 딜러답게 아우디를 몰고 왔다고 한다. 당초 은 씨가 100만 달러를 혼자서 모두 바꿔주기로 했으나 여의치 않아 은 씨가 70만 달러를, 이달호가 아는 환치기 브로커 2~3명이 30만 달러를 처리했다고 한다. 원래 돈은 노정연 측이 준비를 마치는 대로 경연희의 지인인 은 씨에게 직접 전달하기로 돼 있었다. 그런데 은 씨가 돈 준비에 2~3일이 걸릴 것으로 생각하고 지방출장을 떠난 사이에 돈이 준비됐다는 연락이 와서 갑자기 노정연 측으로부터 돈을 인수할 사람이 필요했고, 그래서 이달호 동생 이준○ 씨가 개입하게 됐다고 한다.

이달호 동생이 돈을 하룻밤 보관한 뒤 은 씨에게 절반이 전달됐고 다음날 또 절반이 건네졌다. 바로 그 다음날 경연희에게 100만 달러가 전해졌다. 노정연 측이 현금을 하루 이틀 만에 준비하자 경연희도 깜짝 놀라며 '돈이 많긴 많은 모양이다. 최소한 며칠은 걸릴 줄 알았는데 금방 끝났네!'라는 말을 하기도 했다고 한다.

이달호의 인적사항을 조회한 결과 이달호의 동생이 한국에 살고 있는 사실이 확인됐고 이름도 이달호가 말한 것과 일치했다. 또한 이달호가 미국에 이민 간 사실도 드러났다. 이달호가 말한 인적사항이 정확히 일치하는 것이다.

현금 박스 사진 제시, 환전 브로커 최 씨도 인정

이달호는 이 같은 주장과 함께 자신의 동생이 찍었다는 만 원짜리 지폐가

가득 찬 현금 박스 사진을 제시했다. 과천역 앞에서 상대방을 만나 비닐하우스 등이 있는 한적한 시골길에서 돈을 받은 이달호의 동생은 자신의 원룸 아파트로 돌아와 휴대폰으로 그 현금 박스를 찍었다. 사진을 찍은 날짜는 2010년 1월 12일 오후 3시 6분이었다. 이 사진에는 띠지에 묶여진 만 원 권 지폐가 투명한 비닐에 싸여 박스에 가득 차 있다. 사진만 봐도 조폐공사에서 바로 찍어낸 듯한 신권임을 알 수 있다.

이달호 동생은 돈을 건네받는 과정에서 상대방이 자신에게 휴대폰으로 연락했지만 자신은 그 사람에게 연락할 수 없었다고 한다. 걸려오는 전화는 받을 수 있었지만 자신이 전화할 때마다 상대방 전화가 꺼져 있었다고 한다. 이달호 동생은 또 미국을 방문했을 때 경연희 일행과 어울리기도 했기에 경연희를 알고 있었고 돈을 건네받는 과정에서 경연희와 직접 통화를 하기도 했다고 한다.

경연희는 은 씨를 자신의 삼촌이나 마찬가지인 사람이라고 소개했다고 한다. 또 이달호가 소개한 환치기 브로커 중 한 사람인 최모 씨는 마침 내가 아는 사람이었다. 100만 달러 중 30만 달러를 급하게 바꿔줄 사람을 찾다가 이달호가 연결한 사람이 그 사람이었다. 그로부터도 '누구의 돈인지는 알 수 없고 알 필요도 없다. 당시 팍스우드 카지노를 방문해 돈을 바꿔준 적이 있다. 돈 바꿔주고 카지노를 즐기다 돈을 잃기도 했'다는 확인을 받음으로써 이달호의 말이 단순한 의혹제기가 아님을 알 수 있었다.

나는 노무현 비자금 사건을 수사한 검찰관계자 등과 간접 접촉을 통해 이달호의 주장이 일리가 있다고 판단하고 노건호와 통화하고 경연희와 통화를 시도한 뒤, 2010년 10월 12일 〈시크릿 오브 코리아〉 블로그에 이 같은 환치기 의혹을 공개했다. 그리고 공개 직후 〈세계일보〉 등이 〈시크릿 오브 코리아〉를 인용, 노무현 비자금 환치기 의혹을 보도했다.

노정연-경연희 콘도 계약서 공증 등 신빙성 의문

이달호는 노정연-경연희 간의 이면계약서라는 한 장의 문서를 제시했다. 이달호는 노정연과 경연희의 이름과 서명이 담긴 이 문서가 허드슨클럽 콘도를 둘러싼 이면계약서이며 경연희 집에서 입수했다고 밝혔다.

경연희 소유의 회사인 이벤처투자사 레터헤드 용지에다 2007년 10월 5일 작성하고 2007년 10월 8일 서명된 것으로 돼 있는 이 문서는 경연희가 노정연에게 허드슨클럽 콘도 435호 소유권을 넘겨준다는 내용을 담고 있다.

거래 대상 콘도는 놀랍게도 노정연이 검찰에서 밝힌 400호가 아니라 경연희가 자신의 어머니와 함께 소유한 435호였다. 400호는 151만 달러에 매입한 반면 435호는 129만 달러에 산 것으로 확인됐다.

문서상 경연희가 실소유주인 2개의 콘도 중 큰 콘도가 아니라 작은 콘도가 노정연에게 넘겨진 것이다. 노정연도 검찰에서 400호를 사려했다고 밝힌 점으로 미루어 과연 두 콘도 중 어느 콘도가 당초 경-노 두 사람이 거래하려던 콘도였는지 의문이다.

이면계약서에는 공증 자격을 갖춘 경연희 회사 직원 서모 씨의 공증 스탬프가 있었다. 그러나 공증서에 있어야 할 공증 봉인이 없다. 또한 계약 당사자들이 공증인에게 와서 신분증 등을 제시하고 공증을 받았다는 문구와 함께 공증인의 서명이 있어야 공증으로 인정되지만 공증 문구와 서명이 없어 공증의 기본요건을 갖추지 못했다. 공증인의 공증 허가기간도 명시해야 공증으로 인정받을 수 있는데, 이 또한 없었다.

이 문서에는 경연희와 노정연의 서명이 있다. 경연희가 뉴저지주에 설립한 2개 회사, 즉 이벤처투자사와 이비 빅토이 모터스란 법인의 등기부등본을 확인한 결과 이비 빅토이 모터스 관련서류에서 경연희의 서명을 찾을

ℓVENTURE INVESTMENT, CORP.

October 5, 2007

RE: 24th Avenue Port Imperial
Unit #435, West New York, NJ 07093

As of October 5, 2007, mutual agreement has been made between the parties named; Yun Hee Kyong(transferee) and Jung Yun Roh(transferor) to transfer the ownership rights of the property located at 24th Avenue Port Imperial, Unit #435, West New York, NJ 07093.

Title to the property will be held by Yun Hee Kyong(transferor) for a term of two years, while Jung Yun Roh(transferee) will become the sole owner of the property and has a fee simple right interest within the property. On October 5th of 2008, title will be delivered to Jung Yun Roh.

Transferor's Signature: ⟨signature⟩   Date: Oct. 8. 2007
                         Yun Hee Kyong

Transferee's Singature: ⟨signature⟩   Date: Oct 8. 2007
                         Jung Yun Roh

Notary's Signature: ⟨notary stamp: ELISA SUH NOTARY PUBLIC OF NEW JERSEY Commission Expires 3/10/2010⟩

이달호가 제시한 노무현 대통령의 딸 노정연과 경연희 간 히드슨클럽 콘도 이면계약서 수 있었다. 놀랍게도 이 서류에 드러난 경연희의 서명은 눈으로만 봐도 이면계약서의 경연희 서명과 일치했다. 그러나 노정연의 서명이 진짜임을 입증할 수는 없었다. 이 계약서가 실제 경연희-노정연 두 사람이 서명한 진짜 계약서인지는 두 사람만이 알 뿐이다.

노정연이 사려고 한 집이 400호냐 435호냐에 대한 의문이 일고 있지만 경연희의 아버지 경주현 씨는 조갑제 전 〈월간조선〉 대표에게 '허드슨클럽 콘도는 실제 소유주가 노정연이고 서류상 주인은 딸이다. 잔금을 다 못 받았다고 한다'고 밝힘으로써 노정연이 이 콘도를 소유하려 했음은 의심할 여지가 없게 됐다.

경주현은 '2009년 노무현 비자금 관련 수사 때도 내가 딸의 전화번호를 검찰에 알려주었다'고 밝혔다. 근거없는 소문이 아니란 것이다.

노정연, 비자금 약점 잡혀 경연희에 끌려다녔나?

이면계약서를 살펴보면 계약 일자와 계약 대상 콘도 등 적어도 두 가지 의문이 생긴다.

우선, 노정연이 2009년 5월 검찰수사에서 2007년 5월에 5만 달러를 주고 계약서를 작성했다고 주장했지만 실제 이 문서는 그로부터 5개월 뒤인 10월에 작성됐다. 이 문서는 계약서 내에서조차 내용과 시점이 엇갈리는 등 조잡한 내용을 담고 있으나, 만약 노정연의 서명이 맞다면 이는 당초 5월에 작성한 계약서 외에 10월에 최초 계약서와 다른 내용을 담은 제2의 계약서를 노정연이 작성했음을 의미할 수도 있다.

그리고 이 문서에 언급된 435호는 노정연이 검찰에서 진술한 400호보다 재산 가치가 떨어지는 부동산이다. 이 문서에 노정연이 서명했다면 말

못할 사정이 있어 불리한 내용임을 알고도 울며 겨자 먹기로 서명할 수밖에 없었다고 추정할 수 있다.

경연희가 수차례에 걸쳐 100만 달러 환치기를 폭로한 이달호에게 권양숙 여사로부터 100만 달러를 받았다고 주장한 점을 감안하면 경연희가 이를 미끼로 노정연을 압박해 당초 400호가 아닌 435호를 받도록 강요했을 수도 있다. 노정연이 경연희에게 약점이 잡혀 끌려다녔을 수 있다는 추정이 가능하다. 또 2009년 1월 10일께, 노정연이 환치기라는 불법까지 동원하면서 경연희에게 100만 달러를 보낸 것도 이 같은 추정의 연장선상에서 해석할 수 있다.

노정연의 검찰 진술과 경연희가 이달호에게 말한 것을 종합하면 경연희는 2007년 5월에 5만 달러, 2007년 7월에 100만 달러, 2007년 9월에 40만 달러, 2009년 1월께에 100만 달러 등 모두 245만 달러를 받은 셈이다.

물론 검찰에서 노정연이 진술한 돈은 45만 달러인데, 이는 경연희가 주장한 2007년 7월에 권 여사가 준 100만 달러와 환치기한 100만 달러는 빠진 금액이다. 경연희 말대로라면 노정연은 2007년 5월부터 2007년 9월까지 145만 달러를 경연희에게 지불했지만 정작 435호 콘도를 받게 됐고 그나마 소유권도 넘겨주지 않고 엉성한 계약서만 제시하자 화가 난 노정연이 사기를 당했다고 생각하고 계약서를 찢어버렸을 가능성이 있다.

물론 노정연은 권양숙 여사를 통해 100만 달러를 받았다는 경연희의 주장을 검찰에서 털어놓을 수는 없었을 것이다. 100만 달러, 아니 그 이상의 돈을 날리더라도 대통령의 미국 방문 때 영부인이 100만 달러를 몰래 숨겨 들어갔다는 말을 할 수는 없는 것이다. 계약금 45만 달러만 내고 잔금을 내지 못했지만 2년이나 지난 2009년 5월에도 계약이 유효하다는 노정연의 진술 뒤에는 이 같은 진실이 숨어있을 수도 있다.

그러나 최근 노정연이 경연희를 통해 사려했던 콘도가 400호 1채가 아니라 400호와 435호 2채 모두라는 주장도 제기되고 있다. 그리고 노정연이 435호에 살았었다는 이야기도 나오고 있다. 나는 노정연이 435호에 거주했는지 여부는 모르지만 노정연·곽상언 부부의 주소지가 맨해튼의 12평짜리 원룸이었음은 확인했다. 검찰수사를 통해 과연 2채를 모두 사려했었는지, 그녀가 435호에 살았는지 등이 규명돼야 할 것이다.

경연희, 노무현 방미 때 권 여사가 100만 달러 줬다

이달호는 100만 달러 환치기는 자신이 직간접으로 관여했기 때문에 누구보다 잘 안다고 밝혔다.

이 건 외에 자신이 직접 관여하지 않고 경연희에게서 들은 이야기임을 전제하고, 경연희가 2007년 7월 노무현 대통령의 시애틀 방문 때 권양숙 여사로부터 현금 100만 달러를 받았다고 밝혔다. 전용기편으로 미국에 올 때 영부인이 돈을 숨겨와 자신에게 줬다는 것이다. 이달호는 경연희에게 이 이야기를 수차례 들었다고 한다.

경연희는 돈뭉치가 일련번호 순으로 돼 있어 이 돈을 카지노에서 2~3만 달러씩 다른 돈으로 바꾸기도 하고 일부는 담배재 등을 묻혀 헌 돈처럼 보이게 하기도 했다고 한다. 이 주장은 근거가 없는 것일까?

그렇지 않다. 검찰도 이 같은 밀반출을 염두에 뒀다. 대검 중수부가 2009년 노무현 비자금 수사 당시, 노 대통령의 미국 방문 때 권 여사가 돈을 가지고 나갔을 가능성이 크다고 보고, 샌프란시스코 총영사관 영사, 청와대 부속실 직원 등을 소환해 조사한 사실이 있다고 밝힌 점은 이달호의 주장이 허무맹랑한 폭로가 아니라는 것을 뒷받침한다.

검찰수사 결과 노무현 대통령이 시애틀을 방문했던 2007년 7월 당시 노건호는 스탠퍼드대에 유학하며 샌프란시스코에, 노정연은 연수를 위해 뉴욕-보스턴 등에 머물고 있었지만 시애틀로 노 대통령이나 권 여사를 방문한 적이 없는 것으로 확인됐다.

그러나 미국에 주재하던 모 공직자가 권 여사를 면담한 기록이 발견됐다. 검찰이 그를 소환해 조사했으나 그는 현금이 전달된 사실을 강력히 부인했다. 이 공직자는 노건호의 집도 알아봐주고 이사도 도와줬다는 그 사람이다.

여기까지 수사가 진행된 상황에서 노 대통령이 자살함으로써 수사가 중단됐다. 당시 박연차 태광실업 회장이 노 대통령 방미 직전에 직원 수십 명을 동원해 급하게 100만 달러 가까운 돈을 환전했다는 것도 이미 밝혀진 사실이다.

이달호는 또 경연희가 도박을 하다 돈을 잃고 카지노에서 60만 달러 정도를 빌렸을 때 40만 달러가 뉴저지의 한국계 은행을 통해 카지노에 입금됐지만 나머지 20만 달러는 콘도 400호의 등기부상 소유주인 왕잉화의 홍콩 계좌를 통해 송금됐다고 주장했다.

노무현 비자금 수사 당시 박연차 태광실업 회장이 왕잉화의 홍콩 계좌에 40만 달러를 송금하고 왕잉화가 다시 이 돈을 경연희에게 송금한 것으로 확인된 점을 감안하면 홍콩에 왕잉화의 계좌가 있다는 이달호의 주장과 일치하는 대목으로, 이달호의 다른 주장도 사실일 가능성이 더 커지는 것이다.

이 100만 달러 외에도 이달호는 경연희로부터 현금 40만 달러를 권양숙 여사에게서 받았다는 이야기를 들었다고 밝혔다. 그 돈은 조니워커 블루 상자에 담겨서 전달됐다고 한다. 100달러짜리 한 뭉치면 만 달러, 40만 달러면 40뭉치다. 이 정도는 조니워커 블루 상자에 들어간다.

이달호 폭로 뒤 서울지검 수사관이 협조 요청

이달호가 이 같은 폭로를 한 뒤 서울중앙지검의 모 수사관이 이달호에게 전화를 걸어 협조를 요청했다. 이달호는 나에게 이 수사관이 실제 중앙지검에 근무하는지 알아봐 달라고 부탁했고 내가 알아본 결과 이 수사관은 중앙지검에서 일하는 계장급 직원이었다.

이달호는 해당 수사관이 중앙지검에 근무한다는 사실이 확인되자 수사관에게 사실 여부를 설명하고, 경연희의 카지노 이용내역 등을 이메일로 전달했다. 또한 검찰수사가 진행되면 현금박스 사진, 녹취록 등을 추가 제공하겠다고 밝혔다.

검찰은 수사에 협조할 용의가 있는지를 재차 물었고 이달호는 기꺼이 수사에 응하겠다고 밝혔다.

하지만 수사 대상이 없어서인지 검찰은 100만 달러 환치기 등 노무현 비자금을 다시 들여다보지는 못했고 이달호는 그 뒤 검찰로부터 연락을 받지 못했다. 몇 개월이 지난 뒤 답답해진 이달호가 이 수사관과 통화했지만 신통한 답변을 듣지 못했다.

이달호는 "비행기표 등 모든 경비를 내가 부담하더라도 한국에 들어가서 조사를 받고 내가 잘못한 부분이 있으면 처벌을 받겠다"고 말했다. 그리고 마침내 이달호는 2012년 2월 자진 귀국해 검찰에 출석, 자신이 아는 사실을 모두 진술했다.

이달호, '○○○이라고 들었다. 그런데 누군 줄 알고···'

2010년 10월 검찰 정보수집이 쟁점이 돼서 조금 자세히 설명해본다. 이달호는 2010년 10월 16일 토요일 내게 전화해 서울지검 수사관 신원파악을 요청했으나 주말이어서 쉽지 않았다. 답답했던지 그 다음날인 17일 일요일 오후 1시 42분 다시 전화를 걸어와서 약 11분 40초 정도 통화했다. 이때 통화 내용은 이랬다.

안 : 검찰이라고 하던 사람이 진지하던가요?

이 : 이메일을 보내달라고 해요. 이메일 보낼 때 비번을 넣어서 해달라고 하더라구요.

안 : ○○○이 틀림없다는 말이죠? 적어놓은 것은 지금?

이 : 예 예

안 : 혹시 이메일에 go.kr 이런 식으로 돼 있나요?

이 : 아뇨

안 : 아, 그렇지 않아요? 다시 전화한답니까?

이 : 빨리 보내달라고 하더라구요. 딱 보내줄려고 하다가 보니까, 이 사람이 누군 줄 알고, 내가 두려워하는 게 이 사람이 그쪽[경연회]에서 고용한 변호사일 수도 있고, 그것을 의심하는 거예요, 사실은.

안 : 그러니까 ○은 아니죠? ○?

이 : 아니요. 그건 제가 확실하게 아는데, 성함이 어떻게 되십니까? 하니까 ○○○입니다. 이렇게 이야기했습니다. 제가 귀가 잘못되지 않고는······. 제가 틀림없이 듣기로는 ○○○이라고 들었습니다.

이날 이런 식의 대화가 오갔다. 그 뒤 그 수사관을 파악한 결과 신원이 확인됐고 이 씨는 10월 19일 화요일께 서울지검 대표전화로 전화를 걸어 교환을 통해 그 수사관과 통화한 뒤 사실관계를 설명하고 경연희의 카지노 기록 등을 이메일로 보냈다. 이때 검찰은 이를 내사한 것이 아니라 환치기 의혹이 제기된 만큼 이에 대한 설명을 듣는 등 정보를 수집한 것이다. 이 같은 정보를 수집하는 것은 검찰의 일상적 업무다.

경주현 회장 부부, 삼성전자 주식 5만 주 보유

이달호의 이 같은 폭로는 노정연과 전혀 무관한 것처럼 보였던 허드슨클럽 400호 주인 경연희 그리고 왕잉화가 노정연과 실제로는 매우 가까운 관계임을 보여주는 것이다.

경연희와 노정연이 6살이나 나이 차이가 나지만 경연희의 여자 친구의 여동생 재○ 씨가 노정연과 절친한 사이라서 연결이 됐고, 또 경연희가 삼성 고위 임원의 딸인 점도 노정연의 호감을 샀다는 것이 이달호의 주장이다.

경연희의 아버지 경주현은 엄청난 재력의 소유자로 국내에서 가장 비싼 공동주택인 서울 서초동 트라움하우스를 소유하고 있다. 이건희 삼성 회장이 바로 이 트라움하우스 3층을 소유하고 있으며 경주현은 그 아래인 1층을 사들였다.

또 삼성전자의 2009년 말 기준 30대 개인 주주 명단을 보면 경주현은 3만 5000여 주를 보유, 이건희 회장 일가를 제외하고는 윤종용 전 삼성전자 회장 등에 이어 개인으로서는 세 번째 대주주였고, 부인 한초자 씨도 1만 2000여 주를 소유해, 경주현 부부가 소유한 주식이 4만 9000여 주에 달해 두 번째 대주주였다. 삼성전자 주식을 1주당 100만 원으로만 계산해도

500억 원에 달한다.

2003년에는 경주현이 3만 5000여 주, 부인 한초자 씨가 2만 8000여 주를 소유하는 등 경주현 부부가 약 6만 4000주를 보유해 이건희 최대 주주 일가를 제외하고는 이종기 전 삼성화재 회장의 8만 5000주에 이어 두 번째로 많은 주식을 소유하고 있었다. 당시 4만 4000주를 보유했던 이건희의 처남 홍석현 중앙일보 회장을 크게 앞질렀다.

특히 삼성의 주요 계열사 대표이사를 지낸 경주현은 1978년부터 삼성 계열사 주식을 매입, 부인 한초자와 장모, 처남 등의 명의로 차명 관리했으며, 국세청이 적발한 차명 주식 평가액만 160억 원에 달했다. 국세청이 102억 원의 증여세를 부과하자 경주현은 이를 납부한 뒤 서울행정법원에 증여세부과처분취소소송을 제기, 2007년 일부승소판결을 받아 43억 원을 돌려받기도 했다.

경연희, 카지노서 2008년 한 해만 750만 달러 탕진

경주현 회장의 딸 또한 만만찮은 재력을 과시했다. 노정연과 연관된 뉴저지 허드슨클럽의 콘도 2채 외에도 카지노에서 1000만 달러에 가까운 거액을 잃고도 2009년 말 허드슨클럽에서 멀지 않은 곳에 엘리베이터까지 설치된 고급 단독주택을 구입한 것으로 확인됐다. 경연희는 2009년 10월 8일, 뉴저지주 허드슨 카운티의 위호켄 지역에 260만 달러를 주고 고급주택을 구입했다.

경연희는 허드슨클럽 콘도 매입 때 자신의 성인 경을 KYONG으로 표기했으나 노정연-경연희 간 콘도 서류에 사용된 레터헤드에 기재된 이벤처투자사 법인 등기를 조회한 결과 성을 KYEOUNG으로 사용한 것으로 드러났다.

2개의 이름을 사용한 것이다. 2006년 5월 17일 이벤처투자사 법인을 등기할 때 사용된 새로운 이름으로 부동산 소유 여부를 확인한 결과 놀랍게도 경연희는 2009년 10월 8일 뉴저지주 허드슨카운티의 위호켄 지역에 260만 달러를 주고 고급주택을 구입했음이 드러났다.

2009년 1월 말 기준 팍스우드카지노의 내부 서류를 보면, 경연희가 거의 노름에 미쳐 있었음을 알 수 있다. 1992년에 개장한 이 카지노 내부 서류에 경연희는 손님 등급이 VIP로 표기돼 있었다. 경연희는 이 카지노 개장 이래 모두 647일간 이 카지노에서 도박을 했다. 특히 2008년에는 1년 365일 중 절반에 가까운 173일을 카지노에서 보내며 무려 753만 9900여 달러를 잃었다. 경연희가 이 카지노에서 잃은 돈 전체는 약 882만 3000달러에 달했다.

특히 노정연의 돈 13억 원을 환치기한 것으로 알려진 2009년 1월에는 바로 이 카지노에서 숙박했다는 사실도 드러났다. 1월에만 무려 24일간 체류했다. 2009년 1월 10일께 이 카지노 객실에서 노정연과 전화통화를 했다는 이달호의 주장을 입증할 단서가 되는 것이다.

그뿐만이 아니다. 경연희와 아주 특수한 관계로 추정되는 왕잉화 또한 이 카지노의 고객이었다. 카지노 내부 서류에는 두 사람이 SPOUSE라고 명시돼 있었다. 왕잉화는 이 카지노 개장 이래 모두 808일간 도박을 즐겼다. 왕잉화도 2008년에만 156만여 달러를 잃는 등 그간 잃은 총액이 215만여 달러로 집계됐다. 경연희와 왕잉화가 도박으로 날린 돈이 1100만 달러에 달하는 것이다. 130억 원을 카지노에 훅 하고 털어넣은 것이다. 한 카지노에서만 그렇다.

이들이 아틀랜틱시티와 라스베이거스에도 들렀다는 것이 이달호의 주장이다.

2008년 한 해에 경연희 등은 900만 달러를 탕진했는데도 2009년 10월, 260만 달러짜리 집을 샀다. 이달호가 주장하는 100만 달러 환치기는 이 집을 사기 전인 2009년 1월 10일께 발생했다. 그 시기를 보면 얼추 그림이 맞아지는 것이다. 경연희는 이벤처투자 외에도 2006년 11월 13일 뉴저지주에 'EV 빅토이스 모터스'라는 법인을 설립했다가 2007년 11월 29일 폐쇄한 것으로 확인됐다. 이 법인의 이사는 경연희와 왕잉화 2명이었다.

노정연-곽상언 주소지는 맨해튼 12평 원룸

노정연의 남편 곽상언은 변호사로 노 대통령 재임 시절인 2006년 가을부터 2007년 봄까지 뉴욕 컬럼비아대학 로스쿨 한국사법연구센터에서 연수했고, 그 뒤 하버드대 로스쿨에서 3주간 단기연수를 받기도 했다. 또 노정연도 잠시 NYU에 적을 두었던 것으로 확인됐다.

뉴욕주 재무부는 2010년 NYU가 노정연의 휴면계좌를 신고했다며 이를 웹사이트를 통해 공개했다. 3년 정도 자체 고지를 한 뒤 해당 주정부의 재무부에 휴면계좌를 신고하도록 한 규정을 감안하면 아마도 2006년 내지 2007년 발생한 자산임을 알 수 있다.

2006년부터 2007년까지 노 씨 부부가 미국에 체류했음을 감안하면 아마 이때 노정연이 NYU를 잠시 다녔을 것으로 추정된다. 놀랍게도 NYU가 휴면계좌를 신고하면서 뉴욕주 재무부에 알려준 노정연의 주소는 뉴욕 맨해튼의 12평짜리 원룸이었다.

NYU 보고서에 나타난 노정연의 주소지는 이스트 90스트리트 120번지의 9A호였다. 이곳은 트라팔가하우스로 알려진 15층 콘도의 9층이다. NYU가 이곳을 노정연의 주소라고 보고한 것은 실제로 노정연이 NYU에 제출한 서류에 이 주소를 기재했고 NYU가 이 주소로 노정연에게 우편물 등을 보낸 것을 의미한다. 따라서 노정연이 얼마나 이곳에 살았는지 알 수 없지만 이곳으로 우편물이 전달된 것만은 사실이다.

이 원룸의 정확한 넓이는 473평방피트, 12.3평으로 그야말로 유학생들이 사는 조그만 방이다. 뉴욕시 빌딩국에 보고된 설계도면을 확인한 결과 현관문을 열면 거실 겸 방이 툭 트여 있는 공간에 욕실만 하나 덩그러니 있는 집이다. 부동산중개회사들은 2012년 2월 현재 9A호 월세는 2320달러라고 인터넷 등에 소개하고 있다. 맨해튼에서 이 정도 월세의 콘도는 보통 수준을 밑돈다고 보는 것이 타당하다.

여러 경로를 통해 알아본 결과 곽상언 변호사가 기재한 미국 주소도 바로 이 원룸이었음을 확인했다. 노정연 부부 모두의 주소지가 사실은 방 하나 없는 12평 스튜디오인 것이다.

권 여사, 이달호 폭로 6일 뒤 의문의 미국 재방문

이달호가 전여옥 지지모임과 자신의 〈네이버〉 블로그에 노정연 환치기 의혹을 폭로한 것이 2010년 9월 12일이다. 이 같은 사실을 안 경연희가 그로부터 사흘 뒤인 9월 15일 밤늦게 건장한 청년 2명과 함께 이달호 집을 갑자기 방문했다. 이달호를 미행하기도 하고 린치를 가하기도 한 청년들이다. 2명 중 1명과 실랑이를 벌이는 사이 1명이 이달호의 방을 샅샅이 뒤졌다. 이달호가 가지고 있을지 모르는 노정연 환치기 의혹 증거를 찾기 위해서였다. 이날 밤 실랑이로 경찰이 출동하면서 경연희 일행이 이달호 집에 온 것은 경찰자료로 확인이 됐다.

문제는 그로부터 사흘 뒤인 9월 18일이었다. 권양숙 여사가 돌연 미국에 나타난 것이다. 권 여사는 7월 6일 손주를 보기 위해 미국에 있는 노건호 씨를 방문해 한 달간 머물렀었다. 한국에 돌아간 지 한 달여 만에 다시 미국에 온 것이다.

왜 미국에 왔을까? 9월 12일 이달호가 이 사실을 처음 블로그에 올렸고 경연희는 사흘 뒤 이달호를 방문했다. 이때 그의 의지를 탐색했을 것이고 환치기 의혹을 반드시 밝히겠다는 의지를 확인한 경연희가 이 사실을 권 여사 측에 전달했을 가능성이 크다. 그래서 권 여사는 검찰수사를 우려해 부랴부랴 미국으로 몸을 피했을 가능성을 배제할 수 없다. 시기상 딱 들어맞는 것이다.

이 책의 원고를 이미 넘긴 다음 이 사건에 대한 검찰수사가 본격화됐다. 상황이 시시각각 변하며 진실을 밝히려는 노력이 가속화됐다. 이달호는 평소 그의 다짐대로 자진 귀국해 두 차례에 걸쳐 검찰조사를 받았고, 그의 동생도 검찰 부름에 응했다. 13억 원을 이달호 동생으로부터 건네받았던 은모 씨는 긴급체포돼 수사를 받았고, 검찰은 경연희에 대한 조사를 추진하고 있다. 13억 원이 든 현금박스가 존재했고 여러 경로를 거쳐 경연희에게 건네졌음은 이미 사실로 확인된 듯하다. 이제 그 돈의 성격이 무엇인지, 과연 이달호의 주장이 맞는지 밝혀야 한다.

평범한 아빠 노건호

노건호, 스탠퍼드 유학 중 청와대 방문 주선

노무현 대통령의 아들 노건호 씨는 동국대 화학과를 다니다 연세대 법대로 편입, 졸업한 뒤 노무현 대통령이 대선 후보 시절인 2002년 LG전자에 입사했다. 노건호는 2006년 9월 LG를 휴직하고 스탠퍼드대 MBA 과정에 진학해 2년간 공부한 뒤 2008년 10월 LG에 복직, 샌디에이고 인근 LG 지사에서 근무했다.

노건호가 스탠퍼드대 MBA 과정에 있을 때 샌프란시스코 총영사관의 국정원 파견관이 노건호를 물심양면으로 도우다 2009년 5월 검찰수사를 받기도 했었다.

인터넷 등을 검색한 결과 노건호는 스탠퍼드대 MBA 과정 재학 중 자신의 MBA 동기들에게 청와대 방문을 포함한 한국 투어를 제안하고 주요 부처 장관과 삼성-현대-LG 등 한국 굴지의 재벌 총수들과의 면담을 주선한 것으로 드러났다.

노건호는 2007년 2월 9일자로 작성한 36페이지 분량의 '사우스 코리아 스터디 프로포절', 이른바 '한국방문제안서'에서 2007년 12월 15일부터 24일까지 동기생 30명과 한국을 방문할 것이라며 그에 따른 세부일정을 상세히 설명했다.

이 계획서는 노건호와 곽모 씨 등 한국인 3명과 미국인 등 외국인 학생 3명 등 6명이 함께 작성한 것이었다. 노건호는 이 계획서에서 스탠퍼드대 경영대학원 학생들이 단체로 한국을 방문한 것은 1998년이 마지막이었다며 10년 만의 한국 방문이 전세계 IT 리더이자 동북아 지역의 지정학적인 리더인 한국의 역동적인 모습을 발견하는 계기가 될 것이라고 소개했다.

그렇다면 이 같은 계획이 실현됐을까?

당시 언론보도를 보면 스탠퍼드대 경영대학원 학생들이 정보통신부 장관을 만났다는 기사를 볼 수 있다. 대통령 면담 성사 여부는 알 수 없지만 노건호의 계획대로 노건호 동문들이 한국을 방문, 장관들을 만난 것이다.

또 이 시기에 노건호가 스탠퍼드대 동문들과 박연차 태광실업 회장의 베트남 공장을 방문한 것으로 돼 있어 당초 한국 방문이 한국과 베트남 두 나라 방문으로 변경됐을 가능성도 있어 보인다. 노 대통령의 후원자인 박연차 태광실업 회장의 공장을 스탠퍼드대 학생들이 방문한 것 또한 노건호가 주선했을 것임은 자명하다.

특히 한 가지 안타까운 것은 이 제안서에 한국이 아닌 남한 방문으로 표기됐고, 일본해로 표기되고 괄호 안에 동해라고 병기된 지도를 첨부했다는 것이다. 대통령 아들이라면 대통령 면담 주선도 중요하지만 한국의 영토를 제대로 표기한 지도를 계획서에 첨부했어야 했다.

자수물품 등 15박스 노건호에게 배달되기도

인터넷 등을 검색한 결과 2009년 1월, 당시 샌프란시스코 마운틴뷰에 살던 노건호에게 자수물품 등을 포함한 무게 200킬로그램, 박스로 15개 분량의 화물이 보내진 것으로 드러났다.

선하증권을 살펴보면 하주는 노건호, 화물 인수자도 노건호로 돼 있어 노건호 자신이 노건호 본인에게 보낸 것임을 알 수 있다. 노건호 이름 옆에는 숫자가 적혀 있었으며 이 숫자는 노건호의 생일과 일치했다. 화물 인수자 노건호의 주소는 캘리포니아 마운틴뷰에서 렌트해서 살던 집 주소였다. 노무현 대통령의 아들 노건호가 분명한 것이다.

이 화물은 부산항에서 선적됐으며 2009년 1월 4일 캘리포니아주 롱 비치 항에 도착한 것으로 돼 있다. 화물 내용은 자수물품으로 적혀 있어 자수로 된 한복 등이 포함된 것으로 추정된다.

발송자 노건호 주소는 농협이 전세 낸 가회동 빌라

노건호가 노건호에게 자수물품 등을 보낸 것으로 돼 있는 이 선하증권에서 가장 주목을 끈 것은 바로 발송자 노건호의 주소였다.

발송자의 주소는 서울시 종로구 가회동 1-3번지 101호였다. 등기부 등본을 확인한 결과 이 빌라는 공모 씨 소유로 2005년 10월 9일 농협CA투자신탁 운용회사(이하 농협투자)가 3억 원에 빌린 집이다. 전세권은 2007년 10월 9일까지 당초 2년간 설정됐지만 실제로는 2009년 6월 4일에 해지됐다. 농협투자가 2005년부터 2009년까지 약 4년간 이 집을 전세 낸 것이었다. 2009년 6월까지 임대했으니 이 선하증권이 발행된 2009년 1월은 임대 기간에 포함된다.

왜 농협이 임대한 빌라가 노건호 주소지로 돼 있을까? 왜 노건호가 살았다면 노건호가 전세권자로 설정돼 있지 않고 농협이 전세금을 낸 것으로 돼 있을까?

노건호 주소지로 기록된 만큼 농협이 노건호 전세금을 내줬다는 의혹을 지울 수 없다. 농협투자는 노무현 대통령 취임 한 달 뒤인 2003년 3월 28일, 금융감독위원회로부터 투자신탁 운용 허가를 받은 자본금 300억 원의 회사이다.

'장인 사택' 해명 불구 2009년까지 노 씨 주소지

가회동 빌라의 진실을 찾기 위해 인터넷을 뒤진 결과 흥미로운 사실을 발견했다. 2004년 4월 8일 〈주간동아〉가 노건호가 살고 있는 여의도의 50평 아파트가 바로 가회동 빌라의 전세권자인 농협투자가 임대한 아파트였다고 밝힌 것이다.

노건호는 2004년에도 농협이 전세 낸 여의도 아파트에 살았고 2005년 이후 2009년까지는 농협이 전세 낸 가회동 빌라에 살았던 셈이다.

〈주간동아〉는 노건호가 살고 있는 아파트는 농협투자 상임감사로 재직 중인 노건호의 장인 배모 씨의 숙소로 배정된 것이지만 정작 노건호가 살고 있음은 특혜라고 지적했다.

전세금 3억 5000만 원의 이 아파트는 2003년 11월 28일부터 2005년 11월 13일까지 전세권이 설정돼 있었다.

민주당은 '농협이 대통령 사돈에게 자회사 상임감사 자리를 준데 이어 호화 아파트까지 제공한 것은 특혜'라고 비판했다. 이에 대해 노건호의 장인 배모 씨는 회사에서 지원받은 돈 2억 원에 대출받은 돈을 합쳐 3억 5000만 원에 전세 내 이 아파트에 살고 있다고 해명했고, 당시 청와대는 '노건호 부부가 아이를 낳은 뒤 장인 아파트에 얹혀살고 있다'고 설명했다.

그러나 농협이 전세 낸 가회동 빌라가 2009년까지 노건호의 주소지로 돼 있었음은 여의도 전세권 기간이 끝나자 가회동으로 옮겨간 것이다. 장인이 여의도에 살지 않고 가회동으로 이사간 것이다. 청와대 바로 옆 가회동 말이다.

아마도 가회동 집을 전세 낸 2005년 10월부터 노건호가 유학을 떠나는 2006년 9월께까지 대통령 아들 부부는 이곳에서 기거했을 가능성이 크다. 그렇지 않고는 장인 회사가 여의도에 있는데 장인이 여의도 아파트에서 전세를 살다가 출근도 불편한 강북의 가회동 청와대 옆으로 옮길 이유가 없는 것이다.

노건호가 샌프란시스코로 물건을 보내면서 선하증권을 작성한 때가 2009년 1월, 장인 배 씨가 감사를 사임한 때가 2009년 1월 31일, 등기부 등본상 농협이 가회동 빌라 전세권을 해지한 때가 2009년 6월 4일이었다.

노건호, 부자아빠 펀드 통해 집 한 채 갖고 싶었다

대통령 아들은 아버지가 대통령 자리에서 물러난 뒤에는 어떤 생각을 하며 살아갈까?

노건호의 '즐겨찾기' 목록을 살펴본 결과 그가 노무현 대통령이 권좌에서 물러난 뒤에는 집 한 채를 갖기 위해 부자아빠 펀드에 관심을 가졌음을 알 수 있었다. 적어도 당시 즐겨찾기 목록으로 봐서는 그는 대통령아들이기보다는 30대 초반의 평범한 가장이자 아버지요, 남편이었다.

노건호가 2008년 초 가입한 '디고'라는 인터넷 사이트에 그가 즐겨 찾았던 사이트의 흔적이 고스란히 남아있었다. 그는 '디고'라는 사이트에 가입한 뒤 자동 로그온 상태에서 웹서핑을 했고, 그가 방문했던 사이트들이 디고 사이트에 저장된 것이다.

경연희와 노정연이 환치기를 논의했다는 의혹을 사는 시점이 2009년 1월 10일경이다. 바로 그 무렵인 2009년 1월 7일 노정연의 오빠 노건호는 국내 펀드들을 유심히 들여다봤다. 여느 직장인처럼 작더라도 자기 집 1채를 갖기 위해서였다. 그가 관심을 가진 펀드는 '프라임 장기주택마련 주식혼합' '베스트 장기주택마련 혼합 1' '삼성장기주택마련 혼합 1' '한국부자아빠 장기주택마련주식 혼합' '템플턴 장기주택마련 혼합' '미래에셋 장기주택마련 주식' '농협중앙회 부자아빠 장기주택마련 주식' '브릿지증권 한국부자아빠 장기주택마련 주식' '유진투자증권 한국부자아빠 장기주택마련 주식' '한국투자증권 부자아빠 장기주택마련 주식' '한화증권 한국부자아빠 장기주택마련 주식' '현대증권 한국부자아빠 장기주택마련 주식' 등이었다.

특히 그는 디고 사이트의 마이 페이지에 '장기주택마련 FUND'라는 폴더를 따로 만들고 '비과세/ 장기상품/ 분기당 300한도/ 무주택세대주 가입가능/ 장기목적자금을 분류별로 정리해서 적립할 것'이라는 메모를 남겨 자기

나름대로 내집 마련 전략을 세웠음을 알 수 있다.

'장기 목적 자금을 분류별로 정리해서 적립할 것'이라는 말은 아이들에게 기죽지 않고 살 집 한 칸을 마련해주고 싶은 30대 평범한 아빠의 모습 그대로였다. 바로 2년 전 동문수학하던 스탠퍼드대 경영대학원 동기들을 청와대로 초청해 대통령 면담을 주선하고 장관과 재벌들을 만나게 하겠다던 대통령 아들의 호기는 이미 사라지고 평범한 30대 가장의 모습만 남아있었다.

노건호는 노무현 대통령을 떠나보낸 뒤 어머니를 한국에 남겨둔 채 미국으로 돌아와 추수감사절 바로 전날인 2009년 11월 25일 다시 디고에 접속했으며 자신의 업무와 관계있는 휴대폰 관련 신기술을 살펴보기도 했다.

노건호 통화, 시종일관 정중하게 전화 응대

노건호는 전화 예의만큼은 발랐다. 2010년 10월 12일 오후 4시 30분, 100만 달러 환치기와 관련해 사실관계를 확인하기 위해 그와 전화통화를 시도했다.

한국방문제안서에 기록된 그의 전화번호로 전화를 걸었지만 통화가 이루어지지 않았다. 부득이 LG전자 샌디에이고 지사의 대표전화로 전화를 걸었다. 리셉셔니스트에게 노건호와 통화하고 싶다고 했더니 이름을 알아듣지 못했다. '건 노'라고 했더니 노건호를 연결해줬다.

노건호와의 통화는 1분 20초 정도 짧게 이루어졌다. 그는 시종일관 정중하고 겸손하게 전화를 받았다. 이름을 밝히고 그에게 권양숙 여사와 통화할수 있느냐고 물었더니 안 된다고 거절했다.

노정연의 연락처를 물어보자, "죄송합니다만 여기서 전화를 끊는 게 좋겠습니다"라고 답했다. 어머님이 지금 샌디에이고에 계시지 않느냐고 묻자, "아닌데요"라고 말했다.

그에게 몇 가지 확인할 게 있다고 말하자, "여보세요, 전화 끊도록 하겠습니다. 죄송합니다"라고 말했다. 지금 회사임을 감안해달라고 말했다. 미안하다, 입장을 이해한다고 말한 뒤 전화번호를 남기겠다고 말하자 블로그 하시는 분 아니냐, 알고 있다고 말했다.

갑작스런 전화에 놀랐을 텐데 당황하지 않고 정중하게 전화 응대를 해준 것이 인상에 남는다. 원하던 답을 듣지 못해 아쉬웠지만, 그도 전화로 쉽게 답변할 수 있는 성질의 사안이 아니었을 것이다.

02
노태우 대통령

미국의 각 주정부나 카운티의 등기소, 재무부 등에 숨겨진 자료들을 살펴보면 재미있는 일들이 많다. 그 중에서 흔히 우리가 휴면계좌라고 하는 계좌가 발견된다. 내가 운영하는 블로그에는 미청구자산이라고 칭했는데, 이런 재산을 발견하면 허탈하기 짝이 없다. 얼마나 많은 재산을 굴리고 굴렸으면 알아내지도 못하고 방치한 재산이 외국 여기저기에 널려있을까, 하는 생각이 들기 때문이다. 다른 재벌 회장이나 자식들의 휴면계좌도 발견했지만 노소영·최태원 부부가 미국 체이스뱅크 등과 거래했다는 사실도 뉴욕주 재무부에 신고된 휴면계좌를 통해 알게 됐다. 이런 사실을 내가 먼저 알려줘야 찾아가려나 싶기도 하다. 앞 장에 나온 노정연의 휴면계좌도 뉴욕주 재무부가 웹사이트에 공개한 내용을 보고 발견했다. 삼성전자, 현대자동차 등 사기업은 물론이고 한국전력, 한국석유공사 등의 휴면계좌를 찾아서 〈시크릿 오브 코리아〉에 공개한 이후 실제 이들이 절차를 밟아 돈을 찾아가기도 했다. 이 글을 읽는 분들도 혹시 자신의 휴면계좌가 없나 살펴보기 바란다.

전두환 대통령의 뒤를 이어 '보통사람의 시대'를 연 노태우 대통령. 그는 재임 중에 노소영, 노재헌 두 자녀를 출가시켰다. 최종현 SK 회장과 신명수 동방유량 회장을 사돈으로 선택했으며 재임 중에 이동통신사업 등 사돈 기업에 특혜를 줬다가 철회하기도 했다. 이미 알려진 대로 노 대통령은 재임 중에 기업인들로부터 많은 돈을 받았다. 이른바 통치자금이라는 것이다. 그런데 이 돈을 사적으로 취하고, 자식들에게 남겨주면서 안 좋은 모습을 많이 보였다. 자녀들은 현행법을 어기고 미국에 호화주택을 구입했고, 사돈은 페이퍼컴퍼니를 설립해 이들의 해외부동산 매입을 지능적으로 감춰주기도 했다. 노 대통령의 아들 재헌 씨는 여러 작전을 벌이며 미국에 불법으로 부동산을 소유한 사실이 추적 결과 드러났다. 또 딸 소영 씨가 남편 최태원 SK 회장과 함께 숨긴 부동산을 추적해봤다.

노재헌 신정화 미스터리

노태우 대통령의 아들 노재헌은 신명수 동방유량 회장의 딸 신정화와 결혼했다. 최근 이들 부부는 노태우 대통령이 의식불명으로 생사의 기로에 섰음에도 2011년 3월 홍콩과 2011년 10월 서울에서 부부가 각각 이혼소송을 제기한 사실이 드러났다.

노재헌의 누나인 노소영은 2000년대 초부터 줄곧 최태원 SK 회장과의 이혼설이 나오며 워커힐 호텔을 위자료로 요구했다는 등의 소문이 끊이지 않았지만, 막상 홍콩과 마카오 사교계에서 이름을 날리던 노재헌-신정화 부부가 이혼소송을 제기했다는 것은 충격이었다.

노재헌의 장인 신명수 회장이 운영하는 동방유량은 지금은 CJ로 인수되어 기울고 말았지만 한때 식용유하면 동방으로 통할 정도로 준재벌급이었다. 동방유량은 1995년 노태우 비자금 4천억 원 사건 때 노태우 비자금을 비밀리에 운용하면서 서울센터 등을 사들인 사실이 발각돼 신명수 회장은 물론 자금부장 하기철 씨 등이 조사를 받기도 했다.

신명수는 사위 노재헌에게 뉴욕에 집을 마련해주기 위해 미국에 페이퍼 컴퍼니를 2개씩 설립해가면서 스파이 작전을 펼칠 만큼 사위사랑이 각별했다. 그러나 그의 각별한 사위 사랑은 해외부동산 취득금지라는 실정법을 어긴 범법행위였다.

그림 3. 노태우 일가

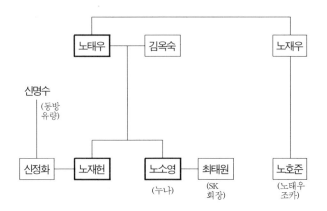

노재헌 미국 집 사주기 1단계 '하우스이글' 작전

뉴욕주 정부와 뉴욕시 등기소 등에 등록된 서류를 살펴보면 신명수는 우선 뉴욕에 집을 사기에 앞서 하우스이글이라는 법인부터 설립하는 치밀함을 보였다. 신명수는 1997년 1월 9일 이 법인을 설립, 뉴욕주 국무부에 등록했다.

처음 법인을 등록할 때는 법인 실소유주를 숨기기 위해 법인 등록을 대행해주는 변호사를 법인 대표로 위장하는 수법을 사용했다. 자신의 재산이 외부로 드러나는 것을 막기 위해 미국인들이 법인을 설립하고 법인대행사의 변호사와 비밀계약을 체결한 뒤 그 변호사를 대표로 앉히는 수법이었다.

신명수는 하우스이글을 설립하고 한 달 보름이 지난 1997년 2월 26일 맨해튼 72가에 하우스이글 명의로 고급 콘도를 사들였다. 콘도 위치는 맨해튼 최고 부자동네로 알려진 센트럴파크 동편, 이른바 외교관 동네

어퍼이스트였다. 주소는 이스트 72스트리트 38번지의 21B호, 매입가격은 115만 달러이다. 100만 달러가 넘는 주택에 부여되는 호화세, 즉 매매가의 1%인 맨션 택스가 부과됐다.

노재헌이 국회의장 비서관, 민자당 대구 동구을 지구당위원장 등을 맡아 정치권을 기웃거리다가 미국 로스쿨에 진학한 시점에 신명수가 사위 노재헌을 위해 페이퍼컴퍼니를 세워 뉴욕 콘도를 구입해준 것이다.

노재헌 미국 집 사주기 2단계 '부에나 비스타' 작전

신명수는 콘도를 구입한 지 2년이 채 안 돼 부에나 비스타라는 법인에게 느닷없이 이 콘도를 팔았다. 그러나 석연찮은 거래였다. 2년 전에 115만 달러에 산 콘도를 10달러에 판 것이다. 매매계약서상 세금은 0달러. 사실상 동일 주인에게 소유권이 넘어갔으므로 세금이 부과되지 않은 것이다. 무상증여다.

1998년 11월 24일 하우스이글이란 법인이 부에나 비스타라는 법인에게 고급 콘도를 그냥 준 것이다. 매매계약서에 기재된 매입자 부에나 비스타의 주소는 매도자 하우스이글의 주소와 같았고 대리인도 동일했다. 동일한 주인, 즉 법인 이름만 바꿔서 소유권을 숨기는 방법, 말하자면 실소유주를 숨기기 위해 등기상 소유주를 두 번이나 바꾸는 부동산 세탁을 한 것이다.

부에나 비스타는 매매계약 3개월 전인 1998년 8월, 동일한 대행사를 통해 설립된 법인이다. 하우스이글을 설립한 뒤 콘도를 매입한 것과 마찬가지로 부에나 비스타를 사전에 설립한 뒤 콘도를 무상증여한 것이다.

노재헌 미국 집 사주기 3단계 '셀 앤 바이' 작전

신명수는 이처럼 페이퍼컴퍼니를 2개나 설립, 소유권을 2번이나 바꾼 '하우스이글 작전' '부에나비스타 작전'을 성공적으로 마무리한 뒤 2000년 1월 31일 이 고급 콘도를 다시 되팔았다.

이제는 실소유주에게 매도한 것이다. 매각대금은 182만 달러로, 3년 전 구입 때보다 1.5배 이상 올라 70만 달러 정도 수익을 올렸다. 이 콘도는 2008년 시세가 400만 달러까지 갈 정도로 호화 콘도였다.

해외부동산 투자가 금지된 시기에 전직 대통령의 사돈이 전직 대통령의 아들을 위해 현행법을 어겨가며 해외에 부동산을 사고 이를 되팔아서 10억원의 수익까지 올렸다. 해외부동산 매입 자체가 불법이어서 한국 정부에 양도세는 물론 시세 차익에 대한 세금도 내지 않았다.

신명수의 작전이 워낙 치밀하고 용의주도해서 첫 번째 뉴욕 콘도 거래에서는 노재헌은 물론 신명수도 드러나지 않을 정도로 완벽한 성공을 거뒀다. 신명수가 이 콘도를 구입한 지 채 1년도 안 돼 한국은 외환위기를 맞았다.

노재헌 미국 집 사주기 4단계 '어게인 하우스이글' 작전

신명수는 2001년 6월 7일 하우스이글 명의로 다시 콘도를 사들였다. 이번에는 더욱 대담해져 맨해튼 어퍼이스트 87가로, 첫 콘도에서 조금 위로 올라간 고급 콘도를 매입했다. 주소는 이스트 87스트리트 170번지의 E9A호로, 매입가는 150만 달러이다. 이때까지도 이 집이 노재헌의 집이라는 사실은 전혀 밝혀지지 않았다.

그러나 신명수는 이 콘도를 산 지 채 1년이 안 돼 과감하게도 노재헌에게 소유권을 이전했다. 2002년 5월 6일은 마침내 노재헌이 음지에서 양지로,

The acts of a majority of such persons constituting the Residential Board shall constitute the acts of said attorneys-in-fact

This Power of Attorney shall be irrevocable.

IN WITNESS WHEREOF, the undersigned has/have executed this Power of Attorney as of the _____ day of _____

HOUSE EAGLE LTD

By Jae Ro
Director

노태우 대통령의 아들 노재헌이 2001년 하우스이글 이사 자격으로 서명한 서류

그 존재를 드러내는 '역사적'인 순간이었다.

노재헌은 이날 하우스이글이라는 법인으로부터 99만 5000달러에 이 콘도를 사들였다. 하우스이글은 1년 전 매입한 고급 콘도를 RO JAE HUN이라는 사람에게 50만 달러를 손해보고 판 것이다. 우리나라 사람들은 '노'씨 성을 대부분 'ROH'로 표기하지만 노재헌은 자신의 성을 'RO'로 표기함으로써 자칫 중국인처럼 보이게 하는 노련함을 발휘했다.

신명수가 사위 노재헌에게 거래대금을 받지도 않았겠지만 99만 5000달러로 거래가를 적은 것은 100만 달러가 넘으면 부과되는 1% 호화세를 피하기 위한 것이다. 또 무상증여하지 않은 것은 노재헌이 이후 더 비싼 주택을 사거나 큰 빌딩 등을 살 때 100만 달러가량의 집을 산 적이 있다는 것을 보여줌으로써 자금 출처 조사를 피하려는 세심한 배려였다.

그러나 이 거래에서 노재헌의 존재가 드러난 것은 물론 매도자 하우스이글의 실소유주가 누구인지가 밝혀짐으로써 신명수의 노재헌 집 사주기 작전은 마침내 발각됐다.

매매계약서의 매도인란에 하우스이글이라는 법인이 기재되고 그 아래 프레지던트, 즉 사장 서명란에 'MS SHIN'이라는 신명수 회장의 이니셜이 기재되면서 신명수가 서명했음이 드러났다. 신명수 동방유량 회장이 하우스이글의 대표였던 것이다.

이에 앞서 2001년 하우스이글이 이 콘도를 구입한 뒤 콘도위원회에 제출한 콘도관리 위임장을 보면 소유자 하우스이글을 대신해 하우스이글의 이사, 즉 디렉터 직책을 가진 노재헌이 서명한 것으로 돼 있다. 노재헌이 이 페이퍼컴퍼니인 하우스이글의 이사로서 활동한 것이 드러남으로써 1997년 첫 집을 살 때부터 노재헌을 위한 집이라는 사실이 명백히 입증된 것이다.

비록 두 번째 콘도를 사면서 신명수, 노재헌의 존재가 드러나기는 했지만 노재헌은 3년 뒤인 2005년 4월, 이 고급 콘도를 210만 달러에 매도함으로써 적지 않은 종잣돈을 마련했다.

이 매매에서 노재헌이 존재를 드러낸 것은 당시 노재헌이 미국에서 직장생활을 하고 있어 1채의 해외부동산이 주거용으로 허용되므로 합법적이라고 판단했기 때문인 것으로 보인다. 그러나 이 집을 역추적하면 1997년 장인이 나서서 페이퍼컴퍼니를 설립하는 수고를 마다하지 않고 불법으로 매입한 부동산과 연결돼 있음을 알 수 있다.

노재헌의 내 집 숨기기, 브레이브오션 작전

맨해튼 어퍼이스트의 고급 콘도를 팔고 홍콩으로 떠난 노재헌은 2009년 다시 뉴욕에 호화 콘도를 구입했다. 장인에게서 전수받은 '하우스이글-부에나 비스타' 작전을 거울삼아 법인으로 위장, 매입하는 방법을 사용했다.

노재헌은 2008년 4월 8일 뉴욕주 국무부에 브레이브오션이라는 법인을 설립했다. 이 법인을 설립할 때 자신은 뒤로 빠지고 모 변호사를 대리인으로 내세웠다. 그리고 법인설립 1년 만인 2009년 4월 23일 맨해튼 어퍼이스트의 고급 콘도를 매입했다. 주소는 이스트 85스트리트 205번지의 10F호로, 매입가격은 181만 달러였다. 100만 달러가 넘다보니 맨션 택스만 1만 8100달러에 달했다.

이 콘도는 1390평방피트로 40평이 못 되지만 워낙 요지라서 1평방피트당 매매가가 1615달러나 됐다. 이 매매는 2008년 4월에 최종계약이 이루어졌지만 실제 매입의사를 타진한 것은 2007년 7월로 노재헌이 홍콩을 떠나 한국 가서 아버지를 모시겠다며 한국 법무법인으로 직장을 옮긴 시점이었다. 홍콩에 있다 한국으로 가기에 앞서 뉴욕에 콘도를 1채 산 것이다.

이 뉴욕 콘도를 브레이브오션 명의로 매입하면서 브레이브오션의 명목상 대표인 모 변호사에게 노재헌과 부인 신정화가 위임장을 작성해줬으며, 이 서류를 뉴욕 등기소에 신고했다. 특히 노재헌-신정화는 이 서류에서 자신들의 주소가 홍콩 리펄스베이의 한 외국인 전용 콘도의 47층과 48층이라고 적어 홍콩의 고급 콘도 복층에서 산다는 사실도 밝혀졌다.

노재헌의 내 집 숨기기, 하와이 콘도도 법인 명의 매입

노재헌은 뉴욕뿐만 아니라 하와이에도 브레이브오션이라는 법인을 통해 고급 콘도를 매입했다. 전현직 대통령의 친인척과 내로라하는 재벌 일가들이 구입한 하와이 호놀룰루 와이키키 해변 앞 워터마크 콘도를 산 것이다.

노재헌은 2008년 4월 브레이브오션을 설립하고 약 두 달 뒤인 같은 해 6월 2일, 123만 달러에 이 콘도 30층의 3004호를 매입함으로써 브레이브오션의 설립 목적이 미국 부동산 매입임을 추정케 한다. 이 콘도를 매입하면서 3700달러의 세금을 낸 노재헌-신정화 부부는 대한민국 전직 대통령의 아들답게 이 콘도에 입주한 대한민국 최고 상류층과 이웃이 됐다.

신정화는 이 콘도 매입계약서에 브레이브오션 법인의 멤버 자격으로, 남편 성을 딴 노정화란 이름으로 서명했다. 결국 노재헌-신정화 부부는 현재 최소한 뉴욕과 하와이에 2채의 고급 콘도를 소유하고 있다.

노재헌은 용감한 사람? 홍콩엔 '브레이브스카이'

노재헌-신정화가 뉴욕에 브레이브오션을 설립해 뉴욕과 하와이에 콘도를 구입한 것과는 별도로 홍콩에는 2006년 브레이브스카이라는 법인을 설립한 것으로 확인됐다.

노재헌은 공교롭게도 이 브레이브, '용감한'이라는 단어를 좋아해 미국-홍콩에 유사한 이름의 법인을 설립했다. 브레이브스카이라는 법인이 노재헌-신정화의 이혼소송으로 인해 혹시 홍콩 소재 노태우 비자금과 관련이 있는 회사가 아닌가 하는 의심의 눈길을 받고 있다.

2010년 3월, 홍콩에서 노재헌을 상대로 이혼소송을 제기한 신정화는 홍콩에 노태우 비자금이 있으며 이를 숨기기 위해 노재헌이 2010년 10월 서울에서 별도로 이혼소송을 제기한 것으로 추정한다고 밝혔다.

노태우 며느리가 노태우 비자금이 홍콩에 있다고 주장했고, 홍콩에는 노재헌-신정화가 설립한 브레이브스카이라는 회사가 존재하는 것이다.

신정화 이혼소송, '홍콩에 노태우 비자금 있다'

홍콩 등기소를 조회한 결과 브레이브스카이는 2006년 5월 27일 설립됐으며 법인 등록번호는 1048333이었다.

브레이브스카이가 2007년 보고한 서류에 따르면, 회사 이사였던 노재헌의 부인 신정화가 이사직을 사임하고 김주연 씨가 이사로 등재됐으며, 2008년 보고서에는 다시 김주연이 이사를 사임하고 신정화가 이사로 취임한 것으로 돼 있다. 신정화가 이사에 취임하면서 기재한 주소는 홍콩 리펄스베이의 외국인 전용 콘도로, 뉴욕 등기소에 제출한 주소와 일치했다.

이 회사의 주주는 태평양의 섬나라 마샬 군도에 주소를 둔 피델리티사이며 피델리티사가 유일한 주주였다. 하지만 여러 정황상 피델리티사를 지배하는 주주는 노재헌-신정화 부부로 추정된다. 피델리티사의 주소지는 마샬 군도에서 선박 등록대행을 하는 사무실의 주소이다.

노재헌의 홍콩회사는 브레이브스카이이며 이 회사의 대주주는 마샬 군도 소재 법인이다. 마샬 군도가 조세 피난처로 파나마 등과 함께 세계적인 선박 등록지임을 감안하면 노태우 비자금이 선박과 관련이 있을 수 있다는 추정을 해본다. 또 노태우의 사위가 운영하는 SK 그룹이 수년 전 마샬 군도에서 석유 독점권을 갖는 등 대규모 사업을 추진했던 점을 감안하면 이러한 사업과의 연관성도 의문시된다.

신정화, 별도 거처로 옮기고 이혼소송 기선 제압

신정화가 노재헌의 외도 등을 이유로 2011년 3월 홍콩 가정법원에 이혼소송을 제기했고, 주거지도 리펄스베이에서 트레군터타워로 옮긴 것으로 드러났다. 외국인 전용 콘도인 리펄스베이 못지않게 트레군터타워도 건평

150평에 이르는 고급 콘도로 신정화는 이 콘도 5층에 거주하는 것으로 확인됐다.

신정화가 2011년 5월 자신이 이사로 있는 브레이브스카이의 사업보고서를 홍콩 당국에 제출할 때 리펄스베이가 아닌 트레군터타워를 자신의 주소지로 기록한 것이다.

또 공교롭게도 2010년 11월 노재헌은 이 회사 이사를 사임하고 신정화가 다시 이사로 선임됨으로써 노재헌이 이사 지위를 상실한 상태였고, 2011년 3월 신정화가 이혼소송을 제기했다.

브레이브스카이가 노태우 비자금 관리회사라는 의혹을 사고 있는 만큼 만일 이 의혹이 사실이라면 신정화는 브레이브스카이의 이사로서 전권을 행사하게 돼 이혼에 따른 재산분할에서 유리한 고지를 차지했다고 볼 수 있다. 신정화는 또 2011년 10월 한국에서도 노재헌이 가진 모 통신회사의 주식 등을 가압류하는 데 성공했다.

홍콩 당국 조회 결과 노재헌은 '샤인 챈스'와 '렉스 라피스,' 자선단체 '뷰티풀 마인드' 등의 이사인 것으로 확인됐으며 신정화는 브레이브스카이와 자선단체 뷰티풀 마인드의 이사로 드러났다. 렉스 라피스는 노재헌이 뉴욕에서 홍콩으로 옮겨간 뒤 설립한 컨설팅업체지만 샤인 챈스 등의 정체는 밝혀지지 않고 있다.

노재헌, 홍콩 이혼소송 1심 패소하자 즉각 항소

신정화가 홍콩에서 제기한 이혼소송 1심에서 노재헌이 패소했다. 이에 노재헌은 2011년 12월 21일 홍콩 항소법원에 신정화를 상대로 항소했다. 사건번호는 CACV280/2011이다.

이들은 각각 자신의 이름을 'RO JAE HUN', 'SHIN JUNG HWA'로 표기했는데, 이 영문 이름은 이들이 미국에서 부동산을 구입할 때, 그리고 홍콩 정부에 브레이브스카이 관련서류를 제출할 때 사용한 영문 이름과 동일했다.

홍콩 이혼소송에서 노재헌은 자신의 법률대리인으로 홍콩의 유명한 로펌인 '스티븐슨, 옹 앤 코'를, 신정화는 이혼소송 등으로 유명한 '위더스 홍콩'을 대리인으로 선임했다. 신정화가 선임한 위더스 홍콩은 2011년 9월 말 〈아시안 리걸 비즈니스〉로부터 2011년 최고의 가정법 로펌으로 선정되기도 하는 등 홍콩 최고의 이혼소송 전문 로펌이다.

이 항소심 공판의 첫 기일은 2012년 5월 24일 오전 10시로 정해졌다. 신정화 측은 재산을 공개하라는 홍콩 법원의 명령에 노재헌이 성실히 응하지 않았다며 노재헌이 한국에서 소송을 제기한 것은 홍콩 등에 숨겨진 재산 공개를 피하기 위해서라고 주장했다.

신정화 측은 홍콩은 국내보다 숨겨진 재산을 찾기가 수월하며 노재헌이 홍콩에 적지 않은 부동산을 숨겨놓았다고 밝혔다. 이 말이 사실이라면 이 소송을 통해 얼마가 되든지 노태우 대통령의 비자금 일부가 그 모습을 드러낼 것으로 보인다.

따라서 검찰이 노태우 대통령에게 부과된 세금을 추징할 의지가 있다면 이 소송의 추이를 철저히 파악해야 한다. 또 홍콩에 살고 있는 동포들도 노태우 대통령의 비자금을 밝히는 데 일조할 수 있는 절호의 기회로 생각하고 이 재판에 대한 감시의 눈초리를 게을리 하지 말아야 할 것이다.

노소영 최태원 부부의 숨겨진 부동산

노소영 20만 달러 발각― 집 산 돈은 오리무중

노태우 대통령의 딸인 노소영은 노재헌의 누나로, 최태원 SK 회장과 결혼했다. 노태우 대통령은 자신의 취임 첫 해, 권력의 힘이 절정에 달했던 1988년 9월 13일 청와대 영빈관에서 노소영을 결혼시켰다.

대통령의 딸과 대기업의 장남이 결합한 이 부부도 평범한 생활을 하지 않았다. 알 수 없는 일이지만 그들에게서 많은 일이 일어났다. SK 그룹 차원의 문제는 제5부에서 이미 다루었고 여기에서는 이들 부부의 축재만 살펴보겠다.

노소영-최태원 부부는 1990년 2월, 출처불명의 돈 20만 달러를 미국 은행에 예치하다가 연방수사국에 적발돼 집행유예 처벌을 받았는데 이보다 앞서 샌프란시스코에도 주택을 구입한 것으로 드러났다. 따라서 미국 수사 당국에 적발된 20만 달러 외에도 더 많은 자금을 밀반출했을 것이라는 추정이 가능하다.

노소영-최태원 부부는 1989년 5월 8일, 샌프란시스코 베이에 집을 샀다가 4년 뒤 팔았다. 물론 이때도 해외에 부동산 매입이 허용되지 않던 시기여서 노태우 대통령의 딸 부부가 미국에 집을 산 것은 실정법 위반이다. 더구나 집을 샀을 때는 이들 부부가 20만 달러를 예치하다 연방수사국에 적발된 때보다 8개월이나 앞선 때이다. 따라서 주택구입 자금의 출처가 의심스럽지 않을 수 없다.

산만테오 카운티 포스터시에 있는 이 집은 매입가격이 약 51만 5000달러이며 현 시가는 105만 달러에 이른다는 것이 부동산 업계의 분석이다.

최태원은 이 집을 박모 씨와 공동구입했는데, 당시 미국에 없었는지 박 씨에게 집 매입에 따른 모든 권리를 위임한 것으로 드러났다.

최태원이 이 집을 구입한 시기는 결혼 8개월 무렵으로 두 사람 모두 유학생이었다. 박 씨와 공동 구입했더라도 매입자금의 절반이 25만 달러 정도로 유학생에게는 적지 않은 돈이었다.

부부가 집을 구입할 때 남편이나 부인 이름만으로 구입하더라도 자동으로 공동소유가 되는 캘리포니아주의 법을 감안해 이 집을 산 날 노소영 씨는 자신의 지분을 최태원 회장에게 넘기는 별도의 매매계약서를 작성하기도 했다. 이 서류에서 노소영은 남편 성을 따 최소영으로 표기됐다.

그 뒤 노소영 부부는 1990년 2월 1일부터 6일까지 엿새간 11개 미국 은행에 19만 2576달러를 분산 예치하다가 적발됐다. 은행 앞에서 불법자금 예금 여부를 감시하던 미 수사당국이 거액을 예금하는 최태원의 차를 세우고 차를 검사하다 트렁크에서 돈을 묶었던 띠지를 발견했다. 이 띠지는 스위스 은행의 띠지였다. 그래서 스위스 은행 비밀계좌에서 돈을 가져왔을 것이라는 의문이 제기됐다.

특히 수사관들이 압수수색을 위해 노소영 부부의 집을 찾아 갔을 때 깜짝 놀란 노소영이 "나는 한국 대통령의 딸이다"라고 말함으로써 이 사건은 미국 언론의 주목을 받게 됐고, 선거를 통해 선출되는 미국 검찰도 언론의 스포트를 받는 이 사건에 집중할 수밖에 없었다.

그 당시 미국 검찰은 20만 달러 외의 다른 돈은 적발하지 못했다. 미국 검찰은 3년 뒤인 1993년 1월 15일, 노소영 부부의 20만 달러 미신고 예금에 대해 정식 기소했으며 노소영 부부는 20만 달러를 포기하면서 유죄를 인정했다. 캘리포니아주 북부연방법원이 4개월 뒤인 5월 5일, 최태원에게 집행유예 1년을 선고함으로써 이 사건은 마무리됐다.

노소영 부부는 사건이 종결되자 1개월 뒤인 1993년 6월 18일 이 집을 공동 구매자 박 씨에게 넘겼다. 집을 산 지 4년 만이었다. 1994년, 한국 검찰도 최태원을 소환하는 등 20만 달러 밀반출 의혹 사건을 수사했으나 결국 무혐의 처리했다.

한국과 미국 검찰수사에서 20만 달러 외 다른 돈은 돈의 실재 여부와는 상관없이 결과적으로 드러나지 않았다. 그렇지만 이들은 당시 적발된 돈 외에도 집을 사기 위해 더 많은 돈이 필요했고 실제 더 많은 돈을 조달했으므로 마땅히 출처가 밝혀져야 할 것이다.

노소영 부부는 또 2001년 몰수금 20만여 달러를 돌려달라고 몰수금 반환 신청을 제기했다가 기각되기도 했다.

노소영-최태원, 뉴욕 등 휴면계좌 다수 발견

노소영-최태원 부부는 미국 체이스뱅크 등과 거래했으며 이들 은행이 이 부부의 휴면계좌를 해당 주 재무부에 신고하기도 했다.

뉴욕주 재무부는 체이스뱅크가 2006년 이 은행에 개설된 최태원 SK 회장 명의의 세이빙 계좌와 관련, 최태원이 찾아가지 않은 휴면계좌가 있다며 이를 재무부에 신고했다고 밝혔다.

뉴욕주 재무부는 최태원 회장이 노소영 씨와 함께 유러피안 아메리칸뱅크에 부부 공동명의의 세이빙 계좌를 개설했다며 노소영 부부에게 이 계좌의 휴면계좌를 찾아가라고 웹사이트를 통해 고지했다.

세이빙 계좌는 당좌구좌로 불리는 체킹 계좌와 달리 일정기간 일정액 이상의 예금액을 유지하지 않으면 수수료가 부과되는 계좌로, 노소영 부부가 적지 않은 돈을 일정기간 이상 그대로 예치했음을 의미하는 것이다.

최태원 회장은 200년 이상의 역사를 자랑하는 가디언생명보험에도 2건의 휴면계좌가 있고, 이들 부부의 자녀도 소매상이 발행한 신용카드와 관련해 휴면계좌가 있는 것으로 드러났다.

노소영 부부 뉴욕 콘도 주인은 SK 미주 법인 이사

특히 노소영 부부의 휴면계좌와 관련해 더 주목을 끈 것은 이들 부부의 주소이다. 과연 이들 부부가 어디를 주소지로 하고 있는지, 그곳이 혹시 그들의 숨겨진 해외부동산이 아닌지가 관심사였다.

휴면계좌에서 드러난 이들의 주소지는 뉴욕 맨해튼 57가의 한 콘도로, 뉴욕 등기소를 조회한 결과 이 콘도는 티볼리라는 법인의 소유였다. 더구나 티볼리라는 회사는 트럼프 팰리스의 펜트하우스도 사들인 것으로 드러났다. 티볼리의 사장이 SK 미주 법인의 이사로 확인됐다.

노소영 부부의 주소지가 SK 이사가 사장인 법인의 소유라는 사실은 과연 이 콘도의 실제 주인이 누구인지를 짐작케 하는 대목이다.

노태우, 비자금 갖고 조카와 싸움

노태우, 조카와 낯 뜨거운 재산 싸움

노태우 대통령은 자신이 재임시 부정축재한 비자금을 돌려달라며 조카 노호준과 구린내 나는 재산싸움을 벌였다.

"역사의 죄인으로 기록될 수 있는 추징금 문제를 생전에 깨끗하게 정리하겠다. 그런 뒤 전직 대통령으로서 영예롭게 국립묘지에 안장되기를 희망한다"는 것이 노 대통령이 조카를 상대로 소송을 한 변이었다.

동생에게 준 재산을 되찾아서 추징금을 내겠다는 것이었다.

법정 분쟁도 한두 건이 아니었다. 냉동회사 오로라시에스 소유 부동산 헐값 매각에 대한 손해배상청구소송, 오로라시에스의 실질적 소유주는 노태우 대통령이기 때문에 동생 노재우는 주주 자격이 없다는 주주지위 부존재확인소송, 오로라시에스 경영진으로 있는 동생의 직위를 박탈해야 한다는 이사지위 부존재확인소송, 노재우 명의 36억 원 상당의 오로라시에스 주식 매각결정에 반대한다는 소송 등을 노 대통령은 줄기차게 해왔다. 그리고 이 소송들을 통해 노태우 대통령의 비자금 일부가 드러났다.

엎치락뒤치락 끝에 결국 노태우 패소

노태우 대통령은 2008년, 자신이 오로라시에스의 실질적인 1인 주주라고 주장하면서 조카 노호준이 110억 원 상당의 부동산을 헐값에 팔아 손해를 끼쳤다며 29억 원을 회사에 배상하라고 소송을 냈다.

언론에서는 노태우 대통령이 대통령에 취임하기도 전인 1988년 1월에 70억 원, 취임 뒤인 1991년 8월에 50억 원을 동생 노재우에게 줬고, 노재우는 이 돈으로 오로라시에스를 설립하고 이 회사 명의로 부동산을 매입한 것으로 보도했다.

1988년 1월이면 노태우 대통령이 취임하기도 전이다. 대통령으로 취임하기도 전에 70억 원의 돈 이야기가 나오니 불법 정치자금이 얼마나 많았다는 말인가? 그야말로 국민들은 깜짝 놀랄 수밖에 없는 것이다.

노재우의 아들 노호준은 오로라시에스의 대표이사가 된 뒤 2004년 회사 소유 부동산을 자신이 대표이사로 있는 또 다른 회사에 매도했다. 노태우 대통령은 조카가 노 대통령이 주주인 회사의 자산을 자신이 주주가 아닌 다른 회사로 빼돌렸다고 본 것이다.

이에 대해 1심 재판부는 노 대통령이 동생 재우 씨에게 120억 원을 맡긴 것은 이 돈으로 노재우가 얻은 권리까지 위임해야 하는 것이 아니고 돈을 사용하고 돈을 돌려주기만 하면 되는 것이라며, 노태우 대통령을 오로라시에스의 실질적인 주주로 볼 수 없고, 따라서 소송을 낼 자격도 없다고 패소판결을 내렸다.

그러나 항소심 재판부는 2010년 2월 5일, 노재우가 노태우 대통령에게서 받은 비자금 120억 원으로 설립한 회사의 지분 50%는 노 대통령 소유라고 판결했다. 재판부는 노 대통령과 동생 재우 씨는 자녀들을 위해 공동소유 회사를 제3자를 통해 설립하기로 합의했으며 이 합의는 회사 지분을 2명이 공유하는 일종의 위임계약이라고 밝혔다. 그러므로 노 대통령은 회사 지분 50%를 소유한 실질주주로, 회사를 위해 소송을 낼 수 있는 지위에 있으므로 1심이 당사자 자격이 없다는 이유로 각하판결한 것은 취소돼야 한다고 판결했다.

노태우 대통령이 1심을 뒤집고 2심에서 이겼지만 그 기쁨은 그리 오래 가지 않았다. 최고심인 대법원에서 다시 한 번 뒤집혀버린 것이다.

대법원은 2011년 5월 26일, 이 재판 상고심에서 고법의 원고승소판결을 깨고 사건을 다시 서울고등법원으로 파기, 환송시켰다.

재판부는 "노태우 대통령이 회사의 경영에 관여하지 않았고 재산 상태에 대해 알지 못했다고 한 점을 보면 노태우 대통령이 수입지출 명세서를 통해 회사의 운영현황을 보고받았다고 인정하기 어렵다"고 밝혔다. 재판부는 노 대통령이 재우 씨에게 준 돈은 보관하고 있다가 돌려달라는 요구가 있으면 돌려달라는 뜻이라고 해석했다.

따라서 노태우 대통령이 준 돈으로 재우 씨가 회사를 설립했다고 해서 노 대통령이 재우 씨와 함께 50% 지분을 가진 이 회사의 실질주주로 볼 수는 없다는 것이다. 그러므로 노재우가 주식을 팔든, 대표이사인 조카가 회사 부동산을 매각하든 노 대통령과는 관계가 없다는 것이다.

영부인이 시동생에게 160억 줬다

공개재판이지만 일반 국민들은 판결문 전문이 아닌 언론보도를 통해 판결 내용만 간단히 접할 수밖에 없었다. 그러나 항소심 판결문 전문을 확보해 살펴본 결과 재미있고 의미있는 내용들이 많았다.

대통령의 비리가 속속들이 언급돼 있었고 노태우 대통령의 비자금 액수 등은 언론보도와 조금 다르기도 했다. 이 같은 사실을 나라의 주인인 국민들이 낱낱이 알아야 된다는 생각으로 판결문 중 일부를 소개하고자 한다.

항소심 판결문은 20페이지에 달했다. 원고는 노태우 대통령으로, 세광과 바른 등 2개 법무법인의 변호사 4명을 선임했다. 피고는 오로라시에스와 노태우의 조카인 노호준과 부인 이영주 씨, 오로라시에스 대표이사인 김상일 씨, 그리고 김인숙, 김상현, 김숙 씨 등 1개의 법인과 6명의 자연인이었다.

법무법인 바른은 MB 정권 들어 가장 잘 나가는 법무법인 중 하나로, 노태우 대통령의 아들 노재헌이 잠깐 근무하기도 했었다. 노재헌은 미국 변호사 자격만 있을 뿐 국내 변호사 자격은 없지만 미국과의 소송업무 등을 담당하기 위해 바른에 근무했다. 바른은 2011년 노재헌의 이혼소송에서 노재헌의 대리인을 맡았다.

노태우 대통령은 재우 씨에게 언론에 보도된 것처럼 120억 원을 준 것이 아니라 160억 원을 줬다고 주장했다. 직간접으로 노재우에게 넘어간 불법 자금이 언론보도보다 더 많았다.

노태우 대통령은 자신과 동생 노재우의 자녀들을 위해 노재우에게 냉동 창고업을 운영할 회사를 설립하라고 지시했고 돈은 김옥숙 여사를 통해 전달했다. 김옥숙은 노태우 대통령 재임시절인 1989년 11월 6일 50억 원, 회사 설립 직후인 1990년 4월 20일 30억 원을 노재우에 건넸다고 한다. 이때까지 건네진 돈이 80억 원이다.

그 뒤 회사의 제2창고 건설과 증자자금으로 김옥숙이노재우에게 1992년 3월 2일 30억 원, 같은 해 12월 3일 50억 원을 줌으로써 1992년에만 80억 원을 전달했다. 모두 합쳐서 160억 원을 준 것이다.

비자금으로 아들 땅 사며 증여로 처리

특히 1990년 4월 20일 노재우에게 준 비자금 30억 원 중 11억 7700만 원은 노태우 대통령의 며느리인 신정화 명의로 논현동 땅을 사는 데 사용했다. 노 대통령이 노재헌의 주택용지를 구입하라고 하자 노재우는 신정화 명의로 땅을 샀다는 것이다.

특히 김옥숙은 며느리 신정화가 땅을 구입한 뒤 자금 출처 논란이 일까봐 이에 대해서도 지시를 내렸다. 신정화의 논현동 땅 매입비용은 신정화의 친정 할아버지가 주는 것으로 하라고 말한 것이다. 친정 할아버지가 증여하는 것으로 하고 그에 따라 발생하는 증여세 비용까지 꼼꼼히 챙겨줬다. 김옥숙 여사가 30억 원 외에 증여세 비용으로 5억 원을 별도로 준 것이다.

대통령과 영부인이 그야말로 불법자금을 불법적으로 사용한 것이다.

그렇다면 노태우 대통령은 이 회사로부터 돈을 준 대가를 받았을까? 판결문에는 약 14억 원을 받은 것으로 돼 있다. 노재우는 형인 노태우 대통령에게 1999년 7월부터 2005년 7월까지 7년간 해마다 2억 원을 줬다. 모두 14억 원이다.

노재우, 사조직 운영하고 남은 돈이 70억

판결문을 보면 노재우나 조카 노호준의 주장은 좀 달랐다. 그렇지만 그들의 주장을 통해 또 다른 불법이 행해졌음을 알 수 있다. 노태우 대통령이 노재우에게 간접적으로 건넨 또 다른 돈이 있었음을 알 수 있다.

노재우는 대통령 선거 때 조직한 태림회를 통해 기업들로부터 선거자금을 협찬받았다고 한다. 노재우는 노태우 대통령 취임 전인 1988년 1월 노태우 대통령에게 태림회에서 선거 때 사용하고 남은 돈 70억 원을 전달하려고 했지만 노태우 대통령은 재우 씨가 가지고 있으라고 했다는 것이다.

노태우 대통령은 대통령 당선 뒤 혹시 불거질 수도 있는 태림회 등 사조직에 의한 선거 후유증을 무마하는 데 사용하고 또 어머님을 모시는 데 사용하라며 돈을 받지 않았다. 직접 돈을 전달한 것은 아니지만 노재우에 간접적으로 돈을 준 것이나 마찬가지다. 그 액수가 70억 원이라는 거액이었다.

노재우 측이 해군기지 공사를 빌미로 건설업체로부터 거액을 받았다는 사실도 드러났다. 노재우는 1991년 8월께 자신의 친구인 이건으로 하여금 아산만 해군기지 공사의 하도급을 받게 해준 뒤 이건으로부터 50억 원을 전달받았다고 밝혔다. 노재우는 이를 노태우 대통령에게 전달했는데 일주일 뒤 이를 재우 씨에게 줬다고 한다. 노태우 대통령이 동생 친구로부터 돈을 받을 수 없으니 이건에게 돌려주거나 어머님을 모시는 데 보태라고 하며 건네준 것이다.

비자금, 경호실이 관리— 신명수에게 230억 원 맡겨

노태우 대통령이 비자금을 관리한 방법도 밝혀졌다.

노태우 대통령은 취임 전과 재직 중 받은 돈의 대부분을 이현우 경호실장에게 맡겨서 관리했다는 것이다. 이현우 경호실장은 이를 이태진 경호실 관리과장에게 맡겨 차명이나 가명으로 은행에 예금하거나 양도성 예금증서를 매입하는 방법을 사용했다. 대통령 경호 업무를 맡은 경호실이 대통령 비자금을 경호했던 것이다.

노태우 대통령은 이현우 경호실장 외에 1990년 사돈인 신명수 동방유량 회장에게 자녀들의 장래를 위해 230억 원을 맡겼다고 밝혔다.

또 노재우는 1995년 11월 12일 노태우 대통령 뇌물 사건과 관련해 조사를 받을 때 70억 원을 받은 경위에 대해서는 자신이 줄곧 모셨던 모친을 잘 모시고 노 대통령 자녀인 노재헌 노소영은 물론 재우 씨 자녀인 노호준, 노준형의 장래를 위해 맡긴 것이라고 주장했다. 판결문에는 언론보도에서 접할 수 없었던 노태우 대통령의 비자금 규모와 관리 방법, 증여 등이 상세히 언급돼 있었던 것이다.

03
전두환 대통령

참으로 드라마틱한 현대사의 주인공이 전두환 대통령 가족일 것이다. 박정희 대통령 시해 사건을 수사하면서 실권을 장악한 뒤 광주민주화운동을 총칼로 진압하여 집권한 이가 전두환 대통령이다. 퇴임 후에는 엄청난 비자금을 숨겼고, 이에 대한 2000억 원이 넘는 추징금의 상당 부분을 갚지 않았다. 전 대통령은 호화생활을 하면서도 뻔뻔스럽게도 '29만 원밖에 없다'고 강변한다. 그리고 세 아들도 그 후광으로 호화생활을 즐기면서 여기저기에 많은 불법 부동산을 소유하고 있다. 80을 넘긴 그가 숨지기 전에 그의 숨겨진 재산을 찾아 추징하고 정의가 살아있음을 보여주는 것이 우리의 의무일 것이다.

드라마틱한 가족사의 대표격은 탤런트 박상아와 결혼한 둘째 아들 전재용이다. 그는 세 번째 부인 박상아 명의로 캘리포니아 해안의 호화주택을 숨긴 것을 비롯해 비밀스런 삶을 이어가고 있다. 그의 동생 전재만도 절대 뒤지지 않는다. 캘리포니아의 넓은 포도밭을 일구면서 와인업계의 황태자로 떠오르고 있다. 오로지 현금만으로 포도밭을 산 그의 장인 이희상의 내막과 와이너리 경영만 전재만에게 맡겼을 뿐이라는 속사정을 깊게 들여다봤다.

아들들을 비롯해 사돈까지, 국내는 말할 것도 없고 미국에도 전 대통령의 비자금 흔적이 곳곳에 남아있다. 그들을 중심으로 미국 비자금 의혹을 더듬어본다. 지금은 비록 '카더라' 수준이기 때문에 차마 언급하지 않은 수많은 미국 내 의혹들도 머지않아 밝혀질 것이라 믿는다.

전두환 비자금은 채권— 전재용도 채권 130억 '들통'

전두환 대통령 일가의 비밀을 살펴보기에 앞서 2003년 검찰의 수사와 그에 따른 2004년 법원의 판결을 들여다보면 전두환 비자금의 흐름을 명확히 알 수 있다. 언론에는 워낙 간단히 보도됐기에 판결 등을 근거로 조금은 자세히 살펴보겠다.

전재용 비자금 사건 때 검찰수사 대상이 된 비자금은 국민주택채권으로 액면가가 137억 원, 평가액이 120억 원에 달한다. 검찰이 채권을 현금화한다고 가정하고 가장 보수적으로 평가한 액수가 120억 원이었다. 이 채권 중 1994년 발행된 채권이 500만 원짜리 400매, 1995년 발행된 500만 원권이 460매였고 나머지 채권은 1997년과 1998년 발행된 채권이었다.

이때 검찰은 전재용이 소유했던 비자금 중 전두환 대통령이 소유·관리하던 채권이 1000만 원짜리 458매 등 액면가 73억 5000만 원, 평가액이 65억 3000여만 원으로 확인됐고 나머지도 전두환 비자금으로 추정된다고 밝혔다. 반면 전재용은 1987년 12월 29일 박태준의 딸과 결혼할 때 결혼 축의금 18억 원 등 20억 원을 할아버지 이규동 씨가 120억 원으로 불렸다고 주장했다.

채권이 한두 장도 아니고 거의 3000매에 달하는 데 숨기는 것도 보통 일이 아니었을 듯싶다.

검찰조사 결과 이 채권은 강모 씨 명의의 신한은행 명동지점 대여금고와 한스○○○ 명의의 하나은행 삼성동지점 대여금고에 숨겼던 것으로 드러났다. 그러다 2001년 9월 노숙자 명의를 빌어 이트레이드증권 계좌에 90억 원, 그 다음해 3월 19일 10억 원 등 액면가 100억 원 상당을 입금했다. 나머지 30억 원은 2002년 6월 25일과 7월 3일 유화증권에 입금된 것으로 확인됐다.

그림 4. 전두환 일가

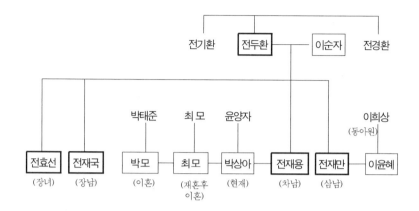

이 채권을 판매한 뒤 사채업자 7명의 계좌에 분산 입금시켜 국민주택채권을 반복적으로 구입해 보관했으며, 이 중 7만 달러는 여러 사람의 명의를 빌려 여행자 수표로 바꾸었고, 5만 달러는 미국으로 송금하는 등 미국으로 12만 달러를 보냈다. 이태원 준아트빌라 분양 대금으로 25억 7000만 원을 지급했고, 50억 원 이상은 돈세탁한 뒤 기업 어음을 다시 사들인 것으로 드러났다.

이처럼 전두환은 비자금을 채권에 묻어뒀다 필요할 때마다 꺼내서 다시 현금-채권 등의 방식으로 세탁한 뒤 안전하다고 판단되면 사용한 것이다.

전두환 처남댁은 사채 시장서 '오공녀'로 통해

이 과정에서 전두환의 처남 이창석의 처 홍정녀도 큰 역할을 한 것으로 드러났다. 그녀는 '오공녀' 또는 '공아줌마'라고 불리며 5공화국의 자금을 관리했다는 것이 검찰의 주장이다.

홍정녀는 1992년 2월 17일 장기신용채권 1억 원권 43매를 사들인 것을 비롯해 1991년부터 1993년까지 170억 3000만 원의 채권을 매입했다. 장기신용은행에 근무했던 공서로는 이 홍정녀가 자신을 통해 170억 원이 넘는 채권을 사갔다고 검찰에서 진술했다.

전두환은 1988년 11월부터 1990년 말까지 백담사에서 은둔생활을 하고 1995년 12월 구속됐다가 1997년 12월 석방됐다. 전두환이 매입한 것으로 추정되는 국민주택채권도 백담사 은둔생활을 마친 뒤부터 1995년 12월 구속 전까지 금융기관을 통해 거래됐고, 전두환 구속기간 동안은 전혀 거래가 없다가 전두환이 석방된 뒤인 1998년부터 다시 거래가 이루어졌다.

노태우 대통령이 이현우 경호실장을 통해 비자금을 관리한 것처럼 전두환 대통령 비자금 관리에도 경호실이 동원된 것으로 확인됐다. 경호실 직원 고양배가 동원됐다. 경호실이 관리하던 계좌는 상업은행 효자동 지점에, 일해재단의 계좌는 서울은행 명동 지점에 개설됐다는 것이 검찰 수사결과다. 현 국정원의 전신인 당시 안기부도 가담했다. 우주홍보사, 태양문화협회 등의 계좌가 국정원이 관리한 전두환 비자금 계좌였다.

전재용과 박상아 스토리

전재용, 박상아와 미국 도피— 애틀랜타에 집 사다

전재용은 미국 유학 중 귀국해 결혼하고 학업을 계속하기 위해 출국했다가 1991년 귀국해 1994년까지 대우증권에 근무했고, 다시 일본으로 유학을 떠났다가 1999년 귀국했다.

전재용은 1964년 10월생으로 전두환 대통령 재임 마지막해인 1987년 12월 29일, 24세의 나이에 한 살 아래인 박태준 포항제철 회장의 셋째 딸 경아 씨와 결혼했다. 결혼식은 전두환 대통령 퇴임을 불과 2개월도 남겨놓지 않은 시점이었고, 두 사람은 중매로 만난 것으로 알려졌다. 그러나 이들은 결혼 직후부터 삐걱거리기 시작했고 1년 남짓 지난 1989년 봄부터 사실상의 별거에 들어가 이듬해인 1990년 5월, 2년 만에 결혼생활을 마감하고 만다.

2년 뒤인 1992년 전재용은 최정애 씨와 재혼해 세 자녀를 낳았으나 2007년 15년 만에 이혼하고, 그해 7월 인기 탤런트 박상아 씨와 다시 결혼했다.

전두환 대통령의 아들로서 그 또한 전두환 비자금에서 자유롭지 못했고 인기 탤런트인 박상아를 만나면서 미국에서 불법으로 해외부동산을 구입하는 등 미국으로 비자금 일부를 빼돌렸다는 의혹도 받고 있다.

전두환 비자금의 불길이 전재용에게 옮겨 붙으면서 세간의 관심을 끈 것은 인기 탤런트 박상아와 박상아의 어머니가 전두환 비자금 167억 원을 관리했다는 사실이다. 전두환 비자금에 왜 당대 인기 탤런트가 연관됐을까, 호사가들의 구구한 억측이 뒤따랐는데 결국 박상아는 전재용의 숨겨둔 여인으로 밝혀졌다.

박상아는 2002년, 전재용과 싱가포르, 홍콩, 일본 등을 여행했으며, 2003년 3월 미국으로 출국해 5월에 미국 조지아주 애틀랜타에 주택까지 구입한 것으로 확인됐다. 등기부 등본을 확인한 결과 박상아-전재용의 애틀랜타 주택은 1994년에 지어진 방 4개, 욕실 4개, 건평 100평 규모의 붉은 벽돌집으로, 2003년 5월 15일 박상아 명의로 매입한 것이었다. 매입가격은 36만 5000달러였다.

전재용, 검찰 발표 직전 집 명의 장모에게 넘겨

박상아는 혹시라도 자신의 이름이 등기부에 등재됨으로써 비자금 도피 의혹이 제기될 것을 우려해 2003년 11월 7일, 집주소를 딴 법인을 설립해 집 소유권을 법인 명의로 이전하는 치밀함을 보였다. 거래가는 10달러였으며, 이는 사실상 전주인과 새 주인이 동일인임을 입증하는 것이다. 집주소를 딴 법인의 관리자는 자신의 어머니 윤양자 씨였다. 그리고 전재용이 증인으로 서명했다.

박상아가 어머니에게 집을 넘기고 닷새가 지난 뒤 검찰은 전재용 비자금에 연예인이 개입됐음을 공식 발표했다. 그러니 박상아가 이 같은 수사상황을 눈치 채고 미리 집을 어머니 앞으로 옮긴 것이다. 이 집은 산 지 채 1년이 안 된 2004년 4월 23일, 40만 3800달러에 팔렸는데, 4만 달러 남짓 오른 가격이었다. 이 집을 매도할 때 전두환 비자금 관리인으로 지목된 박상아의 어머니가 법인 관리자 자격으로 매도인 서명을 했음이 확인됐다.

한 가지 특이한 것은 '의리의 돌쇠'로 알려진 장세동 전 안기부장의 아들 2명도 현재 조지아주 애틀랜타에서 몸을 바짝 낮추고 살아가고 있다는 것이다. 공교롭게도 전재용-박상아가 살던 그 애틀랜타에 장세동의 아들들도 모습을 드러낸 것이다. 장세동은 1년에 몇 번씩 아들을 방문하며 이 지역의 한 일식집을 즐겨 찾고 있다. 전두환-장세동 자녀들의 애틀랜타 조우, 우연의 일치일까? 구구한 억측이 있지만 그 억측들을 뒷받침할 증거는 아직 찾지 못했다.

전재용, 뉴포트비치에 230만 달러 주택 매입

전재용은 사실상 자신의 소유였던 애틀랜타 주택을 4만 달러 오른 가격에 팔아넘긴 뒤 로스앤젤레스에서 자주 목격됐다.

캘리포니아주 오렌지 카운티의 등기소에 확인한 결과, 2005년 9월 27일 고급주택지인 뉴포트비치에 박상아가 224만 달러의 대형 저택을 매입했다. 이 집도 전재용이 자신을 숨기고 박상아 명의로 사들인 것이다. 집 가격이 224만 달러이므로 2년 전 애틀랜타 주택을 매입한 금액보다 무려 6배나 큰돈이다. 액면 그대로 보자면 박상아가 떼돈을 번 것으로 로또를 맞은 것이나 다름없다.

이 저택은 2층짜리 하얀 벽돌집으로 애틀랜타 집보다 훨씬 웅장했고 1층 거실에는 2층 높이까지 창이 나 있어 고급스러움을 더했다. 방이 5개, 욕조를 갖춘 화장실이 3개, 욕조가 없고 세면시설만 갖춘 화장실이 1개 있다.

박상아는 뉴포트비치 주택을 살 때는 애틀랜타의 경험을 살려 매입 1주일 만인 2005년 10월 4일 소유권을 법인으로 넘겼다. 애틀랜타에서와 마찬가지로 이번에도 집주소를 딴 법인을 설립, 어머니 윤양자 씨를 법인관리자로 선임했다. 뉴포트비치 주택매매에 관련된 인물이 애틀랜타의 주택매매 당시와 똑같아서 사실상 전재용의 차명 재산으로 볼 수 있다.

뉴포트 집 매물로 내놔─ 세금 체납 압류되기도

이 집은 2009년께에 관리인만 사는 텅 빈 상태로 미국 굴지의 부동산 중개회사에 매물로 나왔다. 이웃 주민들은 1년에 몇 차례씩 젊은 여인이 갓난아이와 함께 들린다고 밝혀 박상아가 몇 차례씩 들린 것으로 추정된다.

이 집은 오렌지 카운티의 평균 집값 69만 9000달러보다 3배 이상 비싼 고급주택이고, 이 집이 소재한 지역, 즉 이 집과 동일한 우편번호를 사용하는 지역의 평균 집값 85만 달러보다도 2.5배 정도 비쌌다.

　박상아가 내놓은 가격은 232만 달러로 매입 때보다 약간 높았다. 그러나 거래는 쉽게 성사되지 않았고 관리가 제대로 되지 않는 사이 2010년 1월 13일 재산세 168달러를 체납함에 따라 오렌지 카운티 정부가 이 집에 담보를 설정하는 불상사가 발생했다. 사실상 압류로, 이 집을 팔려면 168달러를 카운티 정부에 먼저 납부해야 거래가 성사되는 것이다. 오렌지 카운티 정부에 확인한 결과 2009년 10월 16일 73달러의 세금이 부과됐지만 같은 해 11월 30일까지 납부하지 않아 미납액이 154달러로 늘어났던 것이다. 아주 적은 돈의 세금이라 채 신경을 쓰지 않은 사이에 카운티 정부가 덜컹 압류를 해버린 것이다.

　이 같은 사실이 알려진 뒤 불과 열흘 사이에 박상아 측은 세금을 완납했다. 집이 날아갈까 봐 간이 덜컹 내려앉았던 것이다. 또 박상아 어머니는 장모로서 사위 보기가 민망했을 것이다.

전재용-박상아, 미 대선 후보에 2천 달러씩 기부

　전두환 대통령이 "내 돈은 29만 원뿐이다"라는 말을 해 '전두환-29만 원'이 인터넷 검색어 1위에 오르기도 했었지만 자녀들의 경우는 달랐다. 잘 알지도 못하는 미국 정치인에게 수백만 원씩을 선뜻 내놓았다. 2004년 〈뉴욕타임스〉 보도로 이미 알려졌지만 박상아는 2003년 8월 11일 존 케리 민주당 대선 후보에게 2000달러의 정치자금을 제공했다. 선거자금관리위원회에서 영수증을 확인한 결과 박상아는 그해 5월 자신 명의로 매입한 애틀랜타 집주소를 주거지로 기재했고 직업란에 '하우스 메이커,' 즉 주부라고 적었다. 미국 도피 직후여서 집 주소에 익숙하지 않았기 때문인지 집

주소 스펠링은 여러 군데 틀리게 적혀 있었다. 시아버지는 29만 원밖에 없다고 하는데 며느리는 200만 원 넘는 돈을 얼굴도 보지 못한 미국 정치인에게 덥석 내놓은 것이다.

박상아뿐 아니라 전재용도 같은 날 2000달러를 기부한 것으로 드러났다. 하루에 4000달러를 낸 셈이다. 전재용은 이 영수증에 직업을 OR솔루션즈라는 회사의 대표 겸 최고기술관리자라고 기재했다. 전재용의 애틀랜타 집에서 조금 떨어진 사무용 빌딩이 주소였다. 전재용이 박상아와 달리 애틀랜타 집을 주소지로 하지 않은 것은 자신이 박상아를 통해 주택을 차명으로 구입했다는 사실을 숨기기 위한 것으로 보인다. 가능한 한 흔적을 남기지 않으려 애를 쓴 것이다.

전재용, 검찰 수사하자 미국 법인서 자신 숨기기도

전재용이 정치자금 기부영수증에 자신을 OR솔루션즈 대표라고 기재했지만 검찰의 비자금 수사가 시작되자 법인 임원에서 자신을 제외시킴으로써 이 법인의 노출을 막으려 했음이 드러났다.

전재용은 2003년 4월 6일 솔로라사를 설립하고 자신을 이사로 등재했다. 그리고 약 3개월 뒤인 같은 해 7월 11일 회사 이름을 솔로라사에서 OR솔루션즈로 변경했다. 이때도 그는 이사로 등재돼 있었다. 그러나 같은 해 11월 국무부에 제출한 서류에는 자신이 이사에서 빠지고 다른 사람의 이름으로 바뀌었다.

전두환 대통령 비자금 수사가 시작된 것이 2003년 말이고, 전재용은 2004년 2월 귀국해 검찰수사를 받고 구속됐음을 감안하면 검찰수사 시점에 미국 법인의 대표이사에서 빠진 것이다.

전재용, 이혼 4년 전 이미 라스베이거스에서 비밀 결혼

전재용은 2007년 2월 두 번째 이혼을 하고, 같은 해 5월 8일 미국에 있던 박상아를 불러들여 7월 19일 박상아와 결혼한 것으로 알려져 있다. 하지만 이보다 4년여 전 미국의 라스베이거스에서 비밀결혼식을 올리고 혼인신고를 마친 것으로 확인됐다. 결혼 천국으로 잘 알려진 라스베이거스에서, 전재용과 박상아는 이미 2003년 5월 12일에 결혼하고 사흘 뒤인 5월 15일에 혼인신고를 마쳤다.

두 번째 처인 최 씨와 법적으로 혼인이 지속되는 상태에서 박상아와 비밀결혼을 한 것이다. 공교롭게도 혼인신고를 한 날은 박상아 명의로 애틀랜타에 주택을 구입, 계약서에 서명을 한 날이기도 하다. 결혼선물로 구입했는지도 모른다. 그러나 이 집이 차압될 가능성을 미연에 차단하기 위한 목적도 있을 것이다.

2005년 캘리포니아주 뉴포트비치에 집을 살 때도 박상아는 결혼한 상태임에도 불구하고 미혼 여성이라고 기재했던 것으로 드러났다. 비자금을 지키려는 치밀함이 잘 입증되는 대목이다.

근근이 산다던 전두환 아들, 미국서 벤츠 타고 '씽씽'

전재용은 2005년 캘리포니아주 뉴포트비치에 둥지를 틀면서 적지 않은 흔적을 남겼다. 뉴포트비치에 집을 산 2005년, 오렌지 카운티 경찰에 두 차례 적발됐다.

전재용이 경찰에 적발된 것은 2005년 5월 13일과 2005년 11월 8일 두 차례이며, 2005년 5월은 뉴포트비치에 집을 사기 4개월 전으로 이미 집을 사기 전부터 이곳에 거주했음을 의미한다.

1차 적발 때 전재용은 키 6피트, 몸무게 184파운드, 머리는 검은색, 눈은 갈색이라고 명시돼 있었고, 적발 사유는 과속으로 시속 65마일을 넘었다고 돼 있었다.

두 번째로 적발된 것은 2005년 11월 8일 새벽으로, 이때의 적발 사유는 '안전하지 못한 속력'으로 기재돼 있었다. 역시 과속이었다. 박상아와 뉴포트비치에 집을 산 지 약 한 달 뒤의 일로, 통지서에 적힌 생일이 전재용의 국내 등기부 등본 등에 기록된 인적사항과 일치했다. 운전면허증은 조지아주에서 발급됐다. 전재용의 주소는 오렌지 카운티 뉴포트비치였으며, 차종은 놀랍게도 벤츠 E320이었다. 2003년식으로 은색 4인승이었으며 차량번호 또한 적혀 있었다.

전두환 대통령이 "내 재산은 29만 원뿐이고 자녀들도 근근이 먹고 산다"고 말했지만 둘째 아들의 삶은 아버지의 주장과는 크게 동떨어져 있었다.

전재용은 2004년 4월 애틀랜타 주택을 판 뒤 2005년 9월 뉴포트비치 주택을 매입할 때까지 약 1년 5개월간 무주택자였던 것으로 보인다. 이 기간 중 전재용-박상아는 캘리포니아주 라 크레센타라는 도시의 한 단독주택에 주소를 두고 있었다. 아마도 이 주택을 렌트한 것으로 추정된다.

전재만과 이희상의 동맹

전재만, 혼맥의 대명사 이희상 사위되다

전두환 대통령의 셋째 아들인 전재만 씨는 연세대를 거쳐 MIT 경영대학원을 마쳤으며 이희상 동아원 회장의 큰딸 이윤혜 씨와 결혼했다. 동아원은

그림 5. 이희상 혼맥도

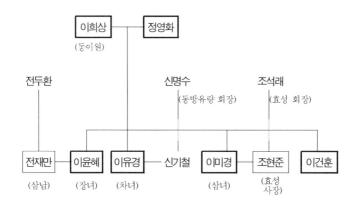

한국을 대표하는 밀가루 제조업체 중 하나다. 한국제분으로 출발했고, 신동아그룹이 망하자 계열사인 밀가루 제조업체 동아제분을 흡수하면서 입지를 더 굳혔다. 이 과정에서도 뒷말이 무성했음은 물론이다.

전재만의 장인은 화려한 혼맥으로 유명한 사람이다. 정소영 전 농수산부 장관의 동생 정영화 씨를 아내로 맞으면서 화려한 혼맥을 구축하기 시작한 이희상은 그녀의 세 딸을 시집보내면서 대한민국 최고 권력자들과 혈연관계를 맺는다.

이희상은 큰딸 윤혜 씨를 전두환 대통령 셋째 아들에게 시집보내 사돈이 된 데 이어, 둘째 딸 유경 씨를 신명수 동방유량 회장 아들에게 출가시켜 노태우 대통령과도 인연을 맺는다. 신명수 회장의 딸 정화 씨가 노태우 대통령의 아들 노재헌과 결혼했기에 이희상과 노태우 대통령은 신명수를 정점으로 사돈의 사돈이 된 것이다. 유경 씨의 시누이 남편이 노태우 대통령의 아들이다. 노재헌·신정화가 서로 상대방을 탓하면서 이혼소송을 제기했기에 이제 남남이 될 것으로 보이지만 그렇더라도 노태우 대통령의 사돈 가로 딸을 출가시켰다는 후광이 사라지지는 않는다.

이희상은 셋째 딸 미경 씨를 조석래 효성 그룹 회장의 아들 현준 씨와 맺어줌으로써 마침내 이명박 대통령과 혼맥을 구축하는 데 성공한다. 조석래 회장의 동생인 조양래 한국타이어 회장의 아들이 이명박 대통령의 사위이므로 이희상은 조석래 회장을 정점으로 이 대통령과 사돈의 사돈이 된 것이다. 미경 씨 남편 사촌이 이 대통령의 사위인 것이다.

또한 이희상을 정점으로 전두환, 노태우, 이명박 등 세 대통령이 사돈의 사돈으로 엮어졌다. 딸 셋을 모두 대통령과 관련된 집안으로 시집보낸 것이다.

전재만도 부인 통해 샌프란시스코 콘도 소유

전재만은 장인 회사에 입사했다. 그는 MIT 경영대학원에 유학한 뒤 캘리포니아주 나파밸리에서 와인 생산에 뛰어들었는데, 그 과정에서 샌프란시스코에 고급 콘도를 소유하게 된다. 물론 그의 장인을 통해서다.

전재만의 장인 이희상은 혼맥 못지않게 해외 재산도피에도 타의 추종을 불허할 만큼 재주를 발휘한 사람으로, 일일이 그의 미국 내 부동산을 열거하기가 힘들 정도다.

이희상은 2007년 12월 6일, 자신의 외동아들 이건훈 씨와 함께 샌프란시스코 고급 콘도의 30층을 사들였다. 매입가격이 248만 달러로 평방피트당 매매가를 따지면 뉴욕 맨해튼 못지않은 고급 콘도다. 계약서를 살펴보면 당시 이희상의 지분이 68.1%, 외동아들 건훈 씨의 지분이 31.9%였다. 그러나 이 집은 돌고 돌아 2009년 전재만 부부도 이 집의 소유주 중의 한 명이 됐다. 2009년 4월 24일, 이희상이 자신의 지분 일부를 자신의 딸 이윤혜에게 판 것이다.

실제로 돈이 오고 갔는지는 알 수 없고, 돈이 오고 갔더라도 전재만이 100만 달러라는 적지 않은 돈을 어떻게 마련했는지 미지수다. 캘리포니아 주 법상 결혼한 사람이 부동산을 소유할 경우 자동으로 부부공동의 소유가 된다. 이점을 우려해 전재만은 부인 이윤혜가 이 콘도를 사는 바로 그날, 자신의 지분 전체를 이윤혜에게 넘겼다.

그의 형 전재용 씨가 조지아주 애틀랜타와 캘리포니아주 뉴포트비치에 집을 살 때 자신의 이름을 빼고 박상아 이름으로만 구입한 것과 마찬가지로 전재만도 형처럼 샌프란시스코 콘도에서 자신의 이름을 빼버린 것이다.

이처럼 두 형제가 미국 부동산에서 자신의 이름을 모두 뺀 것은 전두환 비자금의 불똥이 미국까지 튀어 미국 부동산을 몰수당하는 불상사를 피하기 위한 것이다.

포도밭의 비밀? 나파밸리 주인은 누구

2009년 말과 2010년 초, 전재만이 캘리포니아 나파밸리의 한 시골에서 작업복 차림으로 멋쩍게 웃고 있는 모습이 언론에 대서특필됐다. 2009년 12월 초, 캘리포니아 나파밸리의 와이너리 '다나 에스테이트'가 전두환 비자금의 일부라는 의혹이 제기되자 장인 이희상이 이 같은 의혹을 불식시켜보기 위해 안간힘을 쓴 것이다.

허름한 점퍼 차림에 목장갑을 낀 전직 대통령 아들의 모습은 많은 사람들의 동정을 자아내기에 충분했다. '대통령 아들로서 얼마나 힘들까' '젊은 사람이 이역만리 미국에서 농사를 짓다니, 안타깝다' 이런 류의 동정을

전두환 대통령의 아들 전재만이 2008년 서명한 나파밸리 와이너리 관련서류

불러일으켰다.

그러나 바로 그 포도밭 '다나 에스테이트'를 살펴보면 매입 과정의 불법을 포함, 석연찮은 점이 하나둘이 아니다.

이희상은 동아제분 등의 금융감독원 보고서 등을 통해 2005년부터 2008년까지 무려 770억 원을 투자해 와이너리 사업을 한다고 밝혔다. 이 와이너리 사업의 현지 책임자가 바로 전재만이다.

이들이 운영 중인 와이너리의 이름은 다나 에스테이트이며 캘리포니아 주 국무부에서 조회한 결과 '고도'라는 회사의 자회사였다. 고도는 2004년 6월 22일 설립됐으나 2005년 감사보고서에서 안진회계법인은 2005년에 설립된 법인이라는 잘못된 내용을 기록하기도 한다.

최종투자가 이루어진 2008년 말 금융감독원에 제출된 동아원 연결감사 보고서를 보면 '고도'의 자산 총계는 1112억 원, 자본 총계는 919억 원이었다. 당시 동아원 시가총액은 2200억 원으로 2200억짜리 기업이 미국에서 천억 원대 와이너리 사업을 했던 것이다.

융자없이 현금 투자— 미국 언론도 깜짝 놀라

이희상과 전재만의 와이너리 투자에 대해 미국 언론들도 놀라움을 금치 못했다. 미국 언론들은 이희상 등이 은행융자를 받지 않고 포도밭을 사는 것은 특이한 케이스라고 전했다. 부동산 매입 때 70% 이상을 은행융자로 조달하는 미국 관행에서 볼 때 100% 현금으로 포도밭을 산 것은 뭔가 이상하다는 것이다.

다시 말하면 전체 투자액의 30%만 있으면 포도밭을 살 수 있는데 이희상과 전재만은 현금으로 처리한다며, 현금 100%를 한국에서 빼내간 것이다. 실제로 이 와이너리가 770억 원이라고 하더라도 그 30%인 250억 원만 있으면 구입할 수 있다는 이야기다. 이것은 770억 원이 모두 투자됐다고 가정할 때 가능한 이야기다. 실제 포도밭 매입 등에 770억 원이 모두 투자되지 않았다면 허공에 뜨는 돈은 더 많아지는 것이다.

언론들은 또 포도밭, 즉 부동산 매입뿐 아니라 와이너리를 건축할 때도 건축 자금의 65~70%까지 은행융자로 충당할 수 있다고 덧붙였다. 이희상과 전재만 등에 대해 이 와이너리의 미국 직원인 전무가 전한 말은 더욱 충격적이다.

이 직원은 미국 와인 전문지와의 인터뷰에서 이희상은 돈 걱정이 없으며 손익계산서를 완전히 집어던진 사람, 즉 손익을 따지지 않는 사람이라고 평가했다. 자신의 돈이라면 돈 걱정을 하지 않을 리 없고 손익을 따지지 않을 리 없다. 이희상은 수입차 대리점을 한다며 투자 자금을 사돈기업인 효성계열 금융회사에서 빌렸다가 문제가 생긴 사람이다. 그 어렵다는 사돈 돈도 땡겨 쓰고 상환에 차질을 빚었던 사람이 돈 걱정을 하지 않는다면 그 돈은 자기 돈이 아니고 눈 먼 돈일 가능성이 제기되는 것이다.

전재만 미국 발령 3년 전부터 포도밭 관리

이희상과 전재만이 사들인 포도밭의 전체 규모는 132에이커, 16만여 평으로, 5개 포도밭으로 이루어져 있다. 캘리포니아 나파 카운티 등기소를 조회한 결과 2008년 12월 16일자로 작성된 서류에서 전재만은 '고도'와 깊은 관계를 맺고 있음이 드러났다.

고도가 천만 달러를 대출받으면서 작성한 2개의 문서에서 전재만이 '고도'와 '다나 에스테이트'를 대표해 한자로 자신의 이름을 서명했음이 확인됐다. 전재만은 이 문서에서 자신을 '고도'의 최고재무책임자(CFO)라고 밝혔다. 동아원은 2009년 11월 16일 금융감독원 보고서에서 2009년 9월 1일자로 전재만이 비상근 상무이사이며 동아제분 미국 사무소 부장에 임명됐다고 밝혔다. 그러나 대출 서류만 봐도 전재만이 동아제분 미국 사무소 부장에 임명되기 이미 9개월 전 형식적으로는 동아제분이 출자했던 와이너리 사업에 전권을 행사한 것이다.

또 다른 서류는 전재만이 미국 사무소 부장에 임명되기 무려 2년 6개월 전부터 이 사업에 관여했음을 보여준다. '다나에스테이트'의 양조면허 서류에 전재만의 이름이 등재돼 있었다. 캘리포니아주 주류국이 다나 에스테이트에 양조면허를 내준 날은 2007년 2월 21일이었으며 발급번호는 447706이었다. 그렇다면 전재만은 동아원이 전재만을 미국 사무소 부장에 임명하기 2년 6개월 전에 이미 이 사업을 관장했고, 양조면허 발급에 6개월 정도가 걸리는 것을 감안하면 전재만은 3년 전부터 사업에 관여한 것이다.

상장회사가 시가총액의 절반에 달하는 미국 자회사를 운영하면서 회사의 정식 라인을 무시한 채 발령도 받지 않은 전직 대통령의 아들에게 운영을 맡겼다는 것은 이 와이너리의 실제 주인이 누구인지를 가늠케 하는 대목이다.

나라푸드 미국 법인 대리인도 전재만 부인

이뿐 아니라 동아원 계열사 중 하나인 나라식품이 미국에서 운영하는 자회사 '나라푸드'의 법적 대리인이 바로 전재만의 부인이며 전두환 대통령의 셋째 며느리임이 밝혀졌다. 이 회사는 2008년 2월 1일 설립된 회사로 전재만이 이 회사 미국 사무소에 공식 부임하기 1년 7개월 전의 일이다. 특히 이윤혜의 주소는 그들의 와이너리인 '다나 에스테이트'의 주소로 기재돼 있었다.

공교롭게도 동아원이 운영하는 미국 회사들은 모두 전재만이나 그의 부인이 사실상 전권을 행사하는 것이다.

또 나파밸리에 사는 재미동포의 말을 들어보면 전재만은 나라식품 미주본부장이라는 명함을 가지고 다녔다고 하는데, 이는 와이너리 등이 단순히 백만장자 이희상의 장난감이 아니라 사실상 전재만 몫이라는 의혹이 단순한 의혹에 그치지 않음을 보여준다.

고도는 또 2008년 뉴욕 맨해튼의 최고급 와인바에도 투자했다. 2008년 6월 11일 고도는 팰콘 에노스 인베스트라는 회사의 지분 8%를 인수했다. 이 회사는 뉴욕 맨해튼 콜럼버스 서클 앞 타임워너빌딩에 최고급 와인바 씨엘오를 운영하는 업체다. 타임워너빌딩은 바로 삼성전자의 체험관이 입주한, 전 세계적으로 유명한 빌딩이다. 이 빌딩 와인바에도 이희상과 전재만이 손을 뻗친 것이다.

병원 이사 디너권 경품도— 빅 스펜더 소문 파다

전재만은 현재 나파밸리에서 유지 행세를 하고 있다. 2010년 이 지역 종합병원인 세인트 헬레나 병원의 이사진에 포함됐으며, 2010년 11월 세인트 헬레나 병원 기금모금 파티에 자신이 와인제조업자라며 자신의 와이너리에서 식사를 할 수 있는 디너권을 기부하기도 했다. 전재만 자신과 아내와 함께 게스트 8명이 저녁식사를 함께 할 수 있는 디너권을 기부했고, 이 파티에서 5000달러를 시작으로 경매에 부쳐졌다. 이 디너 직전에 전두환 대통령이 검찰에 납부한 추징금이 300만 원인데 전재만은 그 10배가 넘는 물품을 미국 병원에 쾌척한 것이다. 전재만은 2010년뿐 아니라 2011년에도 이 병원 이사로서 기금모금에 일조했다.

이희상 또한 이 지역에서 '빅 스펜더', 즉 돈 잘쓰는 사람으로 통한다는 것이 현지 거주자들의 이야기다. 이희상은 하얀 리무진을 타고 이웃 와이너리를 방문하며 이때는 반드시 여러 명의 수행원을 데리고 다닌다고 한다. 전두환 대통령이 퇴임 후에도 수십 명의 수행원을 이끌고 다니는 것과 비슷하다. 이희상은 부인과 함께 이 지역 와이너리 업자 등의 모임인 이른바 명사클럽인 마야카마클럽의 회원이기도 하다. 나파밸리 현지에서는 이 와이너리가 전두환 대통령 소유라는 소문이 파다하며 전재만은 재미동포들과의 접촉을 꺼리고 피해 다닌다고 한다. 한 재미동포는 한국 방송과의 인터뷰에서 그 사람이 한국 식당에 오면 난리날 것이라고 말하기도 했다.

포도밭 한 곳, 알고 봤더니 원주인이 이희상

이희상과 전재만은 와이너리에 투자한다며 해외투자를 명목으로 적법한 절차에 의해 770억 원을 미국으로 가지고 갔지만 와이너리 매입 과정에서 기업주로서 용납할 수 없는 부도덕한 행위는 물론 불법 해외부동산 투자를 한 것으로 드러났다. 애당초 이희상 등에게 도덕성을 요구하는 것 자체가 무리이다.

이희상과 전재만은 2005년과 2006년, 그리고 2007년 3년에 걸쳐 5개의 포도밭을 사들였다.

이희상은 투자용 부동산 투자가 전면금지돼 있던 2006년 5월 19일, 11에 이커의 포도밭을 매입했다. 매입 금액은 174만 5000달러로 한 푼의 은행융 자 없이 현금으로 매입했다.

이희상은 이 포도밭을 산 지 채 2개월도 안 된 2006년 7월 11일 포도밭 소유권의 29%를 자신의 아들에게 매도했다. 아버지가 불법으로 포도밭을 사고 일부를 자기 아들에게 넘긴 것이다. 매매가는 50만 달러 정도로, 검찰 은 이희상의 아들 건훈 씨가 무슨 돈으로 이 돈을 조달했는지 조사해야 하며 증여라면 증여세를 물려야 할 것이다.

더 놀라운 일은 1년 뒤 발생했다. 2007년 8월 14일, 이 포도밭의 주인이 하루에도 두 번이나 바뀌게 된다.

2007년 8월 14일 이희상과 아들은 이 포도밭을 'SFC 허쉬'에 넘기고, 이 'SFC 허쉬'는 바로 그날 동아원이 설립한 고도에 포도밭을 다시 매도한 것이다. 나파밸리 카운티 등기소에서 조회한 결과 두 서류가 접수된 시간은 2007년 8월 15일 오전 8시 36분으로 동일했다. 어떤 한 사람이 서류상으로 다른 사람인 것처럼 꾸미고 두 가지 서류를 동시에 제출, 등기를 한 것이다.

만일 이날 이희상과 아들이 SFC 허시에 포도밭을 매도하지 않았다면 이희상 부자가 자신의 회사인 고도와 직접 계약서를 작성해야 되는 것이다. 그렇게 되면 동아원이 상장회사로서 고도를 포함, 연결감사 등을 받을 때 계약서가 노출되고 계약서가 노출되면 자신이 불법으로 해외로 재산을 밀반출, 부동산을 사들인 사실이 드러날 뿐 아니라 자신의 부동산을 자기 회사에 팔아넘기는 부도덕한 행위까지 밝혀지는 것이다.

이 같은 불상사를 막기 위해 이희상은 자신의 포도밭을 직접 넘기지 않고 SFC 허시라는 회사에 넘긴 다음 다시 같은 날 고도에 팔아치운 것이다. 그야말로 불법과 부도덕의 백화점이라 할 만하다.

동아원, 소송 운운 나흘 만에 외환거래법 위반 시인

이 같은 사실이 〈시크릿 오브 코리아〉 블로그를 통해 밝혀지자 동아원은 소송을 불사하겠다고 밝혔으나 불과 나흘 만인 2009년 12월 10일 외환거래법 위반을 시인했다.

동아원은 당초 "동아원의 와이너리 사업은 전적으로 동아원의 자금을 통해 정상적인 투자절차에 의해 이루어졌습니다. 더불어 동아원은 와이너리 취득 및 보유 등 모든 과정에 대한 관련자료를 보유하고 있으며 필요할 경우 해당 자료를 공개할 것입니다"라는 보도자료를 배포하고 법적 조치를 취할 것임을 다짐했었다.

그러나 동아원은 나흘 뒤, 이희상이 외환거래법을 어기고 포도밭을 구입했고 이 포도밭이 SFC 허쉬라는 법인에 넘어갔다가 같은 날 곧바로 이희상이 설립한 동아원 자회사 고도에 팔렸음을 인정했다.

이희상 측은 MBC 방송의 시사보도 프로그램 〈뉴스후〉와의 인터뷰에서 "다른 회사에다 포도밭 관리를 맡기려고 했다가 직접 하는 게 낫겠다 싶어 계획을 바꿨지만 이미 다른 회사에 맡기겠다고 구두로 약속한 게 있어서 부득이하게 다른 회사에 팔았다가 다시 사는 일이 벌어졌다"고 해명했다.

포도밭을 하루 만에 샀다가 바로 그 순간 다시 팔았다는 사실이 나파밸리 등기소 계약서를 통해 밝혀졌는데도 엉뚱한 해명을 한 것이다.

부동산 거래에는 반드시 양도세가 따르게 된다. 동아원의 해명에 등장하는 소위 '다른 회사'가 단 몇 시간 동안 포도밭을 소유하기 위해 양도세까지 내가면서 포도밭을 샀다가 다시 팔았다는 것은 말이 안 되는 것이다. 누군가 관련 세금 등을 내줬기 때문에 가능한 것이다.

이희상 측은 투자용 해외부동산 취득이 금지됐음에도 불법 투자를 했다는 실정법 위반 사실에 대해 변호사에게 책임을 미뤘다. 이희상 측은 "포도밭 거래 당시 법률자문을 구했는데 미국 현지 변호사여서 국내법을 잘 파악하지 못했던 것 같다. 당시 문제가 없는 것으로 보고받고 진행했는데 취재 과정에서 확인 중에 문제가 발견돼 제반조치를 준비 중에 있다"고 외환거래법 위반을 시인했다.

이희상 측이 국내법을 잘 파악하지 못했다는 것은 납득할 수 없는 해명이다. 이희상과 그의 친인척들이 이보다 훨씬 이전에 해외부동산 취득을 금지한 국내법을 무시하고 미국 부동산을 사들였던 적이 한두 번이 아니다. 이들에게 대한민국 법은 안중에도 없었던 것이다.

상습적으로 국내법을 어기고 외화를 밀반출했던 사람이 새삼스럽게 변호사가 국내법을 몰라서 외국환 거래법을 위반했다고 해명하는 것은 국민을 바보로 여기는 처사다. 이제 국민들이 우리가 바보가 아니라는 것을 보여줘야 할 때이다.

이희상의 화려한 부동산 편력

해외 재산 반출 금메달감— 1975년 첫 매입

이희상과 그 일가의 해외부동산 불법 매입은 그 분야의 금메달감이라고 할 만큼 화려하다. 1번, 2번 번호를 붙여서 설명해도 헷갈릴 지경이다.

밝혀진 것 중 이희상이 최초로 미국 부동산을 불법으로 구입한 것은 37년 전인 1975년이다. 이희상은 1975년 1월 13일, 뉴저지 버겐 카운티 와이코프의 한 주택을 6만 달러에 매입했다. 이희상 자신과 부인인 정영화 씨 공동명의였으며 두 사람은 남편과 아내 관계라고 명시돼 있다. 또 당시 이들의 주소지는 뉴저지주 팰리세이드파크 8애비뉴의 한 주택이었다.

더 놀라운 것은 당시는 이희상의 손위처남, 말하자면 부인의 오빠인 정소영 씨가 농수산부장관으로 재직하던 때라는 것이다. 자신의 처남이 장관일 때 해외부동산 매입을 금지한 실정법을 어기고 미국에 집을 산 것이다. 장관의 친인척으로서 솔선수범은커녕 불법을 앞장서 자행한 것이다.

정소영은 5.16 직후 1961년 11월, 박정희 대통령이 케네디 대통령을 만나기 위해 미국을 방문했을 때 비공식 수행원으로 따라가기도 했을 정도로 일찌감치 박 대통령의 총애를 받던 사람이다. 이희상은 이 부동산을 1993년 8월 9일, 32만 5000달러에 팔았다. 18년 만에 무려 5배 이상 수익을 올린 것이다.

1987년 맨해튼 콘도 31만 달러에 사들여

이희상이 두 번째로 불법 해외부동산을 매입한 것은 1987년 9월 9일로, 뉴욕 맨해튼 48스트리트 콘도의 24B호를 31만 달러에 사들였다. 25년 전 31만 달러는 적지 않은 돈이다.

이 콘도를 사면서 이희상은 재미동포 회계사에게 위임장을 작성해 매매 일체를 맡겼고 그의 부인 정영화 씨 또한 위임장을 작성, 주한 미국대사관의 공증을 받았다.

이희상 부부가 한국에서 위임장을 작성한 것은 이들이 미국에 있지 않고 한국에 있었다는 것을 입증하는 것이다. 이때는 해외에 2년 이상 체류하는 사람에 한해 10만 달러 한도 내에서 부동산 1채를 구입할 수 있었다. 그나마 해외거주를 마치고 돌아올 때는 반드시 되팔도록 돼 있었다.

이희상은 이 콘도를 14년이 지난 2001년 5월 17일, 42만 5000달러에 매도했고 이때도 매매를 회계사에게 맡겼다. 당시에도 이들 부부는 미국에 없었던 것이다. 어쨌든 이희상은 이 불법 투자로 11만 달러 정도 차익을 올렸다.

2001년 340만 달러 콘도 매입─ 국세청 적발

이희상 부부가 맨해튼 24B호를 판 것은 더 큰 집을 사기 위해서였다. 이들은 콘도를 매도한 지 열흘 정도 지난 2001년 5월 29일, 뉴욕 맨해튼 웨스트 9스트리트의 단독주택을 사들였다. 이 지역은 뉴욕의 대학로로 불릴 만큼 번화한 곳이다.

이희상과 그의 콘도 매입을 대행해줬던 회계사와 공동소유였다. 매입가격은 무려 340만 달러로, 최고급 집이다. 주인이 2명이라 그 절반인 170만 달러를 냈다고 하더라도 콘도를 판 돈 42만 달러에서 130만 달러가 모자란다. 자금 출처가 의심되는 것이다. 이희상의 회사 동아원은 제분회사로 주로 밀가루 원료를 수입한다. 이런 메커니즘에 따라 수시로 돈이 국내외를 넘나드는 것이다.

우연찮게도 이 부동산은 2004년에 국세청에 적발됐고 우여곡절 끝에 팔게 된다. 2005년 5월 17일, 505만 달러에 매도함으로써 딱 4년 만에 165만 달러를 벌어들였다.

이 집을 사고팔 때도 이희상은 미국에 없었다. 한국에서 위임장을 작성, 회계사에게 모든 것을 맡겼다. 역시 해외부동산 매매가 금지된 시점이었다.

이로써 이희상이 1975년부터 2005년까지에만 뉴저지에 1채, 뉴욕 맨해튼에 2채 등 적어도 3채의 미국 부동산을 불법 매입했음이 확인됐다. 2001년 구입한 단독주택은 국세청에 적발돼 추징을 받아 세금을 냈지만 이희상은 결코 해외부동산 불법 매입이라는 나쁜 버릇을 버리지 못했다.

추징 잉크도 마르기 전에 또 포도밭 불법 매입

은행 잔고, 주식, 펀드, 배당금, 만기 보험금, 현금화하지 않은 수표 등의 주인이 찾아가지 않는 재산, 즉 소유주가 해당 금융기관에 그것을 달라고 청구하지 않은 자산을 휴면계좌, 일명 미청구 자산이라고 한다. 주인을 아직 만나지 못하고 잠자는 돈이다. 미국에서는 휴면계좌가 생기면 금융기관이나 회사가 계좌 주인의 이름과 주소 등의 정보와 함께 관련 계좌를 주 정부에 이관한다. 이러한 휴면계좌가 있다는 것은 어떤 식으로든 금융 거래를 했다는 사실을 입증하는 것이다.

이희상에게도 이런 휴면계좌가 발견됐다. 뉴욕주 재무부는 2006년 뱅크오브아메리카에 이희상 명의의 에스크로 펀드와 관련된 휴면계좌를 찾아가라고 통지했다.

뱅크오브아메리카가 보고한 이희상의 주소는 뉴욕 맨해튼 48가로 1987년 이희상이 매입한 콘도 주소와 일치한다. 이희상 재산이 맞는 것이다. 그는 이 콘도를 1987년에 매입해 2001년에 매도했으므로 이 주소가 이희상의 주소라는 것은 그가 뱅크오브아메리카에 개설한 계좌가 2001년 이전부터 존재했음을 의미한다.

에스크로 펀드란 부동산 등을 구입할 때 담보조로 예치해두는 자금으로 이희상이 노스캐롤라이나에서 모종의 거래를 하거나 거래를 준비했음을 의미한다.

이희상 특수관계인도 맨해튼 콘도 불법 매입

이희상뿐만이 아니다. 동아원 감사보고서에 이희상 회장의 특수관계인으로 신고된 정의자 씨가 1987년 7월 17일 뉴욕 맨해튼 브로드웨이의 콘도를 37만 달러에 매입한 사실이 드러났다. 1년 뒤인 1988년 7월 25일 정의자는 정영옥 씨에게 지분의 일부를 넘겨 이 콘도는 두 사람 공동소유가 됐다.

뉴욕시 등기소를 조회한 결과 이 거래에서 세금은 한 푼도 부과되지 않았다. 두 사람이 특수 관계인 것이다. 이 콘도는 다시 1992년 8월 8일, 정의자가 소유권을 완전히 넘김으로써 정영옥 단독소유가 됐다. 역시 세금은 0달러였다. 두 사람 모두 공교롭게도 미국에 없었고 모든 거래 관련 행위를 곽모 씨에게 위임했다.

첨예한 이해관계가 걸린 부동산 거래를 매입자와 매도자 두 사람 모두 똑같은 사람에게 위임한다는 것은 두 사람이 이해관계가 상충될 여지가 없는, 한 마디로 피붙이 같은 특수 관계임을 의미한다.

정영옥은 8년 뒤인 2000년 2월 11일, 한 외국인에게 53만 달러에 이 콘도를 팔아 13년 만에 15만 달러를 벌었다. 이 계약 당시 정영옥은 미국에 없었다. 주한 미국대사관에서 재미동포 회계사에게 위임장을 작성, 매매를 맡겼다. 공교롭게도 위임을 받은 재미동포 회계사는 이희상-정영화 부부가 매매를 일임했던 사람과 동일인이다.

동아원의 2009년 3분기 금감원보고서를 확인한 결과 정영옥-정의자는 최대 주주의 특수관계인으로 보고돼 있었다. 이희상의 특수관계인이 이희상을 본받아 미국에 재산을 도피시켜 불법으로 해외부동산을 매입한 것이었다.

아버지 돈 주장하다 내 돈이라며 세금환수소송

이희상은 김영삼 대통령 재임 당시인 1996년, 전두환 비자금 수사 때 160억 원의 채권을 보유하고 있었으며, 검찰은 이 중 114억 원이 전두환 비자금이라고 규정했다.

당시 검찰은 전두환 대통령이 금융실명제가 실시된 1993년 8월 이후 자신이 보유했던 산업금융채권, 장기신용채권 등을 손삼수, 장해석 비서관, 김승환 동북아전략문제연구소 소장, 전재만의 장인 이희상 당시 한국제분 회장 등을 통해 변칙으로 실명전환했다고 밝혔다.

그러나 이희상이 두 차례에 걸친 검찰 소환조사에서 "채권은 죽은 아버지가 나에게 준 것"이라고 강변함에 따라 결국 검찰은 압류를 포기했다. 이에 따라 국세청이 이희상의 채권에 대해 증여세를 부과, 이희상은 63억 원의 증여세를 냈다.

그러나 이희상은 김대중 대통령이 당선된 직후인 1998년, 기존 입장을 180도 바꾸면서 국세청을 상대로 증여세취소소송을 냈다. 이희상은 "그 채권은 죽은 아버지가 나에게 준 것이 아니라 내가 내 돈으로 산 것이다. 그러니 증여세를 돌려달라"고 요구했다.

전두환 비자금 수사 때는 전두환 비자금이 아니라 아버지가 준 것이라고 주장, 증여세까지 자진납부했던 사람이 하루아침에 돌변해 자기 돈으로 채권을 샀다며 세금을 돌려달라고 한 것이다. 법원의 판단은 현명했다.

이희상의 주장을 받아들이지 않은 것이다.

법원은 이희상이 두 차례 검찰조사 때 일관되게 채권은 아버지가 준 것이라고 진술한 사실이 인정된다며 이희상의 주장을 받아들이지 않았다. 이희상이 패소한 것이다. 그래도 이희상은 세무 당국이 당시 시가를 제대로 산정하지 않았다고 주장, 10억 원을 돌려주라는 판결을 받음으로써 증여세 일부를 돌려받는 성과를 올렸다.

이처럼 두 얼굴을 가진 사람이 바로 이희상이다. 따라서 사위 전재만이 동아원 미국 사무소장으로 발령받기 전부터 전체 사업을 총괄하고 있는 와이너리가 전두환 대통령의 비자금과 관련이 있을 것이란 의혹을 지울 수 없는 것이다.

이런 이희상의 행적을 보면 그의 딸이 조현준 효성 사장과 결혼했고, 공교롭게도 결혼한 이후 조현준이 미국 부동산에 눈을 뜨고 회사 돈을 빼내서 줄줄이 부동산을 사들이다 사법 당국의 단죄를 받은 것은 결코 우연이 아니다.

전경환의 비밀장부

전경환, 부인-아들 명의로 미국에 주택 매입

전두환 대통령의 동생 전경환 전 새마을운동중앙본부 회장은 전두환 대통령과 비슷한 외모의 소유자로, 박정희 대통령 시절 청와대 경호실에 근무하면서 박 대통령 동정을 형에게 흘렸고, 10.26, 12.12 와중에 경호실 상황을 알리는 등 전두환의 집권에 기여했다. 전경환은 전두환이 집권한 뒤 그야말로 일인지하 만인지상의 지위에 올라 새마을운동을 빙자해 국내는 물론 해외를 돌아다니며 호사를 누렸다.

전경환과 관련, 엄청난 재산을 부정축재했다는 의혹이 끊이지 않았다. 미국에서도 그의 재산이 발견됐다. 전경환은 부인 전춘지와 아들 전창규 명의로 전두환 대통령 퇴임 직전인 1988년 2월 5일, 19만 8000달러에 뉴저지주 에섹스 카운티 리빙스턴의 주택을 사들였다.

당시 부인 전춘지는 자신의 성을 'CHUN'으로 표기한 반면 아들 전창규 씨는 성을 'JEON'으로 표기한 것으로 확인됐다. 또 부인 전춘지는 자신의 이름 끝 자인 지를 'GI'로 기재했다. 이 주택은 1951년에 지어진 집으로, 대지가 300평에 건평이 50평 정도로, 전경환이 해외도피를 염두에 두고 구입한 것으로 보인다.

전경환, 미국 주택 밝혀진 뒤에도 6년간 보유

전경환은 1988년 3월, 새마을 비리 사건 수사로 구속되고 5공 비리 국정조사까지 진행됐음에도 이 집을 매도하지 않고 6년이나 더 보유했던 것으로 드러났다.

전경환은 이 집을 구입한 지 6년여가 지난 1994년 7월 28일, 김모 씨에게 매도했으나 판매가가 매입가의 25%에 불과한 5만 달러여서 다운계약서 또는 위장매도했을 가능성이 많아 보인다. 이 집을 전경환으로부터 매입한 김 씨는 채 1년도 안 된 1995년 6월 22일 다시 외국인 부부에게 팔았다. 매도가격은 17만 6000달러였다. 김 씨가 1년 만에 무려 4배의 수익을 올린 것이다.

이를 보면 1994년 이 집을 헐값에 산 사람은 전경환과 특수관계인으로 짐작되며, 잠시 집을 차명 관리했다가 1년 뒤 다시 전경환에게 돌려줬고, 전경환이 정상가격을 받고 팔았다는 가정이 사실에 더 가까울 것이다. 1995년 전두환 대통령에 대한 비자금 수사가 시작됐으므로 전경환은 그 직전에 집을 팔고 자금을 현금화한 셈이다.

해외 재산도피 의혹 눈덩이— 규명 안 돼

전경환 씨 등 전 씨 형제들을 대상으로 해외 재산도피 의혹이 수없이 제기됐다. 미국 인터내셔널 플라워 트레이빌딩 300만 달러 투자설, 코네티컷주 550만 달러 골프장 구입설 등을 비롯해 측근 C씨를 통해 로스앤젤레스 팔로스버디스에 150만 달러 저택 구입, 로스앤젤레스 그리니치천문대 근처 300만 달러 저택 구입 등의 설이 잇따랐다.

또 1986년에는 뉴저지주 저지시티에 100만 달러를 투자해 12만 평을 구입, 한인타운을 조성한다는 소문도 있었고 유도대학 후배를 통해 보스턴에 집을 샀다는 이야기도 돌았다. 뉴저지에 50만 평의 농장 구입설, 1986년 하버드대 연수 시절 코리아저지라는 회사를 설립하고 그 회사를 통해 저택 구입, 호주 맥주회사 지분 소유 등 소문이 꼬리에 꼬리를 물었다.

이 의혹 모두가 국회에 구성됐던 '제5공화국에 있어서의 정치권력형비리 조사 특별위원회'의 정식 조사대상이었으나 대부분이 시간 관계상 규명되지 못한 채 막을 내렸다.

뉴저지 농장 구입설 등은 사실이 아닌 것으로 드러났고, 소문 대다수가 확인 불가능했지만, 전두환 비자금이 수천억에 이른다는 보도를 감안하면 미국 어딘가에 철저히 숨겨져 있을 가능성을 배제할 수 없다.

전두환 대통령 퇴임 이후 동생 전경환이 새마을 비리로 구속됐을 뿐 아니라 수많은 친인척이 비리에 관련된 것이 드러났다.

전두환의 형인 전기환은 노량진 수산시장 관련 업무상 횡령 및 배임혐의로 1988년 11월 26일 구속 기소돼, 1989년 5월 9일 1심에서 징역 4년, 벌금 10억 원을 선고받았다.

전두환의 사촌형인 전순환은 대전 삼성시장 부지 매입과 관련해 이권개입혐의로 1988년 11월 25일 구속돼, 1989년 5월 4일 1심에서 징역 1년 6월, 집행유예 3년, 추징금 1000만 원을 선고받아 석방됐다. 고령과 지병 등을 이유로 비교적 관대한 처벌을 받은 것이다.

전두환의 사촌동생 전우환 씨는 고속도로 휴게소 설치, 공유수면매립면허 등의 이권에 개입, 1988년 11월 29일 구속됐다.

이 외에도 전두환의 처남 이창석, 전두환의 동서 홍순두, 전두환의 처삼촌 이규승, 전경환의 동서 김승웅과 황홍식 등도 구속을 면치 못했다.

또 전두환의 장인 이규동 씨도 1988년 8월부터 1990년 3월까지 출국금지 됐고 전두환의 처삼촌 이규광, 전두환의 동서 김상구, 전기환의 처조카 최정국 등도 수사선상에 올랐었다.

04
박정희 대통령

박정희 대통령은 우리나라 경제발전의 기틀을 다진 대통령이다. 쿠데타로 정권을 잡은 뒤 18년 동안 장기 집권하며 민주인사 등을 탄압하는 등 국민의 기본권을 억압하는 공포정치를 펼치기도 했다. 청렴결백이라는 이미지로 각인되기도 했지만 그의 자녀들을 살펴보면 적지 않은 흠결이 발견된다. 미국에 남겨진 그 흠결의 흔적들이 사실 그대로 밝혀져야 한다는 생각으로 그 가족들의 해외부동산 매입 내역을 훑어보니 역시 예외가 아니었다.

〈뉴욕타임스〉를 뒤지고 뒤져 찾아낸 기사는 박 대통령의 흔적을 고스란히 전하고 있다. "한병기가 최근 뉴욕 스카스데일에 20만 5000달러의 집을 샀다. 한인 사회에서는 중세 유럽의 성을 연상시키는 이 붉은 벽돌집이 박 대통령이 실각할 경우 망명할 곳이라는 소문들이 나돌고 있다. 그러나 박정희가 아직 권좌에 있으므로 확인할 수는 없다"고 보도했다. 한병기는 박 대통령의 큰딸 남편이고, 박근혜 대표의 형부이다. 이 집의 대지는 무려 1000평이나 된다. 등기소를 뒤져 관련 계약서를 하나하나 찾았다. 놀랍게도 이 집을 구입했다가 한국 정부에 팔았던 사실이 확인됐다. 이런 기사를 찾아내는 일은 아슬아슬함의 연속이고, 등기부등본 등을 통해 사실을 확인하고 더 새로운 사실을 밝히는 과정은 흥미진진했다.

박 대통령의 큰딸뿐 아니라 손자 손녀들도 해외에 부동산을 살 수 없던 시절, 미국 뉴욕과 하와이에서 부동산을 매입해왔다. 이 같은 석연찮은 거래들을 밝혀본다.

큰딸 박재옥의 부동산 일지

큰딸 박재옥 명의로 1976년 '중세풍' 저택 매입

박 대통령은 첫 번째 부인 김호남 여사와 혼인해 딸 박재옥을 낳았고, 두 번째 부인 육영수 여사와의 사이에 근혜, 근영, 지만 1남 2녀를 두었다. 박 대통령이 애잔하게 여겼던 큰딸 박재옥은 박근혜 전 한나라당 대표의 큰 언니이다.

박 대통령의 큰딸 박재옥은 박 대통령의 육사 후배인 한병기와 혼인했다. 한병기는 5.16 쿠데타 직후 약관 31세에 뉴욕 총영사관 영사에 발령받은 데 이어 칠레, 캐나다 대사를 지냈고 유엔대표부 부대사를 지냈다. 인터넷 인물검색 대부분에서 한병기가 유엔대표부 대사를 역임한 것으로 나오고 있지만 실제 그는 부대사를 지냈을 뿐 대사의 지위에는 오르지 못했다.

한병기-박재옥 부부는 1976년 8월 17일 뉴욕주 웨체스터 카운티 스카스데일에 붉은 벽돌집을 사들였다. 부동산 매매계약자나 소유권 등기자 모두 한재옥으로 돼 있다. 본명이 박재옥이지만 미국식으로 남편의 성을 따라서 한재옥이라고 기재한 것이다.

이 집의 가격은 당시로서는 거액에 해당되는 20만 5000달러이다. 당시 태평양을 건너 미국 이민 길에 오르는 사람들이 반출할 수 있는 외화가 1인당 200달러였으니 20만 5000달러는 그야말로 거액인 셈이다. 따라서 당연히 이 거액의 출처가 의심되는 것이다.

스카스데일은 성공한 유태인들이 많이 사는 뉴욕 교외의 고급 주거단지로 유명한 곳인데, 바로 이곳에 한병기-박재옥 부부, 서류상으로는 한재옥이 집을 산 것이다.

이 집의 대지는 0.96에이커로 약 1000평이나 된다. 2010년 웨체스터 카운티 정부의 공시주택 가격이 323만 달러, 공시가격이 시가보다 낮음을 감안하면 현 시세로도 400만 달러 정도 되는 고급주택이다.

이 집을 매입하는 데에 특별한 사정이 있는지는 모르지만 박 대통령의 큰딸이 자신의 이름으로 미국 뉴욕에 집을 산 것은 해외에 부동산을 살 수 없도록 규정한 당시 법을 어긴 것이다. 대통령 딸이라고 예외가 있을 수 없다.

이 시기는 한병기가 유엔대표부로 발령받았을 무렵이므로 관사라고 이야기할 수 있겠지만, 그는 대사가 아니라 부대사였다. 부대사에게는 주거비가 지원되지만 관사 자체가 지원되지는 않던 시절이다.

백보 양보해서 부대사 관사로 마련했다고 한다면 당연히 한국 정부가 매입 주체로 나서고 한국 정부가 소유주로 등기돼야 하는 것이다. 설사 관사라고 하더라도 매입자가 한재옥으로 기재된 것은 이 집이 관사가 아닌 대통령 딸의 개인 재산임을 의미하는 것이다.

뉴욕타임스, 박정희 실각 대비 피난처 의혹 제기

〈뉴욕타임스〉는 1976년 11월 30일 KCIA, 즉 한국 중앙정보부의 미국 조직 등 1급 비밀에 해당하는 사항을 대대적으로 보도하면서 한병기-박재옥 부부의 집을 언급했다.

〈뉴욕타임스〉는 "한병기가 최근 뉴욕 스카스데일에 20만 5000달러의 집을 샀다. 한인 사회에서는 중세 유럽의 성을 연상시키는 이 붉은 벽돌집이 박 대통령이 실각할 경우 망명할 곳이라는 소문들이 나돌고 있다. 그러나 박정희가 아직 권좌에 있으므로 확인할 수는 없다"고 보도했다.

〈뉴욕타임스〉는 한인 사회의 소문이라는 형식을 빌어 박 대통령의 딸 박재옥 명의로 된 스카스데일의 이 붉은 벽돌집을 박정희의 망명처라고 추정한 것이다.

실제로 당시 '박 대통령 사위가 집을 샀다. 박 대통령을 위한 집이다. 물러나면 뉴욕으로 도망 올 것'이라는 소문이 뉴욕 한인 사회에 심심찮게 나돌았다.

1977년 박 대통령 딸 한국 정부에 자기 집 팔아

더 깜짝 놀랄만한 일은 그 이듬해에 발생했다. 웨체스터 카운티 등기소에서 이 집의 매매 내역을 정밀 검색하자 한재옥 명의의 이 집을 한국 정부가 정부예산으로 사들였다는 사실이 발견됐다. 한병기-박재옥 부부가 붉은 벽돌집을 사들인 지 10개월 정도 지난 때인 1977년 5월 11일, 한국 정부가 한재옥 명의의 이 집을 사들였다.

한국 정부의 매입가는 20만 5000달러, 1년 전 대통령 딸이 그 집을 산 가격 그대로였다. 대통령 딸이 자신의 집을 자기 나라 정부에게 팔아넘긴 것이다. 배나무 밑에서 갓끈도 매지 말라는 속담이 있지만 대통령 딸의 집을 그 나라 정부가 사들인 것은 충분히 호사가의 입방아에 오르고도 남을 일이다.

한병기-박재옥 부부가 이 집을 판 시기는 한병기가 캐나다 대사로 발령 난 때라 캐나다로 떠나면서 마땅한 매입자를 찾지 못하자 한국 정부가 이를 사줬을 것이라는 추정이 가능하다.

한국 정부는 이 집을 20년간 소유하다가 외환위기 무렵인 1997년 10월

박정희 대통령의 딸 박재옥이 1977년 뉴욕 저택을 한국 정부에 판 매도계약서

17일 이 집을 미국인 부부에게 팔았다. 매도가는 170만 달러, 무려 8.5배나 오른 것으로 부동산으로 톡톡히 재미를 본 셈이다.

이 1997년 매도계약서에서 눈여겨볼 점은 매도자인 한국 정부를 대신해 서명한 사람이 박노수 당시 뉴욕 총영사라는 점이다. 만약 유엔대표부 부대사였던 한병기를 위한 관사였다면 마땅히 유엔대표부가 매도 주체가 돼야 하지만 엄연히 별도 기관인 뉴욕 총영사관에서 이 건물을 관리했음은 유엔대표부 부대사 관사가 아니었음을 입증하는 것이다.

한병기-박재옥 부부, 하와이에서도 별장 매입

한병기-박재옥 부부는 해외부동산 취득이 금지된 시절, 뉴욕뿐 아니라 하와이에도 부동산을 매입했음이 드러났다. 이 거래에는 이들 부부뿐 아니

라 자녀들까지 모두 관련돼 있었다. 또 이들의 큰딸 부부는 별도로 유명한 하와이의 워터마크 콘도를 구입했고 아들 부부도 하와이에서 부동산을 사들였다.

한병기-박재옥 부부는 1997년 2월 25일 하와이 호놀룰루의 한 골프장에 딸린 콘도미니엄을 사들였다. 코 올리나 골프장 내에 있는 코 올리나 페어웨이 콘도미니엄 26F호로, 매입가격은 24만 달러였다. 이 시기에 해외부동산 취득이 불법이어서 박정희 대통령 큰딸 부부는 또 다시 당시의 법을 위반한 것이다.

이 콘도는 특히 한병기-박재옥 부부뿐 아니라 한태준-장수미 부부, 한유진-박영우 부부, 한태연-유자경 부부 등이 공동소유주였다. 박 대통령의 큰딸 부부와 손자 손녀들까지 실정법을 위반한 셈이다.

특히 한병기-박재옥 부부는 이 하와이 콘도를 매입하면서 하와이 호놀룰루의 다른 아파트를 자신들의 주소지로 기재해 1997년 이전부터 하와이와 깊은 연관이 있음을 알 수 있다. 또 계약서 특성상 매입자의 신상이 자세히 기록돼 한태준-장수미 부부는 용산 이태원동에, 한유진-박영우 부부는 분당 이매촌에, 한태연-유자경 부부는 강남 압구정동에 산다는 사실과 함께 이들의 재산도 드러났다.

좀처럼 알아내기 힘든 전직 대통령 직계 가족의 재산 관계가 미국 하와이 호놀룰루 카운티 등기소에 보관된 콘도 매매 서류를 통해 그 정체를 드러낸 것이다.

한병기-박재옥 부부의 전체 가족관계가 모두 드러난 이 계약서는 공교롭게도 박근혜 대표가 차기 대통령으로 급부상하면서 이른바 박근혜 수혜주로 알려진 대유에이텍이 과연 박근혜 대표와 관계가 있는가를 밝히는 결정적 문서가 되기도 했다.

김형욱도 한병기에게만은 공손— 설득했던 듯

한병기는 왜 뉴욕으로 보내졌고 또 1년도 안 돼 왜 갑자기 캐나다 대사로 발령 났을까 하는 의문은 바로 김형욱 중앙정보부장과의 관계에서 그 해답을 찾을 수 있다.

한병기가 뉴욕 유엔대표부로 발령받은 1976년은 김형욱이 박정희의 유신 체제에 일격을 가하기 위해 밖으로 드러내지 않고 칼을 갈고 있을 무렵으로, 아마도 그를 설득하기 위해서 한병기가 뉴욕으로 왔을 가능성이 크다. 설득도 하고 감시도 하라는 것이다.

그러나 1977년에 접어들면서 미국 하원의 프레이저 청문회와 윤리위는 물론 상원까지 나서서 이른바 코리아게이트를 파헤치게 됐다. 숨죽이듯 웅크리고 있던 김형욱이 마침내 포효하며 청문회에서 증언할 의사를 굳히자 자칫 박 대통령의 큰사위 한병기에게까지 의회의 추적의 손길이 뻗칠 수 있음을 우려, 한병기를 미국 밖으로, 즉 캐나다 대사로 보냈다는 설이 유력하다.

실제 김형욱은 한병기-박재옥 부부가 한국 정부에 집을 판 1977년 5월 11일로부터 약 1개월 뒤인 1977년 6월 22일 프레이저 청문회에 출석했다.

중재를 위해 미국을 찾은 고관대작들을 무시하던 김형욱도 한병기에게만큼은 유독 공손했고 그의 말을 비교적 잘 들었다는 것이 당시 김형욱과 가까웠던 사람의 이야기이고 보면 한때나마 김형욱 설득이 한병기의 가장 큰 임무였다는 것은 충분히 가능한 이야기다.

미국 비밀 전문, 한병기 대사 임명은 대통령 빽

한병기의 뉴욕 총영사관 근무, 칠레 대사 임용 등과 관련해서도 명백히 정실인사, 한 마디로 박 대통령의 빽이라는 논란도 일었다. 특히 미 국무부 비밀전문을 살펴보면 박 대통령과의 관계 때문이라고 평가했다. 주한 미국 대사관은 1974년 1월 29일, 미 국무부로 타전한 비밀전문에서 한병기가 칠레 대사에 임명된 것은 명백히 박 대통령의 관계에 따른 것이라고 지적하고 박 대통령과의 '관계'를 상세히 보고했다.

이 비밀전문에는 "한병기는 1958년 박 대통령의 첫 번째 부인의 딸과 결혼했고 군 근무시절에는 박 대통령을 보좌했으며 박 대통령이 권좌에 오른 뒤 1961년에는 워싱턴 소재 주미 한국대사관에서, 이듬해인 1962년에는 뉴욕 총영사관에서 근무했다"고 적혀 있었다.

한병기는 1931년생이므로 만 30세에 주미 한국대사관에, 31세에 뉴욕 총영사관에서 근무하고, 만 40세인 1971년에는 8대 국회의원에 당선됐다. 대통령 큰사위로서 초고속 승진을 한 것이다.

미국은 이 모든 것이 박 대통령의 빽 덕택으로 분석한 것이다. 한병기는 칠레 대사로 근무한 뒤 유엔 대사, 캐나다 대사를 지낸 것으로 알려졌으나 유엔 대사로 근무한 적은 없고, 유엔에 근무할 당시 유엔대표부 외부에 별도 사무실을 얻어 중앙정보부 직원들을 지휘 감독하는 현지 책임자 역할을 한 것으로 확인됐다.

한병기는 1977년 캐나다 대사로 부임한 뒤 캐나다 대사 재직 중에 박 대통령 서거 소식을 접했다. 급거 귀국했으나 세상은 이미 바뀐 뒤였다. 그래도 그 뒤에도 설악관광개발 회장 등으로 재직하며 일반인이 쉽게 상상할 수 없는 부를 누렸다.

그림 6. 박정희 일가

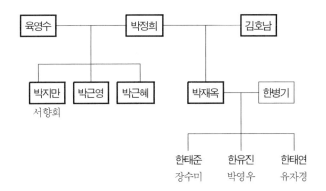

박근혜 조카의 비밀

대유에이텍 박영우 사장은 박근혜 조카사위

2011년 1월, 차량용 시트 생산업체인 대유에이텍이 박근혜 대표와 관련이 있다, 없다는 논란이 인터넷을 달궜다.

대유에이텍의 회장인 박영우가 박근혜 대표의 조카사위라는 소문에 대해 개미투자자들이 직접 대유에이텍에 전화를 해 확인하자 회사 측에서 전혀 관련이 없다며 강력 부인하면서 오히려 논란이 더 확산됐다. 대유에이텍의 주식 담당자가 "아니다"라고 부인하는 정도를 넘어 "아니니까 아니라고 하는 것이다"라고 강변한 것이다.

일부 네티즌들이 한병기-박재옥 부부가 하와이의 콘도를 매입한 사실을 알린 〈시크릿 오브 코리아〉 블로그 글을 인터넷에 올리며 논란은 가열됐고 일부 네티즌은 〈시크릿 오브 코리아〉에 이메일 등을 통해 이 사실을 직접 물어보기도 했다.

박영우 대유에이텍 회장은 박근혜 전 대표의 언니인 박재옥 씨의 딸 한유진 씨의 남편이 확실하다. 이 같은 사실은 하와이 콘도 매입계약서에서 한병기-박재옥 부부가 가족관계를 자세히 밝힌 사실을 통해 입증됐다. 또 대유에이텍이 금융감독원에 제출한 사업보고서에도 박영우-한유진 그리고 그들의 딸들이 최대 주주와 그 특수관계인으로 기재돼 있다.

하와이 부동산 매입계약서에 기재된 박영우-한유진의 한국 내 주소지를 찾아 등기부등본을 확인한 결과, 대유에이텍 주주인 박영우 일가가 그 부동산의 공유자로 모두 기재돼 있었으며, 생일 등 인적사항도 일치했다. 박영우는 박근혜 대표의 조카사위인 것이다. 대유에이텍은 며칠간 상한가를 이어가며 박근혜 수혜주의 위력을 과시했음은 물론이다.

3개월 뒤 박근혜 대표의 조카손녀 박은진은 상한가 행진을 틈타 자신의 주식 109만 주를 1주도 남기지 않고 모두 팔아 먹튀 논란이 일기도 했다. 그러나 이 먹튀 행각은 대유에이텍에 대한 뜨거운 관심을 냉각시키기 위해 연출된 먹튀 논란이 아닌가 싶다. 너무나 관심이 뜨겁기에 식힐 필요가 있었고 극단 처방을 한 것으로 추정된다.

이 회사가 차량용 시트 생산업체인 것도 눈길을 끄는 대목이다. 공교롭게도 이명박 대통령의 실소유주 논란이 끊이지 않고 있는 다스 또한 차량용 시트 생산업체다. 뜨는 해 박근혜, 지는 해 이명박. 그리고 이들과 관계있는 회사인 대유에이텍과 다스. 이 두 업체의 부침이 권력의 역학관계를 정확히 반영할지도 대선의 관전 포인트로 떠오르고 있다. 시장은 언제나 정치권보다 앞서가며 그 관계는 이번에도 정확히 반영될 것이다.

박근혜 조카 부부, 하와이 워터마크 콘도 매입

한병기-박재옥 부부의 딸인 한유진과 남편 박영우가 2009년 6월 12일, 하와이 와이키키 해변의 금빛 모래사장 바로 앞에 신축된 워터마크 콘도 36층을 매입했다. 이들이 매입한 콘도는 워터마크 3601호, 매입가격은 149만 7000여 달러였다. 매매계약서상 한유진 박영우의 주소지는 분당 정자동의 모 아파트이고, 호놀룰루 카운티 세무국이 세금고지서를 보내는 주소는 서울 서초동의 한 고급 빌라였다.

하와이 와이키키 해변에 수십 년 만에 새로 건축된 이 콘도는 그야말로 대한민국 최상위층이 누구인지를 알 수 있게 하는 축소판이다. 대통령 직계 가족과 사돈만 꼽아도 박정희-노태우-이명박 대통령 등 3명의 전현직 대통령이 연관돼 있고 대한민국 주요 재벌이 모두 그 소유주 대열에 이름을 올린 유명한 콘도다.

대한민국 지도층의 해외 재산 은닉, 특히 대통령 친인척의 해외 재산 은닉은 이처럼 그 뿌리가 깊다.

박근혜 또 다른 조카 부부도 하와이 콘도 매입

한병기-박재옥 부부의 큰아들인 한태준과 부인 장수미도 해외부동산 취득이 금지된 시절 하와이에 콘도를 매입했다.

하와이 호놀룰루 카운티 조회 결과 한태준-장수미 부부는 2005년 6월 14일, 하와이 호놀룰루의 마키키스트리트 1913번지의 2호 주택을 사들였다. 부동산 가격은 110만 달러였으며 매매가의 0.1%인 1100달러를 양도세로 납부했다.

이 단독주택은 2005년 완공됐다. 신축 주택을 매입한 것이다. 건평이

2598평방피트(약 73평)에 달했고, 방이 4개, 욕조가 딸린 화장실이 3개인 비교적 큰 집이다. 2011년 10월 1일 현재 재산세 부과를 위해 호놀룰루 카운티가 평가한 이 집의 가격은 112만 달러를 약간 웃도는 수준이다.

한태준의 부인 장수미는 해외공관에 근무했던 무관의 딸로 외국어, 특히 영어에 능통했고, 1980년대 초 통역으로 TV에 출연하기도 했다. 연세대에 재학 중이던 장 씨는 4학년 때인 1982년 9월부터 1983년까지 1년간 일본유학을 다녀오기도 했다. 해마다 연세대에서 2명을 선발, 동경의 국제기독교대학교로 보냈는데 장 씨가 선발되는 영예를 안았던 것이다. 영어를 잘한 만큼 미국 부동산 매입에 언어상 문제는 없었을 것이다.

제5부

정권 2인자의
비밀

■

박정희 대통령 하면 떠오르는 권력 2인자들이 김형욱, 이후락, 차지철 등이다. 또한 부정축재 하면 빠짐없이 연상되는 사람들이 대통령 최측근 인물들이다. 김형욱은 최장기 중정부장을 지내다 미국에 망명, 청문회까지 나서서 한국 정부, 정확히는 박정희 유신체제를 공격했다. 이후락도 막강한 권세를 누렸다. 그는 김대중 납치사건, 윤필용 사건 등으로 중앙정보부장 자리에서 실각하자 바람처럼 한국을 떠나 미국 망명을 시도했다가 미국을 내세워 박 정권과 협상 끝에 한국으로 돌아왔다. 차지철 또한 박 정권 말기에는 이들을 능가하는 일인지하 만인지상의 권세를 누렸다.

이들이 누렸던 권세와 이들이 자행했던 악행에 비례해 엄청난 재산을 모았다는 소문이 많았다. 부정축재의 대명사로 알려진 이들이 미국으로 많은 재산을 빼돌렸다는 소문을 추적해보니 사실이었다. 공직자 월급으로는 도저히 모을 수 없는 돈으로 미국에 수많은 부동산을 매입했음을 확인할 수 있었다. 차지철도 돈 문제 만큼은 깨끗하다고 알려졌지만 그렇지 않다는 사실도 드러났다. 10.26 이후 거의 알려지지 않았던 차지철의 부인과 자녀 그리고 처가 식구들의 미국 내 행적과 재산은 이 책에서 처음 공개한다.

뉴저지 알파인에 있는 김형욱 유족의 저택, 그와 이웃한 이후락 외동딸의 저택, 그리고 차지철 처가 식구들의 건물 등 대부분의 부동산을 실제로 방문했다. 김형욱 유족들의 집을 취재하다 벨을 눌렀을 때는 경찰차가 2대나 출동해 아슬아슬한 연기로 빠져나오기도 했고, 이후락 외동딸의 집에는 주소가 적혀 있지 않아 적지 않게 헤매기도 했다. 김형욱이 미국 망명 훨씬 전에 설립한 부동산회사의 등기부등본을 찾기 위해 웨체스터 카운티 등기소에 갔을 때는 그 규모와 삼엄한 보안 때문에 땀을 뻘뻘 흘리며 그 입구를 찾아 뺑뺑 돌기만 했던 기억이 떠오른다. 우리나라를 철강 강국으로 만든 박태준도 자신의 부동산은 1건도 없다고 주장하지만 그의 딸은 미국에 적지 않은 부동산을 갖고 있었다. 그의 사위였던 고승덕은 그 부동산을 살 시기에 자신은 생계마저 힘들어 매입 대금을 줄 형편이 아니었다고 털어놓기도 했다.

실종 김형욱 묘지 뉴저지서 발견!

한국 현대사에서 가장 큰 미스터리로 꼽히는 사건은 김형욱 전 중앙정보부장의 실종사건이다. 33년 전인 1979년, 프랑스 파리에서 김형욱 전 중정부장이 흔적 없이 연기처럼 사라져버렸다. 김형욱 중정부장이 살아있을 것으로 믿는 사람은 거의 없지만 아직 그가 어떻게 죽었는지에 대해서는 정확히 알려지지 않고 있다.

그의 가족도 김형욱이 사망한 것으로 추정하고 있는 가운데, 김형욱 명의의 묘를 미국 뉴저지주 버겐 카운티 잉글우드의 한 공동묘지에서 발견했다. 2009년 5월 2일 토요일, 내가 잉글우드 공동묘지에서 처음으로 찾아내 세상에 그 존재를 알렸다.

김형욱의 가족 중 한 사람의 귀띔으로 공동묘지를 찾아 샅샅이 뒤진 끝에 그의 장남의 묘 옆에 세워진 김형욱의 비석을 발견할 수 있었다. 그토록 미스터리하게 사라진 사람이 결국 공동묘지의 한쪽에 비석으로 돌아온 것이다.

이 공동묘지는 김형욱의 부인 신영순 씨 등 그의 가족들이 살고 있는 뉴저지주 알파인의 저택에서 약 2.5마일 거리에 있다. 그의 가족들이 살고 있는 곳 지척에 비석을 세운 것이다.

묘비에는 KIM이라는 글자가 크게 새겨져 있었고 'IN LOVING MEMORY'란 단어 아래 왼쪽에 김형욱을 의미하는 첫 글자인 HYUNG, 그리고 그 옆에 W가 새겨져 있다. 미국 법원에서 드러난 김형욱의 영어이름 KIM HYUNG WOOK과 일치한다.

이름 아래에 생일을 의미하는 1925년 1월 16일(음력)이란 글자가 보였는데, 이는 김형욱의 생일과 동일했다. 그 아래 그의 사망일이 1979년 10월 7일이라고 기록돼 있다. 우리는 그의 실종일을 1979년 10월 8일로 기억하지만 묘비에는 10월 7일이라고 돼 있었다. 김형욱의 이름 바로 옆에 부인 신영순의 이름과 그녀의 생일인 1933년 3월 21일(음력)이 새겨져 있다. 그녀는 현재 생존해 있기 때문에 출생일자만 적힌 것이다.

한때 온갖 악행을 저질렀고 대한민국의 명예를 실추시켰으며 그 후로도 오랫동안 기구한 실종으로 인구에 회자되던 김형욱이 '인 러빙 메모리'라는 단 세 단어로 죽음을 알려왔다.

김형욱 묘 옆에는 큰아들 정한이 함께 묻혀 있었다. 10대 초반 아버지 김형욱을 따라 사냥을 갔다가 발목지뢰를 밟아 발목을 다쳤다고 알려져 있지만 사실은 김형욱의 총에 오발사고를 당했다고 가족은 말했다. 치료를 위해 미국에 보내졌던 큰아들이었다. 다행히 발목을 온전하게 치료했지만 아버지 김형욱의 실종 이후 갈등과 방황을 거듭하다 병을 얻었고 2002년 9월 세상을 등졌다. 그가 어릴 때 미국에 온 뒤 그를 돌보던 사람들로부터 학대를 받았다는 가족의 증언은 적지 않은 놀라움을 주었다.

뉴저지 잉글우드 공동묘지에서 발견된 김형욱 전 중앙정보부장의 묘비

과연 김형욱의 묘비 아래 그의 시신이 묻혀 있을까, 아니면 시신의 일부라도 묻혀 있을까 궁금해서 묘지 관리사무소를 찾았다. 김형욱의 가족들을 잘 안다는 관리인은 그가 이렇게 누워있다며 머리 자리와 다리 자리까지 설명했지만 신빙성이 있는지 알 수 없었다. 아마도 가묘일 가능성이 크지만 현재로서는 가족 외에는 누구도 진실을 알 수 없다. 다만 가족들도 그의 실종을 사망으로 받아들이고 있음을 알 수 있었고 그토록 찾던 사람이 비록 가묘라 할지라도 묘비로 돌아왔다는 사실은 충격이 아닐 수 없었다.

이 묘지 인근에 살고 있는 김형욱의 육사 8기 동기생이자 중정 감찰실장을 역임했던 방준모 실장에게 이 사실을 전하자 놀라움을 금치 못했다. 방 실장은 말문을 잊지 못하면서 "그곳이 어디냐, 잘잘못을 떠나서 동기생으로, 또 동시대를 살았던 친구로서 그의 무덤 앞에 절을 하고 술잔을 올리겠다"고 말하기도 했다.

뉴욕 뉴저지 지역에 중정 퇴직 요원들이 약 80명 정도, 정기적으로 1년에 두 번씩 양지회 모임을 갖는 이들 중 일부가 아주 띄엄띄엄 이 묘를 방문한다는 소식이다.

김형욱의 묘를 발견한 것은 나로서도 평생 잊을 수 없는 일이다. 그의 묘를 발견한 것 자체도 큰 보람이었지만, 2009년 5월 11일 기자생활 마지막 날을 '김형욱, 뉴저지에 잠들다'라는 비중 있는 리포트로 마감할 수 있었기 때문이다. 그날 밤 J선배, Y선배와 순대국 집에서 소주잔을 기울일 때 벽에 걸린 TV에서 TKC뉴스가 방송됐다. 내 리포트를 보던 손님들이 한 마디씩 했다.

"아, 김형욱 정말 갔구나……."

중앙정보부장의 인생

육사 8기 나인 멤버? 최장기 중정부장 재직

김형욱은 육사 8기생, 이른바 5.16 쿠데타를 주도했던 8기생 9명의 모임인 나인멤버의 한 사람이다. 김종필이 그 멤버임은 말할 필요도 없다.

많은 사람들이 김형욱을 '남산 돈까스', '멧돼지' 등 충성심밖에 없는 무식한 사람으로 묘사하지만 김형욱-김종필 두 사람은 서로의 비범함을 인정하는 사이였다.

김형욱은 1963년 6월, 김재춘의 뒤를 이어 중앙정보부장에 임명됐다.

이때 육군 중령 김형욱을 지프차에 태우고 남산으로 향한 사람이 1970년대까지 중정 차장으로 재직했던 윤일균 차장이다.

김형욱은 최장수 중앙정보부장이었다. 박정희 대통령보다 앞서서 정권의 안위를 생각하고 박정희 대통령이 차마 말하지 못하는 문제를 알아서 척척 처리했다. 공은 박정희 대통령에게, 악역은 자기가 담당하는 식이었다.

3선 개헌도 성공시켰다. 이후락 청와대 비서실장, 김형욱 중앙정보부장 두 사람이 3선 개헌의 공신이었다.

그러나 공화당에서는 3선 개헌을 통과시키는 조건으로 이후락, 김형욱의 파면을 요구했다. 이만섭 당시 국회의원이 공화당 의원총회에서 이 같은 조건을 내걸었고 직접 청와대로 올라가 대통령을 만나 요구사항을 전했다. 이만섭 의원이 고양이 목에 방울을 단 것이다.

박정희 대통령은 "이 의원은 나를 믿으면 된다"는 말로 그의 요구를 따를 것임을 암시했고 과연 그 약속이 지켜졌다.

1969년 10월, 청와대로 올라간 김형욱은 "자네 정보부장 몇 년 했지?"라는 박 대통령의 물음에 "네, 한 6년 3개월 했습니다"라고 말했고 그 다음은 해임이었다. "자네, 좀 쉬지!"라는 박 대통령의 한 마디에 '남자를 여자로 바꾸는 것 외에는 못하는 게 없다'는 그 무시무시하고 엄청난 권세를 자랑하던 중정부장 자리에서 물러났다.

청와대를 나오면서 충격을 이기지 못해 자신의 허벅지를 수없이 꼬집었다는 소문도 들려왔다. 나는 새도 떨어뜨린다는 자리에서 하루아침에 물러난 김형욱은 자신이 그 새의 입장이 되고 말았다.

그 뒤 국회의원을 지냈지만, 1972년 10월 유신선포로 국회가 해산됐고, 1973년 마침내 유정회 명단에서도 제외됐다. 그러자 박정희 대통령으로부터 완전히 버림받은 것이라고 판단했다.

도망가다 김성 대사 아버지 만나 혼비백산

1973년 4월 15일, 김형욱은 미국 망명길에 올랐다.

부인 신영순은 이에 앞서 1973년 1월 5일, 시무식 등의 어수선한 틈을 타 일본인 명의의 위조여권으로 이미 미국으로 출국했다. 장남 정한을 비롯해 정우, 신혜 등은 이미 미국 유학 중이었다.

김형욱도 도망가고 싶었지만 출국이 허용되지 않았다. 중앙정보부장을 지낸 인물이기에 대통령의 허락 없이는 출국이 불가능했다. 온갖 극비 정보를 가진 사람이므로 혹시 북한 등에서 위해를 가할지 모른다는 이유 였지만 실제로는 정권의 비밀을 속속들이 알고 있었기에 이를 두려워한 것이다.

김형욱은 수차례의 간청 끝에 대만에 박사학위를 받으러 간다는 커버스 토리를 만들어 해외여행을 허락받았다. 김형욱은 4월 15일 대만으로 출국 했지만 중간에 미국행 항공권을 구입해 미국으로 줄행랑을 쳤다.

중정부장 시절 그의 비서실장을 맡았던 문학림이 줄곧 그를 수행했지만 문학림조차 모르게 미국행 항공권을 구입했던 것이다. 문학림도 얼떨결에 미국행 비행기에 동승하게 됐고 김형욱은 문학림에게도 미국 망명을 권했 다. 문학림은 미국 도착 뒤 중정 현지 파견요원에게 김형욱이 사실상 미국 에 망명했다는 사실을 긴급히 알린 뒤 혼자서 한국으로 돌아왔다.

김형욱이 미국으로 갈 때 일본을 경유하면서 하네다공항에서 일촉즉발 의 상황을 맞기도 했다. 우연한 만남일지라도 쫓기는 도망자 입장에서는 가슴 철렁한 일이다. 현 주한 미국대사인 김성용 대사의 아버지인 김기완

주일공사 일행과 마주친 것이다. 김기완은 김형욱의 심복으로 중앙정보부 일본 현지 책임자였다. 자신의 심복이었지만 미국으로 몰래 망명하려 했던 김형욱은 혹시라도 계획이 노출돼 자신을 잡으러 왔나 하고 가슴을 졸였던 것이다.

이 같은 우여곡절 끝에 김형욱은 1973년 4월 15일 미국 로스앤젤레스 땅을 밟았고, 바로 이틀 뒤 뉴저지에서 먼저 와 있던 신영순 등 가족을 만났다.

박정희를 떠나 미국 망명 준비

숨겨진 재산 찾아 실종 전말 상황 추적

김형욱 실종사건의 전말을 알기 위해 구체적으로 입증 가능한 사실들을 찾기로 했다. 그래서 먼저 엄청난 재산을 미국으로 도피했다는 의혹이 일고 있는 김형욱의 미국 내 재산을 찾아보기로 했다. 그 재산의 흔적을 찾아 과연 그가 미국으로 망명한 것이 우발적인 것인지, 아니면 사전에 몇 년간 치밀한 준비를 한 끝에 결행한 것인지를 밝혀내기로 했다.

그렇다면 과연 김형욱이나 가족들 명의로 된 재산이 언제부터 미국에 존재했느냐가 중요한 열쇠였다. 김형욱 유족들이 살고 있는 주택과 그 외 부동산은 쉽게 찾을 수 있지만 과연 그들이 언제 처음으로 부동산을 샀는지를 알아내기란 쉽지 않았다.

김형욱의 가족 중 한 사람은 뉴욕에서 30분 정도 떨어진 웨체스터란 동네에 있는 커다란 쇼핑몰이 김형욱 소유였다며 자신도 한번 가본 적이 있지만 이름이나 장소를 기억할 수 없다고 했다.

〈시크릿 오브 코리아〉를 만들고 취재하기로 마음먹은 뒤 가장 먼저 찾아 나선 일이 바로 이 웨체스터에 있는 이름 모를 쇼핑몰이었다. 조금 과장한다면 백사장에서 바늘 찾기였다. 쇼핑몰 이름도 모를 뿐더러 누구 명의로 이 쇼핑몰을 소유했는지도 몰랐기 때문이다.

약 한 달 정도 이리저리 뛰어다닌 끝에 마침내 전모가 드러났다. 김형욱은 망명 이전부터 치밀한 사전준비를 했던 것으로 확인됐다. 치밀한 준비 과정을 밝히기 위해서는 김형욱의 도피 전후를 더듬어보는 것이 필요하다.

1971년 일찌감치 부인 명의 호화주택 매입

김형욱은 과연 언제 미국 망명을 결심한 것일까? '국정원 과거사건 진실 규명을 통한 발전위원회'가 2007년 10월 발간한 김형욱 실종사건 진상보고 서에 따르면 위원회는 김형욱의 망명 결심 시점을 1973년 3월, 빠르게 잡더라도 1972년 10월 유신선포에 따른 국회해산 직후로 짐작하고 있다.

1973년 3월, 김종필이 총리로 기용되면서 행동에 제약을 받자 탈출을 구상하게 되고, 이때부터 사채를 회수하고 외화를 환전하고 외화를 밀반출 했다는 것이 1973년 3월 결심설이다.

한편, 1972년 10월 17일, 해외 국정감사 도중 유신선포로 국회가 해산되자 그때부터 영어회화에 매달리며 망명을 준비했다는 것이 1972년 10월 결심 설이다.

그러나 김형욱과 그 일가의 미국 부동산을 추적한 결과 김형욱은 실제 미국 망명 시점인 1973년 4월보다 3년 이상 빠른 1970년께부터 망명을 준비한 것으로 밝혀졌다. 최소한 1971년 이전부터 미국 망명을 치밀하게 추진했음이 드러났다.

김형욱은 자신의 부인 신영순 명의로 1971년 1월 4일 이미 호화주택을 구입한 것으로 확인됐다. 이날 계약을 완료했으니 그 전부터 매입을 추진한 것이다. 이 집은 뉴저지주 테너플라이 트라팔가로드 60번지로 대지가 1.3에이커, 즉 1600평에 건평이 80평, 매입가는 16만 5000달러였다.

외환 보유고가 바닥났던 당시에 16만 5000달러는 거금이었다. 당시 미국에 이민 가는 사람에게 반출이 허용된 이민정착금이 1인당 200달러였으니 16만 5000달러는 상상을 초월하는 큰돈이다.

1970년대 후반부터 30년 이상을 부동산업에 종사한 한 재미동포는 김형욱이 집을 매입한 1971년보다 10년이 지난 1980년대 초반까지도 한인 이민자들이 구입한 집들은 대부분 5만 달러선이었다며, 1971년에 16만 5000달러는 엄청난 호화주택으로 볼 수 있다고 설명했다.

뉴저지주 테너플라이 지역은 뉴욕에 주재하는 한국 외교관이나 한국 지상사 주재원이 많이 사는 지역이다. 2007년 3월, 한국 정부가 국정원 파견관의 관사로 300만 달러를 주고 산 집도 이 테너플라이에 있다. 김형욱이 40년 전 구입한 집과 국정원 파견관의 관사가 이웃한 것은 우연치고는 절묘한 우연이다.

1972년, 부인이 사장인 부동산 회사 설립

김형욱은 1971년 5월, 공화당 전국구 의원으로 국회에 진출하지만 이때도 미국 망명계획을 착실하게 추진한 것으로 드러났다.

1972년 1월 21일, 뉴욕주 국무부에 김형욱의 행적을 가늠케 하는 한 법인의 설립신청서가 제출됐다. 법인의 이름은 제심리얼티코퍼레이션,

우리말로 하면 제심부동산회사였다. 이 법인은 1972년 1월 18일, 김형욱의 변호사로서 프레이저 청문회 등에도 동행했던 알란 싱거 변호사가 대리인 자격으로 설립했으며, 1월 21일 뉴욕주에 법인 등록을 마쳤다.

'제심'은 '뜻을 합쳐서 일이 되도록 한다'는 의미라고 한다. 마음을 합쳐서 잘 되도록 하자, 그런 의미로 회사 이름을 지은 것이다. 직전에 김형욱이 여자 연예인과 염문을 뿌린 것을 생각하면, 아마도 부인 신영순이 이를 감안, 미국에서는 가족이 힘을 합쳐서 잘 살자는 뜻으로 회사 이름을 제심으로 지은 것 같다.

김형욱의 며느리로부터 웨체스터에 쇼핑몰이 있었다는 제보를 처음 접한 지 약 5년 만인 2009년 5월, 웨체스터 카운티 등기소를 찾았고 혹시나 하는 심정으로 제심부동산회사 관련서류를 신청했다.

서류를 신청하고 2주 후 등기소를 방문했더니 뜻하지 않은 큰 선물이 기다리고 있었다. 40년 전 설립된 제심의 법인 서류 3건의 원본을 볼 수 있었다. 1972년 1월 18일자 법인설립 서류에는 김형욱의 변호사 알란 싱거와 김형욱의 경호원 겸 비서로 일했던 전 중정요원 김용길의 이름이 기재돼 있었다.

김용길의 처가 김형욱의 부인 신영순의 이종사촌 동생이었으므로 김용길은 김형욱 가족이 믿을 수 있는 피붙이였다. 김용길은 1960년대 후반 김형욱 중정부장 시절에 중정 요원으로 뉴욕에 파견돼 영사로 일했다. 아마 이때도 어렴풋이나마 미국행을 염두에 둔 것으로 보인다.

또 하나의 서류는 제심부동산회사가 김형욱 소유임을 입증하는 결정적인 서류였다. 1973년 8월 21일자의 이 서류에는 김형욱의 부인 신영순이 제심부동산회사의 사장으로서 서명했다. 법인설립 대리인으로서 이 법인의 지배인 역할을 맡은 알란 싱거 변호사의 주소가 변경된 사실을 통보한 내용의 서류에서 뜻하지 않게 신영순의 이름이 나온 것이다. 프레지던트, 즉 사장은 신영순, 세크리테리는 싱거 변호사로 기재돼 있었다.

1972년 4월, 대형 쇼핑센터까지 매입

제심부동산회사는 1972년 1월 법인을 설립한 뒤인 4월 3일, 뉴욕주 웨체스터 카운티 그린버그타운의 대형 쇼핑센터를 구입했다.

1972년 4월이면 김형욱이 공화당 국회의원으로 활동하던 무렵이다. 김형욱이 미국에 망명하기 1년 3개월 전의 일이다. 김형욱이 해외로 밀반출한 부정축재 재산이 1971년 1월 테너플라이 주택 구입으로 처음 모습을 드러낸 데 이어, 마침내 뭉텅이 돈의 실체가 포착된 것이다. 제심부동산회사는 178만 달러의 기존 은행융자를 그대로 안은 채 현금으로 80만 달러를 지불했다. 1972년, 40년 전에 260만 달러의 부동산을 구입한 것이다. 엄청난 거금이다.

박 정권을 등졌던 김형욱은 결국 흔적도 없이 사라졌지만 망명 준비만큼은 그가 그토록 자랑스럽게 생각했던 동백림 작전만큼이나 철저했던 것이다.

그린버그 쇼핑센터로 이름 붙여진 이 쇼핑센터의 정확한 주소는 뉴욕주 와잇플레인 크놀우드로드 77-97번지이다. 쇼핑센터가 크다보니 77번지부터 97번지까지 지번이 이어져 있고 주차 대수만 500대에 이르는 큰 쇼핑몰이다. 웨체스터 카운티가 지난 40년간 변모를 거듭하면서 현재는 다운타운에서 다소 떨어진 변두리 쇼핑센터로 전락했다.

그렇지만 규모는 만만치 않다. 대지가 11.5에이커, 1만 4000평 규모에 10여 개의 대형 상점이 들어서 있다. 상영관 4개를 갖춘 클리어뷰 시네마

극장, 300명을 수용할 수 있는 연회장을 갖춘 중국식당, 피자 레스토랑 등이 입주해 있어 40년 전 위용을 짐작케 했다. 편의점과 AP 등 대형 슈퍼마켓이 2개나 들어와 있고 던킨 도너츠, 베스킨 라빈스 등도 눈에 띄었다. 이 외에도 술을 파는 리커스토어, 세탁소, 건축설계업체 등이 입주해 있었다. 말하자면 극장, 대형 슈퍼마켓, 연회장, 패스트푸드점 등을 모두 갖춘 제대로 된 쇼핑몰이다.

웨체스터 카운티 세무국에 가서 재산세 과세 자료를 확인해봤다. 2008년 이 쇼핑센터의 평가 가격은 1100만 달러였다. 재산세 과세가격이 시세보다 훨씬 낮음을 감안하면 시장 가격은 1500만 달러를 넘을 것으로 보인다.

제심부동산회사는 김형욱이 실종된 뒤인 1982년 2월 8일 현금 170만 달러를 받고 그린버그 쇼핑센터를 팔았다. 물론 융자 잔액은 새 소유주에게 넘기고 현금만 170만 달러를 받았다. 80만 달러에 사서 170만 달러에 팔았으니 10년 만에 2배 넘게 번 것이다.

김형욱이 뉴욕주 웨체스터에 쇼핑센터를 구입한 것은 그의 변호사 알란 싱거가 웨체스터에서 활동해 이 지역을 잘 알았기 때문으로 추정된다. 웨체스터는 스카스데일, 용커스 등을 포함한 지역으로 뉴저지주 알파인에는 못 미치지만 유태인 부자들이 많이 사는 동네다.

한때 〈뉴욕타임스〉가 박정희 대통령의 망명 피난처가 아니냐고 거론했던 집도 바로 이 웨체스터에 있다.

결국 김형욱은 1973년 4월 15일 미국에 갔지만, 사실은 그 3년여 전부터 주택을 구입하고 법인을 설립해 쇼핑센터를 구입하는 등 소리소문없이 망명 준비를 착착 진행했던 것이다.

미국에 숨긴 재산

1974년, 뉴저지에 27만 달러 저택 구입

김형욱은 또 미국 도착 1년 4개월 뒤인 1974년 8월 21일 뉴저지 알파인 하이우드플레이스에 27만 달러짜리 저택을 구입했다. 대지가 1.5에이커, 1800여 평 규모로 현재 이 집의 재산세 부과를 위한 공시가격은 220만 달러 상당이었다.

과연 1974년에 27만 달러 저택의 가치는 얼마나 될까? 이 가치를 평가할 수 있는 좋은 대상이 있다.

〈뉴욕타임스〉 1976년 11월 30일자 신문이 그 가치를 입증해준다. 〈뉴욕타임스〉가 보도했던 박정희 대통령의 큰딸 박재옥이 사들인 뉴욕 저택이 그것이다. 〈뉴욕타임스〉에 중세 성 모양의 붉은 벽돌집으로 묘사된 이 주택은 김형욱의 쇼핑센터가 있는 웨체스터 카운티 스카스데일에 있다. 1976년 8월 17일 박재옥이 구입할 당시 가격이 20만 5000달러였다(p.241 참조).

김형욱이 1974년 뉴저지 알파인에 구입한 저택은 27만 달러인데 반해 그 2년 뒤 박정희 대통령을 위해서 구입했다는 소문이 나돌 정도의 저택이 20만 5000달러에 불과했다. 김형욱 집이 얼마나 좋은지 알 수 있는 것이다.

이 알파인 하이우드플레이스 선상에 김형욱 집을 포함한 7채의 주택이 있지만 7채 주택 모두 등기부등본에조차 번지는 적혀 있지 않을 정도로 철저히 베일에 싸여 있는 집들이다.

우편물은 집이 아니라 우체국 사서함을 통해서만 전달되고, 일반인에게 익숙한 주소는 찾아볼 수 없다. 다만 등기부 등본에 정확한 지번을 알려주는 블록과 로트가 적혀있어 지적도를 통해서만 그 위치를 확인할 수 있다.

　그러나 이 주택은 호화주택이기는 했지만 조국을 배신한 망명객 김형욱에게는 편안한 휴식처가 아니었다. 이 집은 도로를 기준으로 도로 위쪽이 아니라 도로 아래쪽에 있었다. 그래서 김형욱은 누군가가 차를 타고 가다 수류탄만 하나 굴려도 집이 산산조각이 난다며 불안에 떨었다고 김형욱을 잘 아는 한 재미동포가 말했다.

비운 예감?— 실종 4년 전 유언장 작성

　망명 1년 8개월여가 지난 1975년 1월, 김형욱은 언젠가 자신에게 닥칠 비운을 예감했음인지, 자신의 사망이나 실종 때 부인 신영순과 자녀들에게 유산을 준다는 유언장을 작성했다. 이 유언장의 주소를 뉴저지주 테너플라이 트라팔가로드 60번지로 적은 것을 보면, 1974년 8월에 알파인 하이우드 플레이스 주택을 구입했지만, 적어도 1975년 1월 이후에는 새집으로 이사한 것으로 추정된다.

　국정원 과거사 진상조사위원회의 〈김형욱 실종사건 진상조사보고서〉에 따르면 김형욱의 회고록 출판을 저지하기 위해 돈이 오갔다는 말이 있다. 굳이 진상조사보고서를 언급하지 않더라도 이미 세상에 널리 알려진 사실이다. 회고록 포기에 따른 대가가 150만 달러라고 기재된 부분이 있고, 200만 달러라고 적힌 부분도 있어 정확한 액수는 오락가락하는 상황이다.

　그러나 부동산 관련 문서를 통해 김형욱이 액수 미상의 돈을 받았음을 추론해볼 수 있는 근거를 찾았다. 김형욱은 1979년 10월 7일 파리에서 실종되기 이전, 그해 8월과 9월 두 차례에 걸쳐 파리를 방문하고 이때 회고록 포기 대가의 일부분이 직접 또는 스위스 은행 비밀계좌를 통해 입금됐다고 알려져 있다.

회고록 돈 거래 시기 부동산 2건 매입 확인

김형욱이 1979년 8월 10일 파리를 방문한 보름 뒤인 8월 24일, 김형욱은 부인 신영순의 이름으로 뉴저지 알파인 주택의 부지를 사들였음이 밝혀졌다. 알파인 언덕의 도로 맨 마지막 막다른 곳에 있는 이 대지는 2에이커로, 2400여 평 규모다. 매입가격은 17만 2500달러였다. 김형욱이 파리로 가서 돌아오자마자 땅을 산 것이다. 돈이 오고 갔을 가능성이 있는 것이다.

이상한 거래는 또 있다. 김형욱이 1979년 10월 7일 실종된 지 채 두 달도 안 된 11월 29일, 신영순은 뉴저지 라클랜드 카운티 오렌지타운에 7필지의 주거용 부지를 매입한 것으로 확인됐다. 매입가격은 20만 달러였다.

남편이 실종된 어수선한 상황에서 부동산을 구입할 정신이 있었을까? 참 대단하다는 생각도 들지만 돈의 출처도 궁금하지 않을 수 없다. 이 돈은 어디서 나왔을까? 김형욱이 밀반출한 재산의 일부일 수도 있지만 회고록을 포기한 대가로 건네진 돈의 일부일 가능성도 있다. 어쨌든 1979년 하반기, 김형욱 실종 시기를 전후해 김형욱 가족들이 약 40만 달러에 달하는 부동산을 사들인 것이다.

신군부가 재산 몰수하자 미국 부동산 처분 시작

김형욱이 미국에 망명해 미 하원 프레이저 청문회를 통해 박정희 정권의 비리를 폭로하자 한국 정부는 1977년 12월 '반국가행위자 재산몰수에 관한 특별조치법'을 제정했다. 그리고 김형욱이 실종된 뒤인 1982년 3월 궐석재판을 통해 징역 7년, 자격정지 7년과 함께 전 재산 몰수형을 선고했다.

김형욱에 대한 궐석재판이 진행되자 부인 신영순은 불안해지기 시작했고 미국 내 재산을 지키기 위해 이를 현금화하기 시작했다. 우선 신영순은 덩치가 가장 큰 쇼핑센터의 매도에 나섰다. 그린버그 쇼핑센터 소유주인 제심부동산회사는 1982년 2월 8일 신영순에게 쇼핑센터를 10달러에 넘기고, 신영순은 같은 날 이 쇼핑센터를 팔아버렸다. 제심부동산회사가 대형 쇼핑센터를 신영순에게 10달러에 넘긴 것은 이 쇼핑센터가 김형욱의 재산임을 다시 한 번 입증해주는 것이다.

또 이로부터 한 달 뒤인 1982년 3월 30일, 김형욱 실종 약 두 달 뒤 뉴욕주 라클랜드 카운티 오렌지타운에 사들였던 주거용 부지 7필지도 팔아치운다. 매각 대금은 23만 5000달러였다. 소나기는 피하라는 말이 있듯 제값을 못 받더라도 부동산을 팔아서 현금을 확보한 것이다. 한국과 미국이 엄연히 다른 별개의 주권국가이건만 자라 보고 놀란 가슴 솥뚜껑 보고 놀란다는 말이 있듯 지레 겁을 먹었던 모양이다. 한국에서 판결이 나기 전후로 두 달이 채 안 되는 기간에 부동산을 2건이나 판 것이다

김형욱 실종 1년 6개월 만에 사망선고 받아

이에 앞서 신영순은 그의 자녀 김정한, 김정우, 김신혜 등과 함께 김형욱 실종 1년 1개월 뒤인 1980년 11월 18일, 뉴저지 법원에 김형욱의 법률적 사망판결을 구하는 소송을 제기했다. 소송은 일사천리로 진행돼 그 다음해인 1981년 3월 30일 공판을 끝내고 4월 8일 김형욱은 사망했음을 법적으로

선고받았다.

실종 1년 6개월 만에 사망선고를 받은 것은 매우 이례적인 일이다. 미국 실정법상 실종자는 그가 마지막으로 목격된 날로부터 최소 5년이 지나야 사망을 선고할 수 있도록 돼 있기 때문이다.

실종자의 사망선고가 유족들에게 미치는 영향 중 가장 중요한 것이 유산의 상속이다. 1975년 김형욱이 작성한 유언장이 효력을 발휘하기 위해서는 사망선고가 있어야만 했던 것이다.

법원은 어떤 근거로 실종된 지 1년 6개월밖에 안 된 사람에 대해 사망을 선고했을까? 상식적으로 생각한다면 재판부가 김형욱이 사망했다고 확신할 수 있는 충분한 증거를 얻었기 때문이라고 추정할 수 있다.

김형욱 실종 이후 한국 정부는 가족들의 반발을 달래기 위해 여러 가지로 고심했고 그 해결책의 하나로 유산이라도 빨리 상속받게 해주자고 생각한 것으로 알려졌다. 그러기 위해서는 김형욱에 대한 법적인 사망선고가 필요했고 재판부를 납득시킬 수 있는 사망증거를 한국 정부가 나서지 않고 간접적으로 유족들에게 전달했다는 추론이 가능한 것이다.

법원이 사망선고를 할 때에는 사망이냐 아니냐를 따지므로 사망에 이르는 과정보다는 사망증거가 필요하다. 따라서 자세한 과정을 밝힐 필요없이 죽었다는 증거만 간접적으로 전해졌을 가능성이 없지 않다. 그러나 그 진실은 알 수 없다. 어쨌든 김형욱은 자신을 철저히 숨기고 부동산 대부분을 부인 명의로 구입했으므로 부동산보다는 스위스 은행에 예치된 예금 때문에 사망선고가 필요했던 것으로 보인다.

실종 1년 6개월 만인 1981년 4월, 뉴저지 법원에서 받아낸 사망판결의 가장 큰 의미는 유산상속이다. 김형욱 명의의 부동산이 전무했다는 점을 고려하면 신영순이 유산상속인으로 지정된 것은 부동산보다는 미국과 스위스에 예치된 예금을 갖게 됐다는 것에 더 큰 의미가 있다고 보는 것이 맞을 것이다.

김형욱 실종 뒤 가족들 새집 짓고 초호화 생활

호화주택 구입, 대형 쇼핑센터 매입 등을 통해 사전에 미국에 기반을 굳힌 뒤 망명길에 올랐던 김형욱이 1979년 10월 7일 파리에서 사라진 뒤에도 유족들은 남부럽지 않은 생활을 한다.

신영순은 1982년 5월 21일 뉴저지 포트리의 번화가에 있는 콘도 1채를 매입했다. 이른바 하이트맨하우스 콘도 5E호로, 이 콘도는 재미동포들이 많이 사는 뉴저지주 포트리의 센터애비뉴 1600번지이다. 그녀는 9만 1000여 달러에 매입한 이 콘도를 4년여 뒤인 1986년 2월 28일 14만 5000달러에 매도해 50%의 수익을 올렸다.

김형욱 유족들의 재산 중 가장 눈길을 끄는 것은 뉴저지 알파인의 대저택이다. 이 저택은 뉴저지주 팰리세이드 파크웨이를 따라 북쪽으로 올라가다가 2번 출구에서 빠진 뒤 클로스터로 내려가는 급경사 길의 중간에서 오른편 언덕을 따라 가다 다시 좌회전해서 이어진 길의 깊숙한 곳의 막다른 집이다.

이 저택은 도로변 대문에서 작은 언덕을 따라 올라간 뒤에야 만날 수 있다. 김형욱이 실종 전에 또 다른 알파인 저택인 하이우드플레이스에 살 때, 집이 도로 아래쪽에 있어서 누가 차를 타고 가다 수류탄만 굴려도 죽는다며 불안에 떨었던 점을 감안, 아마도 이번에는 도로보다 한참 위쪽의 집을 택한 것 같다. 그래서인지 이 집은 2차선 도로가 끊기는 막다른 곳에 있어서 이 집에 사는 사람이나 집을 찾아오는 사람이 아니면 아예 이곳을 오가는 사람이 없다. 그야말로 접근이 사실상 차단된 천혜의 요새다. 잘생긴 소나무들로 둘러싸인 이 집은 길가에서는 쉽게 규모조차 짐작되지 않고 항공사진이나 위성사진 등을 통해서만 구조를 알 수 있다.

이 집의 부지는 2에이커로 2400여 평이며 올림픽경기장 규격의 수영장이 갖춰져 있다. 김형욱 실종 직전인 1979년 8월 10일 김형욱이 파리를 다녀오고, 보름 뒤인 8월 24일 부인 신영순 명의로 구입한 부지다. 신영순은 1981년 4월 법원의 사망판결로 유산상속인이 된 뒤, 1982년 이 집의 신축공사에 들어가 1984년 완공과 함께 입주했다.

이 집도 다른 알파인 저택들과 마찬가지로 주소가 잘 알려지지 않은 채 우체국 사서함 번호로만 표시돼 있다. 뉴저지 세무국 서류에서도 재산세 고지서를 받는 주소가 우체국 사서함으로만 기재돼 있다.

이 집은 신영순 소유로 등기해놓았다가 2002년 9월 5일 장남 김정한이 숨지자 20일 뒤인 같은 해 9월 26일 신영순 트러스트로 소유권을 바꾸었다. 신영순에서 신영순 트러스트로 집의 소유권이 넘어갈 때의 가격은 단돈 1달러였다. 신영순 트러스트의 관리인은 김형욱의 차남인 김정우 변호사와 딸 김신혜 씨로 지정했다.

뉴저지주 세무국은 이 집을 240만 달러로 평가하고 있다. 이런 집들의 경우 매매가 일어나지 않는 한 처음 집을 평가할 때의 가치에서 크게 평가가격이 오르지 않는다. 그래서 평가가격이 낮은 것이다. 이 집의 시장가격은 500만 달러를 넘어선다는 게 부동산 전문가들의 판단이다.

뉴저지 세무국에 따르면 알파인 지역의 부동산은 지적도상 상가와 주택을 모두 포함해 정확히 800채였다. 이 중 500만 달러에서 1000만 달러 사이의 호화주택이 즐비하고 이 저택 또한 웅장한 저택 중의 하나이다.

외동딸은 5공 실력자 사촌과 결혼했다 이혼

김형욱의 큰며느리는 뉴저지주 법원에서 1982년 당시 이 집의 건축 비용만 최소 150만 달러에서 200만 달러를 넘어서며 융자없이 전액 현금으로 지었다고 진술했는데, 이를 미루어 보면 김형욱 유족들은 당시로서는 엄청나다고 할 수밖에 없는 큰돈을 가지고 있었던 셈이다.

김형욱의 장남 김정한은 김형욱 실종 1년 뒤인 1980년 결혼했고, 외동딸 신혜 씨는 1985년에 결혼했다. 김형욱의 큰며느리 김 씨는 이 집에서 가정교사를 하다 정한 씨를 만나서 결혼하게 됐다. 특히 이 결혼식 사진을 보면 당시 미국 뉴욕에 살던 박지원 의원이 부인과 함께 갓난쟁이 딸을 데리고 참석한 것을 알 수 있다. 박 의원은 며느리 김 씨 부모와 라이온스클럽 활동을 함께 한 인연으로 이날 결혼식에 신부 측 하객으로 참석했다는 것이 며느리의 설명이었다.

김형욱의 외동딸 김신혜 씨의 남편은 한상철 씨이다. 이들 부부는 1985년 9월 16일 뉴저지 포트리의 콘도를 부부 공동명의로 구입했다. 뉴저지 포트리의 올드 팰리세이드 로드 200번지로, 이 콘도의 맨 꼭대기 층인 펜트하우스를 48만 9000달러에 사들였다. 이 매매계약서에 이름을 드러낸 한상철은 전두환 대통령의 5공 때 청와대에서 근무한 모 인사의 사촌동생으로 알려진 인물이다.

더 추적해봤더니 김신혜 부부는 4년여 뒤 이혼했음을 알 수 있었다. 1989년 8월 25일 작성된 매매계약서에 따르면 이들 부부는 이혼했고 이혼에 따른 재산분할 합의에 따라 이 콘도가 김신혜 단독 소유로 변경된 것으로 나타났다. 그 뒤 김신혜는 1995년 5월 2일 이 콘도를 50만 달러에 팔았다.

부인과 아들, 콘도 등 앞 다퉈 매입

뉴저지 포트리 하이트맨하우스 콘도를 매입하기도 했던 신영순은 1989년 5월 9일 뉴저지 포트리에서 가장 유명한 콘도로 알려진 아트리움 콘도를 매입했다. 뉴저지 포트리의 팰리세이드 애비뉴 1512번지, 호수는 15L호였다. 매입가격은 48만 3000여 달러로 1989년 당시로서는 매우 비싼 가격이었다. 약 5년 뒤인 1994년 4월 18일, 신영순은 약 16만 달러 손해를 본 32만 8000여 달러에 이 콘도를 팔았다.

그 이듬해인 1995년 9월 장남 김정한도 아트리움 콘도 1채를 사들였는데, 가격은 35만 달러였다.

김정한은 김형욱 실종 뒤 크게 상심해 방황하다가 플로리다주에서 개 등을 키우는 자그마한 농장을 경영했다. 그 뒤 신영순은 김정한이 뉴욕으로 돌아오자 알파인에 자신과 공동명의로 단독주택 1채를 사줬다. 2001년 8월 15일이었다. 신영순 자신이 51%, 김정한이 49%의 지분을 소유했다.

1500평 대지에 지어진 이 주택의 매입가격은 99만 달러로 신영순의 집까지는 차로 1분밖에 걸리지 않는 가까운 곳이다. 그러나 2002년 9월 5일, 장남 정한이 죽자 2년 뒤인 2004년 8월 13일 이 집을 153만 5000달러에 팔았다. 정확히 3년 만에 집값이 50%나 오른 것이다.

이 집을 파는 과정에서 신영순과 큰며느리 사이에 분쟁이 일어나 법정 다툼으로 번지게 되고, 결국 큰며느리는 자녀 3명과 함께 몹시도 힘든 생활고에 시달리기도 했다.

이처럼 김형욱 유족은 김형욱 실종 뒤에도 적지 않은 부동산을 사고팔았고 현재도 알파인 대저택을 소유하고 있다.

김형욱 관련 부동산을 조사한 결과 눈에 띄는 점은 김형욱이 거의 모든 부동산을 부인 신영순 명의로 소유함으로써 자신은 철저하게 숨겼다는 것이다. 김형욱은 자신의 두 번째 집인 알파인 하이우드플레이스의 주택을 구입할 당시인 1974년 8월 신영순과 함께 융자서류에 서명한 것이 그가 남긴 거의 유일한 부동산 서류이다.

김형욱 은행예금만 2600만 달러 추정

김형욱이 은행을 전혀 이용하지 않고 자신의 저택 지하실에 금고를 두고 현금을 쌓아놓고 썼다는 것은 사실이 아니다. 김형욱은 체이스뱅크 등에 예금계좌를 개설한 것은 물론 자신의 이름으로 주식투자까지 했던 것으로 확인됐다.

1963년부터 1969년까지 박정희 정권의 파수꾼 역할을 했던 김형욱의 관심사는 단순히 정권안보만 지키는 선에서 그친 것은 아닌 것 같다. 적극적으로 이권에 개입했다는 이야기다.

그의 재산 규모를 짐작할 수 있는 것은 프레이저 청문회를 통해서였다. 김형욱은 프레이저 청문회에서 자신의 입으로 "나는 여러분이 상상하는 그 이상의 큰 권력을 가졌었다"고 고백할 정도의 엄청난 권력을 휘둘렀다. 역대 중정부장 중 가장 오랜 기간 재직한 점을 감안하면 적지 않은 이권에 관여했음은 불 보듯 뻔한 일이다.

여러 가지 이권 중 가장 큰 이권은 차관 도입에 따른 커미션. 차관을 도입하면 공화당이 일부, 중정이 일부를 갖는 식으로 커미션을 뗐던 것이다. 이 커미션을 꼬박꼬박 스위스 은행에 개설된 비밀계좌에 예치해 정권유지 비용으로 사용했지만 그 중 일부는 김형욱 등 권력자들의 개인 치부에 이용됐다는 것이 정설이다.

그렇다면 김형욱의 재산은 얼마나 될까? 그의 재산을 정확히 밝히는

것은 불가능하지만 프레이저 청문회, 미국 언론보도, 국정원 과거사 진상조
사위원회 등의 자료를 보면 그 대강을 알 수 있다.

〈워싱턴 포스트〉는 1978년 12월 8일자 기사에서 김형욱의 은행예금이
미국 은행인 시티뱅크에 2000만 달러, 그리고 스위스로 추정되는 해외
은행계좌에 600만 달러가 예치돼 있다고 보도했다. 은행예금이 2600만
달러라는 것이다. 이는 프레이저 청문회가 시티뱅크에 김형욱의 예금이
얼마인지 물어봤고 그에 따라 은행이 그의 예금을 추정한 것이다. 추정이라
고 했지만 은행이 자기 은행의 예치내역 등 합리적 근거를 가지고 판단한
것이므로 거의 정확한 것으로 생각된다. 〈워싱턴 포스트〉는 또 이 기사에
서, 김형욱이 프레이저 청문회에서 한국에서 350만 달러를 가져왔다고
진술한 것으로 보도했다.

게다가 김형욱에 대한 은행 기록을 확인한 결과 1978년 이전에 수년간에
걸쳐 라스베이거스의 시저스 팰리스호텔에 도박 대금으로 140만 달러를
지급했다는 사실도 보도됐다.

국정원 과거사 진상조사위원회 보고서는 김형욱의 재산을 1500만 달러
에서 2000만 달러로 추산했다.

〈주간동아〉는 2005년 8월 16일자에서 김형욱 측근 L 씨의 주장이라며
김형욱 재산이 3500만 달러라고 보도했다. 〈주간동아〉에 인용된 L 씨는
여러 정황을 추정컨대 이백희 씨로 추정된다. 이백희는 김형욱이 자신의
입으로 자기 재산이 3500만 달러라고 수차례에 걸쳐 말했다고 한 것이다.

이백희는 김형욱의 측근 중 측근으로 미국에까지 따라와 김형욱의 비서
역할을 했다. 이백희의 장인 A는 월남이 공산화되기 직전 월남의 중앙정보
부장을 지냈고 부수상까지 지낸 인물이다. 이백희는 중정 요원으로 월남
파견근무 중 A의 딸과 사랑에 빠졌지만 직업상 결혼이 불가능할 것으로

생각했다. 그러나 당시 중정부장인 김형욱이 그의 결혼을 승인해주었다. 이 때문에 평생 은인으로 생각하다 미국에 와 김 씨의 수족 역할을 한 것이다.

이백희는 김형욱의 장남, 그리고 외동딸 신혜 씨의 결혼식 등에도 참석했다. 김형욱 부인의 친척인 김용길과 이백희 두 사람이 미국 망명 중 김형욱의 최측근이었던 것이다. 그런 이 씨가 증언했다면 그것은 상당히 신빙성이 있는 것이다.

이처럼 김형욱의 재산은 적어도 1500만 달러에서 많게는 3500만 달러로 추정된다.

일부 방송에서 김형욱이 망명하던 시기에 한국의 외환 보유고가 2000만 달러였고 따라서 김형욱 재산이 당시 외환 보유고의 절반을 넘는다고 보도했지만 이는 사실이 아니었다. 한국은행 통계를 확인한 결과 김형욱이 처음 미국에 집을 구입한 1971년 외환 보유고는 5억 3400만 달러였다. 또 김형욱 망명 시점인 1973년 외환보유고는 10억 3400만 달러였다.

김형욱 재산을 2500만 달러로 추산한다면 1971년 기준 한국 외환 보유고의 5%에 조금 못 미친다. 한국 전체 외환 보유고의 20분의 1을 김형욱이 해외로 유출한 셈이다. 또 망명 시점인 1973년을 기준으로 한다면 2.5%로 40분의 1에 해당한다. 그야말로 당시로서는 천문학적인 외화 유출인 셈이다. 여기다 부인 신 씨가 재산환수소송 등을 통해 삼선동 주택과 신당동 대지 일부를 돌려받았음을 감안하면 김형욱의 재산은 이보다 더 많을 가능성을 배제할 수 없다.

이후락, 떡고물이 아니라 떡을 삼켰다

자칭 '박정희교의 신봉자'라는 이후락 중앙정보부장은 2009년 10월 31일, 86세를 일기로 인생역정을 마감했다. 이후락은 김종필, 김형욱 등과 함께 한 시대를 풍미하며 대한민국을 쥐락펴락하던 인물이다.

박정희가 5.16 군사정변으로 쿠데타에 성공한 뒤 1963년 대통령으로 선출된 것과 때를 같이해 이후락은 대통령 비서실장으로, 김형욱은 중앙정보부장으로 6년여 동안 장수하다 한날한시에 물러났다.

이후락·김형욱 두 사람은 박정희의 장기집권의 주춧돌이 되는 3선 개헌을 성공시켰다. 그 뒤 김형욱은 끝내 박정희의 재신임을 받지 못하고 미국으로 망명했지만 이후락은 달랐다. 이후락은 1년 만에 중앙정보부장으로 컴백했다. 김형욱은 1973년 4월 미국으로 도망갔고 이후락도 1973년 12월 중정부장에서 해임된 뒤 그해 말 소리소문없이 해외로 빠져나갔다. 박정희의 총애를 받으면서 역설적으로 누구보다도 박정희의 구린 곳을 많이 알았던 두 사람이 동시에 망명길에 오른 것이다.

김형욱은 미국에서 프레이저 청문회에 나서면서 박정희 타도의 선봉에 섰고, 그로 인해 1979년 10월 8일 파리에서 실종됨으로써 불귀의 객이 되고 말았다.

반면 이후락은 바하마로 도망간 뒤 미국을 내세워 박정희 정권과 협상을 통해 안전을 보장받고 귀국, 칩거하다 국회의원에 무소속으로 출마하기도 하는 등 다른 행보를 보였다. '조조'라고 불릴 정도로 머리가 뛰어났다고 평가되지만 그만큼 교활하기도 했던 것이다.

이후락은 박정희 대통령으로부터 특수지역 출장명령을 받기도 했다. 1972년 북한을 방문, 김일성을 만난 것이다. 이때 청산가리를 품고 갔다고 증언하기도 했다.

특히 이 전 부장은 부정축재자들이 거론될 때마다 1~2순위를 다투었다. 그는 "떡고물을 묻히지 않고 떡을 만질 수는 없는 법"이란 말을 남겼다. 자신의 부정축재를 미화하려 한 말이다. 그러나 그 가족들의 미국 부동산을 살펴보면 떡고물이 아니라 떡을 시루째 집어 삼켰다는 세간의 소문과 비난 이 무섭도록 정확한 것임을 알 수 있다.

'미국 부동산은 모락' 발표? 연기 날 이유 있더라

1980년 6월 중순, 계엄사령부의 부정축재 재산 조사발표 때 이후락 일가 가 미국으로 재산을 반출한 부분에 대해서도 언급이 있었다. 그러나 결론은 혐의없음이었다.

계엄사령부 발표를 살펴보면 이후락 일가가 1977년 미국 로스앤젤레스 에 1580만 달러 상당의 빌딩을 매입했고 미국에 사는 장남 부부에게 호화주택을 사줬다는 의혹을 조사했다. 계엄사령부는 현지 조회 등으로 조사한 결과 재미 반정부 불순분자들이 정부 고위관리의 비위를 조작·선전함으로써 반정부 여론을 조장하기 위한 기도였다고 발표했다. 미국 재산 매입설은 근거가 없다는 것이다.

이렇게 계엄사령부가 미국 재산에 대해 사실무근이라며 면죄부를 줬지만 실상은 그렇지 않았다.

이후락이 막내 동생 같은 사위 정화섭 부부를 통해 1980년 이전인 1975년과 1977년에 미국 부동산을 사들인 것으로 드러났으며, 장남 부부 또한 1975년부터 호화주택을 매입했음이 이미 입증됐다. 소문으로만 떠돌던 로스앤젤레스 부동산 매입설도 반정부 불순분자의 조작이 아니라 이 지역의 등기소를 조회한 결과 상당 부분 사실이었다. 또 이후락 본인이 사위 정화섭 등과 함께 1980년에 로스앤젤레스에서 민사소송을 당한 사실도 드러났다. 미국 내 재산 은닉이 사실무근이 아니더라는 말이다.

이후락의 외동딸 부부는 1983년 7월, 로스앤젤레스 코리아타운의 윌셔블루버드의 6개 필지를 사들인 것으로 확인됐다. 지적도상 윌셔블루버드의 5094로트 일대이며, 번지로는 뉴햄프셔애비뉴와 사우스버몬트애비뉴를 사이에 둔 땅이다. 약 200만 달러 남짓에 이 나대지를 사들였다가 되팔았다. 현재 이 지역은 코리아타운의 요지로 일부는 아파트, 일부는 상가가 지어졌다. 본인들 명의로 된 재산이 로스앤젤레스에서 확인된 것이며, 법인 명의의 부동산이 있을 가능성도 배제할 수 없다.

1980년 사위와 함께 LA서 고소당했다

이후락 본인은 미국 캘리포니아 산타바바라 카운티에서 민사소송을 당한 것으로 확인됐다. 이는 이후락 관련 재산이 산타바바라 카운티에 있음을 의미한다. 산타바바라 카운티는 재미동포들이 많이 사는 로스앤젤레스 카운티와 맞붙은 지역으로 로스앤젤레스의 북쪽 지역이다.

산타바바라 카운티 지방법원 조회 결과 '김동국'이라는 사람이 1980년 4월 21일 이후락 등을 상대로 소송을 제기한 것이다.

이 소송 시점은 박정희 대통령이 김재규의 총에 살해된 지 6개월 정도 지난 뒤였다. 10.26 사건이 발생하지 않았던들 아마도 이후락이란 거물을 상대로 소송을 제기하기란 불가능했을 것이다. 이후락이 비록 권력의 중심에서 밀려난 지 6년여가 지났지만 어지간한 강심장이라도 박 정권이 존재하는 한 중앙정보부장까지 지낸 그를 소송한다는 것은 쉬운 일이 아니기 때문이다. 박 정권이 물러나고 신군부가 들어서면서 이후락 등의 부정축재 행위에 대한 비난여론이 일면서 소송이 가능했을 것이다.

실제 1980년 5월 16일 밤 이후락 등 부정축재자에 대한 조사가 시작됐고 한 달여 뒤 재산환수조치를 취했다. 바로 그 시기에 이후락을 상대로 미국에서 소송이 제기된 것이다.

이 민사소송 사건번호는 SB131617이었다. 피고는 개인 6명과 법인 3개였다. 이후락은 물론 그의 사위로서 미국의 재산에 대해 관리인 역할을 했던 정화섭도 피소됐다. 또 그레고리 최, 해리 리 등이 피소됐으며 극동건설이 고소된 것도 이채롭다. 이후락과 극동건설이 함께 민사소송의 피고가 된 것은 이 씨와 극동건설의 관계가 어떤 것인지 짐작하게 하는 단서가 된다.

32년 전 사건이라 안타깝게도 소송장 등은 구할 수 없었고 소송결과도 알 수 없었다. 틀림없이 이 소송장은 이후락의 미국 재산에 대한 거대한 비밀을 담고 있을 것이다.

이후락의 금고지기 맡은 사위 정화섭

이후락 금고지기 정화섭은 동생 같은 사위

이후락의 자녀는 3남 1녀로, 장남 이동진은 서정귀 호남정유 사장의 딸인 이옥로와, 차남 이동훈은 김종희 한화 창업주의 딸과, 삼남 이동욱은 최종건 SK 창업주의 딸과 각각 결혼했다. 이동진은 47년생, 이동훈은 48년생, 외동딸 이명신은 49년생이다.

특히 이동훈은 김승연 회장의 누나 김영혜와 결혼함으로써 이후락은 한국화약그룹과 사돈이 됐고 김승연 회장은 서정화 전 내무부장관의 딸 서영민과 결혼했다. 서정화는 이후락의 사돈인 서정귀 전 호남정유 사장의 6촌 동생이므로 서정귀는 김승연 회장에게는 6촌 장인이 된다. 누나의 동서가 서정귀의 딸이었으니 겹사돈을 맺은 셈이다.

외동딸로 이후락의 귀여움을 독차지한 명신 씨는 정화섭 씨와 결혼했다. 정화섭은 이후락의 사위이자 이후락의 동지였다. 이후락을 대신해 이후락의 떡고물을 관리했기 때문이다. 1972년 12월 중앙정보부 국제문제 담당국장으로 재직하다 정실 인사라는 박정희 대통령의 질책으로 물러나기도 한 정화섭은 중앙정보부에 들어가기 전부터 이후락의 비자금 금고지기 역할을 수행했다.

미국 걸프사가 1969년 8월 21일 스위스 유니언은행에 개설된 이후락의 사돈 서정귀 호남정유 사장의 계좌로 20만 달러의 리베이트를 송금했다. 그러나 유니언은행은 1969년 9월 2일 이 돈의 입금사실 등을 기록한 은행계좌명세서를 서정귀가 아닌 정화섭에게 보냈던 것으로 드러났다. 징화섭이 이후락의 부정축재 자금을 관리했음을 잘 알 수 있는 대목이다.

사위는 이후락과 불과 13세 차이

이후락은 1924년생인 반면 사위 정화섭은 1937년 12월생으로 나이 차이가 13년에 불과했다. 나이로만 보면 사위라기보다는 막내동생에 가까웠다. 이후락의 외동딸 명신은 1949년 6월생으로 자신보다 12세나 많은 배우자를 만난 것이다. 이후락 외동딸 부부는 현재 미국 시민권자로 확인됐으며 이들의 출생일자는 자신들이 미국 뉴저지 정부에 제출한 한 문서에서 드러났다. 이 문서는 일반에 공개된 모종의 문서이다.

일설에는 정화섭이 외동딸 명신 씨의 가정교사였는데 이후락이 명석한 두뇌의 정화섭을 사윗감으로 발탁했고 일찌감치 결혼시켰다고 전해진다. 그도 그럴 것이 이후락은 나이 마흔에 대통령 비서실장이 돼서 검은 돈을 주무르기 시작했고 당시 큰아들 동진 씨는 스무 살도 되지 않았을 때였다.

검은 돈을 관리하기 위해서는 믿을 수 있는 사람이 필요했지만 아들은 너무 어렸다. 그래서 생각한 것이 듬직한 사윗감을 얻는 것이었다. 장성한 사람이 필요했던 것이다. 그래서 자신과는 열세 살 차이가 나고 딸보다는 열두 살 많은 정화섭을 선택한 것이다. 이동진은 47년생, 이동훈은 48년생, 이명신은 49년생이며, 정 씨가 장남 이동진보다 열 살이 많은 것이다.

부정축재 환수 뒤 되레 미국 부동산 매입 급증

이후락의 사랑을 독차지한 외동딸 이명신-정화섭 부부의 미국 내 부동산은 그야말로 엄청났다. 뉴저지주 버겐 카운티 등기소 1곳에만 이명신-정화섭 부부의 부동산 거래 서류가 100건이 넘었다.

이들이 현재 살고 있는 곳은 뉴저지 알파인으로, 김형욱의 유족들과 3분 거리에 이웃해 있다. 한 시대를 풍미했던 박정희 정권의 양대 버팀목의 가족들이 미국 최고 부촌에서 함께 둥지를 틀고 있는 것이다. 이들의 집은 알파인 타마락로드에 있으며 대지가 2400평에 달하는 호화주택으로, 현시가 500만 달러에 달한다.

미국 부동산 자료를 조회한 결과 이들은 적어도 1970년대 초반부터 미국에 머물렀다. 이명신-정화섭 부부가 가장 먼저 집을 산 것은 1975년이었다. 이들은 1975년 11월 3일 뉴저지 테너플라이에 8만 3000달러에 단독주택을 사들였다. 그리고 2년 뒤 1977년 2월 1일, 뉴저지 크레스킬에 부동산을 샀다. 1975년 테너플라이에 구입한 주택보다 2배 정도 비싼 15만 3000달러짜리 집이었다.

특이한 것은 이들 부부의 부동산 매입이 박정희 정권이 무너진 뒤인 1980년부터 급증한다는 것이다. 전두환 등 신군부는 1980년 5월 광주민주화운동 직후 김종필, 이후락 등을 연행하고, 약 한 달 뒤인 같은 해 6월 중순 이후락이 194억 원의 부정축재를 했다고 발표했다.

공교롭게도 이 발표 이후 외동딸 부부의 미국 부동산 구입이 크게 늘었다. 부정축재한 재산을 국고에 환수했다고 발표한 점을 감안하면 엄청나게 많은 부정축재 재산 중 194억만 환수하고 나머지는 오히려 양성화시켜서 해외 반출을 허용한 것이 아닌가 하는 의문이 들 정도다. 만약 그랬다면 뭔가를 주고받았을 것이다.

고의로 눈감아주지 않았다고 한다면 이후락이 신군부의 허술한 부정축재 조사를 비웃기라도 하듯 이제 더 이상의 조사는 없을 것이라고 판단하고 꼭꼭 숨겨둔 재산을 본격적으로 굴리기 시작한 것이다. 이들은 눈이 아파

계약서를 하나하나 살피기 힘들 정도로 갑자기 많은 부동산을 사들였다.

1980년 와이키키 콘도— 뉴욕 수천만 달러 대형 빌딩도

이명신 부부는 계엄사령부의 부정축재 재산 환수 발표 직후인 1980년 7월 7일, 뉴저지주 포트리 메인스트리트의 부동산을 22만 5000달러에 매입했다.

이들은 그 다음 달인 1980년 8월 25일 하와이 호놀룰루의 와이키키 해변이 바로 앞에 있는 이라카이 콘도를 샀다. 매입가격은 34만 2000달러로 1980년 당시로는 거액이었다. 현재 와이키키 해변 앞에 있는 대형 콘도가 약 10개에 달하는데, 이라카이 콘도가 가장 먼저 건립된 콘도이다.

박정희 대통령의 손녀 부부, 노태우 대통령의 아들 노재헌, 이명박 대통령의 사위 조현상 효성 그룹 부사장 등 내로라하는 정재계 주요 인사가 매입한 워터마크 콘도도 바로 이 이라카이 콘도 옆에 세워졌다.

이뿐 아니다. 약 4개월 뒤인 1980년 12월 15일에는 뉴저지주 크레스킬의 나대지 2필지를 한날한시에 사들인다. 2필지 모두 합쳐서 매입가격이 18만 달러였다. 이 2필지의 나대지 중 1필지는 재미동포로서 YS 시절 경남 도지사를 지낸 김혁규 씨에게 팔린 것으로 확인됐다.

일주일 뒤인 1980년 12월 22일에도 이후락의 장남 이동진과 공동명의로 뉴저지주 포트리의 부동산을 11만 5000달러에 샀다. 부정축재로 재산이 환수된 1980년 한 해에만 이후락의 외동딸 부부가 최소한 4개의 부동산을 사들인 것이다.

이듬해인 1981년에도 이들 부부의 부동산 쇼핑은 그치지 않았다. 새해 벽두인 1981년 1월 20일 뉴저지주 포트리 부동산을 73만 달러에 샀다.

1981년 4월 15일에는 이후락의 장남 이동진과 공동명의로 뉴저지주 포트리의 부동산을 75만 달러에 매입했다.

1981년 6월 15일에도 이후락의 장남 이동진과 함께 뉴저지 잉글우드클리프의 부동산을 160만 달러에 사들였다. 1981년에만 장남과 함께 300만 달러 이상의 부동산 3채를 매입한 것이다.

알파인에 대형 저택― 김형욱 집과 3분 거리

이명신-정화섭 부부는 1986년 1월 28일, 현재 살고 있는 뉴저지주 알파인 타막락로드의 저택을 60만 5000달러에 사들였다. 이 저택은 현재 500만 달러를 호가한다. 이 집은 김형욱 중앙정보부장 유족들의 집과 차로 3분 거리다. 김형욱 부장의 큰며느리는 남편 정우 씨가 유학시절부터 이후락 부장의 딸과 잘 아는 사이였다고 말하기도 했다. 끼리끼리 다 통했던 것이다.

또 이 부부는 같은 해 7월 14일에 뉴저지주 포트리의 유명한 아트리움 콘도 바로 옆 부동산을 255만 5000달러에 매입한다. 1986년 한 해 부동산 매입액이 315만 5000달러에 달했다.

이들은 1987년 8월 24일, 자신들이 설립한 '몬다'라는 법인 명의로 뉴욕 맨해튼 다운타운의 빌딩을 사들였다. 25년 전 당시 매입가격이 720만 달러에 달했다. 엄청난 거액의 부동산인 셈이다. 몬다라는 법인 명의로 매입함으로써 매입 당시 이들 부부가 주인임이 전혀 드러나지 않았다.

그러나 비밀은 없는 법이다. 2002년 4월 2일, 이들 부부가 이 빌딩을 매도할 때 정화섭-이명신이 몬다의 주인임이 드러났다. 매도가격이 897만 5000달러로 거액이었다. 이 빌딩은 2007년 다시 거래될 때 가격이 1590만 달러였음을 감안하면 현시세가 2000만 달러 정도임을 알 수 있다.

이들은 같은 해인 1987년 6월 10일, 뉴욕의 대표적 한인 타운인 플러싱에서도 법인 명의로 빌딩을 사들였다. 매입가격이 220만 달러였다. 1987년 한 해에만 이들 부부가 부동산 매입에 쓴 돈이 자그마치 940만 달러였다. 25년 전 950만 달러면 현재 화폐가치로는 얼마나 될까? 보수적으로 산정하더라도 2000만 달러는 될 것이다.

1988년 12월 9일에는 뉴저지 포트리 메인스트리트 부동산을 30만 달러에 매입했다.

뉴저지에 사무용 빌딩 2채 1500만 달러에 매입

이명신 부부는 2006년 3월 30일, WGMK라는 법인을 통해 뉴저지 에지워터의 부동산을 840만 달러에 매입했다. 이 건물은 맨해튼이 바라다보이는 허드슨강과 접해 있다. 건물 바로 앞이 허드슨강이어서 그야말로 맨해튼 마천루가 한눈에 보이는 요지 중 요지다. 이 사무용 빌딩은 대지가 1200평에 건평이 무려 5만 2000평방피트, 즉 1461평에 달한다. 평방피트당 연간 임대 비용은 28달러로 연간 임대수입이 150만 달러, 한화 18억 원에 이를 것으로 추정된다.

이명신 부부는 2007년 4월 13일 MMGK라는 법인을 설립, 뉴저지 에지워터의 부동산을 690만 달러에 매입했다. 허드슨강을 사이에 두고 맨해튼이 손에 잡힐 듯 바라보이는 고급 주택가 에지워터 중에서도 바로 강가에 세워진 사무용 빌딩이다. 2000년에 지어진 이 빌딩은 3층 규모로 마리너은행 등이 입주한 것을 비롯해 변호사, 회계사, 의사 등이 입주한 최신 빌딩이다. 건평은 3만 평방피트로 843평이며 평방피트당 연간 임대비용은 25달러에 달해 연간 임대 수입만 75만 달러에 달한다. 가만히 앉아서 임대 수입만

9억 원을 버는 것이다.

이들 부부는 2006년과 2007년, 1500만 달러를 투자해 뉴저지 에지워터에 2개의 대형 사무용 빌딩을 샀는데, 연 임대수입만 27억 원에 달한다. 특히 이 빌딩은 바로 강가에 자리잡아 언제든지 마음만 먹으면 콘도 등 주택단지를 조성할 수 있다. 이들 부부는 단순한 임대수익뿐 아니라 장차 이 빌딩들을 주택단지로 바꿀 수 있다는 점을 염두에 두고 투자를 한 것이다.

이들 부부는 2004년, 뉴저지 에디슨 시장에 출마한 재미동포 최준희 시장에게 각각 1000달러씩의 정치 후원금을 전달하기도 했다.

이들의 알파인 주택에서 집안일을 도왔던 한 재미동포는 이들이 매일 제사를 지낸다고 했다. 아마도 집에서 불공을 드리는 것을 제사로 잘못 표현한 것 같다. 이들은 독실한 불교신자로 뉴저지의 한 한국인 사찰의 살림을 책임질 정도로 적지 않은 시주를 하고 있다.

이후락의 장남

장남 부부도 부동산 다수— 동진 씨는 2004년 사망

장남 이동진 씨 부부도 마찬가지다. 이동진-서옥로 부부도 1975년 첫 집을 구입을 구입한 데 이어 1980년 12월 12일, 여동생 부부가 구입한 콘도인 하와이 호놀룰루의 이라카이 콘도를 매입했다. 매입가격이 17만 5000달러인 이들 부부의 콘도는 16층. 이들보다 4개월 앞선 8월에 여동생 부부가 구입한 콘도는 14층이었다.

1980년 대한민국 수출이 100억 달러를 막 넘었을 때 이후락 중앙정보부장의 자녀들이 와이키키 해변에 2채의 콘도를 매입한 것이다. 그것도 이후락 중앙정보부장의 부정축재 재산 194억 원을 국고에 환수했다는 발표가 나온 직후에 말이다.

1980년대에는 주로 외동딸 부부와 공동명의로 투자에 나서기도 했지만 그 부동산 규모는 외동딸 부부에 못 미쳤다. 이는 당시 장남이 너무 어렸기에 사위를 통해 비자금을 관리했기 때문인 것으로 보인다.

이동진 부부는 1981년 1월 7일 뉴저지주 알파인의 나대지 2필지를 각각 16만 5000달러, 총 33만 달러에 사들였다.

이들 부부는 1980년대 초반 자신들이 설립한 글렌투자회사라는 법인을 통해 뉴저지주 포트리 주택을 매입한 뒤 1988년 12월 6일 이동진으로 명의를 바꿨으며, 2004년 다시 이 씨가 설립한 법인으로 소유권을 옮기는 등 명목상 소유주가 여러 번 바뀐 끝에 2006년 6월 30일 15만 9000달러에 팔았다.

이 부동산 관련서류에서 이후락의 장남 이동진이 사망했음이 밝혀진다. 이동진은 2004년 한국에서 요양 중 부인에게 위임장을 작성하는 등 재산을 정리했으며 2004년 5월 8일 사망한 것으로 기록돼 있다. 남편 사망 사실을 법원에서 인정받은 뒤 부인 앞으로 부동산 소유권을 이전한 사실이 드러난 것이다.

이후락의 장남이 아버지보다 5년여 일찍 세상을 뜬 것이다. 채 예순이 되기 전이었다. 장남이 일찍 세상을 뜬 것은 말 못할 이유가 있기 때문이라는 것이 이 집안을 잘 아는 사람들의 설명이다. 서옥로 씨는 남편 이동진이 숨진 뒤인 2007년 3월 2일, 뉴저지 테너플라이 단독주택을 215만 달러에 사들였고 현재 그곳에서 살고 있다.

03
차지철

차지철은 박정희 정권의 마지막 경호실장으로, 박정희 대통령과 함께 김재규에게 저격 당해 사망한 인물이다.

차지철은 1934년 11월 16일 경기도 이천생으로, 5.16 쿠데타가 일어난 1961년에는 27세의 열혈 청년장교였다. 육군사관학교 12기에 응시했다 불합격된 뒤 포병간부 시험에 합격해 군생활을 시작했다.

1961년, 특전사 대위 때 5.16에 참여해 박종규와 함께 장면 국무총리의 신병확보를 위해 반도호텔을 급습하기도 했었다. 그 뒤 박정희 의장의 경호를 맡으면서 실세 중 실세로 군림했다.

그는 1963년 예편 뒤 30세에 국회의원이 됐다. 공화당 전국구 의원 24명 중 22번으로 당선됐고, 2년 만에 정치학 박사학위를 받기도 했다. 박 대통령의 총애가 없이는 불가능한 일이었다.

그는 국회의원을 4번이나 역임한 뒤 육영수 여사 저격사건으로 박종규 경호실장이 물러나자 1974년 그 자리를 꿰차고 온갖 전횡을 일삼다가,

1979년 10월 26일 박정희 대통령과 함께 김재규의 총에 맞아 세상을 떠났다.

무소불위의 권력을 휘두르면서 안하무인으로 악행을 일삼은 차지철이었지만 돈과 여자 문제에서 만큼은 청렴했던 것으로 전해지고 있다. 그러나 적지 않은 재산이 있는 것으로 드러났다. 청렴결백의 기준을 두부 자르듯 정할 수는 없지만 적어도 공무원이 모을 수 있는 돈 이상을 가진 것은 사실이었고, 특히 미국에 있는 그의 부인과 처가 쪽 친척들도 적지 않은 부동산을 소유한 것으로 확인됐다.

차지철, 1966년 동정의 훈장을 포기하다

미국 부동산 등기부 등본에 나타난 그의 부인 이름은 윤보영이었지만 그의 결혼을 보도한 신문에는 부인이 '성 씨'라고 돼 있었다. 알고 보니 차지철이 재혼을 한 것이었다.

1966년 9월 30일자 각 신문에는 차지철의 결혼소식이 가십으로 전해졌다. 〈매일경제〉도 그날짜 3면에서 그의 결혼소식을 우스꽝스럽게 전했다. 그 보도 전문은 이렇다.

공화당의 최연소자인 32세의 차지철 의원이 27일 마침내 고이 간직해 오던 동정의 훈장을 포기, 성인의 대열에 끼게 됐다. 차 의원은 지난달 모 씨의 중매로 한때 중계에 투신했던 성모 씨의 따님과 쥐도 새도 모르게 약혼, 전격적으로 또 초 극비리에 27일 하오 5시 육군교회에서 양가의 가족들과 김종필, 길재호, 김동환, 김형욱, 박종규 등 극히 가까운 몇몇 인사들만이 모인 가운데 화촉을 밝혔던 것. 도둑장가를 든 차 의원은 신부와 함께 서울시 교외 모처에서 밀월의 단꿈에 흠뻑 잠겨 있다는 소식.

이때 그의 처가 '성' 씨로 보도된 것은 '송' 씨를 '성' 씨로 착각한 것이었다. 어쨌든 차지철은 1966년 9월 27일 결혼했다.

그러나 차지철이 1974년 8월 21일, 박종규의 뒤를 이어 경호실장에 임명됐을 때 각 신문의 보도를 살펴보면 그의 부인은 당시 35세의 윤백희 씨로 소개됐다. 자녀로는 5세, 3세 두 딸이 있다는 것이다. 당시 그의 집은 동교동이었으며 집에 기도실을 따로 만들고 매일 두 차례씩 가족 기도회를 할 정도로 독실한 기독교인이라고 소개됐다.

1966년 송희성 씨와 결혼했던 차지철이 8년 뒤인 1974년에는 부인의 성이 윤 씨였던 것이다. 차지철은 첫 부인 송희성 씨와 헤어지고 1968~1969년께 둘째 부인 윤보영 씨와 재혼했던 것이다. 이때 신문에는 부인이 윤백희 씨라고 소개됐지만 미국 부동산 등기서류 등을 통해 확인한 결과 그녀 이름은 윤보영이었다.

1979년 10월 26일, 김재규의 총에 사망한 뒤의 언론보도를 찾아보면 당시 차지철의 노모 김대안 씨와 부인 윤보영 씨 등이 차지철 사망소식을 듣고 기절했던 것으로 나온다. 미국 부동산 서류와 일치하는 것이다. 이를 보더라도 차지철은 첫 부인과 이혼하고 재혼한 사실이 확인된다.

1991년 7월 11일자 언론보도를 보면 차지철의 전처 송희성이 서울민사지방법원에 〈중앙일보〉를 상대로 2억 원의 위자료 청구소송을 했다는 기사를 찾을 수 있다.

송희성은 〈중앙일보〉에 실린 연재물 청와대 비서실 기사에서 "자신을 끼 있고 남성 편력이 심한 여자"라고 매도해 차지철과의 결혼 사실을 모르고 있던 현재의 남편과 심한 가정불화를 겪게 됐고 자녀들이 학교에서 따돌림을 당하는 등 정신적인 피해를 보았다고 주장했다는 것이다.

1991년 12월 27일, 서울지방법원은 중앙일보가 원고 송희성에게 2000만 원을 지급하라며 원고승소 판결을 내렸다는 것이 당시 언론보도다.

자세한 사정이야 알 수 없지만 차지철이 첫 부인 송희성 씨와 이혼한 것이 사실로 드러난 것이다. 지금 인터넷 백과사전으로 통하는 위키피디아 등에는 차지철이 송희성과 한 번 결혼한 것으로 나오지만 이것은 사실이 아니다.

성북동 집은 현재 정몽윤 회장 소유로 확인

그렇다면 차지철은 과연 청렴하였을까? 언론보도를 봐도 그렇지 않고 부인과 처가 식구들의 미국 부동산 소유 내역을 보면 적지 않은 재산이 있음을 알 수 있다.

차지철은 1974년 경호실장에 임명될 당시에는 동교동에 집이 있었고 1979년 10월 26일 사망 당시에는 성북동에 집이 있었다. 10.26 당시 언론보도를 보면 차지철의 집은 서울시 성북구 성북동 330-184번지였다. 이 집은 지하 1층, 지상 2층이었다. 지하 1층은 13평 정도였지만 지상 1층은 63평, 지상 2층은 50평 규모였다.

당시 현대건설에서 차지철 실장을 위해 성북동에 집을 지었지만 차지철은 이 집에 들어가는 것을 거부했다는 설이 있다. 이 말을 들은 박정희 대통령이 차지철에게 이 집에 들어가 살라고 권유하자 못 이기는 척 이 집을 차지했다고 한다.

한때 차지철이 이 집에 엘리베이터까지 설치했다는 투서가 청와대로 날아들어 박 대통령까지 진상을 알아보는 등 소동이 있었지만 다리가 불편한 노모를 위해서 엘리베이터 설치비용을 물어봤을 뿐이라는 해명으로 무마됐다.

그러나 1979년 10.26 사태 때 차지철이 숨지자 현대는 즉각 이 집을 회수했다고 한다. 현재 등기부등본에는 이 집이 정몽윤 현대해상화재보험 회장의 소유로 돼 있다. 토지와 건물 모두 정 회장 명의였다. 등기부에는 정몽윤 회장이 1996년 5월 29일 증여로 이 집을 소유하게 됐다고 기록돼 있다. 증여자가 누구인지는 나와 있지 않다. 당시는 정주영 현대 회장이 생존해 있을 때였으므로 정주영 회장 등으로부터 증여받았을 가능성이 크다.

은행융자 등 이른바 등기부등본상 을구가 없고 소유주가 명시된 갑구만 채워져 있는 '깨끗한' 등기부였다. 아마도 현대가 이 집의 주인인 점으로 미루어 차지철은 이 집에 잠시 살기만 했을 뿐 그의 재산으로 추정하기에는 무리가 있다.

미망인, 14억 사기 당하고도 입도 뻥긋 못해

1987년 8월 언론보도를 보면 차지철의 미망인 윤보영 씨가 대주상호신용금고 대주주 김신일·신영 형제에게 14억 원을 빌려준 뒤 그 돈을 떼였다는 기사가 나온다. 각 신문마다 스트레이트 기사는 물론 박스로 해설기사까지 다룰 정도로 큰 뉴스였다.

김신일 형제는 사채놀이로 높은 이자를 보장해주겠다며 윤보영에게 접근해 돈을 받은 뒤 한동안 높은 이자를 주었다는 것이다. 그래서 빌려준 돈이 차츰 늘어 14억 원이 됐고 이 돈을 돌려달라고 하자 김신일 형제가 '그 돈이 어떤 돈이냐'며 은근히 협박하며 돈을 가로챘다고 한다.

'그 돈이 어떤 돈이냐'라는 김신일 형제의 협박은 '부정축재한 돈이 아니냐? 폭로하겠다'는 뉘앙스였음을 쉽게 짐작할 수 있다. 김신일 형제가 이렇게 나오자 윤보영은 14억 원을 사기당하고도 1980년 이후 사회 분위기로 보아 소문이 날까 봐 말 한마디 못하고 1981년 미국으로 이민을 가버렸다는 것이다.

이 기사로 미루어볼 때 윤보영이 김신일 형제에게 돈을 빌려준 것은 적어도 1981년 이전이며 어쩌면 차지철 사망 이전으로도 추정된다. 32년 전인 1980년께 14억 원이라면 거액 중의 거액이다. 국회의원 몇 번해서 세비를 모으고 대통령 경호실장 월급을 받아서 모을 수 있는 돈의 범위를 넘어가는 것이다.

당시 김재규 중앙정보부장의 월급이 60만 원이었음을 감안하면 차지철의 월급도 비슷한 수준이었을 것이다. 이 월급을 한 푼도 안 쓰고 모아도 1년에 1000만 원을 넘지 못한다. 1억 원을 모으려고 해도 10년이 걸리므로 14억 원을 차지철이 월급으로 모았다는 것은 불가능한 것이다. 그렇다면 이 돈의 대부분은 적법하게 형성된 자금으로 볼 수 없는 것이다.

차지철 부인, 미국 이민 간 81년부터 부동산 매입

윤보영 씨는 1981년 미국으로 이민 갔다. 윤보영의 이름이 뉴욕시 등기소에 나타난 시점은 1981년 12월 14일이다. 이날 윤보영은 뉴욕 퀸즈의 69스트리트 41-32번지의 주택을 매입했다. 윤원중, 정숙녀 씨와 함께 3명이 각각 3분의 1씩의 지분으로 공동 매입한 것이다.

윤보영과 함께 이 집을 구입한 윤원중과 정숙녀는 윤보영의 부모다. 놀랍게도 이 집을 윤보영에게 판 사람은 윤보영의 남동생인 윤모 씨로 차지철에게는 손아래 처남이다. 차지철 부인 윤보영은 1940년생, 이 남동생은 1941년생으로 한 살 터울이다.

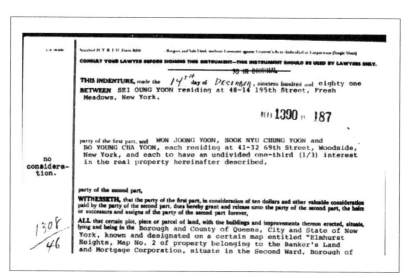

차지철의 부인 윤보영이 1981년 뉴욕 퀸즈에 사들인 부동산 계약서

　차지철의 장인 부부는 뉴욕에 이민한 직후 결혼 50주년을 맞아 자신들이 사실상 소유한 뉴욕 플러싱의 한 교회에서 금혼식 행사를 열었으며 사진작가에게 의뢰, 금혼식 사진을 찍은 것으로 확인됐다. 이 사진에 차지철 부인을 포함한 전 가족이 다 촬영됐음은 물론이다.

　윤보영은 이 집을 1993년 6월 29일 남동생에게 다시 판 것으로 나타났다. 윤보영은 또 이 집을 산 지 2년이 안 된 1983년 11월 15일, 뉴욕 퀸즈 199스트리트의 신축주택을 사들였다. 정숙녀 씨와 공동명의였다. 그리고 14년 뒤인 1997년 10월 15일, 윤보영은 이 집을 자신의 세 딸에게 넘긴다.

　차지철의 세 딸의 이름은 크리스틴, 다이아나, 쥬디로 확인됐다. 큰딸 크리스틴이 1970년생이니 이 집 주인이 될 때인 1997년에는 27세 정도, 작은 딸 다이아나는 25세였다. 막내딸 쥬디는 1974년 이후에 태어났으니 지금은 23세 정도로 추정된다. 딸들은 이 집을 2005년 2월 23일, 57만 5000달러에 팔았으니 집 규모는 뉴욕 퀸즈의 중산층 주택 정도였다.

차지철 장인-처남 등 1년에 8채씩 사들이기도

차지철의 부인 윤보영이 주인으로 등재된 부동산은 2건이지만 차지철 장인 등의 이름으로 된 부동산은 적지 않았다. 차지철의 장인 부부는 공동 명의로 1983년 6월 9일 뉴욕 퀸즈의 부동산을 매입한 데 이어, 1984년 10월 15일에도 또 1채의 부동산을 사들였다. 또 1985년 1월 28일에도 장인 부부가 집 1채를 매입했다.

1년에 1채씩 3년간 3채의 부동산을 산 것이다. 더 놀라운 것은 1987년이다. 1987년 11월 23일부터 같은 해 12월 18일까지 약 한 달이 못되는 기간 동안 차지철 장인 부부와 손아래 처남 등 3명이 공동으로 사들인 부동산이 무려 8채에 달했다.

1987년 11월 23일에 1채, 11월 25일에는 2채, 그리고 12월 2일과 9일, 11일, 17일, 18일 각각 1채씩의 부동산을 사들였다. 이 8채의 부동산은 뉴욕 퀸즈에 집중됐다.

차지철의 장인, 장모와 처남이 한 달간에 8채의 부동산을 구입한 것은 아무리 생각해도 흔히 있을 수 있는 평범한 일은 아니다. 장인, 장모가 포함되지 않은 처남 윤 씨 단독 명의의 부동산은 포함조차 하지 않은 것이다.

부동산 등기 서류에 따르면 정숙녀는 2004년 7월 6일 사망했다는 사실도 드러났다. 차지철의 어머니 김대안 씨가 차지철 사망 뒤 어렵게 삶을 이어가다 1998년 12월 영락교회가 운영하는 경기도 하남시의 한 양로원에서

쓸쓸히 생을 마감한 반면, 장인 부부는 적지 않은 재산이 있었던 것이다.

처남은 신학교-빌딩-라디오방송국까지 매입

차지철 처남 윤 씨는 필라델피아의 대형 신학교도 소유했다. 2000여 평의 부지에 건물이 빼곡히 들어선 적지 않은 규모의 신학교다.

또 뉴욕 퀸즈의 한인타운 플러싱의 요지 건물을 소유하고 있다. 이 건물을 헐어버리고 이곳에 10층 규모의 콘도미니엄을 짓는 방안을 검토하고 있다. 한 재미동포 설계사가 콘도미니엄 설계도까지 그린 것으로 알려졌다. 또 병원 건물 등 2채의 대형 부동산을 가지고 있기도 하다. 차지철의 큰딸이 윤 씨의 이 사무실에서 리셉셔니스트로 일하기도 했었다.

차지철이 독실한 기독교인으로 알려졌지만 그의 처가 또한 독실한 기독교 집안이다. 차지철 처남 윤 씨는 2004년 1월 워싱턴DC 등에 기독교 복음전파를 위해 AM 라디오방송국을 사들이는 등 라디오 방송국 2개를 소유하고 있다. 만만찮은 부동산을 소유한 것이다.

뉴욕에서 30년 이상 부동산 중개업에 종사했던 한 재미동포는 "차 실장 처남이 원패밀리 하우스 17채를 팔아달라고 의뢰한 적이 있었다"며 이 재산이 틀림없이 차지철과 관계가 있을 것이라고 주장했다.

차지철 처남이 아무리 돈을 잘 버는 전문직 종사자라고 하더라도 이렇게 많은 부동산을 가질 수는 없다는 것이다. 차지철 부인 가족들이 열심히 일한 대가로 스스로 돈을 벌어 미국 부동산 등을 매입했다면 더 없이 좋은 일이다. 그러나 미국 부동산 규모가 만만치 않기에 구구한 억측을 낳고 있는 것이다.

이복동생 차상철은 1994년 뉴욕서 원한 피살

차지철은 남자 형제가 귀한 집안에서 태어났다. 2남 3녀 중 그의 배다른 남동생 차상철 씨가 막내였다. 그러나 차상철은 1994년 11월 2일, 자신이 운영하던 뉴욕 브루클린의 목공소 지하작업실에서 숨진 채 발견됐다.

뉴욕시 경찰국에 따르면 발견 당시 그의 시신은 목이 잘린 상태였다고 한다. 범행은 잔인했고 도난 당한 물건이 없었다. 원한에 의한 살인이었다. 당시 차상철의 나이는 51세였다. 한국에서 렌터카 사업을 하다 10.26이 터지자 가족을 남겨둔 채 단신 도미했고, 1987년부터 대림건설이라는 이름의 목공소를 운영했다.

뉴욕시 등기소를 조회한 결과 미국 국세청은 차상철이 숨진 뒤인 1994년 11월 14일자로 차상철이 1만 4501달러의 세금을 내지 않았다며 차상철에 대해 채권을 설정해놓았던 것으로 드러났다. 이처럼 권력을 가진 자에게는 운명처럼 원한을 품은 사람이 발생하기 마련이다.

김형욱 실종사건과 관계가 있는 것으로 밝혀진 이상열 전 프랑스 주재 한국공사가 해외를 전전한 것도 그럴 만한 이유가 있었다.

5.16 이후 군정을 거쳐 민정에 이양된 뒤 박정희 의장이 대통령에 당선됐지만 군부 내에 그에 대한 불만이 잔존했었다. 1965년 원충연 대령이 반혁명을 모의하다 적발됐는데 이를 제보한 사람이 이상열이었다. 이상열은 10.26 이후 안기부 전주지부장을 잠시 역임한 것을 제외하고는 그 이전에는 프랑스 공사 등 중정의 해외파견요원으로 근무했고, 1980년대 이후에는 본격적으로 외교관으로 변신, 이란대사를 지내는 등 줄곧 밖으로만 돌았다. 그 이유가 바로 원충연 반혁명사건을 제보했기 때문이었다. 반혁명에 연루된 사람들의 자녀들이 부모의 원수를 갚기 위해 피의 복수를 하게 된다면 또 당한 사람의 자손이 복수의 복수를 하게 될 것을 우려했다.

10.26으로 박정희 정권이 무너지자 많은 사람들이 미국으로 이민을 떠났고 그 중 상당수는 권력 주변의 인사들이었다. 이는 복수의 악순환을 두려워했기 때문이다. 장세동 전 안기부장의 아들들도 조지아주 애틀랜타에 살고 있다.

불굴의 철강왕 박태준 84세로 지다

한국을 세계적인 철강국가로 키운 박태준 포스코 명예 회장이 2011년 12월 13일 타계했다. 철강보국이라는 신념으로 한국 경제발전에 이바지한 그의 공로는 물론 높이 사야 할 것이다. 그의 장례가 사회장으로 치러진 것만 봐도 많은 국민들이 그의 기여에 감사하고 있음을 알 수 있다.

육사 6기생인 그는 운명처럼 박정희 대통령을 만났고 1961년 5.16으로 집권한 박정희 당시 국가재건최고회의 의장의 비서실장을 맡기도 했다. 그는 1963년 육군 소장을 예편한 뒤 대한중석광업 사장을 거쳐 1968년 포항제철을 맡아 '철강신화'를 이룬다. 군인과 기업인·정치인의 인생행로를 거쳤지만 우리에게 박태준은 '불굴의 철강왕'으로 기억된다.

그는 평생을 청빈하게 살았고 병원비를 낼 돈이 없어 자녀들의 도움을 받았다고 한다. 유족들은 "본인 명의로 된 집 1채 없고 주식 1주 없다"고 밝힌 것으로 보도됐다.

박태준 회장은 1남 4녀를 뒀다. 큰딸 진아 씨의 남편은 윤영각 삼정 KPMG 회장, 둘째 딸 유아 씨의 전 남편은 고승덕 한나라당 의원이다. 셋째 딸 근아 씨의 남편은 작고한 김진재 동일고무벨트 회장의 동생, 넷째 딸 경아 씨는 전두환 대통령의 둘째 아들인 전재용 씨와 스물셋 어린 나이에 결혼했다가 헤어진 뒤 김병주 MBK파트너스 회장과 재혼했다.

사위들이 하나같이 내로라하는 사람들이고 박 회장이 딸들의 짝을 찾는 데 공을 들인 흔적이 역력하다. 또 그 공이 과해서 딸들이 아픔을 겪었음도 알 수 있다.

이 네 딸 중 둘째 딸 유아 씨가 미국에 살고 있으며 뉴욕과 뉴저지에 적지 않은 부동산을 갖고 있다. 박태준은 본인 명의로 된 집 1채 없다고 말했지만 딸은 그렇지가 않더라는 것이다.

그러나 유아 씨의 전 남편인 고승덕 의원은 유아 씨 부동산 매입 때 혼인상태였지만 부동산을 살 만한 재력은커녕 생계곤란을 겪을 정도로 힘든 상황이었다고 털어놨다. 고 의원은 부동산 매입 사실을 몰랐던 것은 물론 단 한 푼의 돈도 지급하지 않았다고 덧붙였다. 자금 출처를 의심할 수밖에 없는 것이다.

둘째 딸의 미국 부동산

차녀, 92년부터 미국 부동산 사들여

박유아 씨는 우리에게도 잘 알려진 '삼관 패스'의 천재인 고승덕 한나라당 의원과 결혼했다. 고 의원은 행정고시는 1등, 외무고시는 2등으로 패스한

데 이어 사법시험까지 합격했다.

박유아는 1992년 10월 19일, 뉴저지주 버겐 카운티 클립사이드의 한 콘도를 13만 달러에 사들였다. 박유아는 남편인 고승덕의 성을 따서 계약서에 '고 유아 박'으로 표기했다. 박유아는 약 6개월 뒤인 1993년 3월 29일, 매입가의 3분의 1인 5만 달러에 이 집을 한 법인에 넘기기도 했다. 알고 보니 이 법인은 박유아가 뉴저지주에 1992년 12월 설립한 법인이었다. 자신의 부동산을 자신이 세운 법인에 살짝 돌려놓은 것이었다.

박유아는 1999년 4월 12일, 두 번째 부동산을 사들였다. 첫 번째 부동산과 같은 동네이고, 매입가격은 45만 달러였다. 당시 박유아는 고승덕과 법적으로 혼인한 상태였다. 역시 매입자는 '고 유아 박'이었다.

확대재생산이 되지 않는 특성을 가진 부동산은 특별한 일이 없는 한 오르기 마련이다. 박유아는 약 5년이 지난 2004년 5월 11일, 거의 2배가 오른 97만 달러에 이 부동산을 매도한다. 그러나 박유아의 본격적인 미국 부동산 쇼핑은 이 부동산을 팔기 전 해인 2003년 시작된다. 뉴저지에 매입한 두 부동산은 이후 부동산과 비교하면 새 발의 피다.

2000년대 맨해튼서 부동산 본격 쇼핑 시작

박유아는 뉴저지 클립사이드의 두 번째 부동산을 소유한 상태에서 2003년 11월 19일, 뉴욕 맨해튼 84스트리트, 이른바 고급주택가인 어퍼이스트의 단독주택을 사들였다. 매입가격은 무려 320만 5000달러, 환율 1200원으로 환산하면 38억 원에 달한다. 방이 2개, 욕실 딸린 화장실이 2개에 불과했지만 워낙 위치가 좋아 가격이 엄청났다.

박유아가 45만 달러짜리 뉴저지 주택에 살면서 다시 320만 달러를 동원,

맨해튼 주택을 사들임으로써 만만찮은 재력을 과시한 것이다. 이때는 고승덕과 이혼한 상태라 박유아라는 이름으로 계약했으며 자신의 주소를 두 번째 부동산의 주소로 기재했다.

박유아는 동양미술을 전공한 화가지만 그녀의 작품이 엄청난 가격에 팔릴 정도의 명성을 얻은 것은 아니다. 그저 그녀의 화실에 뉴욕 인근에 거주하는 재벌가 로열패밀리들이 한 번씩 모이기도 한다는 소문이다. 또 이때는 이혼한 상태여서 남편 수입은 기대할 수도 없는 상태여서 그녀의 막강한 재력에 의문이 제기되는 것이다.

이 단독주택은 4년 6개월 뒤 또 대박을 친다. 박유아는 2008년 7월 10일, 이 주택을 무려 625만 달러, 약 75억 원에 팔았다. 거의 2배가 남은 것이다.

420만 달러 콘도 등 한 해 480만 달러 쇼핑도

박유아는 맨해튼 어퍼이스트의 고급 단독주택을 팔기도 전에 또 다른 맨해튼 콘도를 구입했다. 2006년 8월 8일, 60만 달러짜리 콘도를 사들인 것이다. 320만 달러짜리 부동산을 사들인 그녀에게 60만 달러짜리 콘도는 코끼리 비스킷이었을 것이다.

2008년 5월 15일, 자신이 사들인 60만 달러 콘도의 다른 호를 또 다시 사들였다. 그녀가 사들인 부동산 가격은 무려 420만 달러, 한화로 약 50억 원이다. 박유아의 부동산 쇼핑 액수가 날이 갈수록 커지는 것이다. 약 60평 남짓한 콘도였지만 호화 콘도라 가격이 50억 원에 달했고 맨션택스, 즉 호화세도 부과됐다. 이때까지 뉴저지에 2채, 뉴욕에 3채를 사들였다.

박유아는 420만 달러짜리 부동산을 사들인 날로부터 불과 3개월 뒤 맨해튼의 또 다른 콘도 1채를 더 매입했다. 2008년에만 2채의 콘도를 산 것이다.

2008년 9월 11일 사들인 이 콘도의 매입가격은 다소 약소해 보이는 64만 5000달러였다.

그리고 바로 4개월 뒤, 2009년이 시작되자마자 박유아는 맨해튼의 부동산 2채를 한날한시에 사들인다. 한꺼번에 2채를 매입한 것이다. 기존에 그녀가 구입한 콘도의 옆 동이었다. 1채 가격은 135만 달러이고, 나머지 1채도 기존 콘도의 다른 호로 58만 달러였다. 이날 하루 매입액이 약 200만 달러였다.

박유아는 1991년 이후 8채의 부동산을 사서 3채를 팔고 2010년까지 5채를 소유하고 있었다. 공교롭게도 맨해튼에 그녀가 사들인 콘도 4채는 동일한 콘도 단지에 소재한 것이어서 포철타운을 방불케 한다. 박유아는 이 콘도 중 3채를 2011년 1월, 2011년 3월, 2011년 12월에 팔았다.

고승덕, 박유아 집 살 무렵 생계도 곤란 해명

가장 중요한 것은 자금 출처일 것이다. 자금 출처만 분명하다면 성인인 박유아가 자신의 돈으로 미국에서 부동산을 구입하든 말든 상관할 일이 아니다. 그러나 그 돈의 출처를 의심할 만한 일이 적지 않다.

박유아의 전 남편인 고승덕 의원은 박유아의 부동산 쇼핑이 기사화된 뒤, 2009년 11월 16일 이메일을 통해 〈시크릿 오브 코리아〉에 해명서를 보내왔다. 박유아의 미국 부동산 쇼핑은 자신과 무관하다는 것이었다. 그 같은 사실을 입증할 증거자료도 첨부했다.

고승덕은 해명서에서 박유아가 1992년 10월 미국 뉴저지에 집을 사기 1년 전인 1991년 10월, 자신은 미국에서 영구 귀국했다고 밝혔다. 또 당시 한국에서 변호사 개업을 했으나 별다른 수입이 없어 1992년 당시에는 생계에 곤란을 느낄 정도였다고 털어놨다. 또 박유아가 1992년 10월 뉴저지에 집을 살 때 전혀 자금을 대준 사실이 없다고 설명했다. 생계곤란을 느낄 정도였다면 집을 살 돈을 줄래야 줄 수 없었을 것이다.

고승덕은 1991년 10월 영구 귀국한 뒤 짐 정리를 위해 한 차례 미국에 간 것을 제외하면 단 한 차례도 미국 본토에 가지 않았다며 서울출입국관리사무소가 발행한 출입국증명원까지 공개했다. 이 출입국증명원은 2009년 11월 12일 발급된 것으로, 고승덕의 신상정보와 출입국 기록이 고스란히 담겨있었다. 쉽게 공개하기 힘든 이 같은 기록까지 밝히며 박유아의 부동산 매입자금과 자신은 무관하다고 밝힌 것이다.

또 박유아가 뉴저지에 두 번째 부동산을 구입한 1999년은 이혼을 전제로 별거 중이었다고 설명했다. 두 번째 부동산 매입 때 박유아가 '고유아 박'이란 이름을 사용했지만 자신의 돈은 한 푼도 투입되지 않았다는 것이다.

특히 고승덕은 모 주간지가 고 의원의 미국 부동산 매입 의혹을 제기하자 언론중재위원회에 제소해 정정보도를 받아냈다. 박태준 회장의 둘째 딸 박유아의 미국 부동산 쇼핑은 고 의원과는 전혀 무관하다는 사실이 한국 정부 당국을 통해서도 확인된 것이다.

그렇다면 박유아의 부동산 매입자금은 어디에서 나온 것인가? 남편에게서 받은 적이 없고 그녀 또한 특별한 직업이 없었으므로 자연히 가족 중 누구로부터 받았을 것이라고 추정하는 것은 합리적인 의심인 것이다.

박태준 회장, 집 한 채 없다지만 딸은 미국에 여러 채

박태준이 타계한 뒤 그의 청빈함을 칭송하는 기사가 터져나왔다. 그러나 집 1채 없는 그와는 달리 화가인 딸은 미국에서 화려한 부동산 쇼핑을 했다. 박태준이 한국 경제발전에 크게 기여했다는 점에는 공감한다. 그러나 공이 크니 다른 부분은 적당히 덮어두자는 것은 잘못된 생각이다. 지나친 관대함은 옳지 않다.

우리는 숱한 재벌이 망했다는 보도를 접했지만 어찌된 영문인지 그 총수는 만만찮은 재산을 가지고 떵떵거리고 살고 있는 것을 목격한다. 대우그룹, 동아그룹 등이 부도가 났지만 김우중, 최원석 등 그 총수들은 일반 국민들이 평생 모아도 모을 수 없는 재산을 가지고 있다. 부인 명의로 골프장을 가지고 있고 대학을 가지고 있고 버젓이 호화주택에서 살고 있는 것이다. 이러니 회사는 망해도 사주는 살아난다는 말이 터무니없는 말이 아닌 것이다.

대법관을 지낸 김영란 국민권익위원장도 "한국의 청렴도 지수가 낮아지는 결정적 이유는 법원이 대기업 총수를 풀어주고 정부가 사면·복권해주기 때문"이라고 말했다. 정확한 지적이다. 우리 사회가 잘못돼도 크게 잘못됐다. 대한민국이 정의로운 사회가 아님을 단적으로 보여주는 것이다. 이 같은 사례는 반드시 바로 잡아야 한다. 국민을 바보로 알고 농락하는 처사이기 때문이다.

검찰은 2012년 2월 2일, 회사에 수천억 원의 손실을 떠넘긴 혐의로 기소된 김승연 한화그룹 회장에 대해 징역 9년, 벌금 1500억 원을 구형하며 의미 깊은 말을 남겼다. "지금까지 재벌총수는 경제상황이 나쁠 때는 더 나빠질까봐, 좋을 때는 찬물을 끼얹는다는 이유로 제대로 처벌되지 못했다"며 "이런 저런 이유로 계속 처벌하지 못한다면 우리 사회는 미래가 없다"고 밝혔다.

정확한 진단이다. 이 말대로만 하면 검찰이 박수를 받을 것이다. '돈은

갚았고 죄는 뉘우치고 경제발전에 기여했다. 그러니 봐주자!' 이런 판결이
더 이상 없는 세상이 돼야 한다.

제**6**부

SK의 비밀

아직도 페이퍼컴퍼니가 무엇인지 모르는 사람이 대다수일 것이다. 제지회사쯤으로 생각할 수도 있다. 사실 페이퍼컴퍼니는 자본주의가 만들어낸 변종 중의 변종이라 할 수 있겠다. 웬만큼 돈을 가진 인물이나 회사라면 페이퍼컴퍼니를 앞세워 돈을 '뺑튀기'하고 싶은 유혹에 흔들리기 때문이다. 페이퍼컴퍼니는 서류로만 존재하는 회사를 말한다. 주로 비밀스런 돈을 굴리기 위해 감독이 느슨한 나라에 페이퍼컴퍼니를 세워 돈을 감추거나, 대단한 회사인 것처럼 속여서 투자자를 속이는 데 이용한다. 즉 남을 속이기 위해 만드는 회사가 페이퍼컴퍼니인 것이다.

우리나라 재계 3위의 SK 그룹이 이런 페이퍼컴퍼니를 여러 개 만들어 비밀스런 돈을 굴리다 걸렸다. 외국에서 은밀히 이뤄진 일이다 보니 이제까지 국내에 전혀 알려지지 않은 사건이었다. 그러나 미국 법원에서 SK 해외 비자금의 전모가 드러났다. 지금도 누구나 법원에 가면 불법의 증거들을 낱낱이 볼 수 있다.

내가 처음 이 사건을 조사할 때 그 많은 문서와 증거자료들을 하나하나 복사하기 위해 허리가 부러질 지경이었다. 수백 페이지짜리 문서철을 한장 한장 뒤집어서 복사기에 올리려니 한숨이 절로 나왔다. 법원이 문 여는 시간에 들어가서 문 닫을 때까지 복사하는 작업을 이틀간 했다. 1달러 지폐를 넣는 복사기여서 미리 은행에서 300달러를 1달러로 바꿔서 300장을 들고 들어갔다. 그렇게 복사한 증거들을 들고 나와 아는 변호사 사무실에서 다시 복사해 전부 디지털파일로 만들었다. 하나하나 분석하고, 짜맞춰서 전체의 얼개를 살펴보니, 그들의 불법을 위한 노력에 오히려 감탄사가 나왔다. 국민의 피땀으로 밀어주고 정부의 보호로 키운 회사의 돈을 빼돌려 사익을 추구한 그들의 가상한 노력을 여기서 살펴보자.

공정거래위원회에 따르면 SK 그룹은 현재 계열사를 86개나 거느린 국내 3위의 재벌기업이다. 국내 최대의 통신회사와 에너지 분야 등 다양한 방면에서 사업을 벌이고 있고, 2011년에는 반도체회사인 하이닉스까지 인수하여 사업 영역을 더 넓혔다. 이 SK 그룹을 1998년부터 이끌어오고 있는 이가 최태원 회장이다. 회사는 첨단 분야에서 글로벌하게 나가고 있는데, 최 회장은 회장직에 오른 이후 연이어 검찰의 수사를 받는 등 고난의 길을 걷고 있다. 이렇게 된 데에는 외부 요인이 아니라 그들 스스로가 자초한 면이 많다. 대단한 성과로 알려진 글로벌 투자유치도 알고 보니 온 국민을 감쪽같이 속인 비자금이었으니 남 탓할 수는 없게 된 일이다.

2003년, SK글로벌의 분식회계가 적발돼 최태원 회장은 징역 3년 집행유예 5년을 선고받았다. 2012년 1월 5일에는 검찰이 SK 계열사 자금 992억 원을 횡령하고 SK 계열사 출자금으로 결성된 투자조합 자금 중 750억 원을 저축은행에 예금 명목으로 담보 제공해 이를 개인대출 받아 횡령한 혐의로 최 회장을 불구속 기소하고, 최 회장의 동생 최재원 SK 부회장을 구속 기소했다. 이들 형제는 현재 법원의 판결을 기다리고 있다.

〈제4부 SK의 비밀〉에서는 2000년으로 거슬러 올라가 6000억 원의 비자금을 관리한 비법을 자세히 파헤쳐보려고 한다. 재벌 그룹의 부도덕성을 여실히 보여주는 200여 건의 증거 서류와 방대한 양의 법원 속기록을 통해 이를 밝힐 것이다. 또 그룹의 계열사를 동원하여 4000억 원 이상을 투자하여 말썽을 일으키고 있는 하빈저캐피탈에 관해서도 알아볼 것이다. 별도로 이 책의 뒷부분에서 최태원과 부인 노소영 부부가 불법으로 취득한 미국 내 부동산은 얼마나 많은지도 알아볼 것이다.

01

SK, 미국 법원에서
비자금 5억 달러 들통

2003년 1조 6000억 원의 분식회계로 최태원 회장의 구속 사태를 맞기도 한 SK 그룹이 2011년 말 또 다시 회사 자금을 횡령, 선물투자를 한 혐의로 최태원-최재원 두 형제가 검찰수사를 받았다. 마침내 최재원 SK 부회장이 구속됐고, 최태원 SK 회장은 기소됐지만 다행히도 구속을 면했다.

2011년 적발된 선물투자 횡령혐의 외에도 대한민국 거대 재벌 SK의 불법성과 로열패밀리의 부도덕성을 만천하에 보여주는 또 하나의 충격적인 사례가 미 연방법원 재판 과정을 통해 밝혀졌다. 이미 2000년, SK가 무려 5억 달러, 한화 6000억 원의 비자금을 해외로 빼돌렸던 것이다.

이른바 SK 해외 비자금 5억 달러 사건은 외국환관리법 등 관련법의 공소시효 논란이 있지만 비자금이 명명백백히 드러난 만큼 반드시 법의 심판을 받게 함으로써 이 나라의 정의를 바로 세우고 상식이 통하는 사회를 만들어야 할 것이다.

SK, 관련 증거 2백여 건은 비자금 관리 바이블

SK 해외 비자금 5억 달러 사건은 SK 그룹이 최소한 2000년께 비자금 5억 달러를 해외로 빼돌려 카리브해의 작은 섬나라인 브리티시 버진 아일랜드 등 조세 피난처에 설립된 페이퍼컴퍼니를 통해 운용한 사건이다. 이 5억 달러는 2003년 분식회계가 적발돼 밝혀진 SK글로벌의 적자 규모 1조 6000억의 3분의 1이 넘는 거액이다. SK글로벌은 이 같은 거액의 비자금을 해외로 빼돌렸다가 사실상 파산 상태를 맞았음이 드러났다.

특히 SK는 분식회계가 적발된 뒤 공동채권단의 실사와 관리를 받으면서도 이 비자금 폭로를 막기 위해 채권단을 속이고 거액을 비자금 관리회사에 송금했는데, 이는 채권단뿐 아니라 대한민국 정부와 국민을 감쪽같이 속인 파렴치한 행위이다.

이 비자금은 현재 SK E&S 사장인 문덕규 당시 SK글로벌 전무, 조모 당시 SK텔레콤 상무에게 보고됐으며, 현 SK텔레콤 상무인 강혜민 당시 SK글로벌 국제금융팀장이 인출권을 가지고 비자금 관리 실무를 맡았던 것으로 밝혀졌다.

SK글로벌과 비자금 관리회사 간에 주고받은 이메일, SK 비자금 관리계약서, 비자금 계좌 개설 서류, 비자금 계좌 입출금 서류, 조세 피난처의 페이퍼컴퍼니 법인 등록 서류, 페이퍼컴퍼니를 통한 SK 계열사 주식매입 서류, 페이퍼컴퍼니에 대한 SK글로벌 주총 참여 지시 서류, SK 비자금 관리현황 보고서, 비자금 관리회사 입막음을 위해 거액을 송금한 은행계좌 내역 등 미 연방법원에 제출된 200여 건의 증거 서류들은 SK의 비리를 완벽하게 입증했다.

한국 재벌의 해외 비자금 운용이 이처럼 방대한 증거를 통해 낱낱이 밝혀지기는 이번이 처음이며 그 증거를 본 사람이면 누구나 입을 다물지 못할 정도로 깜짝 놀란다. 재벌 그룹의 모럴 헤저드가 여지없이 드러난 해외 비자금 운용의 백과사전인 셈이기 때문이다.

조세 피난처에 회사를 어떻게 설립하고 금융기관들은 어떻게 컨택하며 인출서류는 어떻게 작성하는지 그 디테일까지 보여준다. 이 증거만 참고하면 누구라도 지금 당장 조세 피난처에 회사를 설립하고 비자금을 운용할 수 있을 정도다.

SK 역외펀드 설립, 5억 달러 비자금 운용

SK 그룹이 SK글로벌을 앞장세워 관리한 비자금은 SK글로벌의 EDR, SK텔레콤의 ADR, SK주식회사의 주식과 현금 등 당시 시가 5억 달러 규모이다. 1억 1000여만 달러, 3600만 달러 등 수천억 원대의 비자금이 미국, 싱가포르 등지를 수시로 넘나들었다. DR은 주식예탁증서라고 하는데, 다른 나라에서 주식을 발행하기 위해 그 나라의 예탁기관으로 하여금 현지에서 증권을 발행·유통하게 한 주식대체증서이다. EDR은 유럽예탁증권을 말하고, ADR은 미국예탁증권을 말한다.

SK는 재미동포 다니엘 윤이 운영하는 미국 뉴욕의 금융회사와 계약을 체결해 비자금 관리를 맡겼고 매년 총액의 1%를 수수료로 지급했다.

다니엘 윤이라는 재미동포는 뻔뻔스럽게도 2008년 4월 이명박 대통령의 방미 당시 차세대 동포 10명에 포함돼 SK 비자금 관리경력을 숨기고 이 대통령을 만났다. 그는 이 대통령에게 국민연금 등 연금을 굴려서 돈을 불리자고 유혹했고, 이 대통령은 그에게 도움을 요청하는 코미디를 연출하기도 했다. 이 덕분에 윤 씨는 2010년에만 한국 등에서 10억 달러 이상의 펀드를 유치, 랜드코퍼레이션, 코리아소사이어티 등에 얼굴을 내밀며 잘

나가는 금융인 행세를 하고 있다.

SK가 페이퍼컴퍼니를 설립한 조세 피난처는 홍콩과 브리티시 버진 아일랜드, 케이만 군도, 싱가포르 등이며 모 회사격인 홍콩의 페이퍼컴퍼니는 2010년 5월 강제폐쇄된 아스팜사로 확인됐다. 특히 SK글로벌은 비자금 관리를 위해 설립한 페이퍼컴퍼니를 통해 유럽에서 발행된 자기회사 주식, 즉 DR을 구입토록 지시하고, 주식 매집이 끝난 뒤 이 페이퍼컴퍼니가 위임장을 통해 주주총회에서 의결권을 행사, 회사 정책에 찬성표를 던지라고 지시한 사실도 적발됐다.

외국에서 거액의 자금조달에 성공해 국위를 선양했다고 자랑했지만 알고 보니 실정법을 어기고 주주 몰래 빼돌린 비자금으로 자기회사 주식을 사들여 지분율을 높이고, 의결권을 행사해 회사운영을 좌지우지한 것이다. 증권가에 떠돌던 검은 머리 외국인의 실체를 보여준 사건이다.

SK글로벌은 2003년에 분식회계가 적발된 뒤 이 비자금을 숨길 방법을 논의했고, 비자금 관리회사가 불법을 언급하며 비자금을 폭로할 뜻을 밝히자 거액을 지불하고 아예 비자금 관리회사를 사들이는 방법으로 입을 막았다.

SK 비자금은 SK가 브리티시 버진 아일랜드에 설립한 7개의 펀드를 케이만 군도에 설립된 밀레니엄 헤리티지가 소유하고, 이 밀레니엄 헤리티지를 홍콩에 설립한 아스팜과 브리티시 버진 아일랜드에 설립한 로제트가 소유하는 구조였다. 실소유주가 SK임이 드러나지 않도록 이중삼중의 보호막을 쳤다. 또 비자금 관리에 직접 개입한 문덕규 당시 전무, 강혜민 당시 국제금융팀장은 승승장구해, 현재 문 씨는 SK E&S 사장, 강 씨는 SK텔레콤의 임원으로 승진했다. 재벌 기업에서는 '비자금 관리 기술자'가 우대받는다는 김용철 변호사의 말을 실감케 한다. 또한 당시 SK텔레콤에 근무하던 조모 상무에게도 비자금 내용이 전달된 것은 SK 그룹 전체가 비자금에 연관됐음을 보여준다.

SK, 미국 동포 회사에 비자금 운용 위탁

SK 비자금 관리의 시작은 강혜민 SK글로벌 국제금융팀장과 다니엘 윤 이머전트그룹 회장의 만남에서 비롯됐다. 강혜민은 SK를 대표해 2000년 6월 말 뉴욕을 방문, 윤 씨를 만나 자금운용 방안, 페이퍼컴퍼니 설립계획 등 큰 그림을 논의했다. 그 후 강혜민은 이메일, 전화 등을 통해 윤 씨에게 지시를 내렸고 이 이메일 일부가 문덕규 당시 SK글로벌 전무, 조모 SK텔레콤 상무에게 전달됐다.

SK는 이 같은 방식으로 2003년 SK 분식회계가 적발된 뒤까지 3년여 동안 5억 달러 비자금을 관리했다. 강혜민이 사용한 이메일은 SK글로벌 직원용 이메일이었으며 전화나 팩스번호 또한 SK글로벌 사무실의 것이었다. 그가 팩스로 주고받은 문서에는 팩스 머신의 자동 프로그램에 따라 SK가 발신지 또는 수신지임이 명시돼 있다.

SK가 첫 계약을 맺은 것은 2000년 6월 27일로, 강혜민이 직접 뉴욕을 방문해 윤 씨가 운영하는 이머전트캐피탈 인베스트매니지먼트사와 계약을 체결하면서부터이다. 계약 당사자는 SK글로벌과 이머전트캐피탈이며 강혜민이 SK글로벌을 대리해 서명했다.

계약 내용은 이머전트캐피탈이 브리티시 버진 아일랜드에 설립된 SK글로벌 소유의 페이퍼컴퍼니의 자금을 관리하고, 비자금 총액의 1%를 관리비로, 0.2%를 행정비용 등의 명목으로 받는 것이었다.

페이퍼컴퍼니 설립의 교과서

페이퍼컴퍼니 설립 · 운용 과정은 비자금 운용의 교과서

강혜민이 윤 씨 등과 함께 페이퍼컴퍼니를 설립해 비자금을 운용한 과정을 살펴보자.

강혜민은 뉴욕에서 윤 씨와 만나 비자금 모회사를 설립하도록 지시했다. 일단 2개의 페이퍼컴퍼니를 세우되, 이 중 EC글로벌 펀드라는 페이퍼컴퍼니는 브리티시 버진 아일랜드에, EC퍼시픽이라는 페이퍼컴퍼니는 케이만 군도에 설립하라고 지침을 내렸다. 흔히 페이퍼컴퍼니를 설립하는 단골 지역은 케이만 군도, 브리티시 버진 아일랜드, 버뮤다, 바하마 등인데, 이들도 이곳을 이용하기로 한 것이다. 이들 조세 피난처는 상대적으로 감독이 느슨해 재산을 빼돌리기 쉽기 때문이다.

강혜민은 2000년 7월 3일, 윤 씨에게 이메일을 보내, 자신은 한국으로 돌아와 7월 2일 업무에 복귀했다며 EC글로벌 등 2개 회사 설립이 잘 진행되고 있는지 물어본다. 이에 대해 윤 씨는 같은 날인 7월 3일, 강혜민에게 진행상황을 보고했다. 윤 씨는 브리티시 버진 아일랜드에 EC글로벌을 설립하기 위해 관련서류를 브리티시 버진 아일랜드의 법률 대리인에게 보냈다고 설명하고, 그러나 EC글로벌 펀드라는 이름의 회사를 설립하려면 회사 정보를 더 공개해야 하므로 펀드라는 단어를 뺀 EC글로벌이란 이름의 회사를 최대한 빨리 설립할 것이라고 밝혔다. 말하자면 펀드라는 단어를 회사 이름에 넣는다면 브리티시 버진 아일랜드 당국의 추가서류 요구로 SK 비자금이라는 사실이 밝혀질 우려가 있으므로 펀드라는 이름을 뺌으로써 이 같은 위험을 줄이겠다는 것이었다.

또 윤 씨는 페이퍼컴퍼니를 설립할 장소를 브리티시 버진 아일랜드로 하든, 케이만 군도로 하든 실질적으로 다른 점은 없지만 SK글로벌의 역외펀드와 EC글로벌, 두 회사 모두의 법률적 주소지를 케이만 군도로 할 경우 송금 등이 원활할 수 있다고 설명했다. 윤 씨는 이머전트캐피탈이 최선을 다해서 열심히 일하고 있다는 말을 덧붙이는 것도 잊지 않았다.

다음날인 7월 4일에도 윤 씨는 강혜민에게 장문의 이메일을 통해 상세한 타임스케줄을 보고했다. 강혜민은 같은 날 답장을 통해 다시 한 번 EC글로벌은 브리티시 버진 아일랜드에, EC퍼시픽은 케이만 군도에 설립하되 두 회사 모두 펀드라는 단어를 회사 이름에 넣으라고 지시했다. 단, 펀드라는 단어를 사용하기 위해 2일 이상 더 걸린다면 펀드라는 단어 없이 회사를 설립하라고 요청했다.

강혜민은 바로 이 이메일을 윤 씨는 물론 문덕규 SK글로벌 전무와 조모 SK텔레콤 상무에게도 보냈다. 이 이메일에는 강혜민의 영문이름 옆에 1870005라는 일곱 자리 숫자가 기재돼 있었다. 문덕규, 조모 두 사람의 영문 이름 옆에도 역시 일곱 자리의 고유번호가 적혀있었다. 아마도 이는 SK 내부에서 직원들에게 부여한 고유번호로 보인다.

하루 뒤인 7월 5일, 강혜민은 윤 씨에게 이메일을 보내 회사 이름을 변경하도록 지시한다. 2개 회사에 비슷한 이름을 사용하고 싶지 않다며 두 번째 회사 이름을 EC퍼시픽에서 밀레니엄 헤리티지로 바꾸라고 요구했다. EC글로벌, EC퍼시픽 등 2개 회사 이름이 비슷하니 EC퍼시픽의 이름을 변경하자는 것이다. EC글로벌이 발각됐을 때 EC글로벌을 근거로 유사한 이름을 추적, 밝혀낼 것을 우려한 용의주도한 조치다.

EC글로벌, EC퍼시픽이란 이름을 사용한다는 강혜민 이메일이 문 전무와 조모 상무에게 전달된 지 하루 만에 부랴부랴 EC퍼시픽의 이름을 바꿨다는 점은 이름을 검토하던 문 전무 등 강혜민의 윗선에서 이름을 변경하라고 지시했을 가능성을 보여주는 것이다.

윤 씨는 같은 날 이메일 답신을 통해 EC글로벌 설립은 지금 최종 확인을 기다리고 있으며 케이만 군도에 밀레니엄 헤리티지 설립을 진행 중이라고 전했다. 그러나 EC글로벌과 마찬가지로 펀드라는 단어를 붙인다고 할 때 얼마나 시간이 걸릴지 알아보고 있으며, 만약 심각할 정도로 지연된다면 펀드라는 단어 없이 밀레니엄 헤리티지라는 이름을 사용할 것이라고 보고했다.

또 증권거래위원회에 해외투자자 신고를 하고 SK 계열사인 SK증권에 계좌를 개설함에 있어 SK증권의 누구와 접촉해야 할지 알려달라고 요청했다. 이는 해외에서 SK 비자금을 운용하는 데 그치지 않고 SK 비자금으로 만든 페이퍼컴퍼니를 SK와 무관한 외국 회사로 위장해 한국 정부 당국에 외국인 투자자로 신고하고 본격적인 한국 내 거래에 나서겠다는 것으로 한국의 실정법을 정면으로 위배한 것이다. SK 비자금으로 검은 머리 외국인이 생겨나고, 결과적으로 한국 경제를 교란시킨 셈이다.

당시 SK증권에 근무했고 현재 HS창업투자 사장을 맡고 있는 한동은 씨는 한 달여 뒤인 2000년 8월 3일, 윤 씨에게 2장짜리 팩스를 보냈다. SK증권 명의의 팩스 커버에는 EC글로벌의 거래 내역을 첨부한다고 돼 있다. 이에 따르면 버진 아일랜드 국적의 EC글로벌이 2003년 8월 3일 SK글로벌 주식 2만 1000주를 3억 5000만 원에, SK텔레콤 주식 6300주를 18억 5700만 원에 각각 매수했고, 전체 매수 대금은 22억 700만 원에 달한다.

SK증권 거래 내역서에 기재된 EC글로벌의 계좌번호는 02-140762였다. 이는 SK가 설립한 페이퍼컴퍼니가 SK와의 관련성을 숨기고 SK 주식을 사들였다는 증거로, 명백한 불법이다. 관계 당국이 이 계좌를 추적하면 불법을 밝힐 수 있는 것이다.

페이퍼컴퍼니 7개 설립, 현금·주식 등 숨겨

그로부터 4개월여 뒤인 2000년 11월 말, SK는 브리티시 버진 아일랜드에 EC글로벌 외 7개의 페이퍼컴퍼니를 설립하고 그 다음 달부터 수억 달러 단위의 비자금을 본격적으로 관리하기 시작했다.

이때 브리티시 버진 아일랜드에 설립된 페이퍼컴퍼니의 이름은 '허트우드 캐피탈' '헤링폰드 에셋' '센추리 플랜트 캐피탈' '맘모스 캐피탈' '파이스턴 에셋' '머큐리 포트폴리오' '밀레니엄 헤리티지'이다.

또 2000년 12월 5일, ING베어링사에 이들 페이퍼컴퍼니 명의로 7개의 계좌가 개설됐다. ING베어링은 런던에 있는 세계적인 증권사다. 이 계좌 관련서류가 법원의 명령으로 공개됐는데, 이 서류는 윤 씨가 직접 작성하고 서명한 것이다.

2000년 12월, 약 2주라는 짧은 기간에 이동된 SK 비자금이 무려 4억 5000만 달러에 달했다.

윤 씨가 2000년 12월 13일 ING베어링에 보낸 공문에 따르면, 12월 11일 조세 피난처의 SK 비자금 구좌에서 ING베어링에 개설된 허트우트 캐피탈로 송금된 돈은 1억 1584만 800달러에 달했고, 같은 날 머큐리 포트폴리오 계좌로 이체된 SK텔레콤의 ADR은 무려 1000만 주였다.

당시 뉴욕증권거래소에서 거래되던 SK텔레콤의 ADR 가격이 1주당 26달러였으므로 1000만 주의 시가는 2억 6000만 달러에 달한다. 이 거래를 통해 SK 비자금은 2000년 12월 미국으로 옮겨졌지만 이 자산이 조세 피난처에서 왔다는 점으로 미루어보면 SK가 2000년 이전부터 해외에 거액의 비자금을 가지고 있었음을 알 수 있다.

특히 이 중 일부가 SK텔레콤이 미국에서 발행한 DR로 밝혀짐에 따라, ADR 발행시점을 감안하면 최소한 1995년께부터 비자금이 존재했을 가능성이 크다. SK텔레콤이 2000년 12월 이전 미국에서 DR을 발행한 것이 1995년 3월, 1996년 7월, 1997년 12월이기 때문이다.

당시 보통주 1주당 90주 비율로, 2000년 12월 ADR 물량 전체는 3000만 주 정도로 추산된다. 따라서 SK글로벌이 SK텔레콤의 ADR 1000만 주를 보유하고 있었다는 것은 전체 ADR의 최소한 3분의 1을 계열사가 사들인 것으로, 결국 '짜고 친 고스톱'이었다. 나머지 3분의 2도 제대로 팔렸는지 의문이다.

SK텔레콤은 DR을 발행할 때마다 해외투자를 유치했다고 대대적으로 홍보하고 기업 가치를 올리는 데 혈안이 됐지만 사실은 해외투자자가 매입했다던 DR을 오래 전부터 SK가 가지고 있었던 것이다.

'짜고 친 고스톱'에 그치지 않고 지배권 강화, 일부 시세차익까지 얻음으로써 SK텔레콤의 해외 DR 발행은 '꿩 먹고 알 먹는' 비책으로 악용됐다.

실제 SK텔레콤이 1996년 7월 미국에서 처음으로 보통주 10만 3000여주에 해당하는 DR 930만여 주를 발행할 당시 주당 가격은 16.125달러였다. 정체불명의 조세 피난처에 은닉했던 SK텔레콤 DR 1000만 주가 미국으로 이체될 때 주당 가격이 26.375달러였으므로 무려 40%가 상승한 것이다. 또 2004년 7월, SK글로벌이 모건스탠리에 SK텔레콤의 ADR을 팔 때의 가격도 19.05달러로 1996년 발행가보다 높았다.

SK글로벌 해외 DR, 알고 보니 SK가 매입

SK는 또 ING베어링으로 자산을 옮긴 지 이틀 뒤인 12월 13일, 유럽에서 발행하는 SK글로벌 DR 2350만 주 전체를 청약, 100% 인수한 것으로 추정된다. 1주당 가격은 7.5달러였다.

SK글로벌은 자기보유주식 처분과 자사주 펀드 해지를 통해 확보한 보통주를 예탁하고 보통주 1주당 DR 1주 비율로 발행했다. 이 같은 EDR 발행 물량은 SK글로벌 전체 지분의 24%에 해당하는 것으로, 이 물량을 누군가 매집한다면 지배권이 위협당할 정도의 물량이다.

2001년 말 SK글로벌 지분 현황을 보면 당시 1대 주주인 SK가 39%인 반면 개인 최대 주주인 최태원 회장의 지분도 318만 주로 3.3%에 지나지 않았다.

SK는 브리티시 버진 아일랜드에 설립한 7개 페이퍼컴퍼니 중 6개를 동원, 유럽에서 발행된 자기회사 주식을 사들였다. 인수회사 중 한 곳인 맘모스 펀드가 SK글로벌의 EDR 391만 주를 약 3000만 달러에 사겠다는 청약서를 작성, 주간사인 인도수에즈카르증권에 보냈음이 연방법원에 제출된 증거를 통해 확인됐다. 정확히 이 한 개 회사가 6분의 1 정도를 인수했다. SK 비자금을 관리하던 1개 페이퍼컴퍼니의 인수물량이 최태원 회장의 전체 지분보다 많았던 것이다.

SK글로벌의 EDR 청약에는 ING베어링에 계좌를 개설한 페이퍼컴퍼니 7개 중 허트우드 캐피탈을 제외한 6개사가 참여한 것으로 보인다. SK글로벌은 금융감독원에 제출한 사업보고서에서 2001년 1월 3일 룩셈부르크 증시에 EDR이 상장됐으며 상장 이후 2003년 말까지 단 1주의 거래도 없었다고 보고했다.

2001년 1월 언론보도를 보면 SK글로벌이 이때 EDR 발행을 통해 1억 8000만 달러의 외자를 유치했다고 발표한 것으로 돼 있다. 하지만 사실은 자신들이 검은 머리 외국인이 돼서 비자금으로 전체를 인수했고 자신들이 전체를 거머쥐고 1주도 유럽 증시에 내놓지 않았기 때문에 단 1주도 거래가 되지 않았던 것이다.

SK글로벌이 자신들의 EDR은 2001년 1월 3일 상장된 뒤 단 1주의 거래가 없었다고 밝혔으므로 상장 이전에 청약한 사람들 외에는 주주가 될 수 없다. 그러나 브리티시 버진 아일랜드의 페이퍼컴퍼니 6개가 SK글로벌 주주로서 2001년 3월 주총에 참여했다는 것은 이들이 EDR 청약을 통해 주식을 인수했음을 의미한다. 윤 씨 또한 SK글로벌의 EDR에 100% 청약한 것을 자신의 공로로 내세우고 있는 것으로 미루어 SK글로벌의 EDR 전량을 SK가 비자금으로 사들인 것이 확실시된다.

SK, '주총 의안에 찬성표 던져라' 지시하기도

SK글로벌은 2001년 3월 16일 개최된 주총에서 허트우드 캐피탈을 제외한 6개사가 위임장을 작성, 모든 안건에 찬성표를 던지도록 지시했다. SK글로벌은 3월 8일 비자금 관리회사인 이머전트캐피탈에 가능한 한 빨리 위임장

Please mark
your vote as in
this example [X]

If these Voting Instructions are signed and timely returned to the Depositary but no specific direction as to voting is marked below as to an issue, the undersigned shall be deemed to have directed the Depositary to give voting instructions "FOR" the unmarked issue.

0000

	FOR	AGAINST	ABSTAIN
1	X		
2	X		
3	X		
4	X		
5	X		
6	X		
7	X		

Morning Portfolio

Signature(s) _____   Date 3/12/01

DETACH HERE

1. Approval of proposed Balance Sheet, Income (Profit and Loss) Statement and Statement of Retained Earnings for the 48th fiscal year, as proposed by the Company's Board of Directors.
2. Amendment of a portion of the Articles of Incorporation, as proposed by the Company's Board of Directors.
3. Election of the board of directors, as proposed by the Company's Board of Directors.
4. Approval of the maximum compensation amount for the board of directors, as proposed by the Company's Board of Directors.
5. Amendment of the company regulation on retirement payment for the directors and officers, as proposed by the Company's Board of Directors.
6. Appointment of an outside financial auditor, as proposed by the Company's Board of Directors.
7. Approval of the granting of stock purchase option to employees, officers and/or directors, as proposed by the Company's Board of Directors.

SK 비자금 관리인 다니엘 윤이 2000년 말 SK글로벌 EDR을 매입한 뒤 2001년 3월 정기주총에서 찬성표를 던진 위임장.

을 작성해 찬성의사를 표시해서 보내도록 종용했다.

이에 앞서 EDR 예탁사인 시티뱅크는 주주인 이들 6개사에 주총 안건에 찬성 또는 반대표시를 할 수 있는 이른바 프락시(위임장)를 발송했고, 뉴욕 시간 3월 14일 오전 10시까지 위임장을 접수시키라고 통보했다.

이에 따라 윤 씨가 3월 12일 직접 주총 안건 전체에 SK글로벌 지시대로 찬성 표시를 하고 자신의 서명을 한 뒤 이를 예탁사로 보냈는데, 이 6개사의 위임장 사본 또한 연방법원 증거를 통해 공개됐다.

금감원 보고서를 보면 SK글로벌이 SK 비자금으로 EDR을 전량 인수한 의혹이 뒷받침된다. EDR 발행 전인 2000년 말 당시, SK글로벌의 외국인 주주는 84명, 전체 주식은 866만여 주였다. 반면 이보다 3배나 많은 2300만 여 주가 더 상장된 2001년 말 기준 외국인 주주는 오히려 더 줄어들어 76명에 불과했다.

이들은 2001년 1월 15일 베어스턴스에 머큐리 포트폴리오 계좌를 개설했 다. 계좌 개설서류를 확인한 결과 번호는 130-14294-19이다. 당시 베어스턴 스는 국제적인 투자은행이었고, 미국 제2위의 증권사였다. 이들이 베어스 턴스에 계좌를 연 것은 ING베어링의 머큐리 포트폴리오에 예치돼 있던 SK텔레콤의 ADR 1000만 주를 베어스턴스로 옮기기 위한 것이었다. 이들은 베어스턴스에 계좌를 개설하면서 머큐리 포트폴리오가 2000년 11월 20일 브리티시 버진 아일랜드에 설립된 회사라고 밝혔고, 법인 관련서류 일체를 제출했다.

또 거래는 윤 씨 서명으로 가능하지만 송금은 오로지 강혜민 팀장 서명으 로만 가능하다는 사실을 베어스턴스에 통보했다. 강혜민의 서명이 없으면 송금할 수 없다는 사실을 분명히 정하고 강혜민을 서명권자로 지명한 것이 다. 이는 SK 비자금을 윤 씨 등이 다른 계좌로 불법 송금해 가로채는 것을 막기 위한 조치이며 이 비자금의 주인이 SK임을 입증하는 명백한 증거이다.

SK는 같은 해 1월 27일, ING베어링 계좌에서 베어스턴스의 머큐리 포트폴리오 계좌로 SK텔레콤 ADR 800만 주 이체를 추진했고, 같은 해 3월 2일에는 강혜민이 ING베어링의 머큐리 계좌에서 베어스턴스로 600만 주 이체를 시도했다. 우여곡절 끝에 400만 주도 베어스턴스로 옮겨져 처음 ING베어링에 예치된 SK텔레콤의 ADR 1000만 주는 그해 7월 이전까지 전량 베어스턴스로 옮겨졌다.

3천만 달러 송금 서류 등 비자금 서류 빼곡

SK 비자금의 출금-송금권자인 강혜민이 2001년 3월에만 SK 비자금 중 일부인 5700여만 달러를 싱가포르 등으로 송금하기도 한 사실이 연방법원에 보관된 송금지시서, 송금확인증 등을 통해 드러났다.

SK는 2001년 3월 7일 ING베어링의 허트우드 계좌에서 224만 달러를 KBC BV 뱅크로 송금했다. 또 3월 7일 3600만 달러를 싱가포르의 ABN 암로로 보낸 사실도 SK와 윤 씨, 윤 씨 회사직원들이 주고받은 이메일을 통해 확인됐다. 이메일에는 송금거래 번호도 적혀있고 돈이 잘 전달됐다는 내용도 발견됐다.

3월 28일에는 강혜민이 29일자로 머큐리 포트폴리오 계좌에서 1900만 달러를 빼내 ABN 암로의 오리온 트레이딩 계좌로 이체하라고 ING베어링에 요청했고 이를 받았다는 사실도 확인됐다. 강혜민이 작성한 요청서 옆에 손으로 쓴 메모가 기재돼 있었다. 12시 35분에 1900만 달러를 송금했으며 송금번호는 02322이니 확인하라는 내용이었다. 윤 씨가 받았던 강혜민의 송금요청서에 송금내역을 기재해 다시 SK로 보낸 것이다. 송금이 확실히 이루어졌다고 통보한 것이다.

비자금 관리 2차 계약— 수수료는 525만 달러

SK와 윤 씨 간의 두 번째 계약은 2001년 4월 17일 이루어졌다. SK는 이머전트와 재계약을 맺고 1년 전체 수수료를 500만 달러로 하는 대신 25만 달러를 별도로 셋업 비용으로 지불하기로 했다. 비자금 관리 대가로 SK가 1년에 525만 달러를 주기로 한 것이다.

첫 계약에서 비자금 총액의 1%를 관리 대가로 주기로 한 것을 감안하면 두 번째 계약서에서 수수료가 500만 달러로 명시된 것은 SK 비자금 총액이 5억 달러임을 다시 한 번 입증하는 것이다.

이에 앞서 윤 씨는 같은 해 3월 14일, 강혜민과 수수료를 둘러싸고 협상을 벌이며 600만 달러를 요구했으나 500만 달러에 합의가 된 것이다.

실제 SK는 윤 씨와 계약 이틀 뒤인 4월 19일, 윤 씨에게 이 수수료를 지급했다. 그러나 놀랍게도 그 수수료가 지급된 계좌는 윤 씨나 자기 회사의 계좌가 아니었다. 윤 씨가 미국이 아닌 홍콩의 항생뱅크로, 계좌 주인도 자신이 아닌 배정원이라는 이름으로 개설된 계좌로 돈을 보내달라고 요구했고, SK는 배 씨 계좌로 먼저 275만 달러를 송금했다. 윤 씨는 세금 등을 이유로 제3의 국가에서 제3자의 이름으로 수수료를 받는 치밀함을 보인 것이다.

이 돈을 받은 배정원의 정체는 밝혀지지 않고 있으나 윤 씨가 데포지션에서 2007년 당시 42세라고 밝힌 점으로 미루어 올해 47세로 추정되며 당시 합정동의 한 아파트에 살았음이 다른 증거를 통해 드러나기도 했다. 배 씨는 홍콩 항생뱅크 외에도 ABN 암로 싱가포르 지점에 윤 씨 지시로 계좌를 개설했고, 미국 체이스뱅크에도 계좌를 소지했으며, 윤 씨 등에게 미국으로 최소 460만 달러에서 최대 520만 달러를 보낸 것으로 밝혀졌다.

'비밀 끝까지 지켰으니 보상해달라' 요구도

윤 씨는 강혜민과 수수료를 협상하는 과정에서 자신의 관리실적을 요약한 문서를 작성해 〈보상 때 고려사항〉이라는 제목으로 강혜민에게 3월 14일 보냈다. 이 문서에 강혜민의 주소는 '서울 중구 을지로 2가 36-1 SK글로벌'로 명시돼 있다.

이 문서에서 윤 씨는 미국 당국과 브리티시 버진 아일랜드를 포함한 조세피난처 관계당국에 노출될 경우 자신이 처벌될 수도 있다며 자신이 그 같은 위험을 감수하고 있다고 설명했다. 자신과 미국인 동료 1명이 이 7개 페이퍼컴퍼니의 임원을 맡음으로써 리스크를 짊어지고 있다는 것이다.

'이머전트가 극복한 장애물,' 말하자면 윤 씨가 잘한 일을 설명한 항목에서는 7개 펀드를 최단 시간에 브리티시 버진 아일랜드에 설립하고 그 자산을 미국의 ING베어링에 예치했다고 강조했으며, 펀드 관련 인출자 등을 제한된 인원으로 한정했고, 강혜민을 펀드의 유일한 송금·인출권자로 등록했다고 밝혔다. 특히 4억 5000만 달러를 2주일 만에 신속하게 옮겼으며, 유럽에서 발행한 SK글로벌 DR을 100% 인수하는 성과를 올렸고, 그 과정에서 주간사와 협상해 대금지급을 조금 늦추기도 했다고 밝혔다. 특히 DR 인수 대금을 늦춰서 지급하는 것은 전무후무한 일이라고 재차 밝힘으로써 자신이 훌륭한 수완을 발휘했음을 알렸다.

윤 씨의 임무 중에서 가장 중요한 것은 5억 달러 비자금의 주인을 감추는 것이었다. 윤 씨는 투자자를 공개하지 않고 펀드의 실질적 수혜를 받는 소유자가 누구인지를 철저히 비밀에 붙였다고 기록했다. 맨 아래에는 브리티시 버진 아일랜드에 설립해 미국에서 관리하는 펀드 7개를 일일이 나열했다. 또 7개 펀드 설립·유지에 25만 달러가 투입됐다며 각 항목별 비용을 설명했다.

Creation and use of 7 off-shore funds within a very short span of time
Limited number of directors and authorized persons for the various funds
Mr. Kang as the only person authorized to transfer funds
$450mm being moved between various funds within a span of 2 weeks
Delivery versus delayed payment for purchase of SK Global EDRs (this type of
settlement is never done)
100% participation in SK Global EDRs placement
Large concentrated positions in SK Telecom and SK Global EDRs
Non-disclosure of investors and ultimate beneficial owner of the funds

SK 비자금 관리인 다니엘 윤이 2001년 3월 작성, SK에 보낸 [보상 때 고려사항] 문서, 4억 5000만 달러를 2주 만에 신속히 옮겼으며 SK가 이 펀드의 주인임을 숨기고 있다고 적혀 있다.

모건스탠리-베어스턴스-ING베어링에 5억 달러 계좌

윤 씨가 2001년 7월 17일 SK에 보고한 서류에도 강혜민의 SK글로벌 주소가 명시돼 있고, 그 당시 SK 비자금이 어디에 얼마만큼 예치돼 있는지가 일목요연하게 설명돼 있다. 비자금 운용현황과 문제점 그리고 대책을 설명한 서류이다.

이 문서에 따르면 SK글로벌은 모건스탠리에 난테스라는 그 동안 드러나지 않은 계좌를 가지고 있었던 것으로 확인됐다. 이 계좌에는 SK 주식 400만 주가 예치돼 있었다. 또 ING베어링의 8개 계좌에 SK글로벌의 EDR과 현금이 숨겨져 있었고 베어스턴스에는 SK텔레콤의 ADR 1000만 주가 입금돼 있었다. 미국 금융기관 3개사에 적어도 10개 이상의 비자금 계좌를 운용했음이 밝혀진 것이다.

계좌에 입금 예치된 자산을 현금으로 환산하면 SK 주식 400만 주는 매입단가인 1주당 1만 5300원으로만 계산해도 600억 원, SK글로벌의 EDR은

1주당 인수가 7.5달러로 계산하면 1억 8000만 달러, SK텔레콤의 ADR 1000만 주는 이 주식이 ING로 입금된 2000년 12월 10일 종가가 26달러를 조금 넘었으므로 2억 6000만 달러에 달해 모두 5억 달러인 셈이다.

SK 4백만 주 매각도 알고 보니 '짜고 친 고스톱'

2004년, SK글로벌 채권단에 의해 확인된 SK주식회사 주식 400만 주 은닉 사건도 뜻하지 않게 연방법원 증거를 통해 그 세세한 전말이 확인됐다.

SK는 2001년 1월 29일, 공시를 통해 SK 주식 1000만 주를 1주당 1만 5300원에 모두 매도했다고 밝혔다. 이 중 400만 주는 이머전트캐피탈이라는 미국 회사에 매도했다고 공시했다. 그러나 이 주식은 이머전트캐피탈로 넘어간 게 아니라 SK글로벌이 해외로 빼돌린 은닉 자산이었다. 이 이머전트캐피탈이 바로 SK 비자금 관리인인 윤 씨의 회사라는 점은 앞에서 밝혔다.

연방법원에 제출된 강혜민과 윤 씨 사이의 2001년 1월 28일 이메일 증거를 보면 이들은 당초 400만 주가 아니라 SK주식회사 전체 주식의 5%가 넘는 650만 주 이상을 매입하려고 시도했음도 드러났다.

이 이메일에서 윤 씨는 비자금 은닉을 위해 두 가지 방안을 제안한다. 첫째는 EC글로벌을 통한 매입, 둘째는 자신의 회사인 이머전트캐피탈을 이용하는 방안이다.

윤 씨는 바로 다음날인 월요일 SK 주식을 사들여야 하기 때문에 준비할 시간이 없다며 기존 한국 정부에 외국인투자등록을 해놓은 이머전트를 이용하는 것이 적합하다고 했다. 특히 자신이 이와 관련된 모든 법적인 서류들을 다 꾸며 놓을 수 있다는 것이다.

결국 강혜민 등 SK 측에서는 윤 씨가 제시한 방안 중 두 번째 방안,

즉 이머전트캐피탈을 이용해서 SK 존재를 숨긴 채 SK주식회사 주식을 매수하는 방안을 선택했다. 이튿날인 2001년 1월 29일, '이머전트는 SK 주식 400만 주, 612억 원어치를 매수했고, SK는 이를 해외투자를 유치한 것처럼 공시했다.

비자금 폭로 우려 운용회사 아예 사버려

강혜민은 2003년 1월 1일, 윤 씨와 세 번째 비자금 관리계약을 체결했다. 이번에는 SK글로벌이 아닌 브리티시 버진 아일랜드에 설립된 SK의 또 다른 페이퍼컴퍼니인 로제트를 계약 주체로 내세웠다. 윤 씨 또한 이머전트 캐피탈이 아닌 자신이 설립한 또 다른 회사인 엔듀런스를 앞장세웠다. SK와 윤 씨 모두 새로운 회사를 내세워 다시 한 번 세탁함으로써 SK 해외 비자금을 철저히 숨겼고, 계약조건은 앞서 두 차례의 계약과 동일했다.

이 계약서에 따르면 SK 비자금 펀드의 관리와 거래 등은 윤 씨가 할 수 있지만 펀드의 출금이나 송금 등은 강혜민만이 할 수 있도록 했다. 비자금 관리자인 윤 씨가 단순한 트레이드 등은 할 수 있지만 돈을 실제로 빼내지는 못하게 한 것으로, 혹시 모를 사고에 대비해 이전의 계약과 같은 안전장치를 마련한 것이다.

그러나 이 계약 체결 뒤 곧바로 SK글로벌의 분식회계가 마침내 불거져 나오기 시작한다.

2003년 1월 27일, 검찰의 SK 분식회계 수사가 시작된 것이다. 윤 씨는 검찰수사 과정에서 SK 비자금의 존재가 발각돼 자신에게 불똥이 튈 것을 우려해 직원 등을 동원해 자체적인 법률 검토를 하는 것은 물론 자신의 고문변호사에게 유사 사례에 대한 처벌 내용까지 포함한 종합적인 자문을 의뢰했다.

윤 씨는 펀드의 주인을 속이는 것은 물론 회계까지 조작함으로써 엔론 사태에 버금가는 민형사상 책임에 직면할 수 있다는 변호사의 조언을 받아 자신이 입게 될 피해가 1800만 달러에 이른다는 문서를 2003년 3월 17일 작성했다. 이 문서는 3월 18일 SK글로벌 강혜민에게 팩스로 보낸 것으로 알려졌다.

표면적으로는 법률적 문제를 검토한 것으로 돼 있지만 이 같은 피해를 입게 되면 나도 가만히 있지 않겠다. SK 비자금을 폭로할 수도 있다는 사실상의 협박성 편지로도 볼 수 있다.

SK 입장에서는 검찰수사를 받는 처지인데 해외 비자금이 폭로된다면 엎친 데 덮치는 격으로 걷잡을 수 없이 불길이 번질 수 있으므로 상당한 위협을 느꼈을 것이다.

연방법원에서 발견된 또 하나의 계약서는 이 같은 우려가 상당 부분 사실로 확인된다. SK가 로제트를 내세워 윤 씨 회사를 사들이는 방식으로 일정한 보상을 해준 것이다. 로제트는 2001년 6월 30일자로 엔듀런스를 450만 달러에 산다는 계약을 체결했다. 먼저 송금을 하고 사후에 계약서가 작성된 것이다.

그러나 실제로 돈은 문제의 팩스가 전달된 시점에 입금된 것으로 확인됐다. 체이스뱅크에 개설된 엔듀런스 명의의 계좌 내역서에 따르면 ABN 암로에서 엔듀런스 계좌로 3월 17일부터 3월 24일까지 약 1주일간 809만 달러가 송금됐다.

연방법원에 제출된 엔듀런스 계좌 내역서에는 윤 씨의 이름이 명시돼 있어 윤 씨가 이 계좌의 실질적 주인임이 밝혀졌다. 즉 이보다 2년 전인 2001년 3월, SK 비자금 펀드 중 하나인 머큐리 포트폴리오 계좌에서 ABN

암로 계좌로 5000만 달러가 송금되는 등 거액의 거래가 있었던 점을 감안하면, 이 ABN 암로 계좌도 SK 비자금 계좌일 가능성이 큰 것이다.

특히 SK글로벌의 분식회계로 1조 6000억 원의 적자가 드러나고 SK글로벌이 은행에서 빌린 자금의 상환이 어려워지자 채권단은 2003년 3월 14일 SK글로벌에 대해 공동관리에 들어갔다.

윤 씨가 사장인 엔듀런스에 809만 달러가 송금된 것은 3월 17일이므로 SK가 채권단 관리 뒤에도 돈을 빼돌렸으며, 채권단이 몰랐다는 것은 이 자금이 회사 회계장부에 반영된 것이 아닌 비자금임을 의미하는 것이다.

또 하나 재미있는 사실은 ABN 암로에서 엔듀런스 매입대금 450만 달러의 2배에 가까운 809만 달러가 윤 씨에게 송금됐고 윤 씨가 이 돈 중 450만 달러만 자신의 개인계좌로 입금하고 나머지 360만 달러를 머큐리 포트폴리오로 다시 돌려줬다는 사실이다.

SK 비자금 관리계약서를 보면 머큐리 포트폴리오 등 비자금 계좌에 예치된 돈은 SK나 SK글로벌 등이 아닌 오로지 강혜민 개인만이 유일하게 인출권한을 가지고 있다.

03
비자금이 드러난 소송 과정

비자금 관리회사 '직원 vs 대표 소송'서 전모 드러나다

SK의 해외 비자금 5억 달러의 전모가 드러난 것은 윤 씨와 그 회사의 직원 권병용 씨가 2005년 2월 2일 시작한 연방법원 소송에서 비롯됐다. 권병용이 윤 씨에게 380만 달러의 손해배상소송을 제기한 것이다.

한때 윤 씨의 친구로서 윤 씨 회사에 입사해 SK의 비자금 관리내역을 지켜봤던 권병용은 SK의 분식회계가 적발된 뒤 SK 비자금 관리 사실이 드러날 것을 우려해 회사를 떠났고, 그 뒤 이 사실을 이용해 윤 씨와 법적 분쟁을 벌인다.

권병용이 윤 씨를 고소한 것은 권병용이 윤 씨 회사에서 빌렸던 39만 달러가 융자 형식을 취했지만 사실은 보너스였기 때문에 갚지 않아도 된다는 법원 판결을 얻기 위해서였다. 그러나 사실은 소송을 빌미로 여러 증거를 제출함으로써 윤 씨를 압박해 큰돈을 받아내려는 목적도 있었던 것으로 보인다.

권병용은 소송을 제기할 때는 자신의 고용관계와 관련된 단 2가지 증거만 제출했지만 재판 과정에서 SK 비자금의 존재를 완벽하게 입증할 서류를 차근차근 공개했다.

권병용이 회사 재직 때 입수한 서류도 있었지만 소송 당사자로서 법원의 허락을 받아 은행 등 관련 금융기관에 정식 서피나, 즉 서류제출명령서를 발송, 수백 건의 문서를 입수할 수 있었다.

권병용은 당초 SK글로벌도 윤 씨와 함께 공동 피고로 제소했지만 SK글로벌은 SK글로벌이 미국 내에서 파산함으로써 이미 미국에 존재하지 않고 권병용과 직접적인 고용관계가 없었다며 재판부에 기각을 요청해 재판부가 이를 받아들임으로써 소송 당사자에서 제외됐다.

그러나 권병용이 윤 씨와의 소송에서 SK 비자금 관련 증거를 송두리째 법원에 제출하는 것은 막을 수 없었다.

원피고가 확정되자 본심에 앞서 증거조사 기간이 설정됐고 처음 2006년 9월 15일까지로 정해졌던 증거조사 기간은 연장을 요구하는 원고 권병용의 주장이 받아들여져 2007년 1월 19일, 2007년 5월 4일 등으로 연장됐다.

그 뒤 원피고 간에 데포지션이 실시됐지만 피고 윤 씨가 1차 데포지션에서 묵비권을 행사하자 원고 권병용은 윤 씨가 증거조사를 방해하고 재판부를 모독한다며 한 번 더 데포지션을 할 수 있도록 허락받는 등 두 차례에 걸쳐 윤 씨를 직접 심문하게 된다.

그 뒤 소강상태를 보이던 이 사건은 소송이 시작된 지 약 5년 만인 2009년 12월 7일, 원피고 간에 합의에 도달했고 연방법원은 그 다음날인 12월 8일부로 재판종결을 선언했다. 연방법원은 원피고 간 합의내용을 모두 기록으로 남겼지만 이를 공개하지는 않았다.

두 사람이 뒤늦게 합의했지만 소송 과정에서 이미 SK 비자금을 입증할 서류들은 모두 공개됐고 지금은 누구나 열람이 가능한 상태로 SK 그룹의 부도덕성을 입증하고 있다.

다니엘 윤, 1차 데포지션서 무조건 묵비권

연방법원 소송 과정에서 비자금 관리인 윤 씨는 모두 두 차례에 걸쳐 데포지션, 즉 예비심문을 받았다.

첫 번째 예비심문은 2007년 1월 15일 실시됐다. 예비심문은 판사의 심리에 맞서 원고와 피고가 서로 소송 상대방을 불러 심리를 하는 것으로 재판부 없이 소송 당사자끼리 직접 묻고 답하기 때문에 질문이 날카롭고 거칠 수밖에 없다. 따라서 미국에서는 누구나 데포지션에 임하면 오줌을 쌀 정도로 긴장한다는 말이 있을 정도로 소송 당사자들에게는 큰 부담이 된다.

윤 씨는 이날 권병용이 제시한 SK 비자금 관련 증거서류 33개 중 강혜민 팀장과 교환한 이메일, SK와의 비자금 관리계약서, SK 수수료 제안 및 보상 고려사항, 밀레니엄 헤리티지 법인 관련서류, 아스팜 이사 조셉리 서명 서류 등 SK의 비자금임을 입증하는 30개 서류에 대해 '진본임을 의심할 여지가 없다'거나 '진본으로 생각한다'고 답변, 증거가 맞다고 인정했다.

SK글로벌이 유럽에서 발행한 DR을 인수한 뒤 SK의 지시에 따라 주총에 찬성 위임장을 보낸 데 대해 '당신 서명이 맞느냐'고 묻자 '그렇게 보인다'고 답변해 위임장을 통해 의결권을 행사한 것도 사실상 시인했다. 또한 윤 씨는 강혜민이 ING베어링에 개설한 비자금 계좌의 서명권자인 점에 대해서도 인정했다.

윤 씨가 너무 많은 서류를 봤다거나 잘 모르겠다고 답변한 것은 자신의 세금 문제와 직결될 수 있는 세다힐 법인의 은행계좌 관련서류뿐이었다.

윤 씨는 거의 대부분의 서류를 인정하면서도 구체적인 사안, 본인의 역할 등에 대해서만 이를 시인도, 부인도 하지 않고 무려 250번이나 수정헌법 5조를 택하겠다고 외치며 철저한 묵비권을 행사했다. 이 같은 윤 씨의 태도만 봐도 무엇이 진실인지를 충분히 가늠할 수 있는 것이다. 이 같은 묵비권에 대해 재판부는 윤 씨에게 다시 한 번 데포지션을 받도록 명령했다.

하지만 2007년 11월 5일 실시된 2차 데포지션에서 윤 씨는 묵비권 행사가 재판부 모독으로 인정되면 형사 입건될 수도 있다는 점을 고려, 단 한 차례의 묵비권도 행사하지 않았다. 1차 때의 묵묵부답을 2차 때는 모른다거나 기억나지 않는다, 즉 모르쇠 전략으로 수정하면서도 적지 않은 사실을 시인했다.

법원, 'SK 5억 달러 비자금 은닉' 사실로 인정

미 연방법원도 SK의 5억 달러 비자금 운용 및 은닉을 사실로 인정했다. 이 소송이 2009년 말 합의로 끝남으로써 법원의 판결까지는 가지 않았지만 재판 중간중간 원고와 피고의 신청 등에 대해 법원이 결정한 명령문에는 이 같은 법원의 판단이 고스란히 담겨있다.

재판부는 이 소송의 배경은 원고의 소송장 중 사실로 인정된 부분이라고 기재한 뒤, SK글로벌이 강혜민 팀장과 윤 씨를 통해 5억 달러 비자금을 운용했으며 SK의 분식회계가 적발된 뒤 이 자금을 사법당국과 SK글로벌 채권자들로부터 은닉하려 했다고 명시했다.

재판부는 윤 씨가 자신이 관리하는 5억 달러 규모의 밀레니엄 헤리티지 펀드의 실체가 SK 비자금이라는 사실을 권 씨에게 속였으며, 권 씨는 윤 씨의 잘못된 설명에 따라 2001년 7월 안정적인 직장을 버리고 이머전트그룹에 합류해 밀레니엄 펀드와 관련된 업무를 수행했다고 설명했다.

또 SK글로벌이 이 회사의 재정담당 고위임원인 강혜민과 윤 씨를 통해 운용되던 밀레니엄 펀드의 수혜자이며 강혜민이 윤 씨와 함께 이 펀드를 유령펀드로 운용했다고 밝혔다.

재판부는 또 2003년 3월 SK글로벌의 분식회계가 적발되자 윤 씨가 밀레니엄에 대한 서류와 기록들을 브리티시 버진 아일랜드로 옮기라고 했으며, 강혜민과 윤 씨는 밀레니엄의 자산을 옮기는 계획을 세웠다고 기록했다. 재판부는 이는 명백히 사법 당국과 SK네트웍스 채무자들부터 이 자산을 은닉시키려는 시도라고 규정했다. 연방법원이 SK글로벌의 5억 달러 비자금 운용 사실, 이를 숨기려 했던 사실 등을 모두 인정한 것이다.

연방법원은 다른 명령문에서도 '윤 씨가 미국에서 운용되던 밀레니엄 자산을 미국 외로 옮겼고, 이에 대해 권 씨가 밀레니엄의 자산을 옮기는 것은 돈세탁으로 위법한 행위라고 말했으며, 윤 씨가 밀레니엄 설립과 운용의 부정을 숨기지 않으면 자신이 감옥에 가게 될 것이라고 답변했다'는 내용도 사실로 인정했다.

MB도 SK 비자금 관리인에게 농락당했다

다니엘 윤은 SK 비자금을 관리한 사실을 숨긴 채 각종 인터뷰에서 금융에서는 정직이 최선이며 자신은 한국을 돕는 최고의 금융전문가라고 포장하며 화려하게 재기한 것으로 확인됐다.

특히 윤 씨는 2008년, 사실상 한국의 대통령까지 농락했던 것으로 드러났다. 불법을 저지른 재벌 그룹 비자금 관리인이 대통령을 만나 한국 국민연금 등 국가연금의 미국 투자를 권유했다. 과거를 완벽하게 숨기고 대통령을 직접 만나 투자를 권유한 것은 범죄 혐의자가 일국의 대통령, 나아가 대한민국을 농락한 것이나 다름없다.

전말은 이렇다. 2008년 4월 15일 이명박 대통령은 취임 뒤 처음으로 미국을 방문, 이날 오후 400여 명이 참석하는 동포 간담회에 와서 차세대 동포 10명을 따로 만났다. 400명이 참석해 멀리서 얼굴만 바라보는 명목상의 간담회가 아니라 그야말로 대통령을 면전에서 만나는 알짜배기 간담회였다. 이 10명의 차세대 동포 중 한 사람으로 SK 해외 비자금 관리인 다니엘 윤 벨스타그룹 회장이 선정된 것이다. 윤 씨는 SK 비자금 관리회사였던 이머전트캐피탈을 버리고 벨스타그룹을 새로 세워 회장으로 있으면서 자신을 유능한 금융인으로 포장했고 이 같은 사실이 관에도 먹혀들어 갔던 것이다.

당시 보도를 보면 윤 씨는 이명박 대통령에게 현재 하버드, 예일대학 등이 대학 내 자금을 잘 운용해 매년 18~19% 수익을 내고 있다며 우리나라도 국민연금과 공무원연금, 교원연금 등 국가연금이 상당한 규모인 만큼 더욱 효율적인 자산운용으로 국부를 늘릴 방안을 강구했으면 좋겠다고 제안했다.

이에 대해 이 대통령은 한국의 금융산업을 고부가가치의 신성장 동력으로 키우기 위해서는 한국에서 일할, 경험 있는 교포 2세들의 참여가 필요하다고 말한 것으로 보도됐다. SK 비자금 관리인이 그 전력을 숨기고 대한민국 현직 대통령에게 국민연금 등의 투자를 요구했고 대통령은 그 전력을 까맣게 모르고 그의 제안에 공감을 표한 것이다. 다른 언론보도에도 이 대통령이 윤 씨의 말에 '한국에는 연금을 활용하는 문제에 있어서도 전문가가 부족한데 교포들이 지금처럼 모국을 사랑하는 마음을 계속 유지, 앞으로 직접 모국을 도와줄 기회를 가졌으면 한다'고 말한 것으로 돼 있다.

이 대통령은 참모들이 엄선한 차세대 동포들을 만나 좋은 이야기를 나눴을 뿐 윤 씨가 SK 해외 비자금 관리인이었다는 사실을 전혀 알 길이 없었을 것이다. 참모들도 그 사실을 모르는데 하물며 참모의 조언을 받는 대통령이 그 사실을 안다는 것은 불가능하며 감쪽같이 농락당할 수밖에 없었던 것이다.

한편, 윤 씨에게 이 대통령과의 만남은 운명적이라고 평가할 정도의 큰 의미를 지니게 된다. SK 비자금 관리인이었다는 사실을 숨기고 대통령까지 만난 유능한 금융인으로 포장할 수 있는 절호의 찬스가 됐고 그는 이 기회를 놓치지 않고 날개를 달고 하늘로 날아오르게 된다.

윤 씨는 대통령을 만난 뒤에는 거칠 것이 없었다. 뉴욕을 방문하는 국회의원들에게도 유능한 금융전문가로 소개됐고, 뉴욕 총영사관 등에서도 윤 씨를 찾았다. 대통령을 만난 일 자체만으로 SK 해외 비자금 관리인이라는 사실은 깊숙이 묻혀졌고, 그저 한국인 최고의 금융전문가라는 미확인 사실만 부각됐다. 당연히 돈은 저절로 밀려들어왔다. 윤 씨가 2010년 한국 등에서 유치한 돈이 10억 달러를 넘었다. 모두 대통령 덕이다.

2003년 SK 분식회계 수사 때 5억 달러 못 밝혀

그럼, 윤 씨가 대통령을 만나는 슬픈 코미디는 왜 벌어지게 된 것일까? 그것은 근본적으로 SK 분식회계 수사 때 해외 비자금의 전모를 제대로 밝히지 않은 데 따른 것이다.

2003년 3월 11일 SK글로벌의 분식회계 수사결과 발표 때 언론보도를 살펴보면, 당시 윤 씨가 SK글로벌 비자금을 관리하던 이머전트캐피탈이 SK주식회사 주식 400만 주를 위장 소유한 사실까지는 밝혀낸 것으로 돼 있다.

같은 사안에 대해 미국 연방법원은 SK글로벌과 이머전트캐피탈이 서로 머리를 맞대고 논의한 끝에 SK주식회사 주식의 5% 이상인 650만 주 상당을 매입하려다, 실제로는 이머전트 이름으로 400만 주를 사들여 SK와 무관한 외국인 투자로 조작한 해외 은닉자산이라고 밝혔다.

그러나 한국 검찰의 발표에는 SK가 역외펀드에 위장 예치, 임시 보관시켰다는 말로 완곡히 표현돼 있다. 명백한 해외 자산도피임에도 불구하고 위장 예치, 임시 보관시켰다고 설명한 검찰은 이를 수사하고 관련자를 입건한 것이 아니라 공정거래위원회에 고발을 의뢰하는 데 그쳤다. 당시 SK글로벌의 분식회계 수사는 이인규 서울지검 부장검사가 주도했으나 검찰에 극심한 외압이 가해졌다는 것은 잘 알려진 사실이다.

당시 김진표 경제부총리와 이근영 금융감독원장이 김각영 검찰총장을 만나 SK글로벌 수사발표를 연기해달라, 분식회계 부분을 빼달라고 요청한 사실도 알려져 큰 문제가 됐다. 그러나 당시 문재인 청와대 민정수석은 외압이 없었다고 외압설을 부인했다.

이런 마당에 검찰이 수사의지가 있었다고 한들 철저히 수사하기가 힘들었을 것이다. 수사 책임자였던 이인규 부장이 '날려버리겠다'는 협박을 받았다는 사실이 언론을 통해 공개됐을 만큼 수사진이 받는 압박감은 이루 말할 수 없었을 것이다.

SK글로벌의 분식회계에 대한 수사가 이 같은 외압으로 제대로 진행되지 않았고, 이 때문에 당시 SK글로벌 해외 비자금이 5억 달러에 달했음에도 검찰에서 밝힌 것은 SK주식회사 주식 1000만 주밖에 없었다. 더구나 윤 씨가 관리하던 부분이 밝혀진 것은 이 중에서도 절반도 안 되는 400만 주뿐이었다. 이나마 검찰이 명백한 해외 은닉자산임에도 불구하고 윤 씨 등을 처벌하기는커녕 공정거래위원회에 고발을 의뢰하는 데 그침으로써

SK 비자금 관리라는 불법을 저지른 사람이 몇 년 뒤 당당히 대통령까지 만나 과거를 감춘 채 투자를 권하는, 절대로 발생해서는 안 되는 슬픈 코미디로 이어진 것이다.

2003년, SK의 분식회계를 적발한 당시 최태원 회장에 대한 1, 2, 3심 판결문을 훑어봐도 비자금 관련 내용은 단 한 마디도 없다. 최 회장은 특가법상 업무상 배임, 증권거래법 위반, 주식회사 외부감사에 관한 법률 위반 등만 인정됐다. SK증권과 JP모건 간의 외화채권 투자에 따른 손실을 처리하는 과정에서의 분식회계만 처벌됐을 뿐 5억 달러 비자금은 밝혀지지 않았고 따라서 법의 심판도 받지 않았다.

윤 씨의 회사 이머전트캐피탈은 이미 1999년 한국 정부에 외국인 투자자로 등록된 회사여서 정부가 SK 주식 400만 주 소유를 적발한 뒤 이것만 제대로 체크하고 회사와 회사임원 이름이라도 유심히 관리했다면 대통령의 조력을 막을 수 있었다. 이는 특정 정권, 정부의 무능을 비난하기에 앞서 한국 사회에서 재벌의 위력이 어느 정도인지를 실감케 하는 일이다. 또한 한국 사회가 부인하고 싶어도 부인할 수 없는 한계를 안고 있음을 보여주는 것이다.

또 다른 의혹 하빈저

SK 해외비자금 또 터지나? 하빈저 의혹 급부상

최태원 SK 회장, 최재원 SK 부회장이 계열사 자금을 횡령-전용한 혐의로 법정에 서게 된 가운데 새 의혹이 급부상하고 있다.

그것은 SK 계열사의 하빈저캐피탈 투자 의혹이다. 최태원이 은모 씨와 변모 씨 등의 권유로 하빈저캐피탈에 SK 자금을 불법 투자해 큰돈을 잃었다는 소문이 끊이지 않았다. 그런데 이 소문이 근거 없는 소문이 아님이 서서히 드러나고 있다.

하빈저캐피탈은 채권이나 부실자산 등에 투자하는 미국계 헤지펀드 회사이다. 필립 팰콘이 설립한 이 회사는 2008년 금융위기 때 미국 서브프라임 모기지가 하락하자 위험을 무릅쓰고 베팅해 수익을 크게 올리기도 했다. 그러나 그 다음해 펀드의 절반 이상을 날림으로써 투자자들로부터 원금 반환요구에 시달렸고, 이마저도 반환하지 않음으로써 미국 언론에 크게 보도되기도 했다. 지난 2011년 수익률도 46% 손실을 기록했다. 최근 인공위

성을 기반으로 한 제4세대 이동통신서비스를 추진했지만 2012년 2월 연방통신위원회가 불허방침을 밝힘으로써 사실상 이 서비스 사업은 끝났다고 하겠다. SK가 이런 회사에 투자한 것이다.

검찰이 2012년 2월 현재, 이 투자의 불법성을 집중 수사해 상당한 성과를 거둔 것으로 알려졌다. SK 그룹의 하빈저캐피탈 투자액은 최소한 4000억 원 이상이다. SK텔레콤이 2009년 하빈저캐피탈 계열의 글로벌 아퍼튜니티 브레이크어웨이 펀드에 1863억 원을 투자해 89%의 지분을 인수했으며, 2010년 11월 30일 하빈저캐피탈이 대주주인 라이트 스퀘어드에 약 676억 원을 투자했다. 또 SK네트웍스도 2010년 11월 29일 하빈저 차이나 드래곤 펀드에 2262억 원을 투자해 지분 40%를 취득했다. 이 외에도 SK이노베이션 등도 하빈저캐피탈에 투자했다. SK 계열사들이 줄줄이 하빈저캐피탈에 투자한 것이다.

검찰은 이 투자가 적법하게 이루어졌는지 등에 초점을 맞추고 있으며, 하빈저캐피탈과 직접 접촉해 불법성을 입증할 진술을 이미 확보한 것으로 전해졌다. 이에 하빈저 측은 공동운용사[GP]로서 명의만 빌려줬을 뿐이라고 진술했다고 한다.

조세 피난처를 이용한 자금세탁 정황 등에 대해서도 상당한 조사가 이루어졌다는 소식이다.

그러나 검찰은 이 투자를 주선한 것으로 알려진 은모 씨와 변모 씨를 소환·조사하려고 했으나, 이들이 지난해 말 SK에 대한 수사가 본격화되자 중국으로 출국해버려 조사가 쉽지 않다고 한다. 이들은 지난해까지 SK 빌딩 내에 사무실을 제공받고 VVIP 대접을 받았다. 특히 은 씨 등과 사모펀드 성공보수 계약을 하면서 투자자보다 은 씨가 더 많은 이득을 갖는다는 비정상적인 계약을 체결, 은 씨 등이 막대한 소득을 올렸으나 과연 이 돈이 100% 은 씨의 것인가라는 의문도 제기되는 실정이다.

이 때문에 SK 내 하빈저 관리팀에 비상이 걸렸고 SK 수뇌부는 또 다른 악재가 터질까 초긴장 상태라고 한다. 하빈저캐피탈이 지난해 46.6%의 손실을 입음으로써 SK는 돈은 돈대로 잃고 법적으로도 궁지에 몰린 형국이다. 검찰이 이 부분을 명백히 밝혀 법적 책임을 물어야 한다. 최태원이 선물투자 사건의 유죄를 시인하도록 하는 압박 카드로만 사용해서는 안 될 것이다.

제 **7** 부

삼성 이병철 손녀설
리제트 리의 비밀

■

2010년 11월 6일 오전 9시 50분, 뉴욕 라과디아공항을 출발, 11시 50분 오하이오 콜럼버스 공항에 비행기가 내려섰다. 이어 오후 5시에 델라웨어 카운티 구치소에 도착해 주차장에서 대기한 후 면회실로 안내됐다. 곧 면회가 있을 예정이다. 2010년 6월 14일부터 시작한 한 여성, 리제트 리에 대한 취재는 이렇게 대단원을 향해 달려가고 있었다.

2010년 10월 4일에는 약 50명 정도가 탑승하는 작은 비행기를 타고 뉴욕을 떠나 오하이오주 콜럼버스로 가서 담당 변호사를 만나기도 했고, 미 연방검찰청을 방문해 프리차드 검사, 마약수사대 수사관으로 리제트 리를 체포했던 매튜 수사관, 그리고 프레드 알버슨 대변인까지 만났다. 그녀의 이모, 그리고 양부와 전화통화를 했고, 관련된 문건과 117페이지에 이르는 법원 속기록 등 찾을 수 있는 자료는 모두 찾아 헤맸다. 하지만 아직 진실은 몇 걸음 물러나 있다. 그렇지만 여기까지 달려온 과정과 관련자들의 진술만 들어도 이 사건의 진실이 무엇인지는 알 수 있을 것이다. 이병철 삼성 창립자의 외손녀라고 주장하는 여성을 만나보자.

01
나는 이병철 회장 손녀다

전세기를 타는 미모의 20대 여성

전세기로 마약 운반, 알고 보니 한국인 리제트 리

2010년 6월 14일 해질녘, 오하이오주 콜럼버스 국제공항에 걸프스트림 전세기 한 대가 제비처럼 날렵하게 내려앉았다. 로스앤젤레스를 출발해 콜럼버스로 온 이 전세 비행기가 몇 시간 뒤 전 세계 언론의 주목을 받게 될 줄은 아무도 몰랐다.

이 전세기에 탑승한 20대 후반의 젊은 여성은 경호원과 비서까지 데리고 게이트를 나섰다. 20대 후반 여성이 전세기에 경호원까지 대동하고 행차함으로써 만만찮은 집안의 딸일 것으로 짐작됐다. 짐가방이 무려 13개나 됐다. 경호원과 비서가 이 짐가방을 렌트카로 옮겨 실었다.

준비한 차량은 캐딜락 에스컬레이드, 쉐보레 서버번, 회색 밴 등 모두

3대였지만 짐가방은 서버번과 밴 등 2대에 모두 실었고 이 젊은 여성은 짐을 싣지 않은 에스컬레이드의 운전대를 잡았다. 막 헤드라이트를 켜고 서서히 공항을 빠져나가려는 순간, 마약수사대 차량이 갑자기 길을 막았다. 차에서 뛰어내린 수사관들이 권총을 들이대며 에스컬레이드로 접근했다.

수사관들이 20대 후반의 젊은 여성 등 모든 탑승자를 차에서 내리지 못하게 한 채 트렁크를 열자 마약 탐지견이 일제히 짖어댔다. 킁킁거리던 마약 탐지견은 갑자기 짐가방을 물어뜯으며 놓지 않았다. 짐가방에 들어 있던 것은 마리화나였다. 미국 일부 주에서는 마리화나를 합법화했지만 오하이오주 등에서는 명백한 불법 마약이다.

짐가방 13개에 나뉘어 담겨진 마약은 한 뭉치당 10킬로그램씩 무려 23개 뭉치로 전체 230킬로그램에 달했다. 이 마리화나를 운반한 20대 후반의 젊은 여성이 바로 이병철 회장의 손녀라고 주장하는 리제트 로카시오 리였다. 로스앤젤레스에서 콜럼버스까지 전세기 비용만 6만여 달러. 편도 200달러면 민항기를 탈 수 있는데 편도 6만 달러, 약 7000만 원을 주고 전세기를 빌렸으니 어마어마한 부자이다.

결국 리제트 리는 2011년 2월 14일 마약 운반에 대해 유죄를 시인하고 대신 감형을 받는 플리바겐을 받아들였다. 연방검찰 조사결과 리제트 리는 2009년 11월부터 2010년 6월 14일 체포될 때까지 모두 14차례에 걸쳐 3000킬로그램 정도의 마리화나를 운반한 것으로 밝혀졌다. 이 마리화나를 유통시킬 경우 300만 달러 정도의 수익을 얻을 수 있다는 것이 검찰의 설명이다.

리제트 리는 마리화나를 운반해주면서 한 번에 2만 달러에서 최대 6만 달러를 받았다. 이 같은 혐의로 볼 때 최소 징역 10년 형이 예상됐다. 하지만 유죄를 인정함으로써 형량은 크게 줄었다. 체포된 지 약 1년 만인 2011년 6월 10일 연방법원은 리제트 리에게 징역 6년 실형에 보호관찰

5년, 벌금 2만 달러, 체포될 때 소지했던 6500여 달러를 압수하는 판결을
내렸다.

리제트 리, 체포되자마자 '나는 삼성 상속녀다'

마리화나를 대량 운반한 혐의로 체포된 리제트 리는 그날 밤 마약수사대
조사에서 마리화나보다 더욱 놀라운 진술을 한다. 자신이 삼성 창립자의
손녀라고 밝힌 것이다.

삼성 창립자의 손녀라는 주장은 자신이 이병철 삼성 선대 회장의 손녀이
며, 이건희 삼성 회장의 조카라는 뜻이다. 마리화나보다 더 큰 폭발력을
가진 진술이었다. 마약수사대는 이 사실을 연방검찰에 알렸고 연방검찰은
즉각 언론에 알렸다. 검찰 대변인까지 TV 뉴스에 출연, 리제트 리가 삼성
상속녀라고 주장했다는 사실을 발표했다.

이른바 '마약 운반녀 리제트 리, 삼성 상속녀설'이 터진 것이다.

삼성은 한국의 최대 재벌 정도로 평가되는 위치가 아니다. 소니를 꺾은
세계 최대 전자회사다. 그런 까닭에 전 언론의 관심이 집중됐다. 미국
언론들은 그녀가 '삼성전자의 상속인' '삼성전자 창업자의 손녀'라고 진술했
다는 내용을 대대적으로 보도했다. 전세기로 마리화나를 운반한 미모의
여성이 세계적 부호의 '망나니' 상속녀일 수도 있다는 사실이 언론을 흥분시
킨 것이다.

삼성 측에 사실 확인을 문의하는 이메일이 쇄도하자 삼성은 미 동부
시간 2010년 6월 16일 오후 11시 25분, 짤막한 부인 성명을 발표했다. '일부
언론보도와는 달리 리제트 리는 삼성전자의 상속녀가 아니며, 삼성 이
씨 집안의 멤버도 아니다'라는 한 줄짜리 성명이었다. 삼성이 리제트 리의

주장이 사실무근이라고 밝힌 것이다.

그러나 리제트 리는 자신이 삼성의 로열패밀리라는 주장을 굽히지 않았다. 이모 등 가족들도 리제트 리의 주장이 사실이라고 밝힘으로써 의혹은 더 커져갔고 이 사건과 관련한 보석청문회 등이 열린 법정은 발 디딜 틈 없이 꽉 찼다.

보석청문회 개최— 세계적 관심 끌다

체포 다음날부터 리제트 리가 도어맨이라는 영화에 출연했고, 음반을 내기도 했다는 사실이 언론의 추적을 통해 드러났고, 베벌리힐스에 살고 있으며 남자친구가 있었다는 사실 등이 속속 전해졌다. 리제트 리가 평범하지 않은 인생행로를 거쳤다는 것이 밝혀지기 시작한 것이다.

리제트 리 체포 뒤 17일로 예정된 보석청문회는 캘리포니아에 사는 가족들이 청문회에 참석할 수 있도록 18일로 하루 연기해달라는 변호사의 요청을 법원이 받아들였다. 그녀의 첫 변호사는 오하이오주 콜럼버스의 유명한 변호사인 윌리엄 믹스이다. 그러나 정작 18일 청문회에는 가족들이 단한 명도 참석하지 않아 변호사는 다시 보석청문회를 일주일 연기해달라고 요청했다.

이날 재판정에는 리제트 리가 삼성 상속녀라고 주장한 사실이 세계적인 관심을 끌게 되면서 기자들은 물론 법원 직원들까지 몰려들면서 입추의 여지가 없었다. 그러나 결국 변호사의 연기 요청으로 싱겁게 끝나고 말았다. 변호인 측이 사건을 조사하는 데 시간이 더 필요하다고 요청한 것이다. 리제트 리는 변호사가 이같이 요청하자 실망하고 흥분된 표정을 감추지 못했다. 머리를 숙인 채 수갑 찬 손으로 휴지를 만지작거리면서 소리 없이 흐느끼던 리제트 리는 연방법원 판사가 '보석청문회 연기에 동의하느냐고 묻자 차마 답변을 못했고 재차 물어보자 이에 동의한다는 의사를 밝혔다.

리제트 리가 자신의 입으로 삼성과의 관계를 법정에서 밝힐 것인지 관심이 집중됐지만 청문회는 1주일 연기되면서 10분 만에 끝나고 말았다. 검찰과 변호사 모두 이날 리제트 리와 삼성과의 관계에 대해서 구체적인 언급을 하지 않았다. 하지만 연방검찰은 리제트 리의 개인적 삶은 '미스터리'라고 밝혔다. '평범한 마약 밀매업자들과는 너무나도 다르다'는 연방검사의 말 한 마디가 리제트 리의 정체에 대한 의혹을 증폭시켰다.

6월 25일, 보석청문회에 드디어 리제트 리의 가족으로 추정되는 한국인 3명이 법정에 출석했다. 변호사의 안내로 50대 후반의 여성 2명, 60대 남성 1명이 법정에 들어서자 이들이 리제트 리의 배경을 밝힐 것이라는 기대가 팽배했다.

처음 이들은 리제트 리의 생모와 이모, 이모부인 것으로 알려졌지만 실제로는 양아버지, 양어머니와 이모였다. 이들은 로스앤젤레스 베벌리힐스에서 날아왔다. 그러나 어찌된 영문인지 이날 청문회도 제대로 진행되지 않았다. 이날 청문회에서 리제트 리는 마약운반혐의를 인정하는지에 대한 판사 질문에 무죄라는 짤막한 답변만 했다.

간단한 인정심문이 끝나자 변호사는 조금 더 사건을 조사한 뒤 첫 심리가 열리기 전에 보석을 신청하겠다고 요청했다. 첫 재판이 8월 23일로 정해졌으니 그때까지 변호사가 사건을 더 조사하고 보석을 요청하겠다는 것이다. 사실상 리제트 리 측이 보석청문회를 세 번째 연기한 것이다. 정확히 말하면 그녀의 변호사가 보석청문회를 세 번씩이나 연기한 것이다.

청문회가 무산되자 리제트 리의 가족들에게 질문이 쏟아졌다. 그러나 이들은 단 한 마디의 말도 하지 않은 채 변호사가 준비한 차를 타고 총총히

사라졌다. 그러나 이상하게도 이 청문회 이후 윌리엄 믹스 변호사는 교체되고 만다.

보석청문회가 잇달아 연기되면서 리제트 리는 크게 상심한 것으로 보인다. 리제트 리는 2010년 6월 14일 체포 직후 오하이오주 콜럼버스 인근 프랭클린 카운티 구치소에 수감돼 있었으며 수감 도중 자살 기미가 감지돼 구치소 측의 집중감시를 받았던 것으로 드러났다.

전세 비행기, 최고급 승용차 등 호화생활을 하고 영화배우, 가수로 활동하며 자유분방하게 살던 20대 후반 여성에게 교도소란 그야말로 지옥이었을 것이다. 리제트 리는 마리화나 운반이라는 자신의 죄 값을 받아들이면서도 또 한편으로는 교도소라는 현실에 절망했을 것이다. 또 하나 보석청문회 심사조차 연기된 것도 큰 충격이었을 것이다.

리제트 리의 자살 우려가 커지자 교도소 당국은 8월 3일 리제트 리를 여성전용 감방이 있는 델라웨어 카운티 구치소로 이감했다. 콜럼버스 시내에서 약 30마일 떨어진 곳으로 그리 멀지는 않았다. 델라웨어 카운티 구치소에서 리제트 리는 자살 기미 없이 안정된 모습을 보였다.

리제트 리 대변인 '이병철 외손녀 맞다' 발표

8월 23일로 예정된 첫 심리도 같은 달 10일 윌리엄 믹스 변호사의 요청으로 11월 1일로 약 2달 늦춰졌다. 이처럼 연기가 거듭되는 가운데 드디어 리제트 리 가족 측이 칼을 빼들었다.

9월 30일, 전격적으로 가족 대변인을 통해 폭탄선언을 한 것이다. 퀸텀리프 엔터테인먼트라는 회사는, 자신들이 리제트 리 가족들이 임명한 가족 대리인이라고 밝히고 리제트 리의 개인적 배경에 대한 성명서를 발표했다.

더 충격적인 것은 성명서와 별도로 언론의 질문에 답하는 형식으로 리제트 리가 이병철 삼성 창립자의 외손녀라고 밝힌 것이다.

가족 대변인은 리제트 리가 코린 리와 요시 모리타의 외동딸로 서울에서 태어났으며, 생후 3주 만에 이범걸-로렌 리 부부에게 입양됐다고 설명했다. 코린 리 부부는 친한 친구인 태권도 사범 이범걸에게 리제트 리를 대신 키워줄 것을 부탁했고 이들 부부는 미국에서 자라는 것이 리제트 리를 위해서 좋을 것이라고 판단, 미국에서 키웠다는 것이다. 코린 리와 동복자매인 리제트 리의 이모 진 리도 미국으로 와 리제트 리를 돌봤으며 주로 베벌리힐스에서 성장, 2000년 8월 9일 미국 시민권을 획득했다고 밝혔다. 코린 리와 진 리는 어머니가 같고 아버지가 다른 동복자매(同腹姉妹)이다.

특히 이들은 이 성명서에서 변호사에 대한 강한 불만을 털어 놓았다. 리제트 리 가족들은 체포 뒤 6월 20일 콜럼버스로 와서 마약수사대 수사관과 연방검사를 만났으며 보석청문회에 출석해 증언하려고 했으나 이 청문회가 가족들의 바람과는 달리 갑작스럽게 취소됐다고 말했다.

가족 대변인은 앞으로 제임스 오웬과 토드 롱 두 변호사를 새로 선임, 보석청문회를 받을 것이라고 강조했다. 보석청문회 등을 연기시킨 변호사를 해임하고 새 변호사를 선임했다는 것이다.

전임 변호사가 가족 뜻에 반해서 보석청문회 등을 연기시켰다는 의미이며 가족들 외에 보이지 않는 손이 있었지 않나 하는 의혹이 이는 대목이다. 양부모와 이모 등이 직접 선임한 변호사라면 의뢰인의 의사에 반하는 행동은 하지 않았을 것이므로 왜 이런 상황이 연출됐는지도 이 사건의 배경을 짐작케 한다. 가족이 아닌 제3의 의뢰인이 변호사를 선임한 것이 아닌가 하는 의혹이 생기는 것이다

리제트 리의 본명은 이지영

이 같은 성명서가 발표되자 언론의 문의가 빗발쳤고 가족 대변인측은 다시 한 번 "리제트 리가 이병철 삼성 창립자의 손녀이며 코린 리도 이병철 삼성 창립자의 딸이 맞다"고 밝혔다. 리제트 리가 이병철 삼성 창립자 딸의 딸, 즉 외손녀라고 공표한 것이다.

미국 언론뿐 아니라 〈시크릿 오브 코리아〉와의 별도 통화에서도 가족 대변인은 리제트 리가 이병철 삼성 창립자의 손녀라고 확인했고 이를 입증할 병원 관련서류가 있다고 강조하기도 했다. 그러나 이들은 코린 리의 한국 이름은 모른다며 그녀의 한국 이름은 밝히지 않았다. 이것만으로도 세상이 발칵 뒤집힐 만한 발언이었다.

가족 대변인의 성명과 통화를 토대로 리제트 리를 추적한 결과 그녀의 한국 이름은 이지영이었다. 한자로 智英이며, 1981년 10월 23일 출생해 이범걸과 이숙범 씨에게 입양된 것으로 확인됐다.

이범걸은 1950년생, 부인 이숙범 씨는 1953년생이고, 양모 로렌 리의 한국 이름이 이숙범이었다.

이들 가족 대변인은 삼성에 '리제트 리가 이병철 회장의 손녀임을 확인해달라'는 메일을 보냈고 이는 삼성 측이 다시 한 번 사실무근을 주장하는 근거가 된다. 가족 대변인의 질문에 대해 삼성은 어이가 없다는 반응을 보였다. 삼성 측은 '미국에서 마약운반혐의로 구속된 여성이 삼성 창업주의 외손녀로 확인됐다는 보도는 재확인 결과 사실이 아니다'라고 밝혔다. 6월 리제트 리 구속 직후에 이어 두 번째로 사실무근을 강조한 것이다.

발로 찾아 나선 리제트 리의 혼적

리제트 리 주장 확인하러 오하이오 방문

리제트 리의 삼성 로열패밀리 주장과 삼성의 사실무근 주장을 확인할 방법을 찾다가 해당 사건 관련자 전원을 직접 만나보기로 했다. 리제트 리까지 직접 만나보기로 한 것이다.

2010년 10월 4일, 약 50명 정도가 탑승하는 작은 비행기를 타고 뉴욕을 떠나 콜럼버스로 향했다. 당시 〈스포츠서울닷컴〉 부장이던 이명구 현 〈디스패치〉 뉴스국장, 임근호 연예팀장과 동행했다. 〈스포츠서울닷컴〉은 2009년 9월 〈시크릿 오브 코리아〉 블로그를 가장 먼저 보도했고 '리제트 리 삼성 상속녀설'을 블로그에 올렸을 때도 이를 적극적으로 취재했다.

10월 4일 저녁, 검찰청사, 변호사 사무실, 리제트 리 수감 교도소 등의 소재를 확인한 뒤 이튿날 본격 취재에 나섰다. 리제트 리의 첫 변호사로 보석청문회 등을 연기한 뒤 가족으로부터 해임된 윌리엄 믹스 변호사는 직접 만나지 못했고 전화통화만 했다.

믹스는 일부 언론과의 인터뷰에서 리제트 리가 삼성가의 일원이란 뉘앙스를 풍겼었다. 믹스는 전화 통화로 "변호사 윤리상 의뢰인의 신상에 대해 직접 언급할 수 없지만 삼성 손녀설을 보도한 〈콜럼버스 디스패치〉에 보도된 그대로"라고 말했다. 리제트 리의 삼성 관계설을 간접적으로 인정한 것으로도 생각할 수 있는 답변이었다.

믹스는 마약수사대와 연방검찰이 모든 것을 알고 있으니 검사를 직접 만나보라고 권했다. 즉시 연방검찰로 전화해서 프리차드 연방검사를 찾았다. 전화 한 통으로 당일 연방검사와 미팅을 잡는 것이 불가능할 것이라고 생각했지만 밑져야 본전이라는 생각으로 전화를 돌렸다.

검찰은 예상 외로 쉽게 취재에 응해줬다. 프리차드 검사는 인터뷰는 할 수 없지만 직접 만나고 싶다며 연방검찰청 방문을 허용했다. 프리차드는 자신은 물론 마약수사대 수사관으로 리제트 리를 체포했던 메튜 수사관, 그리고 프레드 알버슨 대변인까지 만날 수 있도록 주선해줬다. 그래서 이들 세 사람을 회의실에서 한꺼번에 만날 수 있었다.

그러나 이들은 리제트 리가 이병철 회장의 손녀인가라는 질문에 대해 답변해주지 않았다. 수사 중인 사건에 대해 확인해줄 수 없다는 것이다. 단지 리제트 리의 혐의 등 언론에 공개된 내용에 대해서만 다시 한 번 설명하고 궁금한 게 있다면 재판을 통해 밝혀질 것이라고 말했다. 단, 검찰은 리제트 리가 체포된 날 밤에 자신이 삼성 상속녀라고 주장한 것은 틀림없는 사실이라고 확인해줬다. 큰 진전이 없었다.

가장 만나고 싶었던 사람은 리제트 리 측이 새로 고용한 2명의 변호사인 제임스 오웬과 토드 롱이었다. 뉴욕을 떠나기 전부터 수십 차례 이메일을 보내고 수십 차례 전화를 했지만 그들은 일체 답이 없었다.

10월 5일 오전 변호사 명부를 뒤져 사무실로 직접 찾아갔다. 유명한 변호사인 윌리엄 믹스 변호사가 검찰청사 바로 옆에 사무실을 낸 것과는 달리 이들의 사무실은 다운타운에서 한참 떨어진 곳에 있었다. 콜럼버스 다운타운에서 리제트 리가 수감된 델라웨어 카운티 구치소의 중간쯤이라고 볼 수 있는 곳이었다.

간신히 사무실 입구를 찾아 한 남자를 만났는데, 그 남자는 오웬 변호사는 지금 없으니 메시지를 남겨주겠다고 답변했다. 토드 롱 변호사는 없느냐고 묻자 자신이 토드 롱이지만 오웬 변호사가 담당한다며 아는 게 없다고 말하고는 문을 닫아버렸다. 문고리 인사는 그렇게 절망감을 남겼지만 이때의 만남이 조금 뒤 엄청난 행운으로 돌아왔다.

리제트 리 변호인, '이병철 손녀지만 혼외' 주장

연방검찰 관계자를 만난 다음 리제트 리가 수감돼 있는 델라웨어 카운티 구치소를 방문했다. 조그만 구치소였다. 한국의 시골학교 정도의 작은 구치소로 주차장은 차를 20~30대 주차할 규모에 불과했다.

구치소 주차장으로 차를 꺾은 순간 두 사람이 구치소 정문으로 걸어가고 있었다. 키가 작은 남자가 오전에 문고리 인사를 나눴던 토드 롱 변호사 같았다. 그 자리에 그대로 차를 세우고 뛰어가서 "익스 큐즈 미"를 외쳤다.

두 남자가 돌아섰다. 키 큰 변호사는 제임스 오웬 변호사라고 자신을 소개했다. 마침내 그토록 찾던 오웬을 구치소 정문에서 맞닥뜨린 것이다. 그도 구치소에서 우리를 만날 것을 생각하지 못했던지 어이없다는 표정을 지었다.

리제트 리와 삼성 관계를 묻자 오웬 변호사는 체념한 듯 리제트 리는 이병철 삼성 창립자의 외손녀라고 말했다. 담당 변호사가 직접 리제트 리가 이병철 회장의 외손녀라고 말한 것이다.

오웬 변호사는 리제트 리의 외할머니와 이병철 회장이 리제트 리의 어머니인 코린 리를 낳았다. 그렇지만 법적으로 혼인을 하지 않았다. 법적으로 혼인하지 않은 것이 문제지만 손녀인 것은 틀림없다고 말했다.

리제트 리는 자신의 생모 코린 리와 지속적인 만남을 가지면서 생모로부터 자신이 이병철의 손녀라는 사실을 들었다는 것이다. 또 리제트 리의 양부모 이범걸 부부로부터도 이 같은 사실을 확인했다고 덧붙였다.

오웬 변호사는 코린 리의 한국 이름을 묻자 잠시 시간을 달라고 요청하고 즉석에서 리제트 리의 양부모 측과 통화한 뒤 양부모 측에서 코린 리의 한국 이름 공개를 원치 않는다며 한국 이름을 알려줄 수 없다고 말했다.

이날 리제트 리의 이모 진 리도 〈시크릿 오브 코리아〉와의 통화에서 "철없는 아이가 저지른 일이므로 용서해달라. 삼성 관련설 등을 지금 밝혀서 무엇하겠느냐? 아무 도움이 안 된다"고 말했다. 리제트 리가 삼성과 관계가 있다는 것을 암시하면서도 지금은 밝히지는 않겠다는 의미심장한 말이었다.

결국 리제트 리의 이모 진 리는 이날 삼성 관련설을 명시적으로는 말하지 않았지만 20일 뒤 연방법정에 출석, 폭탄증언을 한다. 위증의 죄를 달게 받겠다고 서약한 뒤 '리제트 리가 이병철 삼성 창립자의 외손녀'라고 증언한 것이다.

운명의 청문회, 가족과 남자친구 총동원

리제트 리의 보석을 허용할 것인가를 결정짓는 청문회가 2010년 10월 26일 오하이오주 연방법원에서 열렸다. 원고인 검찰은 보석의 부당성을, 피고인 리제트 리 측은 그 반대 입장을 설명하는 창과 방패의 진검승부였다.

3000킬로그램의 마리화나를 운반하던 현행범으로 리제트 리를 체포한 검찰은 다소 느긋한 입장이었고, 답답한 쪽은 이미 구속, 수감된 리제트 리 측이었다. 돈을 펑펑 쓰며 자유분방하게 생활하던 '공주님' 입장에서 감옥은 그야말로 지옥이나 다름없었다. 리제트 리 측은 법원에 리제트 리가 보석으로 석방되더라도 도주하지 않고 꼬박꼬박 재판에 출석하고 자신의 죄 값을 달게 받을 준비가 된 성실한 시민이라는 점을 입증해야 하는 절체절명의 순간이었다.

모든 범법자들과 마찬가지로 리제트 리도 재판이 끝날 때까지는 무죄로 추정한다는 법리를 내세워 감옥에 갈 때 가더라도 불구속 상태에서 재판을 받는다는 것이 1차 목표였다.

형사사건 변호사의 가장 중요한 임무는 의뢰인에게 무죄가 선고되도록 변호하는 것이다. 그러나 이 같은 이야기는 법전에나 나오는 교과서적 이야기이고 실제 재판에서는 좀 더 현실적이고 구체적인 목표를 향해달린다. 그들의 임무는 다음과 같다. 첫째, 구속을 막는다. 둘째, 구속됐다면 보석으로 빼낸다. 셋째, 보석도 안 된다면 재판을 빨리 진행시켜 하루라도 빨리 1심 판결을 이끌어낸다.

리제트 리는 현행범으로 이미 구속된 상태였으므로 변호사는 두 번째 목표인 보석으로 빼내는 게 지상과세였다. 어떤 수단과 방법을 동원해서라도 재판부를 설득해야만 리제트 리가 지긋지긋한 감옥에서 잠시만이라도 벗어날 수 있는 것이다. 그야말로 운명의 청문회였다. 그래서 리제트 리 측은 비장의 무기로서 가족을 법정에 세우기로 했다.

117페이지 속기록이 리제트 리 비밀 밝혔다

이날 법정의 상황을 법원 속기록을 바탕으로 상세히 살펴보겠다. 법정 증언 내용을 고스란히 담은 속기록은 117페이지 분량이다.

법정에는 원고인 연방정부를 대신해 프리차드 검사와 최초로 이 사건을 수사한 매튜 휴펠드 특별수사관이 출석했고, 피고 쪽에서 리제트 리의 변호사인 제임스 오웬 선임변호사와 토드 롱 변호사가 출석했다. 피고인 리제트 리가 출석했음은 물론이고 리제트 리의 남자친구 크리스찬 나바로, 이모인 진 리, 양부모인 이범걸과 로렌 리 등이 증언했다.

그동안 언론들의 집요한 추적에도 '리제트 리는 옛날 여자친구일 뿐이다' '그녀에 대해서 말하고 싶지 않다'라고 일관했던 남자친구 크리스찬 나바로가 법정에 출석했다는 것은 깜짝 놀랄만한 일이었다. '귀찮다'며 리제트 리에 대해 전혀 무관심한 척 언론의 눈길을 따돌리던 나바로가 결정적 순간에 백기사처럼 자신의 옛 여자친구를 위해 법정에 나타난 것이다.

잘 생기고 전도유망한 와인 사업가인 나바로는 리제트 리와의 관계가 드러나면 드러날수록 자신에게 따가운 눈총이 쏟아질 것을 잘 알면서도 이 모든 것을 감수하고 남자의 길을 택한 것이다. 사실 나바로는 리제트 리의 남자친구였을 뿐 법적으로는 아무 관계가 없는 남남이었다. 법정에 서지 않고 모르쇠로 일관하면 그뿐이었다. 그러나 그는 불이익을 무릅쓰고 증언대에 섬으로써 옛 여자친구에 대해 의리와 의무를 다한 것이다.

리제트 리, 생후 3주 만에 입양

이날 청문회는 그야말로 리제트 리가 과연 이병철 회장의 손녀인지 아닌지를 밝히는 중요한 분수령이 됐다. 그러기에 가능한 한 속기록에 근거해 상세히 설명해보려고 한다.

재판부는 본격적인 증인심문에 들어가기에 앞서 법원서기에게 리제트 리에 대한 기본적인 사실관계를 설명하도록 시켰다. 법원서기는 리제트 리의 친부모는 코린 리와 요시 모리타이며 생후 3주 만에 이범걸과 로렌 리 부부에게 입양됐다고 밝혔다. 또 이범걸 부부는 현재 캘리포니아주 베벌리힐스의 노스 오크허스트드라이브 ○○○번지에 살며, 리제트 리는 23년간 캘리포니아주 베벌리힐스의 웨스트비버리블루버드 9○○○번지에 살았다고 설명했다. 그 뒤 리제트 리는 남자친구인 크리스찬 나바로와 4~5년을 살았으며 최근 3~4개월간 베벌리힐스의 월셔라는 곳에서 집을 렌트해 혼자 살았다고 밝혔다. 한편, 리제트 리는 연방검찰에서 한 달에 수십만 달러의 용돈을 받는다고 진술했고 그녀의 은행계좌에 2만 8000달러가 입금돼 있다는 사실도 확인됐다고 말했다.

이어 리제트 리의 변호사가 리제트 리가 석방된다면 이범걸 부부의 집에서 엄중한 감시하에 법원명령을 이행할 것이며, 만약 재판부가 보석 뒤 주거지를 오하이오주로 한정할 경우 이 지역에서 국선변호인으로 활동하는 킬링 씨 부부의 집에서 머물도록 할 것임을 밝히며 보석을 요청했다.

그 뒤 본격적인 증인심문이 시작되었다. 보석 허용 여부를 판단하는 청문회였지만 세간의 관심사는 과연 리제트 리와 삼성가와의 관계가 밝혀질 것인가였다.

남자친구 나바로

나바로 '리제트 리, 벤틀리만 2대 소유'

첫 번째 증인은 리제트 리의 남자친구였던 크리스찬 나바로였다. 양부모나 이모와 마찬가지로 크리스찬 나바로도 그 전까지 베일에 싸인 인물이었으나 이날 처음 증언대에 섰다.

나바로는 자신이 19세 때부터 와인 비지니스에 종사하며 현재 로스앤젤레스에서 왈리스라는 도매상을 운영하고 있다고 밝혔다. 리제트 리와 8년 전 처음 만났고 5년 전부터 정식으로 사귀었으며, 4~5년 동안 함께 살았다고 설명했다.

나바로는 리제트 리의 재산 상태에 대해 증언했다. 리제트 리가 벤틀리라는 차량을 2대나 소유하고 있었다는 것이다. 벤틀리는 벤츠와도 비교가 되지 않을 정도의 고급차이다. 나바로는 리제트 리가 흰색 벤틀리 컨티넬탈 하드탑과 흰색 벤틀리 컨버터블을 가지고 있다고 밝혔다. 벤틀리는 각각 20만 달러와 30만 달러라고 증언했다. 20대 여성이 벤츠보다 몇 배나 더 비싼 벤틀리의 동일 모델 2대를 소유하고 있다는 것이다. 어지간한 부자가 아니면 벤틀리 한 대를 소유하는 것도 힘들다. 리제트 리가 보통 여자가 아닌 엄청난 부자라는 것을 의미하는 것이다.

나바로는 흰색 벤틀리 컨티넬탈 하드탑은 선금을 자신이 냈지만 할부금은 리제트 리가 냈다고 밝혔다. 미국에서는 흔히 차량 가격의 20~30%를 다운페이먼트, 즉 선금으로 낸 뒤 계약기간에 따라 나머지 금액을 매달 할부로 납부한다.

리제트 리는 자신이 꼬박꼬박 할부금을 갚았지만 남자친구가 선금을 지불했음을 감안해 이 차를 나바로 이름으로 등록한 것으로 드러났다. 미국에서 등록자는 사실상 차량 소유자를 의미한다. 리제트 리는 흰색 벤틀리 한 대를 사실상 남자친구에게 준 것이나 마찬가지였고 이처럼 차를 남자친구에게 주면서도 당사자인 나바로에게는 아무런 생색도 내지 않은 것으로 밝혀졌다. 나바로는 이 차가 자신의 이름으로 등록된 사실조차 몰랐다고 한다.

또 한 대의 벤틀리는 리제트 리가 할부금을 제대로 내지 못해 벤틀리가 회수해 간 것으로 확인됐다. 어쨌든 리제트 리가 한때는 벤틀리를 두 대나 한꺼번에 소유했던 것이다.

나바로, 생부·생모 모두 LA서 만났다

나바로의 증언 중 더욱 눈길을 끈 것은 그가 리제트 리의 생부와 생모를 직접 만났다는 것이었다. 나바로는 양부모인 이범걸 부부를 4년 전에 만났는데, 그들이 양부모로서 가까운 사람이긴 하지만 피를 나눈 가족으로 생각하지는 않는다고 밝혔다. 결국 나바로가 만났다는 리제트 리의 부모는 친부모인 요시 모리타와 코린 리를 의미하는 것이다. 이 부분에서 재판부는 나바로에서 친부모를 만난 상황을 정확히 설명하라고 요구했다.

나바로는 리제트 리와 자신이 로스앤젤레스의 한 쇼핑몰에서 쇼핑을 한 뒤 지하식당에 갔을 때 리제트 리의 생모 코린 리를 만났다고 말했다. 코린 리는 의외로 영국식 액센트의 영어를 구사하여 나바로 자신도 깜짝 놀랐다고 한다. 그 자리에서 리제트 리는 코린 리를 마미라고 불렀고 코린 리는 나바로에게 당신이 내 딸을 돌보고 있느냐, 즉 내 딸과 함께 사는 사람이냐고 물었다. 리제트 리의 친엄마로서 딸의 남자친구에게 이것저것 물어본 것이다.

판사는 리제트 리의 친아버지인 요시 모리타를 만난 상황도 정확히 이야기하라고 명령했다. 나바로는 리제트 리의 친어머니인 코린 리를 만난 몇 달 뒤 페닌슐라 호텔에서 친아버지 요시 모리타를 만났다고 증언했다. 요시 모리타는 영어를 구사하지 못했지만 통역 등을 통해 그에게 어떤 일을 하는지 등을 질문했다고 밝혔다. 요시 모리타가 카지노를 운영하는가, 라는 질문에는 개인 투자자로 알고 있으며 카지노는 그 투자의 일부분이라고 진술했다.

리제트 리, 어딜 가도 경호원 2~3명 대동

나바로는 리제트 리가 2010년 6월 14일 오하이오주 콜럼버스로 마리화나를 운반할 때 동행했던 비서와 경호원 등에 대해서도 증언했다.

밀리 캐디는 리제트 리가 가장 믿는 친구이고 프랭크 에드워드는 그녀의 경호원이라고 밝혔다. 특히 자신과 리제트 리가 멕시코로 여행갈 때 그녀의 비서 역할을 한 밀리도 데리고 갔다고 증언했다. 에드워드는 전문적인 경호원으로 항상 그녀를 경호했으며 두 사람이 함께 있는 사진이 찍혔던 자선행사에서도 에드워드가 리제트 리를 경호했었다고 털어놓았다. 이 사진은 언론에 공개된 것으로 두 사람이 얼굴을 마주 대며 다정하게 찍은 사진을 말하는 것이다.

나바로는 자신과 처음 만났을 때도 경호원이 있었고 리제트 리는 항상 2~3명의 경호원을 데리고 다닌다고 설명했다. 20대 여성이 경호원을 데리고 다닌다는 것은 쉽게 상상할 수 없는 일이다. 이것만 봐도 그녀는 보통사람이 아님을 알 수 있다. 나바로는 리제트 리의 친부모가 멀리 떨어져 살기 때문에 그녀에게 경호원을 붙였다고 설명했다.

판사는 또 다시 나바로에게 친부모를 만난 것인가 아니면 양부모를 만난 것인가를 또 물었고, 나바로는 리제트 리의 생모 코린 리와 생부 요시 모리타를 만나 이야기를 나눴다고 강조했다. 또 친부모들이 리제트 리는 물론 양부모와 이모인 진리에게도 양육비조의 돈을 준 것으로 생각한다고 밝혔다.

그러나 나바로는 리제트 리가 나이를 세 살 정도 줄여서 이야기했고 그녀가 하버드대에 진학하고 싶었다는 말을 자신이 잘못 알아들어 하버드대에 다닌 것으로 오해했다고 밝히기도 했다. 나바로는 하버드대 부분은 언어상의 문제로 오해했을 뿐이지 그녀가 고의로 속인 것은 아니라고 재차 설명했다.

나바로, 나는 미들클래스― 수준이 안 맞았다

나바로는 그가 리제트 리와 멀어진 이유가 생활수준 등 레벨의 차이 때문이라고 설명했다. 와인업계에서 성공했지만 자신은 일주일에 70~80시간씩 일하는 미들클래스의 노동자, 즉 중산층이고, 리제트 리는 예쁘고 돈 많은 숙녀였다며 이것이 자연적으로 그들의 벽이 됐고 결국 둘을 갈라놓았다고 털어놨다.

나바로는 그녀의 한 달 용돈이 10만 달러인지를 묻는 질문에, 그녀가 얼마를 쓰는지 정확히 알지는 못하지만 자기가 버는 것보다는 많았고, 돈 때문에 생활을 유지하기 힘들었다고 말했다.

로스앤젤레스 카운티 등기소 서류를 조회해보니 나바로와 리제트 리는 두 사람 공동명의로 2006년 3월 100만 달러에 캘리포니아주 베벌리힐스의 한 콘도미니엄을 매입했으며, 2009년 11월 82만 7000달러에 매도했음이 드러났다. 이때는 나바로와 리제트 리의 결별 시점이었으며 리제트 리가 마리화나를 운반하기 시작한 시점과도 맞아떨어진다.

나바로는 리제트 리가 마리화나를 운반한 혐의로 체포됐을 때 오하이오 콜럼버스로 날아와 옛 친구인 리제트 리를 만났다고 한다. 리제트 리는 오해라고 설명했고 나바로는 마리화나 운반 등 혐의에 대해서는 그녀에게 직접 물어보지 않았다고 한다. 단지 지금 기분이 어떤지 물어보며 그녀가 마음을 편하게 가질 수 있도록 달래줬고 무슨 짓을 저질렀든 간에 반드시 진실을 말해라, 그게 네가 살 수 있는 유일한 길이라고 조언했다.

이날 어쨌든 나바로는 연방법원 판사 앞에서 리제트 리가 벤틀리를 2대나 소유하고 경호원의 보호를 받는 부자이며 그녀의 친부모를 직접 만났고 그들이 부자라고 증언했다.

이모 '리제트 리 조부는 이병철' 법정 증언

이모, '할아버지는 병철 리' 법정서 7차례 언급

나바로의 증언이 끝나고 진 리로 알려진 리제트 리의 이모 진 리가 증언하기 시작했다. 진 리는 불과 20여일 전 〈스포츠서울닷컴〉 및 〈시크릿 오브 코리아〉와의 통화에서 리제트 리가 삼성가의 일원이라는 뉘앙스를 풍기면서도 지금 그것을 밝혀봐야 도움이 안 된다며 함구할 듯 한 뉘앙스를 풍겼었다. 그러나 그는 이날 청문회에서 위증할 경우 처벌받을 것임을 선서하고 충격적인 사실을 털어놨다.

이날 증언에서 진 리는 리제트 리가 이병철 삼성 창립자의 손녀라고 진술했다. 한두 번 진술한 것이 아니다. 무려 일곱 차례에 걸쳐 리제트 리가 이병철 삼성 창립자의 손녀라고 말했다. 리제트 리 청문회 속기록 87페이지에서 88페이지에 이 부분이 기록돼 있다.

판사가 변호사 심문을 중지시키고 직접 물어볼 때도 이병철의 손녀라고 증언했다. 진 리는 리제트 리의 생모인 코린 리가 자신의 동복(同腹) 언니이며 서울에 살고 있다고 밝혔다. 자신의 어머니와 코린 리의 어머니는 같은 사람이며 아버지가 다르다는 것이다.

변호사가 코린 리의 아버지가 누구냐고 묻자 삼성 그룹의 창립자라고 말했다. 당신의 아버지가 삼성 그룹의 창립자인가라고 묻자 아버지는 다르며 코린 리가 삼성 그룹 창립자의 딸이라고 밝히고, 다시 한 번 말한다며 코린 리는 삼성가의 자손이라고 증언했다. 폭탄발언이었다.

판사가 직접 묻자 이병철 스펠 또박또박 대기도

판사가 진 리에게 물었다.

―코린 리의 아버지가 삼성 그룹의 회장인가?

―그렇다.

판사가 다시 물었다.

―코린 리의 아버지가 삼성 그룹 회장 또는 삼성 창립자인가?

―삼성 그룹의 창립자다.

이번에는 변호사가 물었고, 진 리는 또렷이 답했다.

―회장인가?

―그는 오래 전에 죽었다. 창립자다!

판사가 다시 나서서 물었다.

―그 사람 이름이 무엇인가?

―병철 리이다.

이에 판사가 되물었다.

―그 이름의 스펠이 무엇인가?

―B-Y-U-N-G, C-H-U-L, L-E-E!

진 리는 또박또박 철자를 댔다. 다시 판사가 질문했다.

―이병철 씨가 리제트 리의 할아버지인가?

이에 대해 진 리는 이렇게 답변했다

―그렇다(예스).

바로 이 부분이 이병철 삼성 창립자와 리제트 리의 관계에 대한 진 리의 법정 진술이다. 리제트 리는 이병철의 손녀라는 것이다.

```
 5      Q    Ms. Lee, is it -- is Corrine's Lee's father the

 6      founder of Samsung or the president of Samsung?

 7      A    He is the founder.

 8      Q    So is he also the president, or do you know?

 9      A    He has passed away long time ago, and he is the

10      founder.

11           THE COURT:   What is his name?

12           THE WITNESS:   Byung Chul Lee.

13           THE COURT:   Could you spell that?

14           THE WITNESS:   B-Y-U-N-G, C-H-U-L, L-E-E.

15           THE COURT:   And so this Mr. Lee, Mr. Byung Chul Lee,

16      is Ms. Lisette Lee's grandfather?

17           THE WITNESS:   Yes.
```

리제트 리의 이모 진 리가 리제트 리는 삼성 이병철 회장의 손녀라고 증언한 2010년 10월 26일 보석청문회 속기록

　　진 리는 리제트 리와 그녀의 친부모인 요시 모리타와 코린 리의 상봉도 증언했다. 1981년 10월생인 리제트 리는 그녀가 11살 때인 1992년 친어머니인 코린 리를, 14살 때인 1995년 친아버지인 요시 모리타를 만났다고 설명했다. 그 뒤 자주 전화통화를 했고 코린 리와 요시 모리타가 자주 미국에 와서 그녀를 만났다고 밝혔다. 정확한 횟수를 말할 수는 없지만 1년에 몇 차례는 되고 리제트 리가 커 갈수록 더욱 자주 만났다고 한다. 한 달에 10만 달러씩 용돈을 받은 적도 있지만 월별로 지급된 것은 아니라고 전했다. 친아버지인 요시 모리타가 은행으로 송금한 것이 아니라 직접 돈을 주거나 사람을 시켜서 돈을 전달했지만 불규칙했다는 것이다.

일본 남자·한국 여자의 사랑, 입양으로 결말

진 리는 리제트 리의 입양 배경에 대해서도 말했다. 코린 리와 요시 모리타가 데이트를 했지만 그것은 한국인은 한국에 살아야 한다는 한국의 전통과 신념에 어긋났다고 설명했다. 한국은 오래 전 일본의 침략을 받았으므로 당시까지도 일본인에게 나쁜 감정을 가지고 있었다는 것이다. 오랜 데이트 끝에 두 사람은 사랑에 빠졌고 결혼하기를 원했지만 코린 리 집안의 반대가 있었고, 그래서 그들의 아이를 친구에게 입양시켰다고 전했다.

이범걸은 요시 모리타의 가장 친한 친구여서 그에게 딸을 맡기는 어려운 결정을 했다고 배경을 설명했다. 리제트 리는 생후 3주 만에 입양됐다가 1985년 미국에 이민 와 뉴욕에 정착했다. 그 후 1년도 안 된 1986년 로스앤젤레스 베벌리힐스로 이사했으며 베벌리힐스에서만 계속 살았다고 한다. 자기도 리제트 리와 이범걸과 함께 미국으로 이민 와서 가족처럼 살았다고 한다. 진 리는, 리제트 리가 영국의 다이애나 황태자비를 떠올리며 처음에는 영어 이름으로 다이애나라는 이름을 쓰다가 그녀가 죽자 이름을 숀텔로 바꿨고, 2000년 미국 시민권을 따면서 리제트라는 이름을 사용했다고 밝혔다.

아버지가 야쿠자라고 증언하다

판사가 요시 모리타의 직업이 무엇인지 묻자 진 리는 자신이 알기로는 갱스터라고 답변했다. 일본 사람이 갱스터라면 야쿠자를 의미하는 것으로 해석된다.

이 답변을 마지막으로 점심식사를 위한 휴정이 선언됐다. 이때가 2010년 10월 26일 오전 11시 49분이었고, 오후 1시 17분에 개정됐다. 점심을 위한 휴정이었지만 리제트 리의 아버지가 갱스터라고 밝힌 리제트 리 측은 편하게 점심을 먹을 형편이 못됐다.

이 시간 동안 변호사와 진 리는 갱스터라는 답변에 대한 대책을 논의했다. 마약운반혐의자의 보석을 목적으로 한 청문회에서 혐의자의 아버지가 갱스터라고 증언한 것은 누가 보더라도 보석을 허락하지 않을 충분한 사유가 되는 것이다.

오후 개정이 되자마자 변호사는 조금 전 요시 모리타가 일본 갱스터라고 말했는데 무엇을 뜻하는 말이냐고 물었다. 진 리는 "아시아에서는 카지노 비즈니스를 운영하는 사람을 갱스터라 부른다. 이는 진짜 갱스터를 말하는 것이 아니다"라고 해명했다. 변호사는 요시 모리타가 야쿠자냐고 물었고 진 리는 "야쿠자가 아니라 사업가"라고 답했다. 갱스터란 발언을 수습하려고 했지만 엎질러진 물이었다.

검사가 심문에 나섰다. 진 리에게 휴식시간에 리제트 리 변호사를 만나 요시 모리타를 갱스터로 답변한데 대해 논의했는지를 단도직입적으로 물었다. 그렇다고 답했다. 안 만났다고 둘러대고 싶었겠지만 위증의 죄를 범할 수는 없었던 것이다.

검사는 판사에게 이를 제지해달라고 요청했다. 검사는 요시 모리타의 갱스터설에 대해 집중적으로 물었다. 카지노 이름을 묻자 모른다고 답했지만 소재지는 동경이라고 말했다. 문신을 했느냐고 묻자 아니라면서 한국에서는 갱스터가 카지노 등을 운영한다며 그래서 그를 갱스터라고 답변하게 됐을 뿐이지 진짜 갱스터는 아니라고 답했다.

리제트 리 할머니 이름은 MEKI KIM

검사도 리제트 리의 출생비밀에 대해 간접적으로 물었다. 진 리에게 어머니의 이름이 무엇인지 묻자 '메키 김'이라고 답했다. 속기사는 속기록에 '이 이름은 소리 나는 대로 적은 것'이라고 명시하고 영어로 MEKI KIM이라고 표기했다. 아버지 이름도 묻자 진 리는 '이기선'이라고 답했다. 진 리 엄마의 이름은 메키 김, 아버지 이름은 이기선이라는 것이다.

진 리가 코린 리와 자신은 어머니는 같고 아버지는 다르다고 했으니 이병철 삼성 창립자와의 사이에서 코린 리를 낳은 사람은 메키 김이 되는 것이다. 아마 미국인 속기사는 한국 발음을 제대로 알아듣기 힘들었을 것이다. MEKI라고 기록한 것을 보아 그녀의 한국 이름은 김매희, 김맥희 등으로 추정되지만 단정할 수는 없다.

그 다음 검사는 리제트 리가 도주할 우려를 입증할 서류이자 리제트 리가 조작했음이 확실시되는 문서 한 장을 제시했다. 바로 데이빗 스틸 전무 명의의 문서였다. 이 문서는 리제트 리가 삼성이 보낸 원본 문서에 자신이 삼성 3세라는 이야기를 집어넣어서 조작한 것으로 보이는 문서다. 이 문서에 대해서는 뒤에서 자세히 언급하겠다.

검사가 진 리에게 데이빗 스틸을 아느냐고 묻자 그녀는 삼성전자 미국 법인 전무이고 북미 법인 헤드라고 답했다. 또한 스틸과 이야기해봤느냐는 질문에는 그렇다고 털어놨다. 리제트 리 집에서 발견된 이 문서는 조작이 확실시되지만 리제트 리뿐만 아니라 리제트 리가 이병철의 손녀라고 주장한 진 리도 데이빗 스틸 전무를 안다는 사실도 드러난 것이다.

리제트 리 측 사람들이 삼성전자 임원을 안다는 것은 무척 흥미로운 사실이다. 진 리의 심문을 통해 리제트 리가 한국어를 유창하게 구사한다는 것도 드러났고, 진 리가 씨에라 픽쳐스라는 영화배급회사를 운영한다는 사실도 밝혀졌다. 물론 그녀의 진술을 통해서다. 그녀는 2003년 미국에서 씨에라 픽쳐스를 설립했고 한국에서도 2008년 같은 이름의 회사를 설립했다고 밝혔다. 그러나 그녀가 한국에서 다른 이름으로 법인을 설립했는지는 알 수 없지만 씨에라 픽쳐스라는 법인은 한국에 없었다.

어쨌든 진 리가 리제트 리의 아버지가 갱스터라고 진술하고 검사가 리제트 리가 조작한 것이 확실시되는 서류를 제시함으로써 보석은 사실상 물 건너갔다.

양부, 리제트 리 생부와 1968년 서울서 만나

진 리에 대한 심문에 이어 마지막으로 양아버지인 이범걸에 대한 심문이 진행됐다. 이범걸은 리제트 리의 친아버지인 요시 모리타와 형제로 불릴 만큼 가까운 사이였으므로 그의 답변도 리제트 리의 신분을 밝히는 데 단서가 됐다.

이범걸은 자신이 61세라고 밝히고 1968년 서울에서 요시 모리타를 만났다고 밝혔다. 처음 만났을 때 이범걸은 대학 1학년이었고 요시 모리타는 자신보다 열 살 정도 많은 30대였다고 말했다. 리제트 리가 1981년 태어났음을 감안하면 요시 모리타는 40대에 딸을 얻게 됐고 현재는 70대임을 알 수 있다. 요시 모리타는 가라데 유단자이고 한국에 와서 자신과 함께 같은 태권도 사범 밑에서 동문수학했다고 설명했다.

이범걸은 요시 모리타가 종종 미국에 와서 리제트 리를 키우고 있는 자기 부부에게도 돈을 전했으며 라스베이거스에 들를 때 그곳에서 돈을 주기도 했다고 밝혔다. 이범걸은 특히 리제트 리가 17~18세 됐을 때 리제트 리와 요시 모리타가 직접 연락을 주고받는 것을 알게 됐다고 밝혔다. 리제트 리는 생부를 만난 사실을 자신에게 절대로 말하지 않았지만 우연히 그 같은 사실을 알게 됐다고 털어놨다. 그래서 이범걸은 요시 모리타에게 리제트 리는 자기가 키운 자기 자식이니 리제트 리에게 연락하지 말라고 요구했다. 이범걸은 리제트 리에게 아버지는 한 사람이며 그게 바로 자신이라고 밝혔다. 리제트 리가 2명의 아버지가 있다는 사실을 알게 돼 혼란스럽게 되기를 바라지 않았다는 것이다.

생후 3주 만에 입양해 29세까지 키워온 애틋한 기른 정이 드러나는 대목이다. 이범걸은 리제트 리가 나바로와 동거할 때도 친아버지인 요시 모리타에게서 돈을 받았다고 말했다.

이범걸의 증언이 끝난 뒤 다시 휴정됐고 그 사이 변호사가 리제트 리 그리고 검찰 측을 만나 보석 요청을 철회하기로 합의했다. 더 이상 진행해봤자 승산이 없었던 것이다. 휴정 30여 분이 지나고 개정되자마자 변호사는 보석 요청을 철회한다고 밝혔고, 판사는 철회를 허락함으로써 리제트 리는 다시 감옥으로 향했다.

삼성과 주고받은 문서

검찰, 리제트 리 문서 전격 공개, 조작 확실

검찰은 바로 이 청문회에서 히든카드를 공개했다. 그것은 리제트 리가 다른 이름들을 사용한 것을 보여줌으로써 도주의 우려가 있다는 것을 입증하는 것이었다. 그것은 리제트 리가 삼성 로열패밀리임을 알리기 위해 서류도 위조할 수 있음을 입증하는 증거가 됐다.

연방검찰이 공개한 문건은 마약수사대가 2010년 6월 14일 리제트 리를 체포한 뒤 법원으로부터 압수수색 영장을 발부받아 리제트 리의 베벌리힐스 아파트를 압수수색할 때 입수한 문건이다. 1장짜리의 이 문건은 리제트 리가 마리화나를 운반하기 바로 전날인 6월 13일, 삼성전자 아메리카 레터 헤드지에 기재된 것으로, 작성자는 삼성전자아메리카의 데이빗 스틸 전무였다.

이 문건에는 리제트 리가 삼성의 3세 상속녀라며 그녀의 개인 비행기 3대의 물건에 대해서 책임질 것이라는 내용을 담고 있었다. 이른바 '리제트 리가 삼성 상속녀'라는 이 문건은 데이빗 스틸 전무의 서명까지 담고 있다. 리제트 리가 이병철 삼성 창립자의 자녀라고 주장하는 상황에서 이와 관련된 첫 문건이 제시됐지만 여러모로 삼성을 사칭한 괴문서라는 의혹이 일었다.

삼성은 이 문건이 공개되자 두 말할 필요도 없는 위조문건이라고 밝혔다. 삼성은 검찰이 공개한 리제트 리의 삼성 문건은 데이빗 스틸 전무의 서명이 위조됐고 원본문서가 따로 있다며 원본문서를 전격 공개했다.

2개 문건의 작성일자, 작성자, 문건 제목, 맨 위 2개 문단의 내용은 조사하나 틀리지 않고 일치했다. 삼성은 이 문건이 리제트 리의 제안으로 공항에서 이벤트를 개최하기로 하고 공항에 공문을 보내고 그 공문을 리제트 리에게 참조메일로 전달했다고 설명했다.

삼성은 리제트 리가 삼성이 보낸 참조메일의 원본문건에다 삼성 상속녀 등을 언급한 3개 문단을 추가하고 데이빗 스틸 전무의 서명을 위조한 것이라고 주장했다. 또 데이빗 스틸 전무의 이메일 주소 또한 달랐다.

누군가 삼성을 사칭하기 위해 이메일 주소, 도메인 등을 위조한 것이고, 위조 당사자는 리제트 리라는 주장이 설득력 있게 들린다.

삼성은 또 데이빗 스틸의 운전면허증, 신용카드, 은행통장 등을 제시하면서 확실한 위조문건이라고 밝혔다. 따라서 삼성가 3세라는 리제트 리의 주장도 명백한 허위임이 입증된다고 주장했다.

삼성, 원본 전격 공개— 그러나 의문투성이

그러나 삼성이 공개한 원본문건 또한 문제투성이며 원본 자체가 또 다른 의혹을 낳고 있다. 누구든지 이 원본문건을 보면 쉽게 이 사실을 알 수 있다. 또 이 문건에서 리제트 리와 삼성이 공동마케팅을 할 정도로 친숙한 관계였다는 사실도 밝혀졌다.

삼성은 이 문건이 이벤트를 위해 공항에 보낸 협조문건이라고 밝혔으나 실제로 이 공문은 공항에 보낸 것이 아니었다. 삼성은 국내 언론에 이 문건이 로스앤젤레스의 밴나이스 공항 당국에 보내진 것이라고 밝혔었다.

그러나 하루 뒤 미국 언론에 보낸 영문 성명서에는 이 문건을 제트셋이란 전세 비행기 운용회사에 보낸 것이라고 설명했다. 즉 리제트 리가 비행기를 대여한 전세기 운용회사에 전달된 것이었다.

삼성이 왜 리제트 리가 전세기를 대여한 회사에 이 같은 공문을 보냈는가는 미심쩍은 부분이 아닐 수 없다.

이 공문에는 수신처가 적혀 있지 않다. 미국 공문은 반드시 좌측 상단에 공문을 받는 사람과 주소를 명기하지만 삼성이 제시한 원본문건에서 이 같은 내용을 찾을 수 없다. 삼성이라는 대기업에서 수신자도 불투명한 문서를 작성했다는 것은 있을 수 없는 일이다. 또한 삼성은 공항에 보낸 협조문건이라지만 협조를 해달라는 내용이 어떤 것인지 전혀 적혀 있지 않다. 단지 행사 목적과 전시 내용만 적혀 있을 뿐이다.

따라서 삼성의 문건이 원본이고 리제트 리 집에서 압수된 문건이 위조문건이라고 인정하더라도 원본문건 또한 무척 허술하게 작성한 것임을 알 수 있다. 만일 데이빗 스틸 전무가 문건을 작성했다면 거부할 수 없는 힘에 의해 불가피하게 문건을 작성해주면서 문제가 될 것을 우려해 고의적으로 수신처 등을 남기지 않는 등 불완전한 문건을 만들어 둔 것이 아닌가 하는 의문이 든다.

혹시 어떤 사건에 연루돼 골치 아픈 일이 생길 경우 면피를 하기 위해 일부러 문건을 엉성하게 만들었다는 것이다. 즉 이 원본문건으로 인해 어떤 불상사가 발생할 수 있음을 예견한 상태에서 문건을 작성했을 것이라는 의혹을 지울 수 없다. 이 문건을 작성해주면 리제트 리가 사고를 칠 수도 있지만 이 같은 요구를 거부할 수도 없는 입장에서 작성한 면피용 문건이라는 의혹이 이는 것이다.

삼성이 리제트 리의 원본을 공개함으로써 그동안 삼성이 리제트 리와 공동 마케팅을 할 정도로 친숙한 관계임이 드러났다. 그리고 문건을 작성한 데이빗 스틸 전무가 리제트 리 등을 만나기 위해 미 동부 뉴저지에서 미 서부 끝 베벌리힐스까지 찾아간 사실도 밝혀졌다.

어쨌든 삼성전자 전무가 20대 후반 여성의 말을 전폭적으로 믿고 뉴저지에서 캘리포니아까지 방문하는 것은 흔한 일이 아니다. 그녀가 어떤 특별한 사람이었을 가능성을 뒷받침한다. 삼성은 이 같은 의문에 대해서는 일체 해명하지 않았다.

04
리제트 리, 감옥에서 보낸 편지

델라웨어 구치소 면회실

리제트 리, '인터뷰하고 싶다' 자필 편지로 요청

의혹이 오히려 증폭됨에 따라 〈시크릿 오브 코리아〉는 리제트 리와 직접 인터뷰하기 위해 나섰다.

그녀의 생일이 10월 23일인 점을 감안해 10월 중순, 그녀가 수감돼 있는 델라웨어 카운티 구치소로 생일 축하 편지를 보냈다. 그녀의 한국 이름이 지영이라는 사실을 알고 있는지 물어본 뒤 직접 인터뷰를 통해 진실을 밝히겠다는 뜻을 전했다.

이에 대해 리제트 리는 10월 28일자 소인이 찍힌 편지로 자신과 가족들에 대한 이야기를 하고 싶다고 연락해왔다. 리제트 리는 "당신을 만나 인터뷰 하겠다. 오하이오로 와서 면회를 신청해달라"고 요청했다.

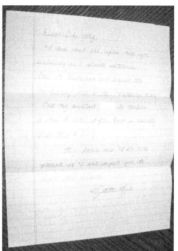

리제트 리가 모든 비밀을 밝히겠다며 내게 인터뷰를 요청한 2010년 10월 28일자 편지

그녀는 면회 날짜를 정한 뒤 자신의 비서인 알렉스에게 통보하라며 알렉스의 전화번호도 알려왔다. 리제트 리는 연필로 직접 쓴 편지에 "나의 가족과 나는 매우 비밀스런 사생활을 갖고 있다. 당신이 이 결정을 존중해 주기 바란다"고 밝혔다.

〈시크릿 오브 코리아〉는 리제트 리로부터 직접 연락을 받은 뒤 그녀의 결심이 쉽지 않은 결정이라고 판단하고, 구치소에 면회를 신청, 11월 6일 토요일 오후 6시 30분 면회를 허가받았다. 또 그녀의 비서에게 면회할 시간을 통보했으며 이 내용이 사전에 알려질 경우 인터뷰가 무산될 것을 우려, 전화도 사용하지 않는 등 비밀리에 모든 것을 추진했다. 그리고 오하이오 콜럼버스행 항공편과 차량, 숙박 등을 예약한 뒤, 질문지를 작성하고 이를 영문으로 번역하는 등 모든 준비를 마쳤다.

그러나 11월 4일 오후 4시, 그녀의 비서가 전화를 걸어와 "방금 리제트에게서 전화를 받았는데 면회가 힘들지도 모르겠다. 변호사로부터 '가족관계를 지금 이야기하는 것은 재판에 도움이 안 된다. 인터뷰를 하지 말아라'라는 충고를 받았다"고 했다. 그리고 "리제트가 갈등하고 있다"고 전했다.

불발이 예견되는 상황이었다. 그러나 직접 편지로 연락해 인터뷰를 하고 싶다고 전한 리제트 리의 의사를 존중, 인터뷰를 강행하기로 결정했다.

11월 6일 오전 9시 50분 뉴욕 라과디아공항을 출발, 11시 50분 오하이오 콜럼버스 공항에 도착, 숙소로 직행해 인터뷰 준비를 마쳤다. 그리고 오후 5시 델라웨어 카운티 구치소에 도착, 주차장에서 대기했다.

오후 6시 10분, 델라웨어 카운티 구치소 내부로 들어가 6시 30분 면회자라고 말하고 한동안 실랑이를 벌인 뒤 우여곡절 끝에 6시 45분쯤 면회가 허용돼 면회실로 안내됐다.

면회실까지 들어갔지만 인터뷰 끝내 불발

면회실에 앉아 초조하게 리제트 리를 기다렸으나 1분여 뒤 구치소 측은 리제트 리가 '매우 미안하다. 오늘 면회를 할 수 없다'라는 말을 전해달라며 면회를 거절했다고 청천벽력 같은 통보를 했다. 구치소 측에 방금 뉴욕에서 왔다고 말하며 다시 한 번 그녀의 의사를 확인해달라고 요청했으나 리제트 리가 감방을 나서다가 '매우 미안하다'라는 말을 전해달라며 면회를 할 수 없다는 의사를 분명히 전했다고 설명했다.

교도관이 면회실에서 나와 줄 것을 요청, 구치소 인터뷰는 결국 무산되고 말았다. '인터뷰를 하고 싶다. 자신과 가족의 이야기를 하겠다. 이 결정을 존중해주기를 기대한다'며 인터뷰 의사를 직접 전했던 리제트 리, 무엇이 그녀를 망설이게 했는지 알 수 없다.

지금 기자를 만나 가족관계를 털어놓는 것은 재판에 전혀 도움이 안 된다는 변호사의 충고, 과연 가족사를 이야기하는 것이 자신과 가족들에게 득이 될 것인가 등 많은 생각 속에서 인터뷰 거부결정을 할 수밖에 없었던 리제트 리의 고뇌가 이해될 것도 같았다.

생부·생모 모습을 드러내다

친아버지 눈물의 탄원서, '딸 입양시킨 내가 죄인'

이병철 회장의 혼외 딸이라는 주장을 해온 리제트 리의 생모 코린 리는 남편 요시 모리타와 함께 딸의 선고공판을 앞두고 마침내 모습을 드러냈다. 2011년 6월 6일, 미국 연방법원에 탄원서를 제출한 것이다.

요시 모리타는 이병철 회장의 혼외 딸로 알려진 코린 리가 공동으로 서명한 탄원서에서 "나는 나의 제국을 만들고 유지하기 위해 일반인들이 생각하는 정상적인 아버지라는 소중한 가치를 희생시켜 왔다"고 자신을 질책했다.

요시 모리타는 "앞으로 내 사업을 등한시하는 한이 있더라도 내 딸이 위험한 상황을 제대로 판단하는 능력을 갖출 때까지 딸에게 모든 것을 집중하겠다"고 다짐했다. 그리고 "나 자신이 아버지로서 많이 부족하고 한계가 많다는 것을 잘 알고 있으며, 딸이 마리화나를 운반한 데 대한 책임을 회피하지 않겠다"고 말했다. 또 "딸의 행동은 아버지의 책임을 다하지 못한 나에 대한 간접적인 항의라고 생각한다"고 밝혔다.

요시 모리타는 부인 코린 리와의 관계에 대해서도 설명했다. "나와 아내 코린 리는 한국인과 일본인이라는 서로 다른 백그라운드로 인해 어려움이 많았고 딸인 리제트 리가 상처받기를 원하지 않았기에 내 형제 이범걸 부부에게 친부모처럼 우리 딸을 돌봐달라고 부탁했다"고 말했다. 모리타는 자신이 딸을 과잉보호했기 때문에 세상물정을 잘 모르게 됐다며 자신의 딸은 잘못된 행동을 하거나, 누구를 속이거나, 누구를 해한 적이 없다고 설명했다.

또 "이번 사건이 우리들의 삶에 믿을 수 없을 정도의 엄청난 힘으로 영향을 미쳤지만 나는 돈으로 살 수 없는 소중한 것을 얻었다. 그것은 리제트가 부주의한 결정, 옳지 못한 판단이 그 자신 외에 누구도 그녀를 도와줄 수 없도록 하는 극한 사항에 처하게 한다는 것을 알게 됐다는 점"이라고 밝혔다.

모리타는 "리제트가 고통스런 과정을 통해 어린 소녀에서 주의 깊은 여성으로 다시 태어났다. 리제트는 우리 부부에게는 피와 같이 소중한 존재로서 그녀의 행동과 그것의 결과가 어떨지라도 우리는 리제트의 가족으로서 그녀와 함께 할 것"이라고 다짐하기도 했다.

모리타는 어떤 대가를 치르더라도 리제트가 다시 이런 상황에 처하지 않도록 보호할 것이라며 리제트도 몰라서 저지른 일이며 참회하고 있는 만큼 선처해달라고 호소했다. 그러나 모리타 부부는 탄원서에 코린 리와 삼성과의 관계 등에 대해서는 일체 언급하지 않았다.

'삼성 손녀설' 사실무근이라면 고소해야 마땅

보석청문회는 리제트 리의 입장에서는 성과없이 끝났지만 가족들, 특히 이모인 진 리가 이병철의 손녀라고 증언했다는 것은 중요한 의미를 갖는다. 사적인 대화라거나 언론 취재에 응하는 등 구속력이 없는 주장이 아니라 연방법원의 판사 앞에서 위증일 경우 그 죄를 받겠다고 선서를 한 뒤 변호사와 검사의 질문은 물론 판사의 심문에까지 그 사실을 답변한 것이다.

물론 삼성은 리제트 리가 이병철 회장의 손녀라는 것은 전혀 근거 없는 주장이라며 일축하는 성명서를 발표했다. 리제트 리 집에서 발견된 문건이 위조된 것이라며 원본도 제시했다. 검찰이 제시한 그 문건은 위조된 것이 확실해보이며 리제트 리가 위조했을 가능성이 큰 것도 사실이다. 그리고 삼성도 연방검찰에 리제트 리가 이병철 회장의 손녀라고 주장한 것에 대해 수사해달라고 요청했다고 언론을 통해 주장했다. 그러나 아직까지 연방검찰이 리제트 리 이모 등을 처벌했다는 소식은 없다. 정식 고소가 아니었던지 아무런 소식이 없는 것이다.

만약 리제트 리가 이병철의 손녀가 아닌 것이 확실하다면 삼성은 선대 회장의 명예를 위해서라도 마땅히 이를 밝혀야 한다. 리제트 리와 그의 이모 진 리를 명예훼손으로 정식으로 고소해야 하는 것이다. 제정신으로 대한민국 최고 재벌이자 파워의 상징인 삼성과 맞설 수는 없다. 대통령을 깔 수는 있어도 삼성을 깔 수 없다는 것이 불문율 아닌 불문율이다. 진실이라는 무기가 없다면 그런 증언을 할 수 없을 것이다. 특히 연방판사 앞에서 그 같은 사실을 밝힌 만큼 그들의 말이 사실무근이라면 그만큼 명백한 명예훼손의 증거는 없다. 연방판사 앞에서 말했으니 빼도 박도 못한다. 여기까지가 법정에서 밝혀진 이 사건을 둘러싼 사실관계다.

누구의 주장이 맞는 것일까? 굳이 누구의 주장이 맞다고 말하지 않더라도 이 글을 읽어본 사람이라면 누구나 무엇이 진실인지 알 수 있을 것이다.

제**8**부

부패의 증거
해외부동산 비리의 비밀

■

힘 있는 자, 가진 자의 해외부동산 불법 매입은 어제 오늘의 일이 아니다. 권력자들과 재벌들은 1인당 국민소득이 100달러에도 못 미치던 시절부터 미국 등에 재산을 밀반출, 해외부동산을 매입했다. 미국에도 눈이 많다. 그러니 명확한 증거가 없어 영원히 숨겨질 것 같았던 이들의 비밀도 소문에 소문이 꼬리를 이었다. 이 소문들을 입증해서 해외부동산 불법 매입 실태를 밝혀보기로 했다.

뉴욕 부동산의 경우 1960년 이후 현재까지 부동산 거래자 중 한국인의 성을 사용한 사람들을 거의 모두 조사했다. 그 중 아주 '운이 없게도' 계약서에 한국 주소를 기재한 사람들, 주한 미국대사관에서 위임장을 받아 계약서에 첨부한 사람들의 거래 내역을 대부분 살폈다. 그 결과는 충격이었다. 소문보다 훨씬 더 심했다. 대통령의 자녀들, 재벌 일가들, 교수, 변호사 등 그들이 자신을 일컬을 때 사회지도층이라고 하는 사람들의 뉴욕 부동산 불법 매입 사실이 고구마 줄기 당기듯 연이어 달려나왔다.

하와이나 캘리포니아 등도 마찬가지다. 한국인이 선호하는 지역의 해외 은닉재산을 추적했다. 솔직히 하와이 워터마크 콘도의 주인 중 절반 정도가 한국인 성을 사용한다는 것을 발견했을 때도 이들이 불법으로 매입했을 것이라고는 생각지 못했다. 당시는 투자용 부동산 매입이 일부 허용된 시기였기 때문이다. 그러므로 취득 사실을 신고만 해도 합법이 된다. 그들이 신고를 했을 것으로 생각했기 때문에 '콘도의 소유주 절반이 한국인일 만큼 하와이를 좋아한다'는 정도로 〈시크릿 오브 코리아〉 블로그에 올렸던 것이다. 그러나 놀랍게도 그들 중 거의 대부분이 신고를 하지 않은 것으로 드러났다.

전직 대통령 자녀들이 여러 명 나왔고 재벌 일가들이 부지기수였다. 아마도 이들은 자신들의 부동산계약서 등이 이렇게 쉽게 공개되리라곤 꿈에도 생각 못했을 것이다. 그러나 미국에서는 부동산계약서 등은 누구나 볼 수 있는 공개문서다. 이들의 불법이 줄줄이 공개됐으므로 앞으로는 부동산을 숨기는 방법이 더 치밀해지기도 하겠지만 한편 적법 절차를 지키는 사람들도 늘어날 것으로 믿는다.

해외부동산 투자가 자유화되면서 연예인들의 투자도 급증하고 있다. 그러나 안타깝게도 부동산을 사려다 손해를 보는 사례도 많다. 대표적으로 박진영의 케이스를 살펴보겠다.

이들이 이처럼 드러내놓고 불법을 저지른 것은 해외부동산 투자나 해외투자 등에 대한 적극적인 감사를 하지 않았던 우리 정부에도 일말의 책임이 있다. 물론 권력자와 재벌이 법을 대놓고 무시한 측면이 크다. 정부도 종이호랑이였던 것이다. 이 책에서 정부의 해외부동산 관리의 현주소도 짚어본다.

외환거래법 불구 '가진 자' 불법 만연

정부는 우리 국민이 해외에 부동산을 사는 데 대해 직접 본인이 살 집을 사는 주거용과 시세차익 등을 목적으로 하는 투자용으로 나눠서 규제해왔다. 알다시피 한국은 6.25 전쟁의 잿더미 속에서 초근목피로 생활하며 허리띠를 졸라매고 경제성장을 이룩했다. 전 세계에서 10대 경제대국으로 성장한 데는 국민 한 사람 한 사람의 피와 땀과 눈물이 밑바탕이 됐던 것이다.

이처럼 한국 경제를 발전시키기 위해서는 달러가 필요했고 경제성장의 밑바탕이 돼야 할 국부가 해외로 유출되는 것을 막기 위해 외환거래 규제가 불가피했다. 그래서 당시에는 엄격한 외국환관리법이 필요했으며, 이제는 규제를 많이 완화한 외국환거래법을 두고 있는 것이다.

물론 미국 등은 외환거래법 자체가 없다. 일정 액수의 돈을 해외로 가져나가면 은행이 자동적으로 정부 당국에 신고할뿐 규제를 하지 않는다.

하지만 우리는 상황이 그렇지 못했고 개인 재산권 침해라는 논란이 있을 수 있음에도 불구하고 이를 규제할 수밖에 없었다. 외화를 해외로 가져나간다면 누가 가져나가겠는가? 하루하루 입에 풀칠하기에도 바쁜 서민들이야 가져 나가려야 가져갈 돈이 없다. 정부의 수출드라이브 정책에 혜택을 입어 부를 축적한 기업과 기업인들이 아무래도 외화를 만지고 또 그 돈이 빠져나갈 개연성이 있었다.

그래서 가진 자들의 노블리스 오블리주를 기대하면서도 최소한의 법적인 강제장치를 둔 것이다. 하지만 그 유출 실태를 보면 가진 자들에게 노블리스 오블리주를 기대한다는 것은 정신 나간 짓이었음을 알 수 있다. 그들은 도덕성은커녕 법조차도 무시됐다.

투자용 부동산 매입은 2008년 6월에야 완전 자유화

2005년 7월 1일 이전에는 주거용으로 해외부동산을 사려고 할 때, 30만 달러가 한도였다. 이 돈을 초과해서 해외에 주택을 구입할 수 없었고, 실제로 사는 집이라는 주거용임을 입증해야 했다. 또 1990년대까지는 해외 파견근무 등으로 주거용 부동산을 사더라도 귀국할 때는 반드시 팔아야 했다.

1990년대 초까지 한도는 10만 달러였다. 2005년 7월 1일 이전에는 30만 달러가 한도였으나, 2005년 7월 1일부터 50만 달러까지 주택을 살 수 있었고, 2006년 1월 9일 이후 100만 달러가 한도였다. 그러다 마침내 2006년 3월 2일부터는 주거용 해외부동산 구입 한도를 없앰으로써 실거주만 입증되면 액수가 얼마가 됐건, 초호화 주택이라도 구입할 수 있게 됐다. 그만큼 한국 경제도 성장한 것이다.

시세차익 등 투자를 위한 해외부동산 매입은 2006년 5월 22일까지 전면 규제됐다. 그러므로 해외에 실제 거주하지 않고 2006년 5월 22일까지 미국 등에 부동산을 구입한 것은 무조건 불법이다. 이날 이후 100만 달러 이내에 서 투자를 위해 해외에 주택을 사는 것도 가능해졌다. 약 반년 뒤인 2007년 2월 26일부터는 투자 한도가 크게 늘어 300만 달러까지 투자가 가능했다. 그러다 투자용 해외부동산 취득도 2008년 6월 2일부터는 한도가 사라졌다.

정리하자면 주거용은 2006년 3월 2일 이후, 투자용은 2008년 6월 2일 이후 자유화된 것이다. 단, 사전에 한국은행이나 외국환 은행에 취득신고를 해야 하고 사후에는 취득보고를 해야 한다. 그리고 매입한 부동산을 다른 사람에게 빌려주고 세를 받을 경우 그 임대소득에 따른 세금을 납부해야 되고, 집을 팔아 수익을 올린다면 그 수익에 대해 세금을 내야 하는 것이다.

허가제가 아니므로 신고만 하면 되는 것이다. 하지만 이마저도 잘 지켜지 지 않고 있으며, 이를 엄격히 관리할 정부 당국도 사실상 손을 놓고 있는 것이 현실이다.

2004년 신고액이 140만 달러― 아무도 신고 안 한다

감사원이 2011년 7월 29일 발표한 〈국제거래 과세실태〉는 기업들의 해외 투자와 개인들의 해외부동산 취득 등에 대해 정부가 수수방관하고 있음을 숨김없이 보여준다. 일부 기업이나 가진 자들은 훨훨 날아다니고 있는데 반해 정부는 기어서 쫓아가고 있는 꼴이다. 그나마 차려진 밥상도 마다하는 그 엉성한 관리 실태는 과히 충격적이다. 어쩌면 고의로 수수방관하고 애써 모른 채 하는 게 아닌가 하는 의혹마저 생긴다.

주거용 해외부동산 매입이 30만 달러까지 가능했던 2005년 7월 1일 이전 해외부동산 취득 신고액을 살펴보면, 2003년 해외부동산을 샀다고 신고된 전체 금액이 360만 달러였다. 2004년에는 불과 140만 달러다. 조현준 효성 사장 한 사람이 2002년에만 회사 돈을 꺼내서 미국에 산 부동산이 600만 달러를 넘는다. 대한민국 전체의 해외부동산 취득 신고액이 2003년 360만 달러, 2004년 140만 달러라는 것은 말이 되지 않는 액수다. 미국에서 괜찮은 콘도 한두 채 값밖에 되지 않는 액수다.

이는 신고를 한 사람이 거의 없다는 뜻이다. 대한민국의 법이 무시당하고 있는 것이다. 물론 무시당할 만했으니 무시당했겠지만.

자유화됐지만 취득 전후 은행에 신고해야

더 큰 문제는 해외에서 부동산을 구입했다고 한국은행이나 외국환 은행에 신고해 한국은행 외환 전산망을 통해 집계된 자료조차 제대로 활용하지 않는다는 사실이다.

한국은행은 외환거래법과 외국환거래규정에 따라 시중은행들로부터 부동산신고수리, 송금, 취득처분신고 등 3종류의 자료를 제출받고 취합해서 이를 국세청과 기획재정부에 제공한다.

신고수리란 개인이 시중은행에 해외부동산을 사기 위해 일정한 금액을 송금할 것이라고 신고하면 이를 외국환 거래은행이 수리, 말하자면 받아들이는 절차다. 그렇지만 실제 송금이 아니라 앞으로 송금할 것을 미리 알리는 것이기 때문에 실제 송금자료는 아니다.

송금은 신고가 수리된 뒤 부동산을 사기 위해 해외에 실제로 돈을 보내는 것을 말하므로 이를 살피면 정확한 금액이 나오게 된다.

취득처분신고는 송금된 돈으로 해외부동산을 사거나 팔았다는 것을 은행에 신고하는 것이다. 절차는 완벽하고 이를 제대로 활용하면 해외부동산 구입에 따른 세금 징수에 아무 문제가 없지만 실태는 그렇지 않았다.

국세청, 한국은행 해외 과세자료 절반 누락

감사원 감사 결과 국세청은 2008년 1월부터 2009년 4월까지 16개월 동안 한국은행 외환 전산망에서 해외부동산 처분과 관련된 자료 약 2700건을 넘겨받았다. 그러나 국세청 재산 데이터베이스에 수록된 것은 절반밖에 안 됐다. 한국은행에서 넘겨받은 자료 중 49%에 달하는 약 1300건을 국세청에서 누락시켰다는 것이다.

한국은행에서 국세청에 통보되는 자료는 해외부동산 취득자료와 해외부동산 처분자료로 나뉜다. 해외부동산 매입-매도자료인 셈이다.

이 기간 동안 국세청에 통보된 해외부동산 취득자료는 2503건이었지만 이 중 46%에 해당하는 1151건이 국세청 재산 데이터베이스에 올라가지 않았고, 그 금액만 8억 1500만 달러였다.

해외부동산 처분자료 실태는 더욱 가관이다. 이 기간 동안 국세청에 통보된 해외부동산 처분자료는 165건이었지만 재산 데이터베이스에 수록된 자료는 불과 5건이었다. 97%가 누락된 것이다. 160건이면 금액으로는 8000만 달러, 한화 약 900억 원 상당이 빠진 것이다. 이처럼 해외부동산을 매도한 기록이 누락되면서 이에 따른 양도소득세, 법인세 등 세금도 매기지 못한 것이다.

권영세 한나라당 의원은 2011년 9월 20일 '국세청 구멍뚫린 해외부동산 관리'라는 상세한 내용의 보도자료를 통해 국세청의 해외부동산 관리 실태를 질타했다. 여당 의원이 정부의 관리가 제대로 안 되고 있음을 한탄한 것이다.

권 의원은 내가 문제를 제기한 하와이 워터마크 콘도에 대한 국세청 전산망 수록 여부에 대해서도 언급했다. 〈시크릿 오브 코리아〉는 2009년 10월 중순에 밝힌 하와이 호놀룰루의 워터마크 콘도 317명의 소유주 중 한국인 성을 가진 사람이 173명이나 되며, 이 중 재미동포들도 있지만 한국인들도 적지 않을 것이라고 지적했었다.

국세청은 즉각 조사에 돌입해 2009년 12월 10일 이 콘도를 구입한 국내 거주자가 44명에 달하며 거래신고를 하지 않은 사람이 28세대에 달한다고 밝혔다. 그러나 이로부터 1년이 지난 2010년 9월부터 40일간 감사원이 감사해본 결과 국세청 전산망에 이 콘도 소유자로 등록된 사람이 17명에 불과한 것으로 드러났다. 이는 국세청이 2009년 12월 밝혀내고서도 이를 제대로 국세청 재산 데이터베이스에 올리지 않았음을 말한다. 44명 또는 28세대가 국세청 전산망에 등록돼 있어야 하지만 17명만 등재돼 있었던 것이다.

어처구니없는 일이다. 특별조사까지 했으면서도 그 기본자료조차 제대로 관리하지 않은 것이다. 해외부동산 매입 당사자가 신고를 하면 무엇하고 한국은행 등에서 송금자료를 포착하면 뭐하나? 그나마 그같이 명확한 자료와 증거조차 들여다보지 않고 과세를 하지 않는 데 말이다. 세수가 부족하다고 외치면서 세수를 걷어차는 것이다. 무상급식 재원이 없고 소년소녀가장을 지원할 돈이 모자란다지만 이 부분만 관리해도 적지 않은 세수를 확보할 수 있을 것이다. 국세청의 이 같은 자료 누락은 엄격히 말하면 직무유기다.

9년간 해외 투자 120조— 내 놓고 키웠다

단순한 해외부동산만의 문제가 아니다. 한국 경제가 글로벌화되면서 국내 기업들의 해외 직접투자도 기하급수적으로 늘었으며, 그 액수는 과히 천문학적이다.

감사원이 한국수출입은행 자료를 살펴본 결과 2001년 국내기업의 해외 직접투자는 1500여 개 기업, 3100여 건이었고 투자금액은 51억 4000만 달러였다. 약 6조 원 규모인 것이다. 그러나 2009년에는 1600여 개 기업, 6400여 건에 투자금액이 191억 5000만 달러에 달했다. 23조 원에 육박하는 액수가 2009년 한 해에 해외에 투자된 것이다.

2001년부터 2009년까지 9년간 1만 9000여 개 기업이 5만 건의 해외 투자를 신고했고 그 투자 누적액만 987억 달러로 집계됐다. 지난 9년간 적법절차를 거쳐서 빠져나간 돈만 120조라는 천문학적 금액이다. 국세청이 세적관리하고 있는 해외 현지 법인 수는 3만 7300여 개, 내국 법인이 투자한 해외 현지 기업 수도 1만 8800여 개다. 이는 국내에 진출한 외국 법인 수 8900여 개의 2배가 넘는다.

그러나 국세청에는 이를 관리할 기본적인 인력조차 없다. 국세청 전체 인력 중 2010년 9월 기준으로 국제조세를 담당하고 있는 인력은 206명이다. 이 중 국제조세 업무 담당기간이 3년이 채 안 되는 직원이 전체 65%인 130여 명이나 되고, 국제거래 전문교육과정을 거쳐 능숙하게 이 같은 업무를 처리할 수 있는 직원은 54%인 110명에 그쳤다.

그렇다고 이들 모두가 이 같은 업무를 담당하는 것은 아니다. 이들이 실제 담당하고 있는 업무를 보면 그야말로 우리 정부는 기업들의 해외 직접투자나 해외부동산 취득 등에 대해 아무 간섭없이 '그냥 놔놓고 키운다'는 말이 실감날 정도다.

국세청 본청에는 국제조세관리관 산하의 국제협력담당관실에 15명, 국제세원관리담당관실에 18명이 배치돼 있지만 이들의 주업무는 외국 과세당국, 그러니까 외국 국세청과의 업무협조와 외국 법인의 세적을 관리하는 것이다. 그러니 국내 법인의 해외 투자나 해외부동산 취득과는 무관한 업무다.

국세청 본청 조사국 산하 국제조사과에 19명이 근무하며 외국 법인 조사 관리, 국제거래 이전가격 등을 조사한다. 국제거래 이전가격이란 수출입을 하면서 가격을 낮추거나 올림으로써 돈을 빼돌리는지 여부를 감시하는 것이다. 기업들의 해외 투자를 관리할 수도 있지만 주업무가 외국법인과 수출입 등을 담당하는 것이다.

본청 산하에 거의 유일무이한 조직이 역외탈세추적전담센터다. 15명이 근무하는 역외탈세추적전담센터는 〈시크릿 오브 코리아〉가 한국 기득권 층이 해외부동산을 무분별하게 매입하는 실태를 지적한 뒤 2009년 11월 신설된 조직이다. 15명이 내국 법인의 역외탈루혐의를 분석하고 조사하는 업무를 맡고 있다.

해외 현지 법인, 서류 안 내도 속수무책 방치

내국 법인이 투자한 해외 현지 기업도 1만 8000여 개에 달하는데 담당인력은 부족하다보니 감시나 조사는커녕 이들이 내야 할 서류조차 제대로 챙겨받지 못하고 있다.

2009년 기준으로 해외 현지법인 명세서를 제출해야 하는 신고대상이 1만 4400개에 달했지만 신고건수는 3500여 건에 그쳤다. 75%가 서류를 내지 않았다.

해외 현지 법인의 재무상황표는 더 심하다. 2009년 기준 역시 1만 4400여 개 기업이 신고대상이지만 신고된 재무상황표는 3000건도 채 안 됐다.

80%가 신고규정을 어기고 있는 것이다. 열에 여덟은 국세청을 무시하는 것이다. 그러나 감사원 감사결과 국세청은 이들에게 말 한 마디 없었다. 자료제출 요구 등 아무런 조치없이 방치하고 있다는 것이 믿고 싶지 않은 감사원 감사 결과였다.

소액탈세 징수 쉽고, 큰 도둑 잡기는 역부족

사정이 이렇다보니 결과도 그리 좋지 않았다. 권영세 의원은 2009년 11월 역외탈세추적전담센터가 출범한 뒤 2010년 역외탈세 추징과 징수가 성과를 거뒀다고 분석했다. 그러나 속사정을 살펴보면 소액 탈세는 대부분 징수가 되지만 거액 탈세사건 등이 문제였다.

선박왕으로 불리는 권혁 시도상선 회장에게 4100억 원이 추징됐지만 제대로 거두지 못했다.

구리왕으로 통하는 차용규 전 카작무스 회장에게도 1조 원대 세금이 추징될 것으로 알려졌지만 조세심판원 등에서 납세자격 문제 등을 검토하면서 세금 추징이 사실상 무산될 위기에 처했다. 차용규의 추징 세액 등은 이 통계에 포함되지 않았다. 또 해외에 인형공장을 운영하며 1100억여 원의 수익을 올렸지만 조세 피난처를 통해 437억 원을 탈세하고, 스위스 은행을 통해 976억 원 등을 국내에 들여온 사례에 대해 2100억 원을 추징했지만 800억 원밖에 받아내지 못하고 1300억 원이 체납됐다. 결국 검찰이 나서서 1500억 원대의 빌딩을 몰수하기도 했다.

그나마 역외탈세추적전담센터가 출범함으로써 이전보다 3배 이상의 성과를 올린 것으로 집계됐다. 권영세 의원이 공개한 자료에 따르면 역외탈세 추적전담센터가 설립된 뒤인 2010년부터 2011년 3월까지 15개월간 추징 세액이 9760억 원에 달했다.

짧은 기간에 그 같은 실적을 올렸으니 기간까지 고려한다면 그 효율성이 나 실적은 더 올라간다. 선박왕 권혁에 대한 추징액을 뺀다고 하더라도 센터 설립 이후 1년 만에 추징액이 3배 정도가 늘어난 것은 분명하다. 2011년 1분기에만 41건이 적발됐으니 2008년 전체 적발 건수 30건보다 많았다.

역외탈세추적전담센터가 눈에 보이는 실적을 올린 것은 물론이며 이 센터를 의식, 탈세를 포기하고 적법절차를 지키면서 세금을 납부하게 된, 눈에 보이지 않는 실적까지 감안하면 이에 따른 세수 증대액은 엄청날 것이다.

환치기 처벌 완화, 공정사회 MB 외침과는 역행

불법 외환거래 실태 또한 해외 자금유출의 통로가 되고 있다. 권영세 의원은 2011년 9월 19일 최근 5년간 1만 1000여 건, 금액으로는 14조 6300여 억 원에 달하는 불법 외환거래가 적발돼 형사처벌됐다고 밝혔다.

2011년에는 1월부터 8월까지 8개월간 불법 외환거래 금액이 2조 4500여 억 원에 달해 2010년 전체 적발액의 80%에 육박한다.

특히 지난 5년간 환치기 액수가 무려 1조 7700여억 원, 해외재산 도피가 4400여억 원, 자금세탁이 2500여억 원에 달하며 해마다 늘고 있다고 한다. 이 중 해외재산 도피는 2009년 15건 366억 원에서 2010년에는 22건 1528억 원으로, 또 2011년에는 첫 8개월 동안만 12건에 1915억 원으로 급증했다.

그러나 이를 규제해야 할 기획재정부는 2011년 8월 1일자로 외환거래법 형사처벌 기준 금액을 5억 원에서 50억 원으로 늘렸다. 50억 원까지는 불법으로 외환거래를 해도 형사 처벌이 되지 않고 과태료만 내면 되는 것이다. 49억 9000여만 원까지 불법 외환거래를 해도 구치소에 안 가도록 봐줬다. 돈만 내면 된다.

권 의원은 "정부는 범법자 양성을 우려해 규제를 완화할 것이 아니라 불법 외환거래를 근절하기 위한 규제 강화가 필요한 시점이며 이를 통해 이명박 정부의 국정운영 목표인 공정사회를 만들 수 있다"고 강조했다. 백번 맞는 말이다.

누가 재산을 도피하겠는가? 못가진 자, 일반 서민들보다는 가진 자들이 해외로 돈을 보내는 것이다. 그렇다면 누구를 위한 법 개정인가? 공정사회를 위한 것이 아니라 가진 자를 위한 것이라는 의구심이 들 수밖에 없다. 돈이 많아서 과태료를 얼마든지 내겠다는 대기업과 부자들의 해외 재산 도피를 부채질하는 법 개정으로 비쳐질 수 있다. 이명박 정부의 국정운영 목표가 '공정사회'인지 아니면 '대기업-부자 봐주기'인지 헷갈리게 하는 대목이다.

02
맨해튼에 콘도 없으면
재벌도 아니다

맨해튼에 아지트 마련한 20대 재벌들

미국의 '한국 성북동'은 뉴욕 맨해튼

세계의 수도라는 뉴욕 맨해튼은 한국 최대의 부촌 한남동 그 자체였다. 삼성, 현대, 롯데 등 재벌가 로열패밀리의 주거지로 알려진 서울 한남동을 그대로 옮겨놓았다 해도 과언이 아닐 정도로 한국 재벌 일가의 부동산이 많았다. 뉴욕 맨해튼에 부동산이 없으면 재벌이라는 명함을 내밀기 힘들 정도라는 생각이 드는 것도 무리가 아니었다.

뉴욕 맨해튼을 좌우로 뉴저지 쪽으로는 허드슨리버가 흐르고, 뉴욕 쪽으로는 이스트리버가 흐르는 곳이다. 이 두 물줄기가 만나는 곳이 바로 맨해튼 남단이다. 이곳에 전 세계의 돈이 모인다는 월스트리트가 있다. 풍수지리상 이른바 합수 지점으로 돈이 모일 수밖에 없는 자리다. 비단 월스트리트뿐만 아니라 맨해튼 전체가 쇠, 이른바 돈의 기운이 넘친다고 한다.

그래서 그런지 몰라도 한국 재벌가가 소유한 부동산의 지도를 그릴 수 있을 정도로 주요 재벌은 맨해튼에 많은 부동산을 소유하고 있었다. 뉴욕시 등기소 서류를 조사하고 부동산 매매계약서 등에 기록된 매입자의 한국 주소에 대해 등기부등본을 조회해 소유주가 누구인가를 정확히 확인했다.

부동산 서류에는 부부 공동소유일 경우 가족관계가 나타나고, 이혼을 하면 재산분할 과정에서 그 기록이 기재된다. 또 소유자가 사망하면 부동산 상속서류를 통해 정확한 사망일자와 상속자가 드러난다. 이처럼 부동산 관계서류를 철저하게 추적하면 부동산뿐 아니라 그 개인을 둘러싼 기본적인 인적사항을 완벽하게 파악할 수 있다.

오래 전 1980년대에는 김병국 전 청와대 외교안보수석, 민병유·민선주 씨 등 친일파 민영환의 후손, 이후락 씨의 일가친척 등이 이 지역에 주택을 소유했었다. 신명수 동방유량 회장도 그랬고, 노태우 대통령의 아들 노재헌도 신명수를 통해 맨해튼에 콘도를 소유했었다. 한때 한국의 미스코리아 대회를 주물렀다는 뒷말을 낳은 조갑신 씨도 1986년 일찌감치 이곳에 부동산을 매입했다.

전두환·노태우·이명박 등 세 대통령과 사돈 관계를 맺은 이희상 동아원 회장은 1975년 뉴저지에 집을 마련한데 이어 1987년, 2001년 잇달아 맨해튼의 고급 콘도를 매입했다. 어쩌면 억세게도 좋은 그의 혼맥은 맨해튼의 기운에 따른 것인지도 모른다.

고 서성환 태평양그룹 회장은 1984년 맨해튼에 상가를 매입했다. 법인을 설립해 상가를 매입함으로써 소유주가 드러나지 않았지만 그가 세상을 떠나기에 앞서 아들 서영배 씨에게 소유권을 넘김으로써 부동산 주인이 밝혀졌다.

구두보다는 상품권으로 더 유명한 김성환 금강제화 회장도 1992년 트럼프팰리스 콘도 2채를 한꺼번에 사들였고, 하성수 한원그룹 회장도 1990년대 매입자에 속한다.

정몽준 한나라당 의원의 손위처남이자 홍정욱 의원의 장인인 손명원 씨가 1993년 맨해튼 부동산을 샀다. 이 당시 부동산 매입은 대부분 불법이라고 보면 틀림없다.

삼성가는 이건희 회장 직계가족 명의의 부동산은 없지만 삼성 회사 명의의 콘도를 소유했다 팔았다. 이 콘도를 직계가족이 이용했을 것이라는 말은 있지만 확인되지는 않았다. 범 삼성가로 한솔그룹 3세 조은영 씨가 2007년 6월 한 콘도의 펜트하우스를 매입했다.

현대가로는 2007년 7월 정몽원 한라건설 회장, 2010년 2월 김인규 KBS 사장의 사돈인 정몽윤 현대화재해상 회장 등이 맨해튼에 둥지를 틀었다. 이들은 모두 해외부동산 투자가 자유화된 뒤인 2007년과 2010년에 콘도를 샀다.

LG가도 뉴욕 뉴저지 등에 LG 타운을 형성할 정도로 부동산이 많다. 맨해튼만 살펴봐도 구두회 씨의 딸 구재희가 1997년 벨그라비아 콘도를 샀고, 구자경 씨의 딸 구미정 또한 2008년 콘도를 매입했다.

이들 외에도 LG가 후손들이 많았다. 구철회 씨의 손자인 구본상, 구자경 씨의 아들인 구본준, 구자일 씨의 아들인 구본길, 구두회 씨의 딸인 구재회, 구인혜 씨의 딸인 구자혜, 구자학 씨의 아들인 구본성, 구철회 씨의 손녀 구지연 등이 빨리는 1980년대부터 늦게는 1990년 후반 뉴저지에 집들을 사들인 것으로 확인됐다. 또 구자극 씨는 LG전자의 전신인 금성사로부터 돈을 빌려 알파인의 저택을 매입했다.

　SK 최태원 회장 등은 미국 은행 등에 자신의 주소지를 뉴욕의 한 콘도로 기록했고 그 콘도는 SK 아메리카 이사 소유로 돼 있었다.

맨해튼 콘도에는 3개 재벌에 톱탤런트가 이웃

　2009년 1월 박용만 두산 회장, 2008년 5월 장영신 애경 회장, 2008년 2월 인기탤런트 송혜교 씨 세 사람은 모두 맨해튼 57가의 같은 콘도를 나란히 매입했다. 장영신 회장은 콘도를 사자마자 법인을 설립, 소유권을 넘겼고 조세 피난처인 맨섬의 법인에 지분 일부를 넘긴 서류를 뉴욕시 등기소에 제출하기도 했다.

　2010년 말 이곳에 재벌가 로열패밀리가 한 사람 더 입주했다. 신동원 농심 부회장이 합류한 것이다. 이 콘도에는 두산, 애경, 농심 등 재벌총수 3명이 입주했고 그에 부럽지 않은 인기를 누리는 여배우까지 이웃이 된 것이다.

　신동원의 쌍둥이 동생으로 율촌화학을 맡고 있는 신동윤 회장도 2007년 12월 맨해튼 워싱턴 스퀘어 부근의 콘도를 부인 명의로 매입했다. 공교롭게도 그의 부인 이름이 유명 여자탤런트 이름과 똑같았다. 김희선이었다. 매입계약서에 농심이 나와 있고 매입자는 김희선으로 돼 있어 혹시 농심이 연예인 김희선 집을 샀나 싶어 깜짝 놀랐었다. 위임장 등을 확인해보니 신동윤회장 부인이었다. 신춘호 회장의 쌍둥이 아들들이 나란히 맨해튼 콘도를 매입한 것이다. 이들은 모두 합법적으로 매입했다.

　아버지를 상대로 한 재산소송으로 유명세를 탄 강신호 동아제약 회장의 아들 강문석 씨도 2008년 7월 센트럴파크 바로 앞 프라자 콘도를 매입했다.

강 씨는 해외부동산 취득이 제한되던 시기에 보스턴에 콘도를 사기도 했었다.

허일섭 녹십자 회장, 그리고 금복주 사장 김동구 씨, 버버리, 코치 등 명품가방 생산업체인 박은관 시몬느 사장도 맨해튼 주택을 매입했다. 허 회장은 〈시크릿 오브 코리아〉에 자신의 주택 구입 과정에서 모든 것이 적법하게 진행됐음을 입증했다. 허일섭 회장은 2008년 6월 26일 외한은행 구성지점에 해외부동산취득신고서를 제출하고 206만 8000달러를 송금한 것으로 확인됐다.

2008년 10월말에는 정상분이라는 중소기업 사장이 고모 씨와 함께 맨해튼에 콘도 2채를 매입했다. 우연하게도 이름이 노무현 전 대통령의 핵심측근이던 정상문 비서관과 일치해 긴장했었다. 이 사실을 알게 됐을 때가 2009년 5월로, 노무현 비자금 수사가 한참인 시점이었다. 혹시 정상문 비서관이 콘도를 샀나 잠시 의심했지만 확인 결과 동일한 이름을 가진 중소기업인이었다.

이 외에도 의사, 변호사, 교수 등이 맨해튼에 주택을 샀고 인기 가수, 배우, 개그맨들도 이곳에 집을 갖고 있다. 과히 한국의 한남동이라고 할 만한 뉴욕 맨해튼인 것이다.

금강제화의 해외부동산

김성환, 1992년 트럼프 콘도 한꺼번에 2채 매입

김성환 금강제화 회장이 1992년 7월 13일 뉴욕소재 트럼프팰리스 2채를 한꺼번에 구입했다. 트럼프팰리스는 1991년에 완공됐으니 완공되자마자 매입한 것이다. 트럼프팰리스의 정확한 주소는 뉴욕 맨해튼 웨스트 69스트리트 200번지이며 김 회장이 구입한 콘도는 6Q와 6R이었다. 6Q는 방 3개짜리로 26만 8000달러, 6R은 방 2개짜리로 18만 9000달러였다. 한꺼번에 2채를 약 46만 달러에 사들인 것이다.

1992년 당시에는 해외에 2년 이상 체류하는 사람에 한해 10만 달러 한도 내에서 1채를 구입할 수 있었다. 그나마 해외거주를 마치고 돌아올 때는 반드시 되팔도록 돼 있었다. 김성환은 이를 모두 어긴 것이다. 한도 10만 달러를 초과한데다 1채만 살 수 있는데 2채를 샀다. 또 체류를 마치고 귀국할 때 팔도록 돼 있지만 현재도 보유하고 있다. 더구나 그가 2년 이상 해외 체류자인지는 정말 의문이다. 금강제화를 운영하는 사람이 2년 이상 미국에 체류했을 가능성은 없다고 보는 것이 상식일 것이다.

김성환은 이 콘도를 매입하는 과정에서 변호사에게 위임장을 작성해주며 서울시 종로구 신문로 2가 ○○번지를 자신의 주소로 적었다. 등기부등본을 확인한 결과 이 부동산 소유자는 김성환 자신이었다. 특히 김성환의 콘도 매입계약서에 매도자는 미국의 유명한 부동산 재벌 도널드 트럼프였다. 트럼프의 서명이 그대로 기재돼 있었다.

뉴욕 맨해튼에 트럼프의 이름이 들어간 콘도가 모두 16채에 달하지만 이 트럼프 팰리스가 그 중 최고급에 속한다. 현재 방 3개짜리는 240만 달러, 방 2개짜리는 165만 달러에 달한다. 2채를 합치면 약 400만 달러가 되는 것이다.

김성환, 소송 나자 콘도 2채 금강에 매각

이처럼 맨해튼 트럼프팰리스 콘도 2채를 소유했던 김성환은 여동생들이 김성환 금강제화 회장이 1992년 매입한 뉴욕 트럼프팰리스 콘도를 여동생들의 재산분할소송 직후인 2010년 1월 15일 자신의 회사인 금강제화에 매도한 계약서

유산소송을 제기하자 재빨리 맨해튼 콘도부터 정리한 것으로 확인됐다. 김성환은 여동생들이 소송을 제기한 지 불과 열흘 만에 이 콘도를 매도했다. 그러나 알고 봤더니 김성환 콘도를 매입한 곳이 김성환 회장의 회사인 금강제화였다. 김성환은 2010년 1월 15일 이 콘도를 115만 달러에 금강제화에 매도했으며 계약서를 같은 해 3월 15일 등기소에 접수했다.

김성환은 원래 두 세대인 콘도를 2002년 3월 뉴욕시 허가를 받아 1채로 합쳤고, 이 콘도를 금강제화에 넘겼다. 매매가격 115만 달러는 당시 이 콘도의 평방피트당 매매가격 등을 적용하면 시세보다 약 30% 정도 낮은 것이었다.

김성환이 자기 집을 자기 회사에다 판 것이다. 금강이 실제로 이 콘도가 필요해서 산 것인지, 아니면 일시적으로 김성환 재산을 회사 소유로 돌린 것인지 의문이 인다. 공교롭게 재산싸움과 시기가 일치해 그 같은 의문은 더 커지는 것이다.

10년 전 판 부동산도 회사 재산으로 속여

금강제화가 제출한 금융감독원 보고서 등을 살펴보니 어처구니없는 사실이 드러났다. 분명 외부 회계법인의 실사를 받아 제출한 감사보고서였건만, 10년 전에 이미 매도한 부동산을 지금도 회사 재산으로 잡아 놓고 있는 것이다.

2009년 9월 말 금감원에 보고한 금강제화 제37기 감사보고서 22페이지 보유토지현황에 따르면, 금강은 당기와 전기 모두 해외지사용으로 미국 뉴저지주 테너플라이 리버엣지로드 248번지 부동산을 보유하고 있으며, 장부가는 2억 3700여만 원에 달한다고 기재했다. 그러나 이 재산은 이미 10년 전부터 금강 소유가 아니었다.

뉴저지 버겐 카운티의 등기소를 조회한 결과 이 부동산은 이 보고서를 작성하기 약 10년 전인 2000년 4월 27일 금강제화가 정모 씨에게 42만 5000달러를 받고 매도했음이 드러났다.

계약서를 살펴보니 금강제화의 장형구라는 전무가 매도자 자격으로 서명했음이 확인됐다. 금강제화가 1991년 1월 15일 44만 8000달러에 사들였던 부동산을 10년이 지난 2000년 매입가보다도 낮은 가격에 팔았던 것이다. 10년이면 부동산 가치가 꽤 상승했을 텐데 가격은 오히려 낮았다.

어쨌든 금강제화는 그나마 팔아버린 재산도 회사보유재산으로 등재했고 이 같은 내용을 감사해야 할 외부 감사인은 무엇을 감사했는지 회사소유 재산이라며 모든 게 잘 돌아가고 있다고 보고서를 작성했다. 당시 이 감사를 담당한 외부 감사인은 문모 공인회계사였다. 주먹구구식 감사라고 지적한들 무슨 할 말이 있겠는가.

금강제화 세 든 건물 주인은 김성환 회장 딸

금강제화는 뉴욕 퀸즈의 플러싱과 뉴저지 팰리세이즈파크에 구두매장을 운영하고 있다. 이 매장들은 부동산 소유주에게 임대료를 지불하고 있는데, 이 부동산 소유주의 주소는 김성환이 불법 매입한 맨해튼 트럼프팰리스 콘도였다.

뉴저지 매장 주소지는 뉴저지주 팰리세이즈파크 브로드애비뉴 310번지이다. 뉴저지주 버겐 카운티의 등기소를 조회한 결과 이 건물은 '310 매니지먼트 유한회사'가 2006년 1월 30일 330만 달러에 매입한 것으로 확인됐다. 뉴저지에서 330만 달러라면 적지 않은 규모의 부동산이다.

이 건물은 1년 뒤인 2007년 5월 11일 '리카 유한회사'라는 법인에 단 1달러에 매도됐다. 그 계약서에는 '리카 유한회사'는 원래 소유주 '310 매니지먼트 유한회사'의 새로운 이름이라고 돼 있었다. 주인 이름만 바꼈지 실소유주는 그대로인 것이다.

뉴욕 플러싱 매장 소재지는 뉴욕주 플러싱 루즈벨트애비뉴 136-89번지이다. 뉴욕시 등기소를 조회한 결과 이 건물은 2008년 2월 19일 '리카 유한회사'가 390만 달러에 매입한 것으로 드러났다.

금강제화가 세 든 뉴욕과 뉴저지 매장 부동산 주인이 '리카 유한회사'로 동일했다. 두 부동산 매입가격은 무려 720만 달러다. 매입할 당시 은행융자 한 푼없이 모두 현금으로 매입했다.

뉴저지 매장 소유주 '리카 유한회사'는 매매계약서에 뉴저지 법인으로 기재돼 있었으며 뉴저지주 법무부에서 조회한 결과 2005년 11월 10일 설립된 법인이었다. 매니징 멤버는 신기은이었으며 신 씨 주소는 맨해튼의 한 콘도였다.

뉴욕 매장 소유주 '리카 유한회사'는 매매계약서에 뉴욕주 법인으로 기재돼 있었으며 설립일자는 2008년 1월 11일이었다.

뉴욕 매장 매매계약서를 살펴보면 매입자 '리카 유한회사'를 대표해 서명한 사람은 이 법인의 매니징 멤버인 신기은과 헨리 E 신이었다. 결국 뉴욕과 뉴저지 매장의 주인은 '리카 유한회사'지만 그 회사의 실소유주가 신기은, 신헨리 씨였다. 신 씨가 매매계약서에 기록한 맨해튼 콘도 주소를 찾아보자 신 씨 부부가 콘도의 주인이었다.

그래서 신 씨의 콘도 매매계약서를 살펴봤다. 신 씨가 이 콘도를 살 때 계약서에 기록한 자신의 주소는 바로 김성환 금강제화 회장이 소유한 맨해튼 트럼프펠리스 콘도였다. 신 씨와 김성환이 아주 가까운 사람임이 입증된 것이다. 알고 보니 신기은 씨는 김성환의 딸이고 신헨리 씨는 김성환의 사위였다. 결혼 뒤 남편 성을 따른 것이다. 720만 달러라는 매입자금을 조성한 경위는 알 수 없지만 어쨌든 그들이 주인이었다.

뉴욕 뉴저지 코리아타운은 매우 좁은 곳이다. 금강제화가 세 든 건물의 주인이 누구인지 소문이 파다했고 매매계약서 등을 줄줄이 추적한 결과 그 소문이 확인됐던 것이다.

상품권 제보 입수 뒤 항복설 — 20억씩 받고 합의

금강제화 일가의 두 여동생이 오빠를 상대로 한 유산소송은 비슷한 소송들이 그러하듯 판결까지 가지 않고 합의됐다. 소송이 제기된 지 채 1년이 안 된 2010년 10월 7일 조정으로 종결된 것이다.

양측은 조정조서에서 "김 회장은 두 동생에게 20억 원씩 지급하기로 하되 이는 유류분 계산에 의한 것이 아니라 형제간 배려에 의한 것임을 쌍방 확인한다"고 밝혔다.

두 딸들은 소송 과정에서 금강제화 전 직원들로부터 여러 가지 제보를 받았다고 한다. 그 중 상품권 매출 등과 관련한 '이상한' 제보를 입수했다고 한다. 아주 구체적인 제보를 받았고 그 뒤부터 소송이 순조롭게 마무리됐다.

외견상 두 여동생이 20억씩 받아 조정된 것으로 보도됐다. 그 이면은 아무도 모른다. 이들은 사이가 극도로 좋지 않아 아버지 제사에 참석하는 것조차 쉽지 않을 정도였다. 여동생들은 오빠를 극도로 무서워했다. 그렇지만 15억 원씩 달라고 한 소송에서 5억씩이 더 보태진 20억 원을 쉽게 받아낸 것이다. 상품권 관련 구체적 제보가 무엇인지 궁금하지 않을 수 없다.

박진영 맨해튼을 찾다

박진영, 집사려다 40만 달러 날려 소송전

인기 가수이자 제작자로 명성을 날리고 있는 박진영이 코압을 사려다 40만 달러를 날려 소송전으로 이어지기도 했다. 뉴욕 카운티 지방법원에 확인한 결과 박진영은 2008년 12월 16일 코압 소유주에게 계약금으로 지급한 40만 달러를 달라고 소송을 냈지만 패소하고 말았다. 재판부는 본안소송까지 가지도 않고 약식명령으로 박진영 패소판결을 내린 것은 물론 상대방 변호사 비용까지 물어주라고 명령했다. 박진영의 완패였다.

이 코압 주소는 뉴욕 맨해튼 89스트리트 45이스트의 28E호로, 뉴욕 최고급 거주지인 센트럴파크의 동쪽 89가와 메디슨애비뉴가 만나는 곳에 있다.

코압은 쉽게 말해 '공동소유 아파트'로, 콘도 등 일반 아파트와는 달리 돈이 아무리 많아도 마음대로 매입할 수가 없다. 코압은 소유자들이 코압운영위원회를 구성하며, 이 위원회의 승인을 얻어야 사고팔 수 있다. 말하자면 코압에 사는 사람들이 새 입주자를 면접하고 자신들과 수준이 맞다고 생각되는 사람만을 입주자로 선택하는 것이다.

유명 정치인이나 유명 연예인들이 가끔씩 코압 입주에 실패했다는 기사가 나는 것은 이처럼 코압위원회가 이들의 입주를 거부했기 때문이다. 그런데 박진영이 맨해튼 최상류층의 거주지, 그것도 코압을 노크한 것이다.

박진영은 2008년 7월 이 코압을 400만 달러에 사기로 계약을 맺고 2008년 10월 1일 계약에 따라 매입 대금의 10%인 40만 달러를 계약금으로 지급했다. 박진영은 10월 22일 코압운영위원회의 면접을 받았다. 박진영이 사전에 변호사 등을 통해 코압운영위원회에 자세한 신상정보를 제출한 것은 물론이다.

유명 가수이며 제작자라는 사실이 통보됐지만 코압운영위원회는 호락호락하지 않았다. 박진영이 이 동네 사람이 아니므로 콘도 관리비 1년치를 미리 선납하라는 조건이 붙었다. 1년치 관리비를 미리 내야 콘도를 매입할 수 있는 것이다.

'레알 상류층' 코압 입주 승인받고도 매입 포기

박진영은 10월 28일, 1년치 관리비를 선납하더라도 이 콘도를 사겠다는 입장을 코압운영위원회에 통보했지만, 어찌된 영문인지 일주일 뒤인 11월 5일 돌연 입장을 바꿔 자신의 변호사를 통해 관리비를 선납할 수 없다고 정식 통보했다.

이렇게 되자 다급해진 쪽은 코압을 팔려던 주인이었다. 코압 주인은 바로 다음날인 11월 6일, 박진영에게 자신이 1년치 관리비 3만 8천여 달러를 대신 내주겠다고 제안했다. 고급 코압이라 1년치 관리비가 웬만한 집의 1년치 렌트비에 맞먹을 정도였다.

그러나 박진영은 이 같은 좋은 조건에도 불구하고 코압 매입을 포기, 11월 19일 이 코압을 사지 않겠다고 정식통보했다.

박진영이 내세운 이유는 소유주가 발 벗고 나서서 코압위원회로부터 입주 승인을 받아주기로 했는데 약속이 지켜지지 않았다는 것이다. 또 하나 서브프라임 모기지 파동 등 세계경제 위기로 융자가 쉽지 않았다고 밝혔다. 코압관리위원회가 입주를 승인하면서 관리비를 선납해야 한다는 조건을 달기는 했지만 집주인이 대신 부담하겠다고 함으로써 이 문제는 사실 큰 걸림돌이 아니었다.

융자 또한 11월 17일 박진영이 융자를 받으려던 HSBC은행이 집주인의 협조를 얻어 사전담보까지 설정, 등기를 마친 상태였다. 이를 감안하면 융자도 정상적으로 진행되고 있었는데 박진영이 돌연 담보설정 이틀 뒤에 모든 것을 취소한 것이다.

박진영은 집주인이 코압위원회로부터 입주 승인을 무조건 받아준다고 한 약속 등을 지키지 않았으므로 계약금 40만 달러를 돌려달라고 요구했으나 집주인은 말도 안 되는 소리라며 이를 돌려주지 않았다. 그러자 박진영이 소송을 제기한 것이다.

그러나 법원은 2009년 5월 21일 집주인의 손을 들어줬다. 이 소송을 기각해달라는 집주인의 요청을 받아들인 것이다. 박진영이 계약금 40만 달러를 날린 것이다.

박진영은 1심 판결 중 상대방 변호사 비용을 물어주라는 부분에 대해 항소를 제기했지만 이마저도 지고 말았다. 박진영이 코압 매입계약을 취소한 지 4개월 뒤인 2009년 3월, 박진영의 이혼소송 소식이 들려왔다. 코압 매입계약 취소와 이혼소송의 연관성은 박진영만이 알 것이다.

박진영, 맨해튼 콘도는 개인 명의로 구입

박진영은 코압 매입을 추진하기 전인 2007년 7월 27일, 뉴욕 맨해튼 42가의 한 콘도를 사들이기도 했다. 43층에 있는 이 콘도는 매입가격이 147만여 달러였다. 당시 박진영은 결혼생활을 유지하고 있었지만 이 콘도는 자신의 단독 명의로 되어 있었다. 뉴욕에서는 계약서에 배우자라도 이름이 없으면 소유권을 주장하기 힘들다.

박진영은 또 자신 명의의 콘도 매입에 앞서 JYP 엔터테인먼트 명의로 같은 해 1월 맨해튼 31스트리트에 미국 사무실용으로 작은 빌딩을 351만 달러에 사들이기도 했다. 원더걸스가 안무연습을 했던 것으로 잘 알려진 곳이다.

박진영은 뉴욕 코리아타운인 맨해튼 36가의 한 한국식당 자리에 한식당을 오픈했다. 특히 이 식당을 준비하면서 뛰어난 사업수완을 발휘했다. 2~3만 달러씩의 소액주주들을 대거 유치한 것이다. 미국 주류사회에서 활동하는 1.5세, 2세들의 참여가 줄을 이었다. 변호사, 건축사 등 주주가 된 이들이 식당 오픈에 발 벗고 나섰다.

박진영 식당은 수리에서 개업까지 걸린 시간이 뉴욕에서 최단 시간으로 기록될 만큼 빨랐다. 개보수를 책임진 건설업자도 소액주주였고 이 지역 건축허가 등을 담당하는 커뮤니티보드의 한국인 위원도 소액주주로 알려졌다. 자신들의 일이다 보니 손발이 닳도록 열심히 뛴 결과 속전속결의 성과를 거둔 것이다.

이들 소액주주들은 주로 맨해튼에서 활동하는데다 외국인들과의 업무상 모임 장소 등을 자신이 주주인 이 식당으로 유치하는 등 활발한 마케팅을 벌이고 있다. 한국음식도 소개하고 돈도 버는 방법으로 조국 사랑에 나선 것이다. 박진영의 입장에서는 사업자금도 자금이지만 유능한 한인 청년들을 소액주주로 유치함으로써 돈으로 살 수 없는 파워풀한 인맥을 갖게 된 것이다. 박진영의 비즈니스 마인드가 돋보이는 대목이다.

03

하와이 별장에 목매단
한국 상류층

와이키키 워터마크 콘도는 한국 부패의 상징

하와이하면 야자수와 금빛 모래사장의 와이키키 해변이 떠오른다. 하와이가 지구상 어디에 있는지 쉽게 가늠하지 못하더라도 그곳에 와이키키 해변이라는 환상적인 유토피아가 있다는 사실은 누구나가 알고 있다. 하와이 외에도 미국 본토 플로리다주 아랫쪽으로는 바하마, 도미니카 공화국, 세인트 루시아, 세인트 키츠 등 세계적인 휴양지가 많다.

하와이는 서울에서 8시간 정도면 날아갈 수 있다. 미 동부까지 13시간이 걸리는 것에 비하면 훨씬 가까운 곳이다. 하와이가 세계적인 휴양지인데다 비행시간도 짧기 때문에 재벌들이 하와이를 좋아하는 것 같다.

바로 이 와이키키 해변에 세워진 콘도 중 가장 최근에 건축된 콘도를 대한민국 최고 권력층과 최고 재벌 등이 앞 다퉈 매입했다는 사실은 깜짝 놀랄 일이다. 그 콘도가 바로 워터마크 콘도이다. 워터마크 콘도는 대한민국 지도층의 힘의 상징인 동시에 부패와 불법을 상징적으로 보여준다.

와이키키 백사장 바로 앞에 있는 워터마크는 2008년 완공된 38층 높이의 콘도로 모두 212채이다. 이 콘도 바로 옆에 이후락 씨의 아들과 딸이 1980년에 매입한 이라카이 콘도가 있지만, 이 콘도는 1960년대에 지어진 콘도이다. 워터마크 콘도는 와이키키 해변에 들어선 콘도 10여 개 중 가장 최근에 지어진 콘도이다.

박정희-노태우-이명박 대통령 친인척도 매입

워터마크에 입주한 권력층을 따지자면 대통령의 친인척들을 첫손가락에 꼽을 수 있다. 대한민국 대통령 중 3명의 대통령이 이 콘도와 관련돼 있다.

박정희 대통령 큰딸의 사위 부부인 박영우-한유진 부부가 이 콘도를 사들였다. 박근혜 대표의 조카 부부이다.

노태우 대통령의 외동아들 노재헌-신정화 부부도 이 콘도를 사들였다. 2011년 홍콩과 서울에서 이혼을 둘러싼 맞소송으로 화제를 불러 일으켰던 노재헌 부부는 브레이브오션이라는 법인을 설립, 이 콘도가 완공되자마자 매입했다.

이명박 대통령도 예외가 아니다. 이명박 대통령의 사돈인 조석래 효성 회장의 아들인 조현상 효성 부사장도 이 콘도를 사들였다. 조현상은 사돈이 대통령에 재직 중인데도 버젓이 이 콘도를 매입하고 그 사실을 관계당국에 신고하지 않은 혐의로 불구속 기소됐다.

박정희 대통령 가족 콘도는 36층, 노태우 대통령 가족 콘도는 30층, 이명박 대통령 사돈 콘도는 34층이다. 3명의 대통령의 친인척이 하와이

와이키키 해변에서 이웃이 된 것이다. 특히 박정희 대통령의 손녀 한유진 부부와 이명박 대통령의 사돈 조현상은 이전에도 하와이의 다른 콘도를 불법 매입한 사실이 드러났다. 상습적으로 하와이의 부동산을 사들인 것이다.

전체적으로 박 대통령 딸과 손자손녀들은 이 콘도를 포함해 3채를 구입했다. 그리고 이 대통령의 사돈도 사위가 3채, 사돈총각이 이 콘도를 사는 등 하와이 부동산 거래가 모두 6채에 달했다.

전체 소유주 중 절반 이상이 한국인 성

이 워터마크 콘도는 모두 212채이다. 그러나 부부나 가족들이 공동소유하게 되면 소유주 숫자는 콘도 숫자보다 늘어난다. 하와이 호놀룰루 카운티 조회 결과 이 콘도의 소유주로 이름이 올라간 사람은 모두 317명이었다. 212채의 주인이 공동소유를 포함해 317명인 것이다. 이 중 이, 김, 박 등 한국 성을 사용한 입주자가 적어도 173명으로 50%를 훌쩍 넘어섰다. 희귀 성을 고려하지 않았음을 감안하면 어쩌면 한국 성은 더 늘어날지도 모른다.

한국인들보다는 외국인들이 전체 가족을 공동소유로 올린 경우가 많아 차포를 떼고 아무리 적게 잡아도 이 콘도 주인 중 절반은 한국 사람인 것이다.

하와이에 거주하는 재미동포 중 3채를 산 사람도 있었고 뉴욕 등에서 부자로 소문난 한인동포들의 이름도 눈에 뛰었지만 한국 재벌가의 사람들이 특히 많이 눈에 띄었다.

범 삼성가 한솔은 2채, LG · 심텍도 매입

이병철 회장의 자손들은 삼성을 위시해서 한솔, 제일제당 등 대한민국 재벌가의 중추를 이루고 있다. 워터마크 소유주 리스트에는 이 범 삼성가 로열패밀리의 이름이 쉽게 눈에 띄었다.

이병철 회장의 딸 이인희 씨의 딸인 조옥형 씨와 사위 권샘대 씨가 워터마크 콘도의 22층을 매입한 것으로 확인됐다. 이병철 회장의 손녀부부이다.

그뿐만이 아니다. 이인희의 아들로 한솔그룹을 이끌었던 조동길 한솔그룹 회장도 이인희의 사위 부부인 조옥형-권샘대 씨가 워터마크 콘도를 매입한 바로 그날 이 콘도의 22층을 사들였다. 그러니까 범 삼성가 로열패밀리 2명이 한날한시에 하와이에서 같은 콘도의 같은 층에 각각 1채씩의 콘도를 산 것이다.

이병철 회장의 딸인 이인희 한솔그룹 고문과 이명희 신세계 그룹 회장이 2007년부터 해마다 겨울이면 두 자매가 나란히 하와이를 찾았던 것도 범 삼성가의 하와이 부동산 매입과 무관하지 않은 것으로 보인다. 이들 두 사람은 2009년 분 재산세도 같은 날 호놀룰루 카운티에 납부한 것으로 드러났다.

LG 그룹도 예외가 아니었다. LG 창업자인 구인회 씨의 둘째 아들 구자승 씨의 부인 홍승해 씨도 바로 이 콘도 27층을 매입했다. 홍 씨는 2008년 5월 21일 이 콘도를 매입하면서 자신의 청운동 집 주소를 기재했다. 신흥 중견기업인 전세호 심텍 회장도 부인과 함께 이 콘도를 구입했다가 2010년 4월 되팔았다. 이외에도 이름만 대면 알 수 있는 한국의 기업인들이 이 콘도를 사들였다. 한편, 이후락의 장남과 외동딸 부부는 이 콘도 바로 옆 이라카이콘도 2채를 매입했다.

국세청 조사, 44명 중 28세대가 '불법' 확인

하와이 워터마크가 분양을 시작한 2008년은 정부가 투자용 부동산에 대해서도 무제한 매입을 허용한 시기여서 한국인들이 관련 절차를 무시하고 콘도를 구입했을 것이라고는 생각하지 않았다. 그래서 처음 이 콘도의 절반 이상이 한국 성이라는 사실을 공개하면서도 대통령 친척과 재벌 등을 제외하고는 이름을 공개하지 않았던 것이다.

그러나 한국 지도층에게 적법절차를 거친 해외부동산 투자를 기대하기에는 무리였다. 그들의 도덕성을 너무 과대평가했건 것이요, 보다 더 솔직하게는 그들의 힘을 약소평가한 '순진한' 생각이었다.

국세청은 〈시크릿 오브 코리아〉에 공개된 하와이 워터마크 소유자 명단을 바탕으로 한국인 소유주 추적에 나섰다. 국세청은 2009년 12월 10일 중간발표를 통해 이 콘도를 구입한 국내 거주자가 44명에 달하며 거래 사실을 신고하지 않은 사람이 28세대에 이른다고 밝혔다. 국세청이 워터마크 소유자 중 국내 거주자로 밝혀낸 사람만 44명에 달하는 것이다.

또 이 중 3분의 2 정도가 해외부동산 투자의 적법절차를 지키지 않았다. 적법절차라고 해야 어려운 것이 아니다. 해외부동산 투자 한도를 없앤 만큼 마음대로 해외부동산을 사들이되 해당 외국환 은행에 이를 통보만 하면 되는 것이다. 그런데도 3분의 2 이상이 이 같은 신고조차 하지 않은 것이다.

이명박 대통령의 사돈인 조현상 효성 부사장 또한 260여만 달러짜리 콘도를 사면서 이 같은 절차를 지키지 않았고 결국 불구속 기소됐다.

세금만 내면 슬그머니 덮어주고 범법자라 할지라도 형사처벌보다는 세액추징에 중점을 두는 국세청의 방침이 과연 옳은지 다시 한 번 검토돼야 할 것이다. 언론보도를 보면, 국세청은 많은 경우 세금을 내면 형사고발은

하지 않았음을 알 수 있고 국세청 또한 세금을 걷는 데 중점을 둔다고 공공연히 말하고 있다. '유전무죄'를 정부기관이 조장하고 있는 것은 아닌지 냉정한 잣대로 짚어봐야 할 것이다.

한진그룹 조중훈 일가도 하와이 선호

한진그룹도 하와이와 인연이 깊다. 조중훈 한진그룹 창업주의 동생인 조중건 전 대한항공 고문도 1978년 하와이 호놀룰루에 부동산 5채를 사들였다.

조중건 고문은 이 부동산뿐 아니라 아파트도 사들였다. 조중건 고문은 1978년 10월 부인 이영학 씨와 함께 하와이 호놀룰루의 아파트를 매입했음이 밝혀졌다. 조중건뿐 아니라 막내동생인 조중식 전 한진건설 회장도 부인 김복수 씨와 공동명의로 1978년 11월 형인 조중건 고문이 구입한 아파트의 다른 층을 매입했다. 형제가 같은 아파트의 30층과 28층을 매입한 것이다.

조중훈 한진그룹 창업주는 1983년에 자신 명의의 부동산 5채를 고 조수호 한진해운 회장에게 매도한 사실이 드러났다. 매도계약서에는 조수호가 미혼으로 명시돼 있으며 조중훈 회장의 서명과 공증도 볼 수 있다.

조수호 회장이 1954년생이니 29세 때 하와이 부동산 5채를 넘겨받은 것이다. 특히 조수호 회장은 이보다 4년 앞선 1979년 5월 25일, 25세 때 캘리포니아주 로스앤젤레스 카운티에 부동산을 매입한 사실도 드러났다. 37만 2500만 달러짜리였다. 당시 이 부동산이 어떤 형태였는지는 알 수 없지만 그 뒤 이 부동산은 모텔로 이용됐다.

조수호는 또 1989년에도 부인인 최은영과 공동으로 같은 지역에 60만 달러짜리 부동산을 산 것으로 확인됐다. 물론 이 모두가 불법이다.

한진 일가는 일찌감치 하와이에 눈을 떴고 캘리포니아 등으로도 시야를 넓힌 것이다. 한진이 회사 명의로 호텔 등을 매입하기도 했지만 총수 일가가 불법으로 해외부동산을 구입했던 것은 엄연한 사실이다.

전경련 회장인 허창수 GS 일가도 매입

허창수 현 전경련 회장겸 GS그룹 회장의 사촌동생인 허용수 GS홀딩스 전무도 그의 부친인 허완구 승산그룹 창업주와 함께 2003년 하와이에 나대지를 구입한 것으로 확인됐다.

허완구 승산그룹 창업주는 국내 3대 재벌인 LG 그룹 공동창업주인 허만정 씨의 5남으로 일찌감치 독립한 뒤 고향인 경남 진양군 자수면 승산마을의 이름을 딴 승산그룹을 창업했다.

이들 부자는 2003년 3월 하와이주 하와이 카운티의 한 프라이빗 골프장 옆에 1400평 규모의 나대지를 사들였다. 나대지라서 주거용으로 볼 수 없으며 이때 투자용 부동산 취득은 금지된 시기였다. 허완구 창업주 부부가 30%의 지분을, 허용수 부부가 70%의 지분을 소유했다.

또 구인회 LG 창업자의 막내동생 구두회 일가도 2003년 하와이 호놀룰루 카리아의 콘도 2개의 지분 일부를 각각 매입했다. 구두회 씨와 부인, 그리고 당시 미혼이었던 딸, 그리고 아들 구자은 씨와 며느리 장인영 씨 등 5명이 힐튼호텔이 운영하는 하와이안 빌리지의 콘도 2채의 이용권을 산 것이다. 이때 역시 투자용 부동산 취득은 불법이었다.

이 하와이안 빌리지는 LG 일가가 선호하는 콘도였던 모양이다. 구인회 LG 창업주의 5남이 구자일 일양전기 회장이며 그 아들이 구본길이다. 구본길 씨와 부인 민연주 씨는 2006년 8월 7일 이 콘도 1채의 지분을 매입했다.

구자학 씨의 아들인 구본성·심윤보 부부 역시 하와이 부동산을 매입했다.

한명숙 전 국무총리에게 로비를 펼쳤다는 의혹을 받은 곽영욱 전 대한통운 사장도 하와이에 콘도를 산 것으로 조사됐다. 곽 사장은 2006년 11월 하와이의 카하라비치 콘도를 매입했다. 매입 대금은 34만 달러였으며 이때는 이 정도의 투자용 부동산 매입이 허용되던 때였다. 곽 사장은 부인 김봉선 씨와 공동소유주였다. 이 콘도는 또 조현상 효성 부사장이 워터마크 콘도 매입에 앞서 2002년 42만 달러를 주고 매입한 바로 그 콘도다. 2002년 4월은 투자용 부동산 취득이 허용되지 않던 시점이다.

이민주, 맨해튼 콘도 팔고 하와이 콘도 매입

이민주 에이티넘파트너스 회장은 '1조 원대의 거부'이자 '손만 대면 대박'이라는 신화로 잘 알려진 인물이다. 이민주는 지역 유선방송사를 대거 사들였다가 이를 되팔아 1조 4000억 원이라는 큰돈을 번 사람이다. 2009년 12월에는 국내기업으로는 처음으로 9000만 달러를 투자해 미국 석유회사를 인수하기도 했다.

이민주는 1974년 인형공장으로 시작해 포브스지가 선정한 한국 부자랭킹 16위에 오르기도 했으며, 에이티넘파트너스라는 투자회사를 운영하고 있다. 또 SK 해외비자금을 관리했던 다니엘 윤과 함께 펀드를 조성하기도 했다.

이민주도 뉴욕과 하와이에 부동산을 보유하고 있다. 이는 해외 투자용 부동산 매입이 허용된 뒤여서 불법은 아니다. 그러나 일부 석연찮은 거래가 있음이 드러났다.

이민주는 2009년 뉴욕 맨해튼에 콘도를 구입했다가 13개월 만에 56만 달러를 손해보고 팔았다. 그런데 바로 이 콘도를 산 사람이 자신의 회사인 에이티넘파트너스였다. 전말은 이렇다. 이민주는 2009년 8월 7일 뉴욕 맨해튼의 러시모어 콘도를 361만여 달러에 사들였다. 은행융자도 없이 전액 현찰을 동원했다. 이 회장은 콘도 매입계약서에 자신이 살고 있는 서울의 유명 빌라를 주소지로 기입했다. 국내 최대 재벌 회장이 소유한 바로 그 빌라다.

그러나 이 회장은 콘도를 산 지 1년 1개월 뒤인 2010년 9월 8일 자신의 회사인 에이티넘파트너스에 305만 달러에 팔았다. 이 회장은 이 콘도를 팔면서 매도권리를 이모 씨에게 위임했다. 서울 주재 미국대사관에서 위임장을 작성, 콘도를 팔았다. 56만 달러나 손해를 본 것이다. 이익을 본 사람은 바로 자신이 대표로 있는 회사였다. 결국 주머니 돈이 쌈짓돈이었던 것이다.

처음에는 자신의 주머니에서 돈이 나왔고 1년 뒤 회사에서 회사 돈이 나온 것이다. 무엇 때문인지 돈이 필요했지만 콘도를 팔기는 싫었기 때문에 회사에 콘도를 넘겨두고 회사로부터 돈을 받은 것이 아닐까 하는 생각이 든다. 과연 무엇 때문인지는 엉뚱하게도 하와이에서 실마리가 풀렸다.

하와이 호놀룰루 등기소를 조회한 결과 이 회장은 2010년 8월 17일 하와이 호놀룰루에 있는 유명 콘도인 호쿠아 콘도를 매입했다. 매입계약서를 살펴보면 이 회장은 320만 달러에 호쿠아 콘도 37층의 한 세대를 사들였고, 계약서에 직접 서명했다.

2006년 신축된 이 콘도는 한국인이 선호하는 하와이 호놀룰루 콘도 중 하나이며, 2010년 호놀룰루 카운티 정부가 책정한 재산세 부과용 평가 가격은 338만 달러에 달했다. 시가는 350만 달러를 상회하는 것으로 추정할 수 있다. 이 콘도를 신축한 직후인 2005년 11월 30일 거래가격이 255만 달러였음을 감안하면 5년 사이에 25%가 오른 것이다.

　이쯤 되면 뉴욕 콘도를 56만 달러나 손해보고 자기 회사에 매도한 이유가 어느 정도 설명된다. 자기 돈으로 뉴욕에 콘도 1채를 산 뒤, 그 콘도를 자기 회사에 팔고 그 돈으로 하와이 콘도를 1채 더 샀다고 가정하면, 1채 돈으로 2채를 산 셈이다. 뉴욕 콘도가 에이티넘파트너스라는 회사의 소유라고 해도 그가 이 회사의 절대적 대주주라서 그가 뉴욕 콘도를 이용하는 데는 별 문제가 없어 보인다.

04

LA에 뿌려진 검은 돈

뉴욕, 하와이 등과 함께 LA도 한국인이 선호하는 지역이다. 이 지역에도 소위 힘 있는 자와 가진 자의 해외부동산이 몰려 있다. 특히 지난 2000년 남북 정상회담과 관련, 김대중 정부가 김정일에게 정상회담의 대가를 전달한 사실이 2003년 밝혀졌으며, 이 사건의 핵심인물인 이익치 전 현대증권 회장, 무기중개상 김영완, 김충식 현대상선 사장 등이 LA 인근에 살고 있음이 드러났다. 정몽헌 현대회장을 자살까지 몰고 간 사건의 관련자들이 일부는 LA로 도피하고 일부는 LA와 한국을 오가며 살고 있는 것이다. 또 이 LA 지역에는 한화, SK 등 국내 굴지의 재벌 일가도 둥지를 틀고 있다.

이익치, LA 저택 공개하자 두 달 만에 매도

대북 송금사건과 관련해 150억 원의 양도성예금증서를 박지원 당시 문화부장관에게 전달했다고 주장한 이익치 전 현대증권 회장이 2001년 미국 캘리포니아주 베벌리힐스에 300만 달러의 고급주택을 매입한 것으로 확인됐다.

대북 송금사건과 관련해 당시 박지원 장관은 2004년 6월 구속돼 1심과 2심에서 유죄가 선고됐으나, 그해 12월 대법원은 2000년 4월 150억 원 양도성예금증서를 전달했다는 이익치 회장의 주장을 받아들이지 않고 150억 원 수수혐의에 대해 무죄를 선고했다.

이익치는 로스앤젤레스 카운티 조회 결과 2001년 4월 25일 자신의 명의로 294만 달러를 지불하고 베벌리힐스 리베드라이브의 저택을 사들였다. 이 저택은 대지가 1700여 평, 건평이 115평에 방이 6개, 욕실 딸린 화장실이 6개인 대형 고급주택이다. 이익치가 이 집을 구입한 시기는 박지원 장관에게 돈을 전달했다는 2000년 4월에서 1년 정도 지난 시점이었다.

이익치는 이 집을 산 지 채 1년도 안 된 2002년 3월 19일 이 집을 놀스타유한회사라는 법인에 매도했다. 그러나 놀스타의 법인 주소가 이익치의 집주소와 일치하며 세금이 한 푼도 부과되지 않아 이익치가 명의만 넘겼음을 알 수 있다. 2년 뒤인 2004년 2월 10일 놀스타는 또다시 이 집을 이익치에게 넘겼고 이때 매매증서에서 매도자 놀스타 대표로 서명한 사람이 이익치로 드러남으로써 놀스타가 이익치의 회사임이 명확해졌다.

놀스타는 노스스타, 즉 북극성을 의미한다. 이익치가 대북 송금사건에 연관됐었음을 감안하면 북극성이란 회사의 이름이 의미심장하지 않을 수 없다. 이익치가 이 집을 처음 산 시기인 2001년 4월은 투자용 해외부동산 매입이 전면 금지된 시기였다. 이익치 외에도 그의 아들이 자신의 아내 명의로 로스앤젤레스 인근 리버사이드 카운티에 주택을 매입한 사실도 확인됐다.

〈시크릿 오브 코리아〉에 이 글을 올린 것이 2010년 12월 7일이었다.

〈시크릿 오브 코리아〉가 2010년 12월 이익치 전 현대증권 회장의 로스앤젤레스 베벌리힐스 저택 매입 사실을 공개하자 2개월여가 지난 2011년 2월 이를 시가의 절반에 매도한 계약서

그 다음날에는 이익치 회장을 상대로 한 400억 원대 손해배상소송에서 승리한 현대증권소액주주들이 한국 법원의 판결문 정본을 미국 법원에 제시하면 이 집을 압류할 수도 있다는 글을 올렸다.

놀랍게도 이익치는 내가 이 글을 올리고 2개월 정도 지난 2011년 2월 16일 이 고급저택을 전격 매각한 것으로 드러났다. 그러나 매매대금은 터무니없이 낮았다. 294만 달러를 주고 산 집을 122만 5000달러에 팔았다. 서브프라임 모기지 사태 등으로 미국 부동산 가격이 하락했음을 고려해도 형편없이 낮은 가격이다. 매입자는 '9000 리베 유한회사'로 집주소를 본 딴 법인이었다. 가격이 너무 낮은 것으로 미루어 이 법인의 정체가 궁금해진다. 이익치는 또 법무법인을 통해 본인이 집을 샀다는 기사가 명예훼손이라며 〈시크릿 오브 코리아〉에 글 삭제를 요청하기도 했다.

'바람처럼 잠적' 김영완도 뉴포트비치에 저택

대북 송금에 연루된 또 한 사람의 핵심인물인 김영완 씨도 미국 캘리포니아 뉴포트비치의 저택을 다른 사람 명의로 소유하고 있었음이 드러났다.

김영완 씨는 대북 송금사건과 관련, 검찰수사가 시작되기 직전인 2003년 3월 20일 한국을 떠난 뒤 검찰의 소환에도 응하지 않는 등 그 소재가 오리무중이었으나 오렌지 카운티 뉴포트비치에 은신했던 것이다.

이 같은 사실은 미국 로스앤젤레스 소재 〈코리아나 뉴스 유에스〉가 2006년 9월 19일 캘리포니아주 오렌지 카운티 법원에 김영완, 이익치, 오성우 등을 상대로 한 민사소송에서 드러났다. 원고 측은 재판 당사자의 권리를 이용해, 여러 가지 방법으로 김영완의 소재를 추적해 마침내 그의 흔적을 찾아냈다.

김영완은 거액의 민사소송에 피소된 터라 자신이 나타나지 않을 경우 소정의 절차를 밟아 궐석재판이 진행되면 패소할 수 있다고 판단, 변호사를 고용해 소송에 나섰고 이 과정에서 그의 소재가 확인된 것이다.

김영완이 실제로 거주했고 그의 아내 장혜경 씨와 그의 자녀 명의의 우편물이 배달되기도 했던 그 집은 뉴포트비치 힐스보로 ○○번지이다. 이 주택은 시가 250만 달러 상당의 저택으로 김영완이 페이퍼컴퍼니를 통해 이 주택을 소유했다고 원고 측은 주장했다. 김영완 또한 소송을 기각해달라고 재판부에 요청하면서 이 주택이 자기 집이라는 주장에 대해 부인하지 않았다.

또 그가 출국 직후에는 뉴욕의 1000만 달러대 고급 콘도에 머물렀음을 입증하는 서류도 발견됐다. 그의 부인 장혜경이 2004년 10월 필라델피아산업개발공사의 이민투자프로그램을 신청하면서 뉴욕 맨해튼 파크애비뉴 500번지의 29호를 주소지로 기입한 것이다.

이 콘도는 2004년 6월 24일 뉴욕주에 설립된 한 유한책임회사가 1087만 5000달러에 매입한 콘도였다. 이 콘도가 유한회사로 팔린 뒤 장 씨의 주소로 이용된 것이다. 1100만 달러에 육박하는 이 고급 콘도는 빌리기도 쉽지 않다. 이 정도 콘도를 매입하는 사람들은 여간해서는 콘도를 세놓지 않는다. 유한회사와 김 씨가 어떤 관계인지 관심이 모아진다.

결국 김영완은 한국에서 사라져 미국으로 도피, 처음에는 뉴욕에 머물다 2006년 이후 로스앤젤레스로 옮긴 것으로 보인다. 김영완은 2011년 11월 26일 8년여 만에 한국에 귀국, 검찰조사를 받은 뒤 사흘 만인 29일 미국으로 출국한 것으로 확인됐다. 기소중지 상태에서 자수의사를 밝힌 뒤 귀국했고, 검찰은 출국금지 조치를 취하지 않았다.

또한 대북 송금사건의 결정적인 단서를 쥔 것으로 알려진 김충식 전 현대상선 회장도 로스앤젤레스 인근 도시에 거주하는 것으로 알려졌다. 공교롭게도 대북 송금사건과 관련된 주요 인물인 이익치, 김영완, 김충식이 모두 로스앤젤레스 인근에 주택을 가지고 있거나 실제로 살고 있는 것이다.

김재수 변호사 지략으로 김영완 등 소재 밝혀내

대북 송금사건과 관련된 주요 인물들의 소재를 밝혀내는 데는 김재수 변호사가 결정적인 역할을 했다. 로스앤젤레스 카운티 법원을 방문해 관심 있는 사건을 검색하자 대부분의 사건을 김재수 변호사가 대리했음을 알 수 있었다.

MB 정부에서 LA총영사를 지내기도 한 김재수 변호사는 거액소송을 제기할 경우 김영완이 대응할 수밖에 없다고 판단, 소송을 통해 김영완이 스스로 모습을 드러내도록 유도했고 이 예측이 적중했다. 김 변호사는 이 소송의 원고 측 대리인을 맡아 소송대리인의 지위를 십분 활용해 이익치 회장의 미국 내 소재지를 추적해 베벌리힐스 저택을 밝혀내기도 했고, 김충식 현대상선 사장의 거처를 알아내기도 했다.

이신범 전 의원이 김홍걸의 LA주택을 발견하고 이들을 상대로 소송을 할 때도 김 변호사가 이신범을 대리했다. 또 무기중개상으로 잘 알려진 조풍언 씨와 LA지역 한인 언론사의 소송에서도 김재수가 이 언론사를 대리했고, 조풍언이 김홍걸에게 30만 달러를 홍콩에서 송금했음을 밝혀내기도 했다.

연세대 출신인 김재수는 이처럼 범상치 않은 지모의 소유자이다. 또 남들이 쉽게 엄두를 내지 못하는 소송이고 수임료도 제대로 받지 못하는 소송임에도 자기 시간을 쪼개 소송을 대리했고 그 소송에서 비범한 지략을 발휘했음을 솔직하게 인정하지 않을 수 없다.

물론 알려진 대로 2007년 대선 때는 BBK 사건을 변호했고, 그래서 논공행상으로 LA총영사가 됐다는 논란도 있으며, 솔직히 그 공이 많이 반영됐을 것이다. 그러나 한때는 그가 자칫 묻혀버릴 수 있는 비리를 밝히기 위해 누구도 하기 힘든 일을 자처했음도 분명한 사실이다.

김승연은 람보 별장 매입으로 구속

김승연 한화 회장은 1992년 2월 18일, 미국 캘리포니아주 벤투라 카운티 히든밸리 지역에서 〈록키〉라는 영화로 유명한 인기 영화배우 실베스타 스텔론 소유의 별장을 470만 달러에 현금으로 매입했다.

경실련이 이 같은 사실을 폭로하자 그는 미국으로 출국해 5개월간 머물다 귀국한 뒤 검찰에 소환돼 외국환관리법위반혐의로 구속됐다.

이 '람보별장'은 '와이트이글랜치'로 알려진 목장형 저택으로 캘리포니아 주 벤투라 카운티 사우전드오크의 히든밸리로드에 위치해 있다. 대지가 무려 23.5에이커, 2만 8000여 평에 이른다. 벤투라 카운티 등기소를 조회한 결과 김승연은 이 별장을 구입하고 한 달 뒤에 퍼시픽 리소스사에 매도했다. 당시 언론은 이 회사가 김승연의 친구인 김모 씨 회사라고 보도하고 김승연이 위장소유했다고 주장했다. 그러나 케이만 군도 조회 결과 이 회사는 김승연이 케이만 군도에 설립한 회사로 드러났다.

어쨌든 김승연 회장은 이 별장을 구입한 혐의로 구속돼 50여 일 수감됐다. 1994년 1월 21일 징역 1년에 집행유예 2년, 추징금 47억여 원을 선고받았다. 조현준 효성 사장이 김 회장보다 더 많은 돈을 들여 더 많은 주택을 사들였음에도 불구하고 불구속 기소됐음을 감안하면 씁쓸했을 것이다.

김승연은 유죄를 선고받고 47억여 원을 추징당한 뒤 이 저택을 8년간 소유했던 것으로 확인됐다. 2000년 4월 28일에서야 한국인이 주인인 한 법인에 매도했다.

SK 최기원도 1999년 300만 달러 저택 매입

최종현 SK 회장은 태원, 재원, 기원의 2남 1녀를 두었으며 이 중 막내인 기원 씨가 외동딸이다. 최태원 SK 회장이 2003년 구속되고, 2011년 12월 말 최재원 SK부 회장이 구속됐는데, 외동딸인 최기원 씨도 1999년 미국에 불법으로 부동산을 구입한 것으로 확인됐다.

최기원이 부동산을 구입한 곳은 샌프란시스코 인근의 산만테오 카운티로 오빠인 최태원-노소영 부부가 1989년 불법으로 부동산을 구입했던 지역과 같은 동네이다. 산만테오 카운티 등기소를 조회한 결과 최기원은 1999년

1월 8일 샌프란시스코만 지역에 있는 대형주택을 샀다가 1년 2개월 만에 매도했다.

이 집은 산만테오 카운티 아텔턴의 히더드라이브 48번지로 대지가 1200평, 건평이 약 100평으로 수영장까지 갖춘 저택이었다. 방이 3개, 욕실 딸린 화장실이 3개, 욕실 없는 화장실 1개를 갖췄다. 건평 100평에 방이 3개라면 방 1개의 크기가 어느 정도일지 짐작이 갈 것이다.

이 집은 히더드라이브를 따라 진입한 뒤 막다른 골목에 있는 2채 중 1채이다. 최기원은 이 집을 매입할 때 작성한 계약서에 세금 액수를 적지 않아 정확한 매입가를 확인할 수 없었지만, 이 집이 2000년대 말 한때 350만 달러 이상을 호가했다는 점에서 최소 300만 달러 이상을 지불한 것으로 추정된다.

이 집은 최태원이 1989년 불법으로 매입한 주택과 약 12마일 정도 떨어져 있다. 한동네인 셈이다. 최기원은 이 집을 자신의 이름으로 매입했다. 결혼한 여자이지만 자신의 단독소유라고 계약서에 명기했다. 또 매입 당일 최기원의 남편 김준일 씨는 자신의 지분을 포기하고 최기원에게 모두 넘긴다는 계약서를 작성, 등기했다. 김준일이 최기원의 배우자로 50% 소유권을 자동적으로 인정받지만 이를 포기하고 모두 아내에게 넘긴 것이다.

그러나 최기원은 2개월 뒤인 1999년 3월 30일 다시 매매계약서를 작성, 자신의 지분 절반을 남편 김준일에게 주고 공동소유로 돌려놓았다. 2개월 전에 남편 지분을 자신 앞으로 돌렸다가 2개월 뒤 다시 남편에게 돌려준 것이다.

통상 재벌가는 결혼한 자손이 부동산을 사더라도 피붙이인 자식 이름으로만 소유하고 이들과 결혼한 아내 또는 남편에게는 소유권을 주지 않는 경우가 많다.

조현준 효성 회장이 많은 부동산을 불법으로 샀지만 그때마다 그의 아내는 소유권 포기각서를 작성해야 했고, 이희상 회장의 딸이 집을 사면 남편인 전재만도 소유권을 포기해야 했다. 삼성가 내부 문서에도 피붙이가 A로 표시되면 피붙이의 배우자들은 A´로 표기되는 것과 같다.

어쨌든 최기원은 남편 이름을 부동산 소유에서 뺐다가 2개월 만에 다시 남편과 공동소유로 등기한 것이다. 그러나 최기원은 이 부동산을 매입한 지 약 1년이 지난 2000년 3월 10일 330만 달러에 다시 판다.

이 집을 매도하는 계약서를 작성할 때 최기원은 남편 김준일에게 위임장을 작성해줬고, 남편이 소유자 대표로서 계약서에 서명한 것으로 확인됐다. 왜 1년 2개월 만에 이 주택을 다시 팔았을까? 알 수 없는 일이다.

1999년에 300만 달러의 부동산 구입은 명백한 불법으로 외환거래법 위반이다. 또 남편에게 지분 50%, 즉 150만 달러어치의 자산을 준 것은 불법증여에 해당한다. 비록 그 공소시효가 소멸돼 처벌이 불가능하다 해도 우리는 재벌들의 이 같은 불법행위를 잊지 말아야 할 것이다.

이건희 회장 직계 가족 명의는 아직 안 드러나

한국 최고 부자인 이건희 삼성 회장이 과연 미국에 본인 명의의 부동산을 소유하고 있는지 여부는 최대의 관심사가 아닐 수 없다.

이 회장은 홍라희 여사와 결혼해 재용, 부진, 서현, 윤형 이렇게 1남 3녀를 뒀으나 막내딸 윤형 씨는 안타깝게도 2005년 유명을 달리했다.

이건희 회장 직계 가족 5명의 미국 부동산 소유 여부를 조사했으나 뉴욕시와 뉴저지주, 그리고 하와이주에는 이들 명의의 이름으로 등기된 부동산이 아직 발견되지 않았다. 또 캘리포니아주의 로스앤젤레스를 관할하는 로스앤젤레스 카운티와 오렌지 카운티에도 이들 명의의 부동산은 없는 것으로 추정된다. 샌프란시스코와 샌디에이고, 벤투라 카운티, 리버사이드 카운티 등에서도 이들 명의의 부동산을 찾지 못했다.

다만 이들이 주요 도시의 콘도 등을 전세 내서 미물렀던 흔적은 드러났다.

이재용 사장이 워싱턴DC의 한 콘도를 렌트해 살았음은 이미 알려진 일이다. 이부진 씨도 매사추세츠주 보스턴의 리츠칼튼레지던스를 전세 내 머물렀던 사실이 밝혀졌지만 이 부동산을 구입하지는 않은 것으로 확인 됐다. 이건희도 뉴저지주에서 휴면계좌가 발견됐지만 주소지는 삼성 미주 지사로 기재돼 있었다.

미국 전역을 조사해보지 않았지만 일반적으로 한국인이 선호하는 일부 지역에 적어도 이건희를 포함한 직계가족 명의로 된 부동산은 없었다.

이들이 법인을 설립해 부동산을 매입했는지 여부는 알 수 없었다. 법인 명의로 산 부동산의 실소유주를 찾는 것은 쉽지 않기 때문이다. 그러나 그들의 재산이 발견될 가능성을 배제할 수는 없다.

이건희의 동생인 이명희 신세계그룹 회장은 캘리포니아주 리버사이드 카운티의 한 주택에 종종 머물렀고 이 주택의 주인은 이명희 회장의 여고 동창생이었다. 이미경 CJ그룹 부회장은 미국에서 태어난 것으로 알려져 있다. 캘리포니아주와 뉴저지, 보스턴 등지에 집을 샀다가 팔곤 했지만 예상 외로 크지 않은 주택이어서 놀랐다. 미국에서 태어났다면 문제 삼을 것이 못된다.

제 **9** 부

공개정보로 드러난
비밀

■

"나는 외국인이 아닙니다."

MB 정부 첫 청와대 외교안보수석인 김병국이 1985년 미국 정부에 제출한 문서에서 이같이 밝혔다. 미국 정부에 외국인이 아니라고 밝혔으니 미국인이라는 말이다. 부동산계 약서 부속 서류에서 이 내용을 찾아냈다. 그렇다. 그는 한국 국적을 포기하고 미국 국적을 가졌다가 다시 미국 국적을 포기한 사람이다. 미국에 보유한 부동산도 많았다. 그는 언제 한국 국적을 포기했는지 밝히지 않았지만, 관보를 추적해 그가 19세 때 한국 국적을 버림으로써 병역의무 대상에서 제외된 사실도 밝혀냈다. 2012년 그는 다시 국립외 교원장에 임명됐다. 국익을 수호하는 외교관을 양성하는 중책에 그런 사람을 임명해도 되는지 MB 정부에 묻고 싶다.

신한은행 백조 원 사건은 그 액수의 황당함에도 불구하고 관련 계좌 내역 등으로 미뤄 단순한 사기사건으로 치부할 수 없는 문제여서 그 전말을 짚어봤다.

대한항공이 미국 정부의 수주를 받아 자신들의 화물기로 직접 아프가니스탄 전쟁물자를 수송했다는 것은 자칫 대한항공 승객들의 안전이 위협받을 수 있는 중대 사안이다. 대한항공이 운영하는 우즈베키스탄 나보이공항을 빌려준 것과는 차원이 다른 문제다. 이 같은 사실은 미국 정부가 공개한 예산집행 내역을 통해 밝혀낸 것이다. 국민들의 알 권리와 승객들의 안전을 위해 이 책에서 처음으로 이 같은 사실을 공개한다. 판단은 국민들의 몫이다.

대통령 전용기의 에이커스 교신 유출 문제는 대통령의 안전과 직결되는 문제다. 인터넷 에이커스 포털사이트를 통해 이를 확인, 문제를 제기하니 청와대 경호실은 일부 에이커스 교신이 누출된 것은 사실이며 위해가 되지 않지만 이를 암호화하겠다고 밝혔다. 국가원수의 안전은 아무리 강조해도 지나치지 않다.

2007년 뉴욕에서 발생한 미 연방수사국의 국정원 요원 감시사건은 보도자료 2장짜리 사건이며 사건 성격상 YTN을 제외하고 국내 언론에 거의 보도되지 않았다. 어렵게 구한 기소장을 읽어보면서 놀라움을 금할 수 없었다. 물건이 안 되는 것을 그럴듯한 물건으로 만들었다는 의혹을 지울 수 없다. 당시 국내에는 CIA 스파이 사건이 발생했다. 이와 관련한 미국의 견제구가 아닐까 궁금해진다.

이처럼 국내에서는 일반 국민이 법원 등에서 구할 수 없는 판결문이나 증거 등이 미국에서는 거의 100% 공개돼 있다. 이 같은 자료를 통해 밝혀지지 않은 뜻밖의 사건들이 드러나는 경우가 많다. 한국에도 하루빨리 판결문 등이 100% 공개되기를 기대하며 오픈소스 리서치를 통해 밝혀낸 비밀들을 정리했다.

01
김병국, 한때 미국 국적자

 김병국 전 청와대 외교안보수석은 2008년 2월 25일부터 6월 20일까지 약 4개월 동안 재임했다. 미국산 쇠고기 수입을 둘러싼 광우병 논란으로 촛불시위가 들불처럼 번지던 때 외교안보 문제를 조율했다.

 민족주의자로 잘 알려진 인촌 김성수 선생이 그의 친할아버지다. 김성수 선생은 상만, 상기 두 아들을 두었고 상기 씨의 장남이 김병국 전 수석, 차남이 김병표 씨다. 그의 부친 상기 씨는 한때 동아일보 회장을 지내기도 했으나 그 뒤 동아일보 경영에서는 완전히 손을 뗐다.

한때 미국 국적 가졌던 청와대 수석은 전무후무

 김병국 전 청와대 외교안보수석이 미국 정부에 제출한 한 장의 문서가 세상에 공개된 것은 2009년 9월 14일. 이 문서는 김병국이 1985년 2월 26일, 매사추세츠주 미들섹스 카운티 등기소에 제출한 문서이다. 애피대빗, 즉 진술서라는 제목의 이 문서는 공증까지 받았다.

김병국이 이 진술서에 기재한 내용은 다음과 같다.

1. 나는 1105 매사추세츠애비뉴 10E호의 주인입니다.
2. 나는 외국인이 아닙니다.
3. 나의 소셜시큐리티 넘버는 ○○○-○○-○○○○입니다.
4. 나 김병국은 1985년 2월 26일 이 사실을 엄숙히 밝힙니다.

공증인은 김병국이 이날 자신의 면전에서 이 같은 사실을 밝혔다며 공증 사실을 명시했다. 김병국이 스스로 미국 정부에 "나는 외국인이 아니다"라고 말한 것은 미국 시민임을 밝힌 것이다. 따라서 우리는 미국인이었던 사람을 외교안보수석에 임명했던 것이다.

청와대, 미국 시민권자였으나 포기 해명

김병국 청와대 외교안보수석이 미국 시민권자라는 의혹이 제기되자 가장 당황한 곳은 청와대였다. 이명박 정부의 첫 외교안보수석이 미국인이라는 의혹은 가뜩이나 미국 쇠고기 수입과 관련, 광우병 파동을 겪으며 친미적이라는 비난을 받은 MB 정부로서는 곤혹스럽기 그지없었다. 진상을 밝히라는 의혹이 빗발치자 청와대는 급히 진화에 나섰다. 청와대는 고려대학교로 복귀한 김병국을 긴급히 수배해 사실관계를 확인하고 대책회의를 한 뒤 이튿날 청와대 출입기자들에게 해명하기에 이른다.

청와대 홍보수석실은 "재미 블로거 안치용 씨의 'MB, 미국인을 청와대 외교안보수석 시켰나? 블로그 글은 사실과 다릅니다'라는 제목의 글을

I, Byung-Kook Kim, first being duly sworn, decose

1. I am the beneficiary of the 1105 Massachusetts Ave

2. I am not a foreign person;

3. My social security number is 579-80-

4. Sworn to under the pains and penalties of pert
   of February 1985.

Byung-Kook Kim

김병국 전 청와대 외교안보수석이 1985년 2월 나는 외국인이 아니다, 즉 미국 시민이라며 미국
정부에 제출한 자술서

통해 김병국이 미국 시민권자였음을 시인했다. 그러나 1987년 미국 시민권
을 포기했다고 해명했다.

청와대의 해명을 원문대로 옮기면 이렇다.

김병국은 1987년 미국에서 학업을 마치고 서울로 돌아오자마자 미국
시민권을 포기하고, 88년 입대해서 대한민국 국민으로서 국방의 의무를
다했습니다. 외교안보수석으로 임명된 2008년 당시는 미국 시민권을 버
린 지 이미 21년이 넘은 시기였습니다. 따라서 이명박 대통령이 미국
사람을 청와대 외교안보수석으로 임명했다는 안 씨의 주장은 사실과
다릅니다.

김병국이 외교안보수석에 임명될 때는 미국 시민권자가 아니었다는 것이다. 다시 말하면 김병국은 한때 미국 시민권자였다는 것이다. 1959년생인 김병국이 1987년 미국 국적을 포기했다는 것은 28세 때까지 미국 국민이었음을 의미하는 것이다. 28세면 미성년자도 아니요, 자신의 생각과 주관이 뚜렷했을 시기다.

대한민국 역사상 외국 국적을 한때라도 취득했던 사람이 청와대 수석에 임명된 것은 김병국이 처음일 것이다. 청와대도 아마 김병국이 한때나마 미국 시민권자였음을 까맣게 몰랐을 것이다. 본인이 털어놓지 않으면 알 수 없는 일인데 김병국 자신이 불리한 일을 털어놓았을 리 만무하기 때문이다. 아마도 MB가 이 사실을 알았다면 그를 외교안보수석에 임명하지 않았을 것이라고 믿는다.

김병국, 미국 부동산 매입은 모두 인정

김병국 본인도 청와대 해명과는 별도로 법무법인을 통해 2009년 9월 15일, 자신의 입장을 밝혔다. '김병국 전 수석의 국적문제 등에 대한 알림'이라는 제목의 글을 언론사에 배포했다. 3개 항으로 이루어진 이 문서에서 김병국의 대리인인 법무법인은 김병국을 대리한다는 점, 국적문제, 미국 부동산 매입 문제에 대한 해명과 명예훼손에 대한 경고를 담았다.

김병국 측의 해명을 원문대로 옮기면 이렇다.

김병국 전 수석의 국적 문제와 관련해 현재 '김병국 전 수석은 미국인'이라는 내용이 여러 인터넷 매체 등에 유포되고 있고 김병국 전 수석이 이중국적자 또는 미국 국적자로서 공직에 임한 것이 아닌가 하는 의문도 제기되고 있습니다. 그러나 김병국 전 수석은 소년시절에 미국으로 유학을 떠나 현지에서 학업과 생활을 하는 과정에서 한동안 미국 시민권을 보유한 적이 있었던 것은 사실이지만 박사학위를 취득하고 그 후 1987년 모국에 귀국한 직후 바로 미국 시민권을 포기하였고 그 이후 대한민국 국민으로 서 병역의무도 완수하였습니다.

이후 미국 또는 어떠한 외국의 시민권을 보유한 사실이 없으며, 대한민국 단일 국적의 국민으로서 생활하였습니다. 따라서 현재 국적 문제와 관련 해 떠도는 소문은 전혀 근거가 없는 사실임을 알립니다. 이와 같은 허위의 사실에 기초해 본인의 명예가 훼손되는 기사 등이 유포되지 않도록 각별 히 유념해주시기를 요청하는 바입니다.

한편 위 국적 문제와 더불어 거론되고 있는 해외의 부동산 매매사실과 관련해서는 이를 인정하며, 다만 관련되는 세금을 모두 납부하는 등 적법 하게 처리하였음을 확인 드리는 바입니다.

김병국은 한때 미국 국적을 가졌으나 1987년 귀국 직후 시민권을 포기했으며, 현재는 한국 단일 국적으로 생활하고 있다는 것이다. 또 해외부동산 불법 매입에 대해서는 인정한다고 밝혔으나 세금을 모두 납부하는 등 적법 하게 처리했다고 강조했다.

김병국 개인적으로도 민족지도자로 일컬어지는 인촌 김성수 선생의 손 자임에도 한때 미국 국적을 가졌다는 것은 부끄러운 일일 것이다. 김병국은 미국에서 태어나 자신의 선택의 여지가 없이 속지주의에 따라 미국 국적을 취득한 것이 아니다. '내 잘못이 아니다,' '선택의 여지가 없었다'라는 식의 변명은 통하지 않는다. 자신이 스스로 미국 국적을 얻기 위해 길고도 복잡 한 과정을 거쳐 미국민이 된 것이다. 김병국은 스스로 청와대 외교안보수석 을 맡지 않았어야 했다.

한때 미국 국적자 외교원장 임명 재고해야

이명박 대통령은 2012년 2월 24일 김병국을 외교관 양성기관인 국립외교원 초대원장에 임명했다. 이 대통령은 한때 미국 국적자였음을 알면서도 김병국을 외교관 양성기관인 국립외교원의 수장으로 임명한 것이다. 2014년부터 외무고시가 폐지되고 외교아카데미라는 국립외교원을 통해 대한민국 외교관을 양성하게 된다.

성인이 되고도 한참 뒤인 28세까지 미국 국적자였던 김병국이 국가 간 이익이 걸린 첨예한 외교전쟁에서 한국의 이익을 대변하는 외교관을 양성하는 기관의 책임자라는 것은 다시 한 번 생각해볼 일이다.

김병국은 2011년 4월 1일 에즈라 보겔 하버드대 명예교수 등과 함께 하버드대에서 〈박정희시대〉라는 책을 출간함으로써 박근혜로부터 만찬을 대접받는 등 좋은 점수를 따고 있다. 아마도 박근혜가 집권한다면 더 높은 자리로 가거나 적어도 외교원장 자리를 고수할 가능성이 크다. 그렇기에 더 늦기 전에 지금 당장 미국 국적자의 외교원장 임명이 타당한지 국민에게 물어보고 그 뜻을 받들어야 한다.

김병국은 2009년 9월 〈시크릿 오브 코리아〉가 미국 국적설을 제기했을 때 그 사실을 시인했다. 그때는 이미 공직을 떠난 뒤라 큰 문제가 되지 않았다. 당시 김병국은 28세 때 미국 국적을 포기했다는 사실만 밝혔을 뿐 언제, 어떤 경위로 미국 국적을 취득해 얼마 동안 미국 국적자였는지는 밝히지 않았다.

김병국은 이제라도 국민 앞에 그 경위를 상세히 밝혀야 하며 이명박 정부는 그의 임용이 타당한지 다시 한 번 고민해야 할 것이다. 모든 공직에 외국 국적자 또는 한때 외국 국적을 가졌던 사람을 배제하라는 것은 아니다. 적어도 그가 한때 국적을 가졌던 나라와 이해관계가 상충할 수 있는 외교

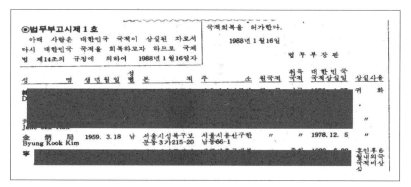

김병국 전 청와대 외교안보수석이 1988년 1월 16일 한국 국적을 회복했다고 고시한 관보. 이 관보에는 김병국이 19세 때인 1978년 12월 5일 미국에 귀화함으로써 한국 국적을 상실했다고 명시돼 있다.

분야만이라도 그 임용에 신중을 기해야 한다.

김병국 19세 때 병역의무 피하려 미국 국적 선택

청와대와 김병국 본인의 해명과는 달리 김병국이 한국 국적을 회복한 것은 1987년이 아니라 1988년 1월 16일인 것으로 드러났다.

청와대 등이 이 부분에 대해 상세한 설명을 하지 않았지만 관보를 통해 그 내역을 확인할 수 있었다. 법무부는 1988년 1월 16일자 관보를 통해 김병국이 이 날짜로 한국 국적을 회복했다고 고시했다. 이 고시에 따르면 김병국은 19세 때인 1978년 12월 5일 미국에 귀화함으로써 국적을 상실했다. 따라서 김병국이 공식적으로 한국 국적자가 아니었던 기간은 약 9년여 정도이다.

김병국이 소년시절 미국에 유학하면서 미국 국적을 취득했었다고 밝힘에 따라 미국 국적을 취득한 뒤 국적상실신고를 한 1978년 말 이전까지 상당기간 한국과 미국 등 이중국적을 가졌음이 분명하다.

현행 병역법에 따르면 이중국적자는 18세가 되는 해 3월 말까지 외국 국적을 선택해 한국 국적을 상실하면 병역의무를 피할 수 있다. 1978년 당시 법에서는 병역 면제를 목적으로 한국 국적을 포기하려면 몇 살 때까지 국적을 선택하도록 규정했는지 알 수 없다. 김병국은 병역문제 해결을 위해 미국과 한국 이중국적을 가진 상태에서 하나의 국적을 선택해야 할 상황에 처했다. 그는 이 상황에서 19세 때인 1978년 12월 5일 미국 국적을 선택하고 한국 국적을 버렸다. 그래서 병역의무 대상에서 제외됐다. 한국에 돌아올 생각이었다면 유학 중 귀국해 병역의무를 마친 뒤 다시 학업을 이어가야 했지만 한국 국적을 버림으로써 병역문제가 해결된 것이다. 이것이 청와대와 김병국이 미국 시민권을 포기한 시기만 밝힌 채 한국 국적을 포기한 시기 등을 밝히지 않은 이유다.

그러나 김병국은 병역문제를 해결하지 않고서는 한국에서 정상적으로 생활하기 힘들다는 것을 깨달은 것으로 보인다. 1988년 1월 16일 다시 한국 국적을 회복했고 약 2개월 뒤인 같은 해 3월 14일부터 1989년 9월 13일까지 18개월 동안 방위병으로 근무해 병역을 마친 것으로 확인됐다.

외견상 건강해 보이는 김병국이 어떻게 현역이 아닌 방위병 처분을 받았는지는 알 수 없다. 당시 결혼한 상태였으므로 그런 점이 고려됐을지도 모른다. 아무튼 김병국은 그가 29살 때 뒤늦게나마 병역의무를 수행했지만 19세 때 한국 국적을 포기함으로써 약 10년간은 골치 아픈 병역문제에서 해방될 수 있었다.

청와대 외교안보수석을 지냈고 외교관 양성 기관의 수장인 국립외교원장이 된 사람이 병역 면제를 목적으로 한국 국적을 포기하고 한때나마 미국 국적을 선택했던 것이다. 이래도 공직을 맡을 자격이 있는 것인가?

나를 꿈꾸게 한 바로 그 사람, 김병국

김병국은 그와 그의 동생 병표 씨의 유학생활을 담은 〈무서운 아이들〉이라는 책으로 내 기억에 남아있다. 출판사 이름도 기억에 생생하다. 창조할 창에 사람 인, 창인사. 국회의원을 지낸 조세형 씨가 세운 출판사이다.

1982년께 출판된 이 책은 병국, 병표 형제의 필립스 앤도버와 하버드대 유학기, 그리고 호주에서 유학하는 여학생, 영국 옥스퍼드 유학생 등 7~8명의 이야기를 담았다. 1981년 해외유학 자유화 조치와 함께 유학이라는 미지의 생활을 꿈꾸던 학생들에게 선풍적인 인기를 끌었다. 타지에서 눈물 나도록 열심히 공부하는 한국 학생들의 모습이 진한 감동을 주기에 충분했다.

이들의 최선을 다하는 모습은 '다시 태어나도 이 길을', '어머님 아직 촛불을 끌 때가 아닙니다' 등의 고시합격생 수기와도 닮았지만 이 책은 외국 유학이라는 잘 접해보지 못한 생활을 담고 있어 더욱 흥미로웠다. 특히 강제 소등된 불 꺼진 기숙사에서 화장실에 들어가 불을 켜놓고 공부했다는 병국-병표 형제의 수기는 내게 '나도 할 수 있다'는 자신감을 심어줬고 나는 공부가 힘들 때면 어느샌가 이 책을 다시 들춰보곤 했다.

호주에서 유학하던 여학생이 대륙 횡단열차를 타고 며칠간 달려도 끝이 없는 대륙을 달렸다는 대목은 아직도 기억에 생생하다. 영국 유학생이 옥스퍼드대와 케임브리지대의 조정경기 대회를 실감나게 적은 대목을 읽을 때면 어느샌가 런던의 템즈강에 서 있었다. 젊음과 열정, 낭만, 눈물 등의 단어가 떠오르는 책이다.

책장을 한 장, 한 장 넘길 때면 나도 모르게 은근히 흥분되고는 했었다. 이 책은 친구들 간에도 인기가 높아서 빌려줬다간 여간해선 다시 돌려받기 힘들 정도였고, 그러기를 수차례, 마침내 그 책을 잃어버리고 말았다.

고교시절에 이 책을 접한 뒤 언젠가 한번 만나보고 싶었던 사람이 바로 김병국이다. 내게 꿈을 심어준 사람이다. 나는 그가 다닌 필립스 앤도버를 동경했었다. 그런 그를 이렇게 만나고 보니 안타까움을 금할 수 없다.

인촌 김성수 손자─'부동산 신동' 비난받기도

김병국은 백일 축하금으로 받은 돈으로 11세 때 자신의 부친인 김상기 씨와 함께 땅을 구입했다고 2008년 4월 고위공직자 재산공개 때 밝혀 부동산 신동이라는 찬사 아닌 찬사를 받기도 했다.

그의 한국 내 부동산 문제는 2008년 이미 알려졌지만, 미국 내 부동산 문제는 국내에서는 전혀 알 수 없었다. 뉴욕시 등기소 서류를 통해 한국인 소유 부동산을 살피던 중 유난히 많이 드러나는 이름이 있었는데, 바로 김병국이었다. 그가 동생 김병표와 공동소유한 부동산이 적지 않게 드러나자 〈무서운 아이들〉이라는 책에서 읽었던 병국-병표 형제가 떠올랐다.

좀 심한 말로 들릴 수도 있겠지만 이들 형제가 공부를 하러 간 것인지, 부동산을 사러 미국에 간 것인지 헷갈릴 정도로 뉴욕과 보스턴에 많은 부동산을 소유하고 있었다.

1983년 병국-병표 형제 맨해튼 콘도 매입

김병국은 1983년 11월 3일, 동생 김병표와 함께 뉴욕 맨해튼 96스트리트의 콘도를 샀다. 계약서를 확인한 결과 760달러의 양도세를 납부했으므로 매입가격은 19만 달러에 달했다. 김병국은 이 콘도를 매입할 당시 뉴욕이나 미국을 잠시 비웠던지 콘도 매입에 따른 모든 권리를 병표 씨에게 위임하는 위임장을 작성, 뉴욕시 등기소에 제출했다.

김병국은 약 1년이 지난 1984년 11월 9일 이 콘도를 동생 병표 씨의 부인 신모 씨에게 0달러, 즉 한 푼도 받지 않고 넘겼다. 신모 씨는 이 콘도를 13년간 소유하고 있다가 1997년 11월 25일, 미국인에게 22만 달러에 팔았다. 3만 달러 남짓 시세 차익을 올린 것이다. 이들 서류에서 발견된 김병국과 동생 등의 인적사항이 2008년 4월 고위공직자 재산공개 관보에 기재된 내용과 일치했다.

1985년부터 연속 맨해튼 콘도 매입

미국의 최고 명문 사립학교인 필립스 앤도버를 거쳐 하버드대까지 나란히 진학한 김병국과 병표 형제는 미국에서 부동산을 구입할 때도 꼭 공동소유로 할 만큼 우애가 깊었다. 김병국이 1959년생, 병표 씨가 1960년생으로 꼭 13개월 차이인 이들 형제는 주원이라는 회사 지분도 50대 50으로 나눠가지고 있다.

김병국 형제는 첫 콘도를 구입한 지 약 1년 6개월 뒤, 첫 집에서 10분 거리에 있는 콘도 1채를 더 매입했다. 두 형제 공동명의로 1985년 6월 3일 뉴욕 맨해튼 79스트리트의 콘도를 22만 달러에 사들였다. 뉴욕시 등기소에 보관된 계약서를 살펴보면 이들 형제는 13년간 이 콘도를 소유하고 있다가 1998년 8월 19일 26만 5000달러에 미국인에게 매도했다.

두 번째 콘도를 사고 1년 1개월 뒤인 1986년 7월 8일, 이들 형제는 뉴욕 맨해튼에서 세 번째 콘도를 매입했다. 뉴욕 맨해튼 61스트리트의 센트럴파크 옆에 건립된 사보이 콘도 20층이었다. 역시 두 형제 공동명의로 매매가가 33만 4500달러에 달했다. 이 콘도를 살 때 김병국은 보스턴에 있었기 때문에 동생 병표 씨에게 권리를 위임하는 위임장을 작성했다. 이들 형제는 이 콘도를 15년 정도 소유하다가 2001년 8월 31일 58만 5000달러에 매도했다. 양도차액이 25만 달러로 2배 가까운 수익을 올렸다. 물론 이때도 내국인의 해외부동산 취득이 금지된 시기였다.

이들 형제는 두 사람 모두 서울 용산구 한남동 두경빌딩을 주소지로 기재했고 주한 미국대사관에서 공증을 받아 미국 변호사를 통해 콘도를 판 것으로 드러났다. 당시 김병국은 고려대에서 교편을 잡고 있었다.

세 번째 콘도를 산 뒤 채 1년도 안 돼 네 번째 콘도를 사들였다. 이들 형제는 1987년 5월 22일, 뉴욕 맨해튼 95가의 프린스턴하우스라는 콘도 6층을 21만 달러에 매입했다. 이 콘도도 13년 뒤인 2000년 9월 27일, 32만 달러에 팔았고 11만 달러의 수익을 올렸다. 역시 매도 때 이들은 이미 한국에 살고 있어 다시 공증을 받아 미국 변호사에게 권리를 위임했다. 위임장에 적힌 이들의 주소는 서울 용산구 한남동이었다.

두 형제는 83년에 뉴욕 맨해튼 콘도 1채를 산 뒤 85년부터 87년까지는 1년에 1채씩 콘도를 매입해 뉴욕 맨해튼에서만 모두 4채의 콘도를 사들였고 이들 콘도를 10여 년 이상 소유했던 것이다.

김병국이 미국 시민권자라는 의혹이 제기됐을 때 1987년 귀국한 뒤 미국 시민권을 포기했다고 밝힌 것을 감안하면 김병국은 귀국 직전 뉴욕 맨해튼 콘도를 집중적으로 매입한 것이다. 본인의 해명을 감안하면 콘도 매입 때는 미국 국적이었으므로 해외부동산 취득이 금지된 국내법과는 무관한 상태였다. 미국 시민으로서 합법적으로 콘도를 구입한 것이다. 김병국은 해명을 통해 부동산 구입은 모두 사실로 인정했는데, 세금 문제 등을 모두 적법하게 처리했다고 주장한 것은 미국 시민으로서 미국에 양도세 등을 정확히 납부했다는 의미다. 미국 시민으로서의 분명한 권리를 누린 것이다.

보스턴은 한 동네 5채 매입— 인촌 타운 방불

뉴욕뿐 아니라 이들이 공부했던 보스턴에서도 적지 않은 부동산 쇼핑이 확인됐다.

매사추세츠주 보스턴 케임브리지에 모두 4채의 콘도를 소유하고 있었는데, 두 형제가 서로 무상증여하거나 판매했다. 보스턴 부동산 4채가 모두 1984년 11월 7일에 소유권 변동이 생겼는데, 아마도 이날 이들 집안에서 소유한 부동산을 일제히 정리한 게 아닌가 싶을 정도로 한날한시에 많은 거래가 이루어졌다.

보스턴 케임브리지의 또 다른 한 콘도는 김병국-병표 공동소유로 돼 있다가 1985년 5월 17일, 11만 6500달러에 매도됐다.

특히 총 5채의 부동산 중 4채는 모두 같은 콘도의 3층, 5층, 8층과 10층이며, 나머지 1채는 이 콘도 인근에 위치한 콘도였다. 이곳 콘도촌을 인촌 콘도라고 부를 만하다. 결국 김병국은 뉴욕에 4채, 보스턴에 5채 등 두 도시에 총 9채의 부동산을 소유했던 것이다.

김병국이 또 보스턴 콘도를 김병표에게 신탁해서 관리했다는 문서도 미들섹스 카운티 등기소에서 발견됐다. 1984년 11월 9일 작성된 이 문서는 신탁재산 관리자에 김병표를 선임했다. 김병국이 만약 사망한다면 김병국의 부모인 김상기 씨와 부인 원종숙 씨가 이 콘도의 주인이 된다고 명시했다. 이들 형제가 소유했던 5채의 보스턴 콘도 중 3채가 이 같은 방식으로 신탁돼 있었다.

김병국의 소셜시큐리티 넘버 앞 세 자리는 579로, 워싱턴 DC에서 발급된 번호로 추정된다. 미국 소셜시큐리티 넘버의 앞 세 자리는 발급 지역을 나타내는데, 워싱턴 DC는 577, 578, 579 세 가지 번호 중 하나가 부여된다.

신한은행, 내 계좌에 100조 원

2010년 11월 11일 신한은행 창업 주주의 현지처였던 박정옥 씨가 이백순 당시 신한은행장이 자신 명의로 예치된 100조 원가량의 예금을 무단 인출하고 있다며 이 행장을 사문서위조와 횡령혐의로 서울중앙지검에 고소했다. 이른바 '신한은행, 내 계좌에 100조 원' 사건이다.

'신한은행, 내 계좌에 100조 원' 과연 잠꼬댄가

100조 원은 대한민국 2012년 예산의 3분의 1에 달하는 거금이다. 고소장에 등장하는 사건관련 인물도 이백순 등 은행 최고경영자들이다. 더구나 돈을 찾아주겠다며 접근했던 사람들 중에 전직 고위공직자들이 적지 않으며, 특히 이름만 대면 알 수 있는 MB 정권 실력자도 관련돼 있다는 소문이 끊이지 않고 있다.

10억 달러, 한화로 1조 원에 달하는 미국 국채가 101매, 즉 1010억 달러나 등장하고 일본 야쿠자가 나오는 등 그야말로 한 편의 영화를 방불케 한다.

박정옥의 오빠를 우연히 알게 됐다. 박정옥의 오빠는 한때 현대건설에서 일하며 중동을 누비던 엔지니어다. 박정옥의 오빠는 이 사건과 관련된 고소장과 13개 계좌의 사본, 그리고 이 사건을 시간대별로 설명한 사건개요 문서, 그동안 접근했던 사람들이 제시한 명함 등을 내게 보내왔다.

이 문서를 보면서 사기사건이라면 정말 서류를 완벽하게 조작한 희대의 사기사건이라는 생각이 들었다. 그러나 분명한 것은 은행장을 고소한 박정옥이 아직까지 구속은커녕 아무런 제재도 받지 않고 있다는 것이다. 100조 원이란 거금의 예금을 무단 인출하고 있다고 은행장이 고소당한 것은 은행의 공신력을 해치는 사건이다. 사실이 아니라면 박정옥은 명예훼손으로 교도소에 가 있어야 마땅할 것이다.

박정옥, 동거남 황모 씨가 신한은행에 거액 예치

1957년생인 박정옥은 23살 때인 1979년, 당시 43세의 재일교포 실업인 황덕용 씨를 만나 황덕용이 사고로 숨지는 1986년까지 7년여를 함께 살았다. 황덕용은 일본 지바현에서 덕진상호신용금고와 호텔, 파친코 등을 운영하는 재력가로, 1982년 신한은행 창립 당시에 주요 주주로 참여했으나, 1985년 일본에서 테러를 당한 뒤 독일에서 치료를 받다가 1986년 숨졌다.

1986년 11월, 황덕용은 박정옥에게 '만약 무슨 일이 생기면 아들이 있다고 말하고 셋째 동생과 상의하라'는 말을 남겼다. 당시 황덕용이 박정옥에게 남긴 재산은 이름과 숫자 등이 함께 새겨진 특수도장과 1982년 황덕용과 박정옥 공동명의로 구입한 주택 2채뿐이었다.

박정옥은 황덕용으로부터 박정옥 명의로 신한은행에 거액을 예치한 계좌가 있다는 이야기를 1984년에 들었지만 통장도 보지 못한 상황이어서 관심을 갖지 않았다고 한다. 그러나 1991년에 예기치 못한 상황을 접한다. 황덕용이 생전에 자신에게 무슨 일이 생기면 셋째 동생과 상의하라는 말을 남겼는데 바로 그 셋째 동생이 1991년 박정옥을 찾아온 것이다.

황덕용의 셋째 동생은 박정옥이 어렵게 사는 것을 보고 박정옥에게 '거액의 돈을 세 번이나 은행에서 찾아 갔으면서 왜 이렇게 어렵게 사느냐'고 따지듯이 물었다고 한다. 그때서야 박정옥은 황덕용이 1984년 이야기한 신한은행 계좌에 예금된 돈이 적지 않은 액수임을 어렴풋이 알게 됐지만 만약 돈이 있다면 황덕용의 딸에게 모두 전달하라고 황덕용의 셋째 동생에게 말했다는 것이다.

23조 원 예치 확인— 일부 포기하면 7조 원 주겠다

그로부터 15년이 지난 2005년 1월 말, 박정옥은 아직도 자기 명의의 신한은행 계좌에 거액이 예금돼 있다는 말을 접한 뒤, 신한금융지주 고위관계자 A의 친지 이모 씨와 구모 씨를 통해 23조 원의 거액이 예치돼 있다는 말을 듣게 된다.

일부를 포기하겠다는 각서 등 7가지 서류를 제출하면 7조 원 정도를 주겠다는 답변을 들었다는 것이 박정옥의 주장이다.

A가 2005년 1월 27일 이 씨와 구 씨를 만난 자리에서 박정옥의 잔고는 통장 3개로 4조 9400억 원이고, 황덕용이 남긴 돈은 원래 64조 원인데 현재 남은 돈은 18조 원이라고 했다는 것이다. 두 사람의 예치금을 합치면 23조 원이다.

A는 이 자리에서 박정옥이 죽은 줄 알았다며 지금 당장 박정옥에게

전화해서 박정옥이 알고 있는 한국 사람 이름이 무엇인지 물어보라고 했고, 박정옥이 황덕용이라고 말해, A에게 그 이름을 전하자 A가 황덕용의 동거녀임을 알아챘다는 것이다.

구 씨 등은 박정옥에게 'A가 남은 돈 중 상속세와 벌금이 60%를 차지하고 10%는 신한은행에 기부하고 30%만 찾아가라며 내일 28일 10시 30분까지 인감증명서 등 서류를 준비해 신상훈 행장실로 오라'고 했다는 것이다. 박정옥은 이모 씨와 구모 씨의 명함까지 보여주었다.

박정옥은 A가 그날 밤 자신의 집으로 와달라고 요청했지만 23조 원이라는 거액에 당황한 상황이어서 섣불리 행동하기 힘들었다고 한다. 박정옥은 황덕용의 가족들에게 이 같은 사실을 통보하고 의논하기 위해 A의 제의를 거절했다. 그 뒤부터 신한은행 측이 태도를 돌변해 박정옥 명의의 계좌가 존재한다는 사실을 부인했다는 것이다.

박정옥은 그 뒤 청와대 모 수석의 소개로 변호사를 만나는 등 백방으로 돈 찾기에 나선다. 이모 수석은 지금 정치권에서 활동 중인 유력정치인이라고 한다.

그 다음부터는 청와대 관계자를 자청하는 사람들, 스님, 전직 외교관, 천모 씨 부부, 이모 씨 등 적지 않은 사람들이 돈을 찾아주겠다며 접근해왔다. 이 과정에서 은행직원들의 결정적인 제보를 입수했다는 것이 박정옥의 주장이다.

박정옥은 신한은행이 1991년부터 황덕용의 국내 자금과 국외 자금, 신탁, 증권 등을 각각 담당하는 4명의 직원을 뽑아 1인당 30억 원을 주기로 하고 황덕용의 재산관리를 맡겼다고 설명했다. 이들 직원들은 4억 원에서 6억 원은 일시불로 받고 나머지는 퇴직 때 받는 대신 그 돈에 대한 이자를 매달 받고 있다는 믿기 어려운 이야기였다.

그러나 2009년부터 황덕용의 돈에 대한 인출이 시작되자 담당 직원들이 신변에 위협을 느껴 나머지 돈을 다 받고 2010년 2월과 3월 은행을 퇴직했다는 것이다.

깜짝 놀랄 수밖에 없는 주장이다. 은행이 직원 1명 당 30억 원을 주고 일을 맡겼다면 과연 이 같은 사실이 20년 동안 새어나가지 않고 지켜질 수 있는 것일까? 다른 직원들이 이들이 무슨 일을 하는지, 이들의 씀씀이를 보고 이상하게 느끼지 않았을까 하는 것 등을 고려해보면 상식적으로는 불가능하다고 할 수밖에 없다.

4명이 박정옥 사칭, 신한은행서 거액 인출 시도

이 과정에서 박정옥을 사칭해 돈을 찾으려는 시도가 여러 번 있었다는 사실은 이들의 주장을 더욱 뒷받침한다. 앞서 A를 만난 이 씨와 구 씨는 A의 말을 메모했고 이 메모지를 박정옥에게 전달했다.

그동안 박정옥을 사칭하며 돈을 찾으려 했던 사람이 4명이나 있었다는 놀라운 사실도 A를 통해 알게 됐다. 4명 모두 본인이 아닌 것으로 확인돼 돈을 주지 않았다는 것이다.

메모 내용은 "황의 인적사항을 주면 상속자 확인은 해줄 수 있으나 확인 필요없이 박정옥에게 전액을 이체시켜서 일괄처리할 것이니까 서류준비나 하라. 4개 팀이 4차례 시도하였으나 아무도 본인을 출석시키지 못하였음. 여기저기 쑤시지 말 것"이었다.

박정옥 본인 모르게 엄청난 음모가 한두 번도 아니고 네 번씩이나 진행된 것이다. 이뿐이 아니었다.

라 사장을 통해 이 같은 사실을 전해들은 지 채 한 달이 안 된 2005년

2005년 1월 27일 이모 씨가 박정옥 씨에게 전한 메모

2월의 어느 주말, 금융감독원장의 조카라고 주장하는 사람이 박정옥을 찾아와 박정옥 명의 계좌에 4조 9400억 원이 예치돼 있다며, 다음 주 월요일 오전 11시 금감원장실로 오라고 했다는 것이다. 그러나 그날 밤 자정쯤 조카라는 사람이 전화를 걸어와 '진짜 박정옥은 동대문경찰서 유치장에 있다는데 왜 당신이 박정옥을 사칭하느냐며 박정옥을 고발하겠다고 했다.

놀란 박정옥이 동대문경찰서로 전화해 주민등록번호를 불러주면서 물어보자 정말 박정옥이라는 사람이 유치장에 수감돼 있다는 대답이었다. 박정옥은 '내가 박정옥인데 내가 어떻게 유치장에 있느냐고 했더니 동대문경찰서 측이 박정옥에게 그 다음날 아침 경찰서로 오라고 했다. 박정옥이 가서 보니 경찰이 수감된 가짜 박정옥의 신분증을 보여주고 가짜 박정옥이

아이보리색의 링컨 컨티넨탈을 타고 왔다며 경찰서 마당에 주차된 차까지 보여줬다고 한다. 놀랄 일이 아닐 수 없다. 아마도 박정옥 명의로 신한은행에 거액이 예치돼 있다는 사실을 여러 사람이 알게 되면서 박정옥을 사칭하고 사기행각을 벌인 것 같다. 박정옥 주변에서 끊임없이 미스터리한 일이 발생한 것이다.

2007년 계좌 19개 열람─ 10차례 72조 원 빠져나가

2007년 6월, 박정옥은 신한은행 내부인사로부터 자신의 계좌에 약 97조 원이 입금돼 있다는 제보와 함께 채권계좌 1개를 포함해 19개 계좌를 열람했다고 말했다. 이 계좌는 비밀리에 특별관리되는 것으로 은행창구에서는 확인되지 않는 계좌라고 설명했다.

박정옥은 2009년 6월 30일부터 이 돈 중 일부가 인출되기 시작했고 2010년 4월 30일까지 모두 10번에 걸쳐 무려 72조 원이 인출됐다고 주장했다. 1년 사이에 72조 원이 인출됐다면 한국의 은행 중에서는 배겨나는 은행이 없을 것이다.

박정옥은 검찰에 문제가 된 계좌의 사본 일부와 이백순 행장의 서명이 담긴 서류 일부도 제출했다고 밝혔다. 이 서류에서 이백순 행장의 이름이 드러남에 따라 이 행장을 우선 고소했다는 것이다.

박정옥은 고소장에서 미국 국채의 존재에 대해서도 언급했다. 2010년 9월 14일 은행 측에 이 서류에 대한 진위 여부를 확인해달라고 요청했지만 답변을 받지 못했고 10월 말 금감원에도 이 같은 사실을 알렸다고 밝혔다.

신한은행은 박정옥의 주장에 대해 두 말할 필요도 없는 사실무근이라고 잘라 말했다. 언론보도를 보면 신한은행은 박정옥의 계좌도 없고, 박정옥이 주장하는 서류 자체도 은행에서 사용하지 않는 서류이며, 황덕용도 신한은행 창업 주주가 아니라고 밝혔다. 황당한 사기극 그 자체라는 것이다.

위조라고 말하기에는 너무 완벽한 서류들이 있기에 한 국회의원이 직접이 사건을 언급하기도 했다. 2007년 한나라당 의원이 이 사건과 관련된 내용을 제기했다가 기소되기도 했다. 2005년에는 이 돈 중 일부인 66조원을 인출하려던 사기단이 경찰에 적발되기도 했다. 이른바 '신한은행, 내 계좌에 100조 원' 사건을 둘러싸고 국회의원도 관심을 가졌고 사기단까지 날뛴 것이다. 공교롭게도 2010년 신한은행 갈등사태의 핵심에 있던 인사들의 이름이 대거 거론됐다.

박정옥은 자신이 확보한 은행 계좌 관련서류를 공개했다. 그녀는 2007년 6월 모 기관 내부자 제보로 채권계좌를 포함해 19개 계좌를 열람했고 일부 계좌의 입출금 내역 일부를 확보했다고 주장했다.

그녀가 공개한 계좌의 잔액은 계산조차 힘든 거액이었다. 난생 처음 보는 가장 긴 아라비아 숫자의 연속이었다. 잔액이 가장 적은 통장이 3000억 원이 넘었고 1조대, 5조대, 18조대의 잔액을 볼 수 있었다. 5조 원짜리 국민주택채권도 눈에 띄었고 스위스 소재 은행인 UBS에 10억 달러의 질권이 설정돼 있다고 명시된 통장도 있었다.

∴

박정옥, 10억 달러 미국 국채는 증거 제시 못해

박정옥은 또 황덕용이 10억 달러짜리 미국 국채 101매를 매입했다고 주장했다. 박정옥은 이 부분에 대해서는 모 기관 내부자로부터 입수한 내용이라고만 밝혔을 뿐 증거를 제시하지 못했다.

그녀는 황덕용이 1983년 10월, 25년 만기의 10억 달러짜리 미국 채권

101매를 매입했으며 그 채권이 2008년 10월 만기가 됨으로써 현재 그 중 절반 정도가 채권 주인인 박정옥의 동의없이 현금화됐다는 것이다. 10억 달러 채권 101매면 액면가만 1010억 달러, 120조 원가량 되는 거액이며 이 채권을 담보로 신한은행에 거액의 예금이 개설됐다는 것이다. 그러나 증거는 없었다.

미국 국채에 대해서 알아봤더니 종종 미국 국채를 둘러싼 사기사건이 여러 나라에서 발생하고 있음을 알 수 있었다.

미국 국채는 트레저리 빌, 트레저리 노트, 트레저리 본드 등 3종류가 있다. 트레저리 빌은 만기가 1년 미만으로 28일짜리, 91일짜리, 182일짜리, 364일짜리 등이 있고 이자는 붙지 않는다는 것이 미 재무무 웹사이트의 설명이다. 1개월, 3개월, 6개월, 1년짜리인 단기 채권이라는 것이다.

트레저리 노트는 만기 1년에서 10년짜리, 즉 중장기 채권이며, 트레저리 본드는 만기가 20년에서 30년 사이의 장기채권이다. 통상 티본드라고 하는 트레저리 본드는 30년 만기 채권을 일컫는 것으로 미국 재무부는 보통 1년에 4번, 분기에 한 번씩 발행하지만 2001년 10월 31일부터 약 4년간 발행이 잠시 중단된 것으로 기록돼 있다.

10억 달러 채권은 케네디채권으로 알려졌지만 재무부에서 채권 소유자를 확인할 수는 없었다. 10억 달러짜리 채권은 만기가 되면 채권 실물을 제시하고 돈을 찾을 수 있지만 수십 장의 채권이 한꺼번에 인출될 경우 그 액수가 수백억 달러에 이르러서 그 돈의 송금과정에서 자연히 돈의 흐름이 노출된다고 한다. 그럴 것이다. 수백억 달러가 움직이는데 그 돈이 체크 안 된다는 게 오히려 이상할 것이다.

박정옥의 주장대로 절반이 현금화됐다면 그 돈은 500억 달러에 달하므로 노출될 수밖에 없는 것이다.

단, 25년 만기 채권은 조금 드문 케이스이지만 케네디채권으로 불리는 10억 달러짜리 채권이 사기사건에 이용되는 경우가 왕왕 발생한다는 것이다. 2008년에는 수조 달러에 이르는 케네디채권을 소지하고 이탈리아에서 스위스로 들어가려던 일본인 2명이 이탈리아 국경에서 체포되기도 했다. 그 사건과 관련된 채권들은 인터넷에서 쉽게 찾을 수 있다. 이때 채권 진위 여부를 둘러싸고 논란이 있었지만 재무부는 위조채권이라고 공식 확인했다. 수조 달러의 미국 채권 위조사건이었던 것이다.

2010년 2월 닷새간 500억 달러 일본 유출

박정옥의 주장 중 가장 놀라운 것은 2010년 2월 초 신한은행을 통해 일본의 은행으로 500억 달러가 송금됐다는 것이다. 검찰 고소장에 포함된 내용이다.

박정옥은 고소장에서 2월 1일부터 2월 5일까지 5일간 매일 100억 달러가 일본으로 송금됐다고 주장했고, 수신자는 물론 송금번호라는 숫자 등을 증거로 제시했다. 2010년 2월 1일은 월요일이며 2월 5일은 금요일이므로 닷새간 모두 은행의 정상영업일이다. 박정옥은 매일 50억 달러씩 두 차례, 닷새간 모두 50억 달러씩 열 차례 송금돼 전체 송금액은 500억 달러라고 했다. 또 이 돈을 받은 사람은 사흘 뒤인 2월 8일 이 돈을 다른 일본 은행으로 옮겼다고 주장했다.

보통 상세한 내용이 아닌 것이다.

500억 달러라면 60조 원에 달하는 돈으로 닷새간 이 돈이 국내에서 일본으로 갔다면 국내 외환시장이 마비됐을 것이다. 한국 예산의 5분의 1에 달하는 거액이 한 개의 은행에서 닷새 만에 빠져나갔다는 주장은 상식적으로 불가능하다. 이 정도 거액이면 은행이 숨긴다고 해서 덮어지지 않는다. 미국에서 한국의 은행으로 돈을 보내서 그 돈을 다시 일본으로 보낸다면 미국 은행의 송금 내역이 미국 관계기관에 통보되고 일본으로 돈이 간다면 일본에 통보되는 것이다. 1조도 아닌 60조 원의 돈이 움직였다면 그 어떤 경우에도 비밀이 지켜지지 않을 것이다.

예금지급결의서 등 은행서류로는 너무 허술

박정옥 측이 제시한 증거 중 이른바 이백순 행장이 전자서명했다는 예금지급결의서와 예금지급확약서는 충격적인 문서였지만 신한은행 측은 이 같은 문서자체를 사용하지 않는다고 명쾌하게 답했다. 그런 양식의 문서 자체가 없으므로 100% 조작이라는 것이다.

박정옥 측은 이 두 장의 문서를 모 기관 내부자로부터 입수했다고 했다. 자신들이 신한은행 핵심 관계자들만 아는 상황을 설명하자 이 내부자가 자신들을 신뢰하게 돼 이 같은 자료를 넘겨줬다고 설명했다.

예금지급결의서를 보면 2010년 2월 1일부터 2월 5일까지 매일 100억 달러씩 모두 500억 달러가 명시돼 있고 일본의 한 은행명과 수신인인 일본인의 이름이 기재돼 있었다. 지급자는 신한은행, 수령자는 일본인이었던 것이다. 박정옥 측은 이 일본인 수령자가 재일동포 실업가 황모 씨의 사위라고 밝혔다. 이 결의서에는 송금번호 등이 없었다.

그러나 박정옥 측은 고소장에 송금번호라며 아라비아숫자와 알파벳이 섞여있는 문자를 제시했다. 고소장에 송금번호를 제시했다는 것은 그만큼 박정옥 측은 이를 사실로 믿고 있다는 것을 의미한다. 이 지급결의서 하단에 신한은행 은행장 이백순이라고 명시돼 있고 그 아래 이백순이라는 이름의 한자가 적혀있다. 박정옥 측은 이 한자가 이백순 행장의 전자서명이라고 주장했지만 은행 측은 말도 안 되는 소리라고 잘라 말했다.

매우 간단한 서류지만 구체적인 내용이 결여됐고 서류의 띄어쓰기도 일정하지 않는 등 허술하기 그지없으며, 서류 작성일자도 기재돼 있지 않았다. 정상적인 서류라고 보기가 매우 힘든 것이었다.

예금지급확약서도 황당하기는 마찬가지였다. 정상적인 서류라기보다는 전표에 가까웠고 두 서류 모두 A4 용지의 절반에도 못 미치는, 전표에 가까운 크기였다. 이 서류에 지급자는 신한은행, 수급자는 이 사건의 고소인인 박모 씨의 이름과 주민등록번호가 명시돼 있었다. 수령지는 신한은행 본점, 수령일은 2009년 10월 1일로 기재됐다. 이 문건에도 신한은행 은행장 이백순이라고 기재된 뒤 이백순이라는 한자가 적혀있다.

무엇보다 예금지급확약서라는 것이 이상했다. 이 문서에는 신한은행이 신한은행의 수급자 박정옥의 예금 중 일부를 신한은행이 지정하는 계좌로 지급을 확약한다고 기재돼 있었다. 신한은행의 박정옥 예금 중 일부를 지급하되 신한은행이 지정하는 계좌로 지급한다는 것이다. 또 얼마를 지급한다는 액수 자체도 정확히 기재돼 있지 않았다.

이처럼 '신한은행, 내 계좌에 100조 원' 사건은 황당무계한 사건이다. 신한은행 입장에서는 은행의 명예와 공신력을 크게 훼손시킨 사건이다. 그냥 두어서는 안 되는 사건인 것이다. 그러나 분명한 것은 유력 은행장을 고소한 이 사건에 대해 검찰은 고소인 조사도 하지 않았고 1년여가 지나도록 은행의 명예를 그토록 무참히 짓밟은 고소인은 아무런 제재도 받지 않다는 것이다. 뭔가 냄새가 나는 대목이다.

장영자·이철희 사건 등 많은 사건 때 수기통장이 사용됐음을 언론보도를 통해 알 수 있다. 애당초 은행전산망과 별도로 관리되는 예금이며 예금자와

수취은행 사이에 신뢰 관계가 있다면 수기통장도 가능할 것이요, 조금 엉성한 문서를 사용할 수 있을 것이다. 지금도 박정옥과 그녀의 오빠는 인터넷에 블로그를 개설하고 사건 전체를 공개하고 수시로 업데이트를 하고 있다. 이와 관련해 이들은 어떤 제재도 받지 않았다. 고개를 갸우뚱할 수밖에 없다.

수십조 원대 특수계좌 관련 사건 수두룩

이 사건 외에도 나라를 떠들썩하게 만들었던 거액 사기사건, 이른바 특수계좌 관련 사건들이 많다.

서울 관악구 봉천동에 살던 34년생 김기○ 씨는 동화은행과 서울은행에 개설된 312개 계좌에 32조가 있다고 주장했고, 27년생 김석○ 씨는 37조를 주장했다. 46년생 김영○ 씨는 17조, 19년생 김봉○ 씨는 하나은행 외에 12개 은행에 47조가 있다는 이야기를 하고 다녔으며 지금은 숨진 것으로 알려졌다. 이 외에도 많은 사건들이 있었다.

전직 고위관리들이 연관돼 수사까지 받았던 부산 출신의 45년생 한춘○ 씨도 빼놓을 수 없다. 한 씨는 지금도 억울함을 주장하고 있다. 또 박종○, 나승○ 씨 등이 관련된 거액 예금사건은 실제로 배모 씨와 심모 씨 등이 돈을 인출해 해외로 이주했다는 소문도 있다. 수십조에서 수백조까지 언급되면 말도 안 된다는 생각이 들지만 실제 이런 큰 예금과 관련해서는 거의 예외없이 힘 있는 사람들이 끼어들었던 것도 사실이다. 황당하면서도 그 진실이 궁금해지는 것은 바로 그런 이유 때문이다. 정말 아무 근거가 없다면 그들이 왜 달려드느냐 말이다.

03
대한항공, 화물기로
미군 군수물자 직접 수송

대한항공 등 한진그룹이 월남전 당시 미군 군수물자 수송으로 큰돈을 벌었다는 것은 잘 알려진 사실이다. 이처럼 포탄이 빗발치는 전쟁터도 마다하지 않는 한진그룹이 2008년 이후 아프가니스탄 전쟁에 투입된 미군의 물자수송에도 자신의 주특기를 살린 것으로 드러났다. 대한항공이 국내 최대는 물론 세계 굴지의 민항기 운영업체임을 감안하면 자칫 민항기에 탄 승객의 안전이 위협받을 수 있다는 비판을 받을 수도 있는 대목이다.

대한항공, 우즈베키스탄서 제2의 월남 특수

이명박 대통령이 2008년 4월 미국을 방문, 버락 오바마 대통령을 만난 자리에서 한국이 우즈베키스탄 나보이공항을 운영하는 것이 한미 양국 관계에 도움이 될 것이라는 귀띔을 받은 것으로 알려졌다.

이 대통령은 그 뒤 우즈베키스탄을 방문, 한국이 우즈베키스탄 경제개발에 앞장서겠다는 뜻을 밝히면서 그 일환으로 나보이공항 현대화 계획에 참여하겠다는 의사를 전했다. 우즈베키스탄 대통령이 대찬성하면서 대한항공이 나보이공항의 운영에 참여하게 됐다. 이 과정에서 청와대에서 김태효 대외전략비서관이 주무로서 깊이 관여했다는 설이 있다. 김태효 비서관은 한진그룹 창업자 조중훈 회장의 동생인 조중건 전 대한항공 고문의 사위이다.

그런데 대한항공과 관련해서 조중건 고문이 다소 섭섭하게 대한항공을 떠났다는 소문이 나돌았다. 형인 조중훈 회장에게 그동안의 기여도를 고려해 하와이 호텔이라도 달라고 했지만 냉정하게 거절당했다는 것이다.

그런데 MB 정부 들어 상황이 역전됐다. 조중건 고문의 사위가 장인을 섭섭하게 대했던 대한항공의 앞날에 적지 않은 영향을 끼칠 자리에 올랐고 나보이공항 건은 직접 실무를 챙겼다는 것이다. '세옹지마'라는 고사성어를 꺼낼 것도 없이 '꺼진 불도 다시 보자'는 농담이 단순히 흘려들을 우스갯소리가 아님을 알 수 있게 하는 대목이다.

한진, 아프칸서 미군 물자 목숨 걸고 육로로 수송

대한항공은 2008년 8월, 우즈베키스탄 정부와 나보이국제공항 공동개발 프로젝트 협약을 체결했고, 같은 해 12월 9일 '나보이 국제공항 경영 계약을 체결해 우즈베키스탄 나보이공항의 경영을 맡고 있다.

나보이공항을 운영한다는 것은 단순히 중앙아시아 허브공항 하나를 운영한다는 것 이상의 전략적 의미를 가지게 된다. 아프가니스탄 전을 치르는 미군의 전쟁물자 수송에 획기적 전기를 마련했음을 의미한다. 실제로 일부 미국 언론이 대한항공의 나보이공항 운영에 대해 미국이 중앙아시아에 공항을 하나 갖게 됐다고 보도할 정도로 나보이공항은 사실상 미군의 병참 공항으로 인식됐다.

대한항공이 나보이공항을 운영하게 되면서 전쟁물자 수송에 애를 먹던 미국은 큰 짐을 덜게 된다. 중앙아시아의 어느 한 나라도 호락호락한 나라가 없어 전쟁물자 수송에 골머리를 앓던 중에 대한항공을 내세워 아프가니스탄 바로 옆 나라의 공항을 확보한 것이다.

대한항공은 나보이 공항 경영을 맡으면서 미군 군수물자 수송기의 나보이 착륙을 허가했고, 한발 더 나아가 대한항공이 아프가니스탄 내 미군 기지까지 육로수송을 맡았던 것으로 확인됐다. 미군 수송기로 나보이공항에 전쟁물자가 도착하면 대한항공이 육로수송단을 꾸려 40피트짜리 컨테이너 트럭으로 700마일, 약 1100킬로미터 떨어진 아프가니스탄 내의 미군 기지까지 운송한 것이다.

수백 대의 컨테이너 트럭에 전쟁물자를 가득 싣고 포탄이 빗발치는 전쟁터를 1100킬로미터나 달리는 목숨을 건 대장정을 대한한공이 자임한 것이다. 한진그룹도 돈벌이는 되지만 몹시 위험한 작업임을 잘 알기에 이라크전 때 미군 물자수송을 담당했던 퇴역장교를 스카우트했다.

한진그룹은 2010년 미국이 아프가니스탄 전에 3만 명을 증파할 때 이들을 위한 매트리스 등의 수송을 완벽하게 마치기도 했다. 세계 물류업계에서는 한진의 용맹성을 '포화 속에서도 물류는 간다'라는 말로 칭찬했다. 포탄이 쏟아져도 한진의 가장 최우선 순위는 딜러버리라는 것이다.

한진이 나보이에서 육로수송 명목으로 미 국방부 육군성과 계약한 것은 한두 건이 아니었다. 미국 정부 재정지출 현황을 조회한 결과 대한항공은 2010년 7월20일 AM2 레더맥캠프, 2010년 6월 16일 AM2 레더맥캠프, 2010년

5월 20일 AM2 마자르 샤리프, 2010년 8월 13일 발전기 바그람, 2010년 7월 20일 발전기 바그람, 2011년 5월 17일 철제 구조물, 2010년 11월 17일 혹한기 키트, 2011년 6월 28일 웰 키트 캠프 바스턴, 2010년 6월 17일 바그람, 2010년 11월 23일 발전기 칸다하르, 2011년 3월 14일 AM2 마자르 샤리프, 2011년 9월 18일, 2010년 8월 26일 20톤 컨테이너 14개, 2011년 6월 28일 웰 키트 25개, 2009년 9월 11일 바그람, 2010년 1월 8일 바그람 등의 계약을 맺은 것으로 드러났다.

한진, 미국 정부 수주액 1년 만에 5백 배 늘어

이처럼 한진과 대한항공이 그야말로 위험천만한 일을 담당하자 미국도 그에 상응하는 보상을 했다. 한진은 미국의 2009 회계연도인 2009년 4월부터 9월까지 모두 6건의 군수물자 수송계약을 따냈다. 1994년 캘리포니아주에 설립된 한진 미국 현지 법인이 계약 주체였다. 특히 모회사인 한진은 군수물자 수송과는 비교할 수 없을 정도의 큰 계약을 미국 정부로부터 따냈다.

2009 회계연도 미국 정부의 재정지출 현황을 살펴보면 2009년 8월 28일 한진은 무려 8000만 달러에 달하는 한국 내 미군기지 유류수송공급 계약을 따냈다. 이 1건의 계약 덕분에 2009년 미국 정부와의 계약액은 8060만 달러를 기록했다.

한 해 전인 2008 회계연도의 한진과 미국 정부와의 계약액은 불과 16만 200여 달러였다. 나보이공항을 운영한 직후에 미국 정부 계약을 무려 500배나 더 많이 따낸 것이다. 제2의 월남전 특수를 맞은 것이다.

그동안 한진의 미국 정부 계약은 미약했었다. 2005년 140만 달러를 수주해 100만 달러를 넘었을 뿐, 2006년 18만 달러, 2007년 21만 달러였다. 한 해 20만 달러씩 수주하던 한진이 하루아침에 8000만 달러를 수주했으니 자고 나니 대박이었다는 말이 실감나는 상황이다.

세상에 공짜는 없다. 공짜가 가장 비싼 것이다. 미국 정부가 하루아침에 한진에 미국 정부 계약액을 늘려준 것은 그만큼 한진의 기여도가 크다는 것을 의미한다. 그러나 안타깝게도 그에 비례해 대한항공 등을 이용하는 승객들의 위험이 커질 수도 있는 것이다. 아프가니스탄 전쟁을 둘러싼 반미 감정이 대한항공에 대한 테러로 이어질 수 있다는 가능성을 배제할 수 없다. 물론 추정이다. 하지만 위험수당, 이른바 목숨 값이 고려됐을 여지가 큰 것이다.

대한항공, 화물기로 미군물자 직접 수송 '충격'

더구나 한진은 공항을 빌려주고 육로수송만 담당하는 데 그치지 않고 대한항공을 통해 미군 군수사령부에 화물기를 빌려준 것으로 확인됐다. 미군 수송기가 아니라 대한항공 화물기가 직접 미군 전쟁물자를 싣고 수송한 것이다.

전쟁 중에는 살상물자를 실은 화물기를 격추시켜도 할 말이 없는 것이다. 이러니 대한항공을 이용하는 승객들의 목숨을 담보로 한 사업이라는 세간의 악평도 전혀 근거 없는 비난이 아닌 것이다.

미국 정부의 재정지출 현황을 살펴보면 미군 수송사령부는 2010년 3월 3일 대한항공과 1600만 달러에 달하는 화물전세기 임대 계약을 맺었다. 항로는 벨기에 브뤼셀에서 우즈베키스탄의 나보이까지였다. 아프가니스탄에 사용할 미군 전쟁물자를 대한항공이 직접 운송한 것이다.

이날 외에도 1100만 달러, 382만 달러, 267만 달러 등 수차례에 걸쳐 전세기를 미군 수송사령부에 임대해준 것으로 확인됐다.

대한항공이 미국 정부계약을 수주한 것은 2007년까지는 한 해에 20건 남짓이었다. 그러나 나보이공항 운영계약을 체결한 2008년에 76건으로 늘어난 데 이어 2009년에는 135건, 2010년에는 247건으로 10배 가까이 늘었고, 2011년에도 189건에 달했다. 나보이공항 운영과 미국 정부 계약 수주간에 명백한 상관관계가 있는 것이다. 수주액도 2007년 290만 달러에 불과했으나 2010년에는 4840만 달러에 달했다. 이때 대한항공 수주액 중 3590만 달러가 미군 수송사령부와 체결한 계약이었다.

특히 나보이공항의 소중한 가치는 위키리크스가 공개한 외교전문을 통해서도 확인됐다. 미 국무부가 이 지역 공관들과 수시로 나보이공항에 대한 의견을 나누었고 미군 중부사령관, 수송사령관 등도 나보이를 직접 방문했음이 드러났다.

이 전문들을 살펴보면 대한항공이 나보이공항을 운영하게 된 것은 더 없이 다행스러운 일로 한국이 미국과 굳건한 동맹관계를 맺고 있으므로 아프가니스탄 전쟁물자 수송에 도움이 된다고 밝혔다. 특히 미국은 대한항공과 파트너십을 맺은 우즈베키스탄항공에 대해 관심이 컸다. 우즈베키스탄항공이 아프가니스탄 영공으로 민항기를 운항할 수 있는 권한을 가지고 있었기 때문이다. 우즈베키스탄은 미국과의 수송 협정에서 미국이 직접 나보이공항에서 아프가니스탄 지역으로의 비행을 전면금지시킨 상황이었다. 그랬기 때문에 대한항공이 필요했고 우즈베키스탄항공까지 이용한다면 금상첨화였던 것이다.

대통령 전용기와
재벌 전용기

85년 구입 전용기 낡아 대한항공서 장기 임대

우리나라 대통령 전용기는 전두환 정부 시절에 도입된 보잉 737기가 있지만 이명박 정부 들어서는 대한항공에서 보잉 747기를 빌려서 사용하고 있다.

보잉 737전용기는 전두환 대통령 시절인 1985년 1월 30일 보잉사에서 구입했다. 같은 해 1월 7일 첫 시험비행을 한 이 비행기는 B737-3Z8 기종으로 한국 공군에 인도돼 운용됐다. 한때 대통령 전용기로 여러 나라를 운항했지만 항속거리가 짧아 일본, 중국 등을 다닐 수 있는 정도다. 지금은 국무총리 등이 동남아 해외출장 때 간혹 이 전용기를 이용하는 것이 목격되고 있다.

그래서 미국이나 유럽으로 갈 때는 정부에서 별도로 아시아나나 대한항공에서 보잉 747기를 대여해 사용했다. 아시아나항공은 김대중 정부 시절 첫 대통령 전용기로 이용된 데 이어 노무현 정부까지 대한항공과 번갈아 가며 대통령 전용기를 제공했다. 그러다가 이명박 정부 3년차인 2010년, 정부가 아예 대한항공에서 여객기 한 대를 전용기로 4년간 빌렸고, 더 이상 아시아나항공이 끼어들 여지가 없게 됐다. 아시아나항공도 젖 먹던 힘까지 다해 입찰에 응했지만 승산없는 게임이었다.

이명박 정부가 장기 임차한 여객기는 보잉사가 2001년 8월 13일 제작한 B747-4B5 기종으로 대한항공은 제작 직후인 2001년 9월 28일 한국에서 항공기 등록을 했다. 이제 막 10년을 넘긴 셈이다. 항공기 편명은 HL7465로 미주 노선 등에 투입되던 비행기이다.

항공기 전문 웹사이트들도 이 비행기가 VIP용으로 개조된 뒤 2010년 3월부터 한국 정부에 임대됐다고 소개하고 있다.

대통령 전용기의 콜사인은 한국 공군 1호기를 뜻하는 KAF001을 사용하고 있다. 그러나 이 편명이 에이커스에 노출돼 행적이 드러난다는 지적이 있고 난 뒤부터는 대통령의 안전을 위해 다른 콜사인을 쓰기도 한다.

대통령 전용기 에이커스 교신 인터넷 노출

에이커스(ACARS)는 항공기와 항공사, 항공기와 관제탑과의 통신을 음성이 아닌 메시지로 전달하는 시스템으로 기름의 양이나 기내식 재고 등도 자동으로 파악할 수 있다고 한다.

세계 각국의 항공기 마니아들이 이 에이커스 전파추적기를 통해 신호를 가로채 인터넷 등에 공개하기도 한다. 세계 각국의 주요 공항 인근에 사는 항공기 마니아들이 각 여객기 등에서 오고간 에이커스 신호를 포착, 허브사이트에 실시간으로 올리는 것이다. 에이커스 신호 포착 허브사이트에 하루

동안 접수되는 신호는 줄잡아 3만 건에 이른다.

미국 대통령 전용기나 우리 대통령 전용기도 예외는 아니다. 〈시크릿 오브 코리아〉가 에이커스 신호 포착 허브사이트를 검색한 결과 이명박 대통령이 탄 전용기의 에이커스 신호도 노출됐음이 드러났다.

2009년 이 대통령이 유엔 방문 때 이용한 아시아나 전세 전용기 HL7428의 신호도 노출됐다. 또 2010년 6월 이 대통령이 캐나다와 중남미를 순방했을 때도 에이커스 신호가 일반에 공개됐다.

이 대통령이 대한항공에서 빌린 전용기를 타고 캐나다 미국 등을 순방한 2010년 6월 26일부터 7월 3일까지 모두 10건의 신호가 포착됐다. 이 대통령의 비행 일정과도 일치했다. 이 기간 대통령 전용기는 공군 1호기를 뜻하는 KAF001 콜사인, 즉 호출부호를 이용했으며 일부 지역에서는 KE0001, KE7465라는 편명을 사용해 교신한 것으로 나타났다. 일부 신호에는 인천-나리타-로스앤젤레스 등의 비행경로가 나타났고 일부 신호에는 멕시코시티공항에서 앵커리지로 향한다고 나타나기도 했다. 또 귀국길에 오른 7월 3일 포착된 신호에는 앵커리지를 출발해 서울 성남공항으로 향한다고 나와 있었다. 대통령의 미주 순방 8일간 전용기의 행적을 파악할 수 있는 자료였다. 이 같은 자료들이 60초 간격으로 업데이트되기 때문에 자칫 대통령 전용기가 위험에 처할 수도 있는 것이다.

이에 앞서 2009년 9월 20일부터 9월 26일까지 유엔총회에 참석하기 위해 뉴욕 등을 방문한 전용기의 에이커스 신호도 인터넷에 공개됐다. 당시 아시아나 HL7428편이 전용기 역할을 했으며 이 기간 중 모두 5건의 신호가 포착된 것으로 드러났다. 뉴욕 존에프케네디공항에서 피츠버그공항으로의 이동, 피츠버그공항에서 서울 성남공항으로의 이동 등이 항공기 마니아들에게 잡혔다. 이 신호는 뉴욕 인근에서 2번, 오사카 근처에서 3번 잡힌 것으로 나타났다. 특히 대통령이 귀국할 때는 신호가 2번 잡혔는데 신호 간격이 12시간 8분으로 피츠버그공항을 이륙한 시간, 한반도 상공에 진입한 시간과 거의 일치했다.

경호실, 위해 안 되지만 암호화 보안 조치

이처럼 대통령 전용기의 안전문제가 우려되자 대통령 경호처는 2010년 9월 기자들과 만나 대통령 전용기 운항정보를 암호화하기로 했다고 밝혔다.

경호처는 "민간인을 태운 항공기는 에이커스 장비를 부착하고 엔진 및 연료상태, 이동거리, 현재 좌표, 목적지 등을 지상 상황센터와 자동교신하도록 의무화 돼 있다"면서 "북중미 순방 당시 전용기의 송수신 정보 300여 건 가운데 10건을 에이커스 관련 사이트에서 검색할 수 있는 것은 사실이지만 내용은 모두 정확하지 않다"고 설명했다.

경호처는 또 "만에 하나 이동 좌표가 정확하다고 하더라도 공군 1호기는 분당 16킬로미터의 속도로 비행하므로 사이트에서 좌표를 확인했을 때는 전용기가 이미 송신 자리에서 수백 킬로미터 움직인 상태이므로 위해 가능성이 없다"고 덧붙였다. 그러나 "대한항공과 협의해 운항정보를 암호화해 교신하는 보안조치를 취할 것"이라고 밝혔다. 경호처가 '에이커스 신호 중 일부가 노출된 것은 맞지만 위해상황이 아니다. 그러나 만일의 상황에 대비해 신호를 암호화하겠다'고 밝힌 것이다.

대통령 전용기의 교신 노출은 국정감사에서도 문제가 됐다. 2010년 10월 29일 국회 정무위원회는 대통령실에 대한 국정감사활동을 펼쳤다. 이 자리에서 김태원 한나라당 의원은 대통령 전용기의 에이커스 교신이 인터넷 사이트에 실시간으로 노출된 사례가 있는데 알고 있는지 물었고, 이에 최찬묵 경호처 차장은 알고 있다고 답했다.

김 의원이 경호실의 대책을 물어보자 최찬묵은 "그 노출 사례 이후에 저희들이 사례를 정밀 분석해서 취약한 요소가 무엇인지 확인했다"며 "노출된 내용 중에 좌표 위치가 좀 노출돼서 다소 위험요소가 있다고 판단해서 저희들이 그것뿐만 아니고 추가적인, 예를 들어서 호출부호나 이런 것까지 다 저희들이 검토해서 보완 조치를 취한 상태"라고 답했다. 좌표 위치가 노출된 것을 시인한 것이다. 최찬묵은 "9월 달부터 해외행사를 시작해서 계속 모니터링하고 있는데 현재까지 전혀 노출된 바 없다"고 덧붙였다.

암호화 뒤에도 일부 교신 노출돼

사실은 이 같은 조치가 있은 뒤에도 대통령 전용기의 에이커스 신호 일부가 노출됐다. 대통령 전용기는 콜사인을 외국 국적 민항기인 것처럼 바꾸기도 했지만 그 콜사인도 포착됐고, 일부 에이커스 사이트에 협조를 구해 전용기 신호노출을 막았지만 다른 사이트에는 그대로 노출되기도 했다.

2011년 3월에는 꽤 긴 시간의 시험비행을 통해 만일의 사태에 대비했지만 이 시험비행에 사용한 신호 일부도 사실은 에이커스 허브 사이트에 올라왔다. 신호의 일부가 노출되는 것은 피할 수 없는 일이다. 그래도 많이 줄었고 사전에 대비하고 있는 것은 다행한 일이 아닐 수 없다.

대통령 전용기 신호와 마찬가지로 재벌 총수의 전용기도 그 신호가 노출되기 때문에 어느 정도 행적을 짐작할 수 있다.

재벌 전용기, 삼성이 시초-현대도 보잉 737

국내 기업들의 규모가 커지고 글로벌화되면서 재벌들도 앞 다투어 전용기를 매입하고 있다. 빠른 의사결정 등을 위해 기업 총수 등이 수시로 해외를 오가면서 긴박한 협의를 해야 하기 때문이다. 현재 삼성, 현대, LG, SK, 한화, 대한항공 등이 전용기를 운항하고 있다.

대한항공을 제외하고 가장 먼저 자가용 비행기, 즉 전용기를 도입한 곳은 삼성 그룹이다. 삼성은 삼성테크윈 이름으로 2000년 3월 22일 글로벌 익스프레스로 잘 알려진 BD 700-1A10기를 매입, 국내에 등록했다. 14명이 타는 이 전용기는 편명이 HL7578이었지만 현재는 보유하고 있지 않다. 삼성은 2002년 6월 21일 삼성테크윈 이름으로 B737-300기 1대를 들여왔으며 HL7770이라는 편명이 부여됐다. 하지만 삼성은 이 비행기를 2008년 5월 22일 매각했다.

현재 이건희 삼성 회장이 타고 다니는 전용기는 보잉 737-700 기종으로 정확한 모델명은 B737-7EG이다. 2006년 11월 13일 제작된 뒤 2008년 4월 5일 국내에 등록됐으며 18명이 탑승할 수 있다. 이 전용기는 삼성 전용기이지만 거의 이건희만 이용하는 이건희 전용기이다. 편명은 HL7759이며 삼성에 인도되기 전 미 항공청에 등록된 편명은 N737DB였다.

이 비행기 외에 이재용 삼성 사장과 그 외 삼성 계열사 사장들이 주로 이용하는 전용기는 편명 HL7749로, 빌게이츠 마이크로소프트 회장 등이 이용한다는 글로벌 익스프레스다. 2006년 1월 9일 제작됐으며 2006년 11월 16일 삼성테크윈이 사들였다. 13명이 탈 수 있다.

삼성 법무팀장을 지낸 김용철 변호사가 〈삼성을 생각한다〉라는 책에서 검사들이 상가에 조문 갈 때 삼성에서 전용기를 내줬고 승무원들이 무릎을 꿇고 시중들었다고 밝히기도 했다. 삼성테크윈에는 전용기 승무원 팀이 따로 있고 이들은 비행 여부에 관계없이 항상 대기하며 언제 있을지 모를 비행에 대기한다고 한다.

현대자동차도 자가용 비행기 1대를 보유하고 있다. B737-700기종으로 정확한 모델명은 B737-75G이다. 2009년 1월 23일 제작됐고 약 보름 뒤인 2월 5일 현대차에 인도됐다. 16명이 탈 수 있는 비행기로 같은 기종의 이건희 전용기보다 2명이 적게 타게 돼 있다. 그만큼 기타 편의시설에 많은 공간이 할애된 것이다.

LG-SK-한화도 동참, 대통령보다 새 비행기

LG는 LG전자 명의로 걸프스트림을 보유하고 있다. LG가 보유한 걸프스트림은 G5기종으로 정확한 모델명은 G550이다. 2003년 8월 12일 제작돼 2008년 4월 19일 국내에 등록됐다. 14명이 탈 수 있으며 롤스로이스 엔진을 장착하고 있다.

LG는 또 2011년 2월 23일 걸프스트림 전용기 1대를 더 구입했다. 2010년 9월 1일 생산된 G5 기종으로 HL8288이란 편명이 부여됐다. 이 비행기에는 12명이 탈 수 있으며 김포공항을 정치장으로 사용하고 있다. LG는 이 외에도 시코르스키 헬기 2대 등 모두 3대의 헬기를 보유하고 있다.

SK도 SK텔레콤 명의로 LG와 같은 기종인 걸프스트림을 사들였다. 2009년 2월 24일 제작돼 2009년 9월 17일 국내에 등록된 최신 비행기다. 편명이 HL8200으로 14명이 탈 수 있다. 2011년 최태원 SK 회장의 회사 돈을 이용한 선물투자 의혹이 터졌을 때 최태원은 중국에 체류 중이었다. 그래서 이 전용기를 타고 중국에서 국내로 들어올 것이란 정보를 입수한 기자들 사이에 편명이 무엇인지, 비행 계획서가 제출됐는지 알아내기 위한 경쟁이 벌어지기도 했었다.

대한항공도 2010년 1월 11일자로 봄바르디어사가 제작한 글로벌 익스프레스 1대를 도입했다. 2006년 생산된 것으로 14명이 탑승할 수 있다. 또 이에 앞서 1992년 생산된 걸프스트림을 1994년에 들여오기도 했었다.

글로벌 익스프레스나 걸프스트림 외에 대한항공 조양호 회장의 실질적인 전용기는 보잉 737기다. 대한항공은 이건희 전용기로 알려진 보잉 737-700기를 2010년 7월 14일 도입했다. 28명이 탈 수 있는 이 비행기는 비록 임차한 것이지만 2009년 7월 제작된 새 비행기다. 조양호 회장은 2011년 이 비행기를 타고 평창 동계올림픽 유치에 나섰으며 결국 평창 유치에 성공했다. 조양호 회장 또한 대한항공에 미모의 조양호 회장 전담 승무원이 별도로 있는 것으로 알려졌다.

가장 최근에 전용기를 들여온 재벌 그룹은 한화그룹이다. 한화 김승연 회장도 초대형 전용기인 B737-700기를 2010년 9월 30일 국내에 도입했다. 2006년 9월 제작된 비행기로 모두 19명이 탈 수 있다. 한화케미칼 명의로 돼 있으며 김포공항을 정치장으로 사용한다.

굳이 한 사람 더 전용기를 가진 사람을 들자면 문선명 통일교 총재이다. 문 총재도 봄바르디어의 글로벌 익스프레스 전용기를 2002년부터 미국에 소유하고 있다. 말하자면 통일그룹 소유로 볼 수 있지만 통일교 계열사인 타임스항공 명의로 미 항공청에 등록돼 있다. 이 외에 통일교는 대통령이 타는 헬기와 같은 기종인 시코르스키 92 헬기를 2010년 1월 26일 한국에 들여왔다.

정리하면 재벌 그룹 전용기는 보잉 737기와 걸프스트림, 그리고 글로벌 익스프레스 3종류다.

보잉 737 전용기를 가진 그룹은 삼성, 현대, 한화, 대한항공이며, 대한항공 전용기가 가장 최근에 만들어졌고 정몽구 현대차 회장, 이건희 삼성 회장, 김승연 한화 회장 순이다. 어쨌든 이들 전용기는 2001년에 제작된 대통령 전용기보다는 훨씬 젊은 새 비행기들이다.

걸프스트림 전용기는 LG 그룹이 2대, SK 그룹이 1대, 대한항공이 1대 등 모두 4대지만 대한항공은 기령 20년의 오래된 항공기다. 글로벌 익스프레스는 삼성과 대한항공이 각각 1대씩 소유하고 있다.

MBC와 KBS도 헬기를 1대씩 보유하고 있다. 헬기는 자가용 회전익 비행기로 표기된다. MBC 헬기는 1996년 도입한 벨 412 헬기로 최대 13명이 탈 수 있다. MBC 헬기는 2011년 인기리에 방송됐던 MBC의 한 드라마에 전가원이라는 재벌사 헬기로 등장하기도 했다.

KBS 헬기도 벨 430 기종이지만 2005년 제작돼 2006년 한국에 도입된 비교적 최신 기종이다.

24시간 뉴스채널인 YTN은 아직 헬기가 없다. 그래서 1995년 개국 당시 헬기와 취재차 등의 모습이 담긴 자체 프로모션을 제작하기 위해 헬기를 대여해 로고를 붙이고 촬영했다.

국정원 요원 도청 감시
─미국의 견제구?

국정원 요원 뒤밟은 FBI, 스파이 사건 터뜨려

헌병에 이끌려 문을 나서기 직전 고개를 돌려 백동일 대령을 찾았다. 그의 얼굴은 잿빛이 됐고 그의 아내는 곧 울음을 터트릴 것 같았다.

미 해군 군무원으로 근무하다 스파이 혐의로 7년여를 복역한 로버트 김이 자신의 저서 〈집으로 돌아오다〉에서 1996년 FBI 체포 순간을 이렇게 회고했다.

이처럼 미국은 우방국 정부라 할지라도 자국에 대한 스파이 활동을 용서하지 않는다. 그런데 2000년대 중반 뉴욕에서는 더 놀라운 일이 발생했다. 로버트 김처럼 비밀문서을 넘긴 것도 아닌데 우방국인 한국 외교관들을 약 4년여 동안 밀착감시했던 것이다.

2007년 7월 17일 미국 FBI가 깜짝 놀랄 발표를 했다. 한미동맹 관계를 해칠 정도의 충격적인 발표였다. 그러나 국내에는 자세한 내막이 전해지지 않았다. 자세한 내막을 적은 기소장 입수 자체가 힘들었으니 그 내막이 알려질 리 없었다.

FBI가 발표한 내용은 뉴욕에 거주하는 50대 한국인이 2년간 미국 내에서 한국 정부의 스파이로 일했다는 것이다. 북한을 위해서가 아니라 한국을 위해서이고 당사자는 평양소주 등으로 잘 알려진 박일우 씨였다. 박일우는 스파이 혐의로 미국에서 기소됐다. 20여 년간 뉴욕에서 살아온 박일우는 2007년 5월 평양소주를 미국에 수입하기도 했다.

FBI는 보도자료를 통해 박일우가 북한으로부터 정보를 입수한 뒤 액수 미상의 돈을 받고 한국 외교관에게 정보를 제공했다고 밝혔다. 특히 FBI는 박일우를 상대로 지난 2005년부터 2007년까지 최소 세 차례에 걸쳐 한국 외교관과 주고받은 북한 정보의 내용, 한국 외교관의 정체 등을 추궁했으나 만난 적이 없다는 등 거짓 진술을 했다고 설명했다. 이처럼 FBI는 기소장에서 한국 외교관과 접촉했다는 사실을 적시했다.

FBI는 2007년 3월 20일 박일우에게 뉴욕에 근무하는 한국 외교관의 사진을 제시하며 그가 만나는 한국 외교관이 맞는지를 추궁했으나 부인했다고 밝혔다. 그렇지만 박일우는 FBI 요원의 추궁을 받은 며칠 뒤 뉴저지주의 한 식당에서 자신은 모른다고 진술했던 사진속의 한국 외교관을 만났다. FBI가 공식적으로 내보낸 언론 보도자료는 이 정도 내용이었다.

미행-도청-사진촬영, 스파이영화 방불

하지만 연방법원에 제출한 기소장은 충격 그 자체였다. 31쪽에 해당하는 이 기소장은 금이 갈 대로 간 당시 한미관계를 반영하는 것이라는 해석도 있었다. 2007년이면 노무현 정권의 마지막 해이다.

기소장에 따르면 FBI가 박일우와 한국 외교관을 감시한 것은 2003년으로 거슬러 올라간다. 정확히 노무현 정권의 첫해이다. FBI는 약 4년간 한국 외교관의 뒤를 밟았으며 그 수법은 미행, 감시는 기본이고 사진촬영, 비디오촬영, 도청까지 한 것으로 드러났다.

FBI는 기소장에서 뉴욕 총영사관과 유엔대표부 내 정보요원, 정확히 말하면 국가정보원 파견관들에 대한 감시를 2003년부터 시작했다고 밝혔다. 이 사건을 담당한 FBI 요원은 한국 외교관이 접촉하는 인사를 파악하기 위해 감시를 시작했고, 그 과정에서 박일우를 파악하게 됐다는 것이다.

사실 방첩기관에서 자국에 대한 첩보행위를 잡아내기 위해 그 나라에 주재하는 외국 공관이나 외교관을 유심히 살펴보는 것은 기본임무다. 그러나 통상 그 같은 감시는 우호적인 나라가 아니라 적대적인 국가의 외교관에 대해 하는 일이다. 예를 들어 러시아나 중국 등의 외교관을 밀착감시하는 것이다.

적대국 외교관들에게 실시하는 감시를 피를 나눈 형제국가라는 한국 외교관에게 적용한 것이다. 특히 FBI는 2005년 4월 법원 영장을 발부받아 스파이 혐의 용의자인 박일우와 외교관 신분인 한국 정보요원과의 통화를 도청했던 것으로 드러났다. FBI는 기소장에서 수차례에 걸쳐 이 모든 것이 적법한 절차에 의해 진행했다고 밝혔지만 한국 외교관에 대한 도청이 최소한 2년 이상 장기적으로 진행됐다는 것은 큰 충격이 아닐 수 없다.

FBI가 전화도청을 시작한 지 한 달여가 지난 2005년 6월 7일 한국 외교관도 FBI의 도청을 눈치챈 것으로 보인다. 박일우가 한국 정보요원에게 전화를 걸자 한국 정보요원은 다른 전화를 이용하라며 즉각 전화를 끊어버렸다.

뭔가 이상한 낌새를 눈치챈 것이다. 이틀 뒤인 2005년 6월 9일 박일우가 다시 전화를 걸자 한국 정보요원은 단 한 마디의 말도 없이 전화를 끊어버렸다. 확실히 도청 사실을 알아차린 것이다.

특히 FBI는 뉴욕에 외교관 신분으로 주재중인 한국 정보요원 4명의 신상을 확인하고 이들을 철저히 감시한 것도 확인됐다. 기소장에는 한국 정보요원들의 이름을 명시하지 않은 채 한국, 사우스 코리아를 뜻하는 SK라는 이니셜과 함께 4명의 요원을 SK1에서 SK4로 표기했다.

박일우는 2004년 2월 6일 뉴욕의 한인타운 플러싱의 한 한국 식당에서 한국 정보요원 SK1을 만나다가 SK1을 추적하던 FBI의 눈에 포착됐다고 밝혔다. 이때부터 박일우 등을 밀착감시했고 그 다음해 이른바 와이어까지 건 것이다.

사진 들고 한인사회 돌며 추적 사실 흘리기도

FBI의 집요한 추적은 법원 영장을 받은 도청에 그치지 않았다. 아예 2007년 1월부터는 FBI가 정보협력 정식 루트를 통해 한국 정보요원 SK3를 만나 박일우를 아는지 대놓고 물었다. SK3는 당연히 그를 모른다고 둘러댔다.

FBI는 2007년 3월 20일 박일우를 만나 한국 정보요원 4명의 사진과 실명을 대며 이들을 아느냐고 추궁했다. 박일우는 2명은 전혀 모르고 2명은 코리아타운 등에서 본 것 같은 얼굴이라고 진술했다. 하지만 FBI는 박일우가 FBI 조사가 끝나자마자 뉴저지의 한 식당에서 한국 정보요원 SK3를 만났으며 이 식당 주차장에서 외교관 넘버를 단 SK3의 차까지 발견했다고 밝혔다.

이날 FBI는 이들의 만남을 캠코더로 전부 촬영했다. 비록 합법적인 절차를 받았다 해도 우방국 외교관을 밀착감시했다는 것은 충격이 아닐 수 없다. 기소장에는 언급되지 않았지만 FBI는 이들 요원들의 운전장면, 식당 장면, 면담장면 등 일상생활까지 모두 촬영했으며 심지어 주말에 부인 등 가족과 함께 한인 마켓에서 시장보는 장면까지 촬영한 것으로 확인됐다.

FBI는 2006년 12월, 2007년 1월, 2007년 3월 등 세 차례에 걸쳐 한 재미동포를 만나 한국 정보요원 한 사람의 사진을 들이대며 꼬치꼬치 캐물었다. FBI는 여러 사람을 만나 이 같은 방식으로 탐문했다. 놀랍게도 시장 보는 모습까지 촬영된 사람은 뉴욕 거점장이었다. FBI는 2007년 7월 이 사건을 발표하기 오래 전부터 사실상 공개적으로 자신들이 감시하고 있다는 사실을 한국 정부에 알린 셈이다. 그토록 소리 나게 휘젓고 다니는 FBI의 행적이 우리 정부 안테나에 안 잡힐 리 없었고 FBI 또한 한국 요원들이 그 사실을 알게 됐을 것이라는 점을 모를 리 없었다. 미국 정부가 한국 정부에 모종의 메시지를 전하려 했던 것으로 추정되는 대목이다.

이 같은 미국 정부의 의도가 반영됐는지 안 됐는지 모르지만 몇 달 뒤 사건은 터졌다. 당시 국내에서는 이른바 '영안모자 백모 사장의 CIA 스파이 의혹' 논란이 일던 시기이다.

징역 15년 장담하더니 집행유예로 끝나

FBI는 명목상 박일우가 외국 정부의 에이전트로 등록하는 FARA, 즉 외국인에이전트등록법을 위반했다는 혐의로 고소했지만 이 같은 사안은 매우 미미한 사안이다. 간첩죄라는 어마어마한 명목으로 기소된 박일우는 최대 징역 15년형이 선고될 것이라는 보도가 잇따랐지만 결국 며칠 뒤 보석으로 석방됐고 집행유예 18개월 선고로 마무리됐다. 2007년이 가기 전에 이

사건은 유야무야된 것이다.

특히 2007년 7월 스파이 혐의로 기소된 박일우는 집행유예 기간 중인 2008년부터 2009년까지 북한을 5차례나 방문했고, 2011년 3월에는 금강산 관광 새 사업자의 한 명으로 선정되기도 했다. 박일우는 스파이 혐의로 기소된 지 채 1년이 되지 않은 2008년 5월 30일부터 6월 14일까지 북한을 방문했다. 연방법원 조회 결과 박일우는 집행유예 기간이었으므로 연방검찰과 자신의 보호감찰관에게 방북 사실을 사전에 알렸으며 법원에 여행허가를 요청해 승인받은 것으로 드러났다.

또 2008년 9월 3일부터 9월 14일까지, 2008년 11월 19일부터 11월 30일까지 연방검찰과 법원의 승인을 받고 북한과 중국 옌지 등을 방문했다. 박일우가 한국 정부요원과 만나 심각한 정보를 나눈 스파이라면 미국·법원이 이처럼 쉽게 북한 방문을 허락하지 않았을 것이다. 박일우는 2009년 5월, 2009년 9월에도 북한을 방문, 고려호텔에 머무른 것으로 밝혀졌다.

처음부터 제대로 '건'이 안 되는 사건이었지만 이를 큰 건처럼 터트린 것은 당시 삐걱거리는 한미동맹의 현주소를 보여주는 것이다. 또 미국이 한국 정부에 어떤 큰 메시지를 전하려 했다는 해석에 무게를 실어주는 것이다.

비밀문서 넘긴 로버트 김 사건과는 '다른 꼴'

우리가 잘 아는 로버트 김 사건도 주미 한국대사관의 무관(武官)과 관련된 사건이다. 그러나 박일우 사건과 로버트 김 사건은 분명히 다르다. 로버트 김 사건은 그 비밀이 미국의 사활에 얼마나 영향을 미쳤는지와는 별개로 비밀로 분류된 문서를 건넨 사건이다.

하지만 박일우 사건은 사건기록을 샅샅이 훑어봐도 문서 등을 전달한 기록은 없다. 박일우 사건이 단순한 사건임에도 지나치리 만큼 한국 외교관을 밀착감시한 것은 쉽게 이해하기 힘든 부분이다.

로버트 김 사건기록을 보면 FBI는 연방법원의 수색영장을 발부받아 1996년 5월 5일 그의 사무실 컴퓨터 등을 수색했고 그 컴퓨터에서 이른바 K파일의 흔적을 발견했다. 'K1' 'K2'라는 식으로 작성된 파일이 드러난 것이다. 그의 컴퓨터에서 1996년 1월 24일 백 대령에게 보낸 편지가 드러났고 '백'이라는 이름으로 된 파일도 발견됐다.

그의 사무실에 비밀리에 설치된 비디오카메라 녹화테이프를 분석한 결과 1996년 5월 7일 K파일들을 마닐라봉투에 넣는 모습도 드러났다. 1996년 6월 3일, 6월 4일에도 그는 사무실 프린터에서 뭔가를 인쇄해서 봉투에 담았고, 그 봉투 겉에는 백 대령의 집주소가 적혀있었던 것이 밝혀졌다. 또 1996년 6월 12일 백 대령이 로버트 김의 사무실로 전화한 사실이 포착됐다.

로버트 김이 백 대령에게 우편으로 보낸 서류들은 하나도 남김없이 FBI의 검열을 받았다. 우체통에 봉투를 넣으면 FBI가 회수해서 검토한 뒤 백 대령에게 보내는 식이었다. 1996년 8월 28일 FBI가 녹화한 동영상에는 17건의 서류뭉치가 있었지만 실제 FBI가 회수한 우편봉투에는 19건의 서류가 있었다고 한다. FBI는 그 중 미국 이익에 심각한 영향을 끼칠 것으로 판단되는 1건의 문서를 제외하고 18건의 서류를 보냈다. 1996년 9월 6일에도 11건의 서류 중 FBI 요청으로 2건을 제외하고 9건만 백 대령에게 보냈다.

이처럼 철저하게 감시한 뒤 같은 해 9월 즉각 로버트 김을 체포했지만 박일우 사건처럼 한국 외교관들의 사진을 들고 한인사회 인사들에게 보여주며 탐문하지는 않았다. 전광석화처럼 처리한 것이다.

감시 사실이 뻔히 드러날 만큼 한인사회를 휘젓고 다닌 것은 미국이 한국에 모종의 압력을 가하려 한 것이라는 가능성도 배제할 수 없다. 그래도 한국 정부에 씨알이 먹히지 않자 '엮일 듯 말 듯'한 사건을 터트렸을 것이다. 당시 한국 사회에서 이슈로 떠오르던 모종의 사건에 대해 영향력을 행사하려 한 것은 아닌지 궁금하다. 미국 정부는 자국의 이익을 위해 박일우 등을 기소하고 국정원 파견관을 감시할 타당한 이유가 있었겠지만 우리 입장에서는 의혹을 가질 수밖에 없다. 노무현 정부 당시의 불안한 한미관계도 하나의 원인일 수 있다. 노 정부가 호락호락하지 않았던 것이다.

 이때 시장 보는 사진까지 찍히는 등 일거수일투족을 감시당한 국정원 파견관은 이 사건 당사자로 지목돼 개인적으로 커다란 심적 고통을 겪었다. 다행히 한국 정부도 이 같은 미국의 의도를 훤히 알았는지 파견관을 문책하지 않았다. 그러나 그 당사자는 승진을 하지 못함으로써 3년 뒤 옷을 벗을 수밖에 없었다. 어찌 보면 깨질 듯 말 듯 한 한미관계의 틈새에 끼인 '희생양'이기도 했다.

시크릿 오브 코리아

초판 1쇄 발행 2012년 4월 2일
초판 2쇄 발행 2012년 4월 5일

지은이 안치용

발행인 양문형
펴낸곳 타커스
등록 제313-2008-63호
주소 서울시 마포구 성산1동 253-1번지 성산빌딩 4층
전화 02-3142-2887   팩스 02-3142-4006
이메일 yhtak@clema.co.kr

ISBN 978-89-968578-1-5 (03330)